8 Lk 3 1015 (5)

Paris
1880

Lalore, Charles

Cartulaire de Saint-Pierre de Troyes. Chartes de la collégiale de Saint-Urbain de Troyes

Collection des principaux cartulaires du diocèse de Troyes

Tome 5

CARTULAIRE
DE SAINT-PIERRE DE TROYES

CHARTES
DE LA COLLÉGIALE DE SAINT-URBAIN

COLLECTION
DES
PRINCIPAUX CARTULAIRES
DU DIOCÈSE DE TROYES
TOME V

CARTULAIRE DE SAINT-PIERRE DE TROYES

CHARTES
DE LA COLLEGIALE DE SAINT-URBAIN
DE TROYES

PAR M. L'ABBÉ CH. LALORE
Ancien Professeur de Théologie au Grand-Séminaire de Troyes

PARIS	TROYES
THORIN, RUE DE MÉDICIS, 7	LEOPOLD LACROIX
CHAMPION, QUAI MALAQUAIS, 15	RUE NOTRE-DAME, 83

1880

INTRODUCTION

Le cinquième volume de notre collection de cartulaires comprend le *Cartulaire de Saint-Pierre de Troyes* et les *Chartes de la collégiale de Saint-Urbain de Troyes*. Dans cette introduction, nous faisons connaître très succinctement les principaux documents renfermés dans ce volume et nous donnons plusieurs pièces qui les complètent.

§ I. Cartulaire de Saint-Pierre.

I. *Nature de ce Cartulaire.*

Le cartulaire original de Saint-Pierre, qui avait été rédigé vers la fin du xiiie siècle, est perdu; heureusement on en trouve aux Archives de l'Aube (liasse G. 2545) une courte analyse, pièce par pièce, faite au xviiie siècle. C'est cette analyse qui nous a fourni le moyen de reconstituer l'ancien cartulaire. Nous avons pu retrouver presque sans exception tous les originaux des pièces analysées, nous les publions, et à défaut d'originaux ou de copies nous donnons la courte analyse du manuscrit des Archives de l'Aube. L'ancien cartulaire ne comprenait en général que les documents qui se rapportent directement au chapitre ; presque tous ceux qui concernent la fabrique, et personnellement le doyen, le chantre, les archidiacres, les chapelles, etc., avaient été éliminés. Aux documents de l'ancien cartulaire nous ajoutons un assez grand nombre de pièces qui nous ont paru avoir quelque importance et que nous utiliserons plus tard.

Tous ces documents se rapportent principalement à divers chefs que nous indiquons.

II. *Le Chapitre de Troyes jusque vers la fin du XIe siècle.*

Les églises cathédrales ont toujours eu un clergé particulier et dès les temps les plus anciens on voit apparaître les chanoines soumis à une certaine règle, comme l'atteste saint Grégoire de Tours (1).

Vers le milieu du VIIIe siècle saint Chrodegand, évêque de Metz, ayant imposé une réforme aux chanoines de sa cathédrale, cette réforme devint la base de réglements qui furent mis en vigueur dans beaucoup de cathédrales. Enfin le concile d'Aix-la-Chapelle en 816 dressa un réglement qui comprend cent quarante-cinq articles, dont les trente-deux derniers sont proprement la règle de saint Chrodegand, et il l'imposa à tous les chanoines des cathédrales de France (2). En vertu de cette règle les clercs de

---

(1) Greg. Turon. *Histor.* l. X, C.XXXI ; *Vitæ PP.*, C. IX.
(2) Concil. Aquisgran. an. 816.

chaque église-mère qui formaient le conseil de l'évêque se réunirent en corps ou chapitres de chanoines. Ayant la libre jouissance de leur patrimoine, ils habitaient un même cloître près de l'église dont ils faisaient le service, et ils vivaient en communauté, assujétis à la règle dont nous venons de parler sous l'autorité d'un prévot, à qui était confiée l'administration des biens de la communauté. L'évêque était le premier membre et le premier supérieur de cette communauté, et le chapitre succédant à l'ancien clergé de l'église était le conseil-né de l'évêque et participait à l'administration du diocèse; alors la mense épiscopale et la mense capitulaire étaient indivises.

Les exactions des prévots au commencement du IX° siècle amenèrent le concile d'Aix-la-Chapelle à préciser plusieurs points de la règle des chanoines. D'après un fragment publié par le savant dom D'Achery, le pape Étienne IV (*al.* V), à la sollicitation de Louis-le-Pieux, accorda aux chanoines : 1° la permission de posséder en propre le temporel de leur bénéfice, 2° la participation aux distributions de la chambre commune, en proportion de leur exactitude à l'office ; de son côté, l'empereur leur accorda l'exemption de leurs maisons ainsi que la justice, « Ludovici Pii tempore, de Roma ad palatium Aquisgranense venit Stephanus IV ubi statutum fuit pro canonicis qui tunc sub preposito vivebant, quia prepositi temporalia male tractabant et fortiores canonici possessiones usurpabant, ut quilibet canonicus suum temporale proprium possideret, et ut de communi camera cuilibet distribueretur prout in choro resideret. Item his temporibus Ludovicus Pius concessit canonicis, concordante domino papa, habere in domibus libertatem et judiciariam potestatem (1) ». Un mot qui se trouve dans le même fragment fait augurer que le relâchement pénétrera bientôt dans les cloîtres des chapitres parce qu'ils sont envahis par les enfants des grands qui apportent avec eux les goûts d'une vie luxueuse. « Voluit ipsos (canonicos) vestiri grisiis et variis, quia adeo crescebat ecclesia in Galliis quod reges, duces, barones habebant filios, fratres et avunculos in ecclesiis canonicorum. »

Les évêques de la province de Sens réunis à Meaux en 845 (2) rappelèrent aux chanoines de la province les principaux points de la règle de saint Chrodegand sanctionnée par le concile d'Aix-la-Chapelle : « ut canonici.., sicut constitutum est, in dormitorio dormiant, et in refectorio comedant, et tam sani quam infirmi canonice vestiantur, atque in claustris horis congruis degant, et sub custodia canonica lectionibus et ceteris divinæ institutionis insistant officiis (can. 33). » Telle était la règle suivie au IXe siècle par les chanoines de la cathédrale de Troyes.

Dans les documents de cette époque les chanoines de Troyes sont appelés *Clerici majoris ecclesie, Fratres S. Petri, Congregatio S. Petri*, et la cathédrale est nommée *Ecclesia clericorum, Monasterium S. Petri*. Sous l'épiscopat de saint Prudence (846-861) Eutropius, frère de sainte Maure, était prévôt du chapitre (3).

Mais après avoir fleuri pendant un siècle et demi environ, cette institution tomba dans le relâchement. Vers 991 le bienheureux Manassès d'Arcis, évêque

---

(1) *Regula solitarior*.
(2) Labbe, t. VII, col. 1835.
(3) Camusat *Promptuar.*, fol. 45 v°. — fol. 50 v°, 51 r°.

de Troyes, travailla, de concert avec saint Adérald, son archidiacre, et le bienheureux Adson, abbé de Montiérender, son ami, à la réforme du chapitre de la cathédrale. L'évêque de Troyes pourvut à augmenter les revenus prébendaires des chanoines, à corriger leurs mœurs et à régler le service divin. L'auteur de la vie de saint Adérald raconte en partie cette réforme :

« Adhuc congregatio S. Petri Trecorum secularibus nimis erat dedita, nec his que canonicorum intenta ; nec ex toto culpa imminebat eis, utpote qui egestate compulsi secularibus deserviebant, nec unde communiter viverent habebant. Que videns sanctus Dei Aderaldus predictum pontificem (Manassem) sepe interpellabat super talibus. Cujus crebre persuasioni assensum prebens episcopus, ad hec corrigenda totis intendit viribus; largitur eis jure perpetuo nonnulla que tenebat bona, et bonis addit bona. Nec minimum vir Dei Aderaldus subjungit supplementum tradens et ipse eis quod in prediis vel in ecclesiis tenebat patrimonium. Hisque constitutis cenobitarum vivere cepit congregatio S. Petri Tricassine civitatis (1). »

Adson régla l'office du chœur « tradidit modos et horas orationum ac multiplicis psalmodie tam estatis quam hyemis quadragesimeque temporis, ut hactenus palam testatur verbis et affectu clerus Tricassine ecclesie ». C'est ainsi que s'exprime vers 1095 l'historien

---

(1) Apud Camusat, *Promptuar.*, fol. 56 v°.

de saint Bercaire et des premiers temps de l'abbaye de Montiérender (1).

Aux termes de cette réforme le chapitre de Troyes rentrait sous la règle prescrite par le concile d'Aix-la-Chapelle. La vie commune fut reprise avec une nouvelle ferveur et les menses épiscopale et capitulaire continuèrent à rester indivises. Les chanoines formant le conseil de l'évêque administraient le diocèse de concert avec lui et tous les actes administratifs portaient le *signum* de l'évêque, du prévôt, des archidiacres, des chanoines prêtres, des chanoines diacres et des chanoines sous-diacres. Nos *Chartes de Montiérender* renferment plusieurs actes de ce genre (2).

Environ cent ans après la réforme opérée par le B. Mannassès et saint Adérald avait lieu la sécularisation des chanoines de Saint-Pierre. Alors la mense épiscopale fut séparée de la mense capitulaire. Les biens possédés en commun par l'évêque et le chapitre furent partagés. L'évêque augmenta le revenu des prébendes, accorda à la mense capitulaire des églises et chapelles, des dîmes et seigneuries et créa des distributions manuelles plus abondantes. A dater de cette époque, l'évêque dans l'administration du diocèse agit la plupart du temps de concert seulement avec ses archidiacres et il a son propre sceau qui est apposé aux actes épiscopaux ; de son côté le chapitre commence à avoir son sceau propre qu'il appose aux actes capi-

---

(1) Camusat, *Promptuar.*, fol. 91 v°.
(2) T. IV, p. 138, 6 septembre 971 ; — p. 143, 9 avril 991 ; — p. 144, 7 avril 1030 ; — p. 157, 28 décembre 1038 ; — p. 162, 30 avril 1050 ; — p. 175, charte de 1072-1081 ; — p. 177, charte de 1074.

tulaires (1). Cette innovation importante se place entre les années 1074 et 1090.

C'est en souvenir de la vie commune que l'évêque devait un dîner (*pastus, comestus*) aux chanoines aux fêtes de Noël, de Pâques, de la Pentecôte, de la Saint-Pierre-Saint-Paul, de l'Assomption et de la Toussaint ; et une collation la veille de ces fêtes (voir p. 200 ; 204, n° 8, 9, 10, 11 ; et p. 225, n° 15, 16). L'évêque pouvait remplacer le *comestus* à toutes les fêtes par la somme totale de dix livres (p. 225, n° 15). Au XVIII° siècle l'évêque payait encore la somme de dix livres au lieu de donner le *comestus* aux six fêtes annuelles désignées plus haut.

C'est encore au souvenir de la vie commune que se rattachaient la collation du Jeudi-Saint et le rafraîchissement après le jeu de paume le jour de Pâques (p. 200 ; 206, n° 18, 20; p. 226, n° 18, 19).

III. *Le cloître : 1° ses limites et ses immunités à partir du XII° siècle; 2° réglement de police du 9 décembre 1183.*

Après la séparation des menses épiscopale et capitulaire, les chanoines continuèrent à habiter des maisons rapprochées de l'église qui prirent le nom de Grand-Cloître et Petit-Cloître-Saint-Pierre. Aux pièces de notre cartulaire nous ajouterons quelques documents qui préciseront les limites du cloître et les immunités qui s'y rattachaient.

---

(1) Voir notre travail *Le sceau et les armoiries du Chapitre de Troyes*.

De domibus claustri (XIV⁰ siècle).

Et sciendum est ante omnia quod decanus et capitulum ecclesie Trecensis habent certas domus canoniales in quibus dicti decanus et capitulum habent omnimodam jurisdictionem et immunitatem ita quod neque fur, neque latro, neque falsa mensura, neque homicida, vel alius malefactor nisi per gentes capituli possunt ibidem capi prout in privilegio super hoc concesso, inter cetera, plenius continetur.

Domus canoniales sunt iste que secuntur, et onus seu redibencia ad quod seu quam quelibet domus tenetur subsequitur supra quamlibet domum scripta.

1. Domus ad Crevellos (*al. des Tournelles*) ante cavas S. Quintini, onerata antiquitus de XL solidis pro anniversario.. et de presenti moratur in ea J[ohannes] de Firmitate, decanus Trecensis.

2. Domus contigua dicte domui ad Crevellos a parte superiori in qua de presenti moratur dominus Johannes Joberti, onerata de XX s.

3. Domus ante dictam domum juxta domum Hospitalis S. Nicholai, quam de novo construxit dominus J[ohannes] de Firmitate ad opus dicti hospitalis, et onerata de nichilo quantum est de presenti; sed post mortem *de la Gombausse,* que moratur in ea et eam tenet ad vitam, onerabitur de X s. Et quia dubitatur an sit canonialis, ubi non reperitur canonicus qui eam velit emere, solet

vendi aliis personis et pecunia venditionis distribui inter canonicos presentes.

4. Domus in Parvo Claustro in qua moratus fuit dominus J. *Chastelet*, olim canonicus altaris Beate Marie in ecclesia Trecensi. Nunc moratur F. *Belere*, matricularius ecclesie predite, qui eam ad suam vitam, uxoris ejus et ejus filii, sita retro Sanctum Lupum, onerata de XX s.

5. Domus juxta, in dicto Parvo Claustro, in qua de presenti moratur magister Adam de Brilicurte, canonicus Sancti Stephani Trecensis, qui eam utiliter melioravit et refecit, onerata antiquitus de X s. Item propter granchiam de novo adjunctam dicte domui, que granchia erat pars magne domus dicte de Rippatorio.

6. Domus magna in vico de Ripatorio ante dictam domum que fuit magistro J. de Allemente, a qua separata fuit granchia adjuncta immediate domui predicte; et a qua similiter separata est de novo alia domus juxta dictam domum, quam domum separatam cum pratello, orto et vinea sive trelliis tenet de presenti ad vitam dominus Johannes de Longo Campo, curatus de Aubressello et camerarius dicte ecclesie. Dicta domus dicti camerarii, que canonialis non existit, onerata est ut precedens XL s. pro quolibet anno; et est ista magna domus onerata de...

7. Domus inter dictam domum predicti camerarii et domum de Arripatorio, que non est canonialis, et ubi moratus fuit dominus *Moque*; et ultimo

dominus Garnerus de Gieyo, quondam vicarius ecclesie; et eam tenet Perinetus de Gieyo, ejus nepos, ad vitam suam, mediantibus XXX s., et vocatur domus *Moque*, et est onerata de XL s. quolibet anno.

8. Domus que fuit Johannis de Villaribus, sita in dicto Parvo Claustro inter dictam magnam domum que fuit de J. de Allemente et domum S. Nicholai Trecensis, et est onerata de XX s.

9. Domus ad conum dicti Parvi Claustri, sicut revertitur de Parvo Claustro ad ecclesiam, in qua morari solebat dominus Petrus de *Molay*, quondam decanus Trecensis; postmodum eam tenuit Franciscus *Poillevilain*, quondam canonicus Trecensis; et nunc eam tenet Aymo de Polengeyo, archidiaconus Brene, et est onerata de X s.

10. Alia domus retro dictam domum, non canonialis, quam tenet nunc etiam dictus archidiaconus Brene. Vocatur domus matricularii, cujus introitus antiquitus erat per deversus Domum Dei S. Nicholai, et est onerata..

11. Domus sequens seu juxta hujusmodi domum, in qua moratus fuit magister Droco de.., quondam canonicus Trecensis et archidiaconus de *Pontieu* in ecclesia Ambienensi; quam nunc tenet Droco de.., canonicus Trecensis, ejus nepos, et est onerata de XX s.

12. Domus retro, quam tenuit dominus Jacobus de Baassonno, quondam archidiaconus Trecensis; postea dominus Chauverelli; et nunc eam tenet do-

minus Matheus de Edua, canonicus altaris B. Marie. Non est canonialis et solet vendi ad opus distributionis canonicorum presentium et residentium, et est onerata de XIII s.

13. Domus ante portale ecclesie, quam tenuit magister de Jardo, quondam archidiaconus Brene ; et postmodum eam tenuit J., major archidiaconus Trecensis; et nunc tenet eam magister Flamendus de Lauda, et est onerata de XL s.

14. Domus que fuit R[enaudi] Diaboli, decani S. Urbani Trecensis et canonici Trecensis; et antea fuit domini Petri de Cella, decani Trecensis; et eam nunc tenet J. *Bore*, archidiaconus Sezennie, nec est onerata, quod sciatur,. sed quia alie domus canoniales sunt de aliquo onerate, excepta ista domo et domo domini Johannis de Brueria, sita ante portam curie officialis Trecensis, et domo Johannis de Montebeligardo, canonici et officialis Trecensis, advertat capitulum quod quam primum vacabunt iste domus, quod domus dicti archidiaconi Sezannie oneretur de XX solidis et domus Johannis de Montebeligardo, canonici et officialis Trecensis, onerata sit de XX solidis.

15. Dicta domus Johannis de Brueria, canonici Trecensis, ante portam curie officialis Trencensis, quam antiquitus tenuit bone memorie Henricus de Noa, quondam decanus ecclesie Trecensis, cujus anima, attentis quamplurimis bonis de quibus ecclesiam dotavit, ut alibi apparebit, requiescat in pace, Amen... Postea tenuit dominus Guilelmus Dyaboli; et nunc

eam tenet dictus J. de Brueria, onerata est de XX solidis.

16. Domus sequens, que fuit bone memorie domini Droconis de Cantumerula, quondam cantoris ecclesie Trecensis, cujus anima, attentis quamplurimis bonis de quibus ecclesiam dotavit, ut alibi apparebit, requiescat in pace, Amen. Et postmodum eam successive tenuerunt G. de Pruvino, R. de Molinis, et tradita est titulo locati Petro de Champlipto pro XX libris usque ad X annos.

17. Domus sequens, que fuit magistri Guilelmi de Pruvino; et ultimo Hugonis de...; nunc eam tenebat Robertus de Frolosio, filius domini de Molineto, et est onerata de X solidis ab antiquo.

18. Domus sequens, que fuit domini Johannis de Bonavalle; et postea successive domini Adhemari de Virsiaco, magistri Galcheri de Insulis, Oudardi de Latigniaco, magistri Aimerici Helie; et nunc eam tenet magister de Rameruco, archidiaconus Arceyarum, et est onerata de XX solidis.

19. Domus sequens, que fuit bone memorie domini Oberti *Thodest* de Placentia, cujus anima, attentis plurimis bonis de quibus ecclesiam dotavit, prout alibi apparebit, requiescat in pace, Amen. Et nunc eam tenet magister P[etrus] de Arbosio, decanus S. Stephani Trecensis, et est onerata ab antiquo de XXX solidis.

20. Domus sequens, que fuit domini P. dicti *Lanfant*; postmodum fuit domini Bertholomei, canonici Trecensis; et ultimo fuit domini J[ohannis] de

Auxeyo, quondam cantoris et nunc episcopi Trecensis, qui eciam eam nunc tenet ad vitam, non obstante quod sit episcopus, ex permissu capituli, et super hoc habet litteras capituli, sed hoc est contra privilegium capitulo concessum, continens quod aliquis canonicus Trecensis promotus ad episcopatum non potest aliquos redditus, hereditates, predia.. capituli, que prius a capitulo tenebat, deinceps obtinere; unde, si videatur capitulo esse expediens, prevideat capitulum quid agendum sit super ista domo, domo anteriori in qua est furnum pasticerii, et granchia de Sancto Johanne Bonevallis que obtinet dominus episcopus, non obstante dicto privilegio; et maxime super dicta granchia Bonevallis prevideat capitulum quod in veritate dominus episcopus non tenet quod sit ecclesie, exceptis XL libratis terre ibidem assignatis pro anniversario bone memorie domini Johannis de Auxeyo, quondam episcopi Trecensis, ejus avunculi.

21. Domus in introitu liciarum platee ante ecclesiam, sicut reditur de ecclesia S. Sthephani ad ecclesiam S. Petri, que domus fuit domini Dyonisii; et postmodum fuit domini Petri Belocerii; et postea Nicolay de S. Germano; nunc autem eam tenet Johannes de Cocandrayo, canonicus Trecensis et decanus Bizuntinensis, et est onerata de XX s.

22. Domus que fuit magistri Guillelmi de Villiaco, quondam archidiaconus Sancte Margarete; postmodum Guillelmi de Champigneyo, quondam cantoris Trecensis; nunc eam tenet Johannes de Ac-

quiano, archidiaconus Sancte Margarete, et est onerata de XX s.

23. Domus que fuit domini Petri de Villanova, sigilliferi et canonici Trecensis; et postea fuit bone memorie domini Oberti *Thodest*, canonici Trecensis, cujus anima, attentis bonis quamplurimis de quibus ecclesiam dotavit, ut alibi apparebit, requiescat in pace, Amen. Nunc eam tenet J. de Montebeligardo, canonicus et officialis Trecensis, quamprimum vacabit onerabitur de XX s.

24. Domus ante turrim capituli, a parte retro, ante ecclesiam S. Dyonisii, que fuit magistri Renaudi Diaboli, quondam canonicus Trecensis et decani S. Urbani, et postmodum successive fuit domini Arnaudi, procuratoris cardinalis Sabinensis; Aymonis de Polongeyo, archidiaconi Brene; et nunc eam tenet Johannes Garneri, notarius publicus domini Pape, et est onerata de X solidis.

25. Domus in burgo Sancti Dyonisii, que fuit domini Dominici de Janua; et nunc eam tenet ad locationem ad plures annos pro C s. relicta *Joliet* et Johannis *Cotot*, nunc defuncti, nec est de aliqua pensione onerata quod sciatur.

Summa domorum XXXIX l. III s.

Item habet ecclesia justitiam magnam et parvam cum immunitate in Magno Claustro ante ecclesiam, prout undique se comportat de pavimento regio ante domum archidiaconi Sezennie usque ad pavimentum ante domum magistri Petri de Arbosio, et usque ad alium pavimentum quod est prope turrim capituli.

Item habet ecclesia justitiam magnam et parvam una cum immunitate in loco qui dicitur Parvo Claustro cum domibus ibidem existentibus prout undique se comportat, videlicet a pavimento quod est ante domum Sancti Nicholai usque ad domum de Arripatorio et a dicta domo usque ad pavimentum ante ecclesiam Sancti Lupi.

Item habet ecclesia quamdam turrim, que vocatur Turris Capituli, juxta domum, a parte inferiori, quam habitat Johannes de Brueria, et juxta curiam episcopi, ruella in medio posita, cum juridictione et immunitate suprascriptis.

Est sciendum quod in burgo Sancti Dyonisii habet capitulum justiciam altam et bassam una cum immunitate prout undique se comportat, videlicet a ponte quod dicitur de *Roinon* usque ad Plancham Roceri (1).

Nous donnons un autre document relatif tout à la fois aux limites du cloître et à ses immunités.

16 avril 1399. — Universis presentes litteras inspecturis decanus et capitulum ecclesie Trecensis salutem in Domino sempiternam. Noveritis quod domus Dei seu hospitalis S Nicolai Trecensis, ordinis beati Augustini, fuit ab antiquo prout adhuc est de presens ex veris membris dicte nostre Trecensis ecclesie, fueruntque et sunt religiosi, videlicet, magister, fratres et sorores dicte domus immediate sub-

(1) Archiv. de l'Aube, *reg.* G. 1254, fol. 1 r°, 3 r°.

diti et justiciabiles nostri. Certum est enim quod dicta domus Dei seu hospitale S. Nicolai Trecensis infra limites claustri dicte nostre Trecensis ecclesie fuit et est inclusa, ac percipiunt religiosi dicte domus in dicta nostra Trecensi ecclesia certas distribuciones cotidianas in pane et vino, necnon loco grossorum fructuum certam quantitatem bladorum annuatim; et quod religiosi predicte domus Dei seu hospitalis S. Nicolai Trecensis ab antiquo, et tanto tempore quod de contrario hominum memoria non existit, libertatibus et franchisiis dicte nostre Trecensis ecclesie gavisi fuerint et gaudent, utunturque et uti consueverunt sine contradictione quacumque; insuper tociens et quociens contingit aliquos ex predictis religiosis ipsius domus ab hoc migrare seculo, eorum corpora seu cadavera tanquam subditos nostros ad ecclesiasticam admittimus sepulturam; teneturque magister dicte domus Dei seu hospitalis S. Nicolai de et super regimine ipsius nobis tociens quociens super hoc per nos requisitus existit, prout revera facit, reddere compotum et congruam rationem. Et hec omnibus quorum interest seu intererit in futurum intimamus et certificamus tenore presencium litterarum, quibus in hujus rei testimonium sigillum nostrum duximus apponendum. Datum et actum in capitulo nostro nobis inibi capitulantibus et capituliter congregatis, anno Domini M° CCC° XC° nono, mensis aprilis die sextadecima (1).

(1) Archiv. de l'Aube, reg. G. 1254, fol. XCIV, 113 r°.

Relativement à la justice du cloître et de la rue Saint-Denis, voir au cartulaire les chartes des comtes Hugues, Thibaut et Henri qui renouvelèrent le capitulaire de Louis-le-Pieux (n° 3, 4, 7, 15). De plus le 2 avril 1104, le comte Hugues accorda des immunités aux serviteurs des chanoines vivant avec eux sous le même toit; et aux trois serviteurs qui gardent le bien commun des chanoines : le cellérier, le grainetier et le maire (n° 3) ; enfin la même liberté fut accordée au cloîtrier (n° 17) avant 1153.

Dans la seconde moitié du XII° siècle, la paix et la sainteté du cloître furent violées : plusieurs maisons étaient occupées par des laïques, des bateleurs, des cabaretiers et des femmes suspectes. L'évêque Manassès de Pougy en porta plainte au pape Lucius III qui, par une bulle datée du 9 décembre 1183, défendit aux chanoines de loger gratis dans les maisons canoniales, les laïques, ou même de leur louer ces maisons sous quelque prétexte que ce fût (p. 52).

IV. *Le Chapitre : 1° dignités; 2° prébendes.*

Le chapitre de Troyes était composé de sept dignités et de quarante prébendes (p. 207-209).

1. Les dignités n'étaient pas du chapitre, mais elles étaient compatibles avec les prébendes, et, lorsqu'elles y étaient jointes, ce qui avait lieu le plus ordinairement, elles étaient du chapitre avec voix délibérative.

Le prévôt était la première dignité du chapitre. il venait après l'évêque et avait juridiction spirituelle et temporelle sur tous les chanoines; il officiait aux fêtes annuelles en l'absence de l'évêque; il ne faisait pas de stage parce qu'il promettait assistance continuelle au chœur; mais aussi il avait droit d'entrer aux offices à l'heure qui lui plaisait. En 1167, Guillaume de Champagne, prévôt de Troyes, élu évêque de Chartres, résigna sa dignité et sa prébende sous la réserve d'une rente viagère et à condition que la dignité de prévôt serait supprimée (p. 29).

Le doyen remplaça le prévôt et les principaux droits et devoirs de la prévôté furent rattachés au décanat. Cette nouvelle dignité fut confirmée par le pape Alexandre III, le 18 mars 1170 (p. 34). Nous donnons la formule du serment que le doyen devait faire le jour de sa réception.

Hec est forma juramenti decani ecclesie Trecensis.

Ego N., decanus hujus ecclesie, juro quod faciam residentiam personalem et continuam in ecclesia presenti quandiu decanus ero, nec privilegium in contrarium impetrabo, et si impetratum fuerit non utar. — Item juro quod jura decanatus servabo et si que fuerint alienata ad jus decanatus pro posse recuperabo. — Item juro quod onera decanatus subibo bona fide. *Et si non sit sacerdos :* Item juro quod infra annum faciam me ad sacerdotium promoveri. Sic me adjuvet Deus et hec sancta evangelia (1).

Cette dignité n'était point sujette à l'expectative des gradués ni des indultaires, mais elle pouvait se

(1) Trésor de la Cathédr. de Troyes, texte du XV° s., en tête d'un Evangeliaire, X° s.

résigner entre les mains du pape. Elle était d'abord à la nomination de l'évêque, mais en 1484 Manassès de Pougy, évêque de Troyes, la rendit élective par le chapitre, et il en augmenta les revenus (p. 56). En 1556, Jacques Guillemet ayant été élu doyen par le chapitre et reconnu par l'évêque, Jean le Gruyer se fit nommer par le roi et obtint des lettres du légat ; il prétendait que la dignité de doyen était tombée à la nomination du roi depuis le concordat. L'affaire fut portée au grand conseil, qui déclara, par arrêt du 29 octobre 1557, que la dignité de doyen avait toujours été élective par le chapitre. Nous donnerons en partie cet arrêt important.

29 octobre 1557. — *Arrest rendu au grand conseil, par lequel le doyenné de l'église de Troyes est déclaré électif, et non subject à la nomination du roy.*

Henry, par la grace de Dieu roi de France. A tous ceux qui ces presentes lettres verront salut. Comme de la concession et octroy de certaines bulles de prouision du doyenné de l'église cathedralle de nostre ville de Troyes, obtenües par maistre Jean Legruyer, de nostre cher et bien amé le cardinal Caraphe, lors legat en nostre royaulme, nostre bien amé maistre Jacques Guillemet, doyen et chanoine de ladite église, se fust porté pour appellant comme d'abbuz ensemble de l'execution d'icelles, et de tout ce qui s'en seroit ensuyui, et passant oultre par l'executeur desdittes lettres a l'execution réelle et saisie faicte des fruictz dudit doyenné, en eust ledit Guillemet appelé en addherant, et son appel releué en nostre cour de parlement de Paris, depuis au moyen de ce que ledit Legruyer auroit voullu pretendre ledit doyenné estre subiect aux concordatz et en nostre nomination, et soubz ce pretexte obtenu placet de nous, en vertu duquel il se fust faict pourueoir par ledit cardinal Caraphe legat, soubz vmbre de laquelle prouision auroit obtenu lettres de nous portans commission pour faire saisir lesdictz fruictz et dixmes apartenans audict doyenné, surquoy seroient interuenües lesdictes appellations, lesquelles par erreur eussent este releuées en nostre-dicte court de parlement, combien que la cognoissance en appartienne à noz amez et feaulz conseilliers les gens tenans nostre grand conseil, attendu qu'il estoit question d'vn benefice pretendu en nostre nomination, et pour faire deffenses audit Legruyer de ne faire poursuitte desdictes appellations, circonstances et despendances aillieurs que en nostre-dit grand conseil, eust ledit Guillemet obtenu lettres de commission dudit conseil, du dernier jour d'aoust 1556, en vertu desquelles auroient este faictes lesdites deffenses et assignation à luy donnée en nostredit conseil, au 22 de septembre ensuiuant oudit an 1556, la congnoissance desquelles appellations, tant de ladite saisie faicte par maistre Noël Coiffart, lieutenant general en nostre bailliage de Troyes desdicts dixmes et fruictz, apartenans audit doyenné, que desdites appellations, comme de la concession et octroy desdictes bulles et prouisions obtenües par ledit Legruyer dudit doyenné, complaincte dudit

Guillemet pour raison dudit doyenné, aultres instances d'entre lesdictz Guillemet, Legruyer, et les chanoines et chapitre de ladicte église de Troyes, eust été du consentement desdites parties retenüe en nostre dict conseil, par arrest d'icelluy du 17 de nouembre oudit an 1556 et ordonné qu'elles viendront plaider sur le tout au premier jour, et par aultre arrest dudit conseil donné en audience entre icelles parties, le 24 de nouembre oudit an 1556, eust esté déclaré entre aultres choses en faisant droict sur lesdites appellations interiettées par ledit Guillemet de ladite saisie et execution, desdites lettres.... auoit esté en tout et par tout mal saisi, proceddé et executé, bien appelé par ledit Guillemet, et iceluy Legruyer condamné ez despens pour ce regard, et en ayant esgard à la requeste desditz doyen et chapitre de Troyes, les eust nostredit conseil, receuz parties au procès pour y desduire leurs interestz, ausquelz ledit Legruyer, pourroit respondre et lesdites parties appoinctées a produire, bailler contredictz et saluations et en droit, et quant a l'appellation comme d'abbuz interiettée en audience par ledit Legruyer de l'élection dudit doyenné, et confirmation d'icelle faicte audit Guillemet, a laquelle appellation nostre procureur general, et Legruyer eussent esté receuz a conclure, et en tant que touchoit l'appel comme d'abbuz aussy interietté par ledit Guillemet, de la concession, octroy, fulmination, et execution desdictes bulles et prouision obtenues par ledit Legruyer, eust notre-dit conseil ordonné que sur lesdites deux appellations comme d'abbuz, lesdites parties et procureur general corrigeroient leurs plaidoyez, produiroient, bailleroient contredictz et saluations dans le temps de l'ordonnance et au conseil, et faisant preallablement droict sur la complaincte formée par ledit Guillemet, auroit esté ordonné que lesdites parties escriroient par memoires à toutes fins pour y respondre, produiroient lesdictes parties, bailleroient contredictz et saluations dans le temps de l'ordonnance et en droict, et eust nostre-dit conseil joinct lesdites deux appellations comme d'abbuz a l'instance de ladite complaincte pour y faire preallablement droict comme de raison, auquel arrest lesdites parties eussent respectiuement satisfait et surce que de la part dudit Guillemet, pour le regard de ladite complaincte eust esté dict que le doyenné de ladite église cathedralle seculiere de Troyes, estoit vne dignité en icelle église soubz l'euesque, en laquelle dignité (quant vacation y eschet) les chanoines de ladite église, procedent a l'élection d'vn personnage capable, gradué et qualifié, et de ce estoient fondez en droict tiltre et possession immemoriale et ne se trouueroit que jamais y eust esté aultrement pourueu, sinon par l'élection desdictz chanoines ou par nostre Sainct Pere le Pape, qui auoit parcy deuant ordinairement conferé ledict doyenné, sans nomination de nous et noz predecesseurs quant il auoit vacqué par resignation, mort, ou aultre espece de vacation, et en auoient les eleuz et collataires joy paisiblement, et silz auoient esté inquietez ilz auroient obtenu, et nestoit jamais aduenu autrement. Disoit ledit maistre Jacques Guillemet, que le dernier paisible possesseur dudict doyenné, auoit esté maistre Nicole Guillemet, par le decès duquel ledit doyenné auoit vacqué, lequel maistre Nicole Guillemet, en auroit esté pourueu par nostre Sainct Pere le Pape, par la resignation simplement faicte en cour de Romme, par maistre Nicole Lebacle, predecesseur immediat dudit deffunct Guillemet, et a ce tiltre en auoit ledit maistre Nicole Guillemet joy paisiblement par long temps et jusque à son decès, et par sondit decès auroit ledit doyenné vacqué au moys de may 1556, au moyen dequoy lesdictz chanoines continuans leur accoustumée possession et permission d'élire eussent procedé a l'élection, tellement que le 22 dudit moys de may, ledit maistre Jacques Guillemet, fut demouré esleu en doyen, lequel auroit reffusé par plusieurs foys accepter ledit doyenné, pour les grandes charges qui y sont pour le seruice de l'église, et dont il est responsable, toutes fois après plusieurs remonstrances et exortations eust accepté ledit doyenné, et par mesme moyen incontinant après installé, et mis en la possession dudit doyenné, du voulloir et consentement de tous lesdictz chanoines, et par approbation de l'éuesque dudit Troyes, qui n'estoit aucune confirmation ains seulement quelque approbation, car ledit éuesque ne pouuoit augmenter le droit de celuy qui auoit esté esleu, ne faire sa condition meilleure, ainsi qu'il sera dit cy-après, ce neantmoings estant ledit maistre Jacques Guillemet en ladicte possession eust esté troublé par ledit Legruyer, et sans garder aucun ordre requis, en auroit esté dejecté et spolié, dont il eust appelé ensemble de la procedure du commissaire, qui auroit fait ladicte élection, et si auroit aussi pris lettres de commission pour former complaincte, et depuis la matiere reconnüe en nostre-dit conseil, et les parties oyes (comme dict à esté cy-dessus) auroit esté ledit Guillemet bien et deüement pourueu dudit doyenné, et estoit en bonne et juste possession d'icelle auec juste tiltre, tel qu'il a esté cy-dessus deduit et qu'il sera plus amplement confirmé, si ledit Legruyer le voulloit impugner, aussi que iceluy Guillemet estoit tonsuré, et prestre, et aultrement deüment qualifié et gradué auec toutes qualitez suffisantes pour tenir ledit doyenné, au contraire ledit Legruyer, n'auoit aucun tiltre ne prouision, et si aucun en auoit estoit nul et abusif, tel qu'il ne pouuoit par icelle acquerir audit benefice aucun droict ne possession vallable, consequemment ne faisoit à receuoir au possessoire, auquel estoit requis possession auec tiltre vallable, et apres que ledit Legruyer aura baptisé et deduict son pretendu tiltre, ledit complaignant justifiera éuidemment de l'abbuz, et nullité diceluy, joinct qu'il n'auoit peu impetrer ledit doyenné au prejudice du droict acquis audit Guillemet, qui en estoit ja auparauant pourueu et le siege remply de sa personne, tellement que iceluy Legruyer auoit impetré vng benefice non vacant qui n'estoit et ne pouuoit estre en nostre nomination, dauantage n'estoit ledit Legruyer tonsuré, prestre, ne gradué, ny aucunement quallifié des capacitez et qualitez requises à tenir ledit doyenné, duquel il estoit dutout incapable, parquoy concluoit ledit Guillemet, a ce que nonobstant l'opposition formée par ledit Legruyer a ladite complaincte, il feust dict que à bonne et juste cause icelluy Guillemet s'estoit dollu et complainct, que à tort et sans cause il auoit esté troublé et empesché en sa possession, requerant estre maintenu et gardé diffinitiuement en la possession et joissance des fruictz reuenus et droict audit doyenné appartenans, auec despens, dommages et interestz, et en cas de long delay, que la recreance luy feust adjugée... Finablement eust esté tellement procedé que le procès et instances, tant sur ladite complaincte que appel comme d'abbuz, se fussent trouuez en estat de juger, entre ledit maistre Jacques Guillemet, éleu en doyen de l'église de Troyes, demandeur et complaignant en cas de saisine et nouuelleté, pour raison du possessoire dudit doyenné, d'unepart, et maistre Jehan Legruyer, soydisant doyen de ladite église de Troyes, deffendeur et opposant d'aultre : et entre iceluy Guillemet appelant comme d'abbuz de la fulmination des bulles de prouision obtenües par ledit Legruyer, pour raison dudit doyenné et de tout ce qui s'en estoit ensuyui d'vnepart ; et ledit Legruyer inthimé d'autre, et encores entre iceluy Legruyer appelant comme d'abbuz de l'élection faicte de la personne dudit Guillemet en doyen de ladite église de Troyes, confirmation d'icelle, et tout ce que s'en est ensuyui, nostre procureur general joinct auec luy d'vnepart, et ledit Guillemet deffendeur d'autre, et entre les chanoines et chapitre de ladite église de Troyes jointz auec ledit Guillemet et receuz parties à deduire leurs moyens d'interestz esdites instances d'vnepart, et ledit Legruyer deffendeur d'autre : Scauoir faisons que veu par noz amez et feaux conseillers les gens tenans nostre-dit grand conseil, les memoires à toutes fins, escriptures et additions desdites parties en ladite instance de complaincte, plaidoyé desdites parties esdites instances d'appel comme d'abuz, moyens d'interestz desdicts chanoines et chapitre, responce à iceux dudit Legruyer, procès-verbal de l'élection faicte par lesdits chanoines et chapitre de ladite personne dudit Guillemet en doyen de ladite église, vacant iceluy doyenné par le decez et trespas de feu maistre Nicole Guillemet, dernier paisible possesseur d'iceluy, en datte du 22 de mai 1556, acte de confirmation d'icelle élection dudit 22 may; bulles de prouision obtenües par ledict Legruyer d'iceluy doyenné, à nostre nomination, du cardinal Caraphe legat en France, dattées *sexto calend. julii* audit an 1556, autres bulles de prouision par luy obtenües de nostre S. Pere le Pape en datte *tertio idus octobris* audit an 1556, prinse de possession desdites parties, bulles de la legation dudit cardinal Caraphe legat en France, contenant les facultez à luy octroyées par le S. Siege Apostolique en datte *quarto idus aprilis* oudit an

1556, modifications d'icelles faictes par nostre cour de parlement à la modification desdites facultez le 22 juin oudit an 1556, extraict de certaines lettres de concession et octroy faict ausdits chanoines et chapitre de Troyes par Manasses, pour lors éuesque dudit Troyes en l'an 1184, contenant entre autres choses permission par luy donnée ausdits chanoines et chapitre de pouuoir élire leur doyen, bulles de prouision cy deuant faictes dudict doyenné à maistre Nicole Lebacle, Iehan de Mailly et audit Nicolas Guillemet ez années 1509 et 1536, arrest de nostre-dit conseil donné entre lesdites parties le 24 nouembre 1556 par lequel entre autres choses les instances desdites deux appellations comme d'abuz auoient este joinctes à l'instance de complaincte pour y faire prealablement droict, contreditz dudit Guillemet, forclusions contre ledit Legruyer de bailler contredicts de sa part, et tout ce que par lesdites parties auoit esté mis et produit par-deuers nostre-dit conseil, tout consideré : Iceux gens de nostre-dit grand conseil par leur jugement et arrest en faisant droict sur l'appellation interjettée par ledit Guillemet éleu, ont dit et dient qu'il a esté mal et abusiuement procedé à la fulmination des bulles de prouision dudit doyenné obtenües par ledit Legruyer dudit cardinal Caraphe legat en France, mal executé à la prince de possession faicte par ledit Legruyer d'iceluy doyenné en vertu desdites bulles, bien appelé par l'appelant, et quand à l'appellation comme d'abbuz interjettée par lesdits Legruyer et nostre procureur general, nostre-dit conseil les a declarez et declare non receuables appellans, et l'amendera ledit Legruyer, et en faisant droit sur ladite complaincte formée par ledict Guillemet et moyens d'interestz desdits chanoines et chapitre de Troyes, nostre-dit conseil dict que : à bonne et juste cause ledit Guillemet s'est dolu et complainct, au moyen de laquelle complaincte à ledict conseil maintenu et gardé, maintient et garde ledit Guillemet en possession et joyssance dudit doyenné, fruictz, proffitz et émollumens d'iceluy, et à loué et osté, leue et oste nostre main et tout autre empeschement mis et apapposé sur lesdits fruicts et reuenu d'iceluy doyenné au profit dudit Guillemet ; et a condamné et condamne ledit Legruyer ez despens tant desdites appellations que instance de complaincte et moyens d'interestz enuers lesdits Guillemet et chapitre respectiuement, ensemble ez dommages et interestz de ladite complaincte et autres dommages et interestz reseruez par ledit arrest du 24 de novembre 1556, la taxation d'iceux despens dommages et interestz audict conseil reseruée. Si donnons en mandement et commettons par ces présentes au premier de noz amez et feaulx les conseillers de nostre-dit grand conseil trouué sur les lieux, noz bailly de Troyes ou ses lieutenans generaulx et particuliers, premier des conseillers dudict bailliage et chacun d'eux sur-ce premier requis, que à la requeste dudit Guillemet appellez ceux qui pour-ce seront à appeler, le présent arrest ils mettent ou facent mettre à deüe et entiere execution de point en point selon la forme et teneur en ce que execution y est ou sera requise, en contraignant à ce faire, souffrir et obeyr tous ceux qu'il appartiendra et qui pour-ce seront à contraindre par toutes voyes et manieres deües et raisonnables, nonobstant oppositions ou appellations quelzconques et sans prejudice d'icelles, de ce faire leurs donnons pouuoir, mandons et commandons à tous noz justiciers, officiers et subjects, que à eux et chacun d'eux en ce faisant soit obey. En tesmoing dequoy nous auons faict mettre nostre seel à cesdites présentes. Donné et prononcé en nostredit grand conseil à Paris le 29 jour d'octobre l'an de grace 1557 et de nostre regne le vnziesme. *Et sur le reply est escript* : Par le Roy à la relation des gens de son grand conseil, *signé* : de Loménie, *et seellé d'un grand seel de cire jaune* (Archiv. de l'Aube, G. 2560).

Le trésorier. La dignité de trésorier est très ancienne dans la cathédrale de Troyes, et elle était une des premières dignités. Le 9 avril 991, l'*archiclavus* ou trésorier de la cathédrale, qui s'appelait Hadricus, signe une charte immédiatement après l'évêque Manassès de Pougy et avant le grand-archidiacre (1). Le trésorier jouissait de très grands revenus parce qu'il avait beaucoup de charges. Cette dignité ayant été abolie, elle fut réunie à celle de l'évêque (p. 54, 64 n° 52, 213, 222); c'est ce qui explique toutes les charges et redevances qui pèsent sur l'évêque depuis

(1) V. nos *Cartulaires*, t. IV, p. 143.

le XIIe siècle jusqu'à la Révolution (p. 203-207). Comme trésorier l'évêque se faisait remplacer par les deux marguilliers-prêtres.

Le grand-archidiacre. La seconde dignité du chapitre était celle de grand-archidiacre (il est aussi connu sous les noms de *archidiaconus civitatis, archidiaconus banleie*). Dès le XIIe siècle, le grand-archidiacre signait les actes capitulaires après le prévot ou le doyen et avant le chantre (p. 18, 23, 24, 31, 53).

Le chantre était la troisième dignité du chapitre après le doyen et le grand-archidiacre. Il était à la nomination de l'évêque, sa dignité n'était pas sujette aux gradués, il ne faisait pas de stage, mais il devait assistance perpétuelle au chœur. Le jour de sa réception il prêtait le serment dont suit la formule.

Hec est forma juramenti cantoris Trecensis.

Ego N., hujus ecclesie cantor, juro quod in presenti ecclesia residentiam faciam personalem, nec privilegium in contrarium impetrabo et si quod impetratum fuit illo non utar. — Item quod officium cantorie fideliter exercebo. — Item quod jura ipsius cantorie pro viribus manutenebo et alienata, si que sint, recuperabo pro posse. Sic me adjuvet Deus et hec sancta Evangelia (1).

Au mois de janvier 1201 le chantre Manassès ayant demandé la fondation d'un sous-chantre, céda à ce dernier « jus scholarum et regimen et quicquid eis annexum est » il ne conserva que « LX solidos annui

---

(1) Trésor de la Cathédrale, *ms cit.* fol. 2 v°.

redditus » et la collation aux grandes écoles de Saint-Remy et de Saint-Jean. En dédommagement l'évêque Garnier accorda au chantre la cure de Valentigny (p. 102, 193). En 1225, l'évêque Robert détermina la juridiction et les droits du chantre au chœur (p. 172). Les revenus de la chantrerie furent augmentés par une transaction signée le 16 juin 1327 et approuvée par l'évêque Jean d'Aubigny : en vertu de cette transaction, Jean d'Auxois, chantre de la cathédrale, collateur des grandes écoles de Saint-Jean et de Saint-Remy, et Simon Moreau, écolâtre de Saint-Etienne, collateur des écoles de Notre-Dame-aux-Nonnains, unissent leurs droits sur la collation annuelle aux grandes écoles et conviennent qu'ils nommeront chacun à leur tour et alternativement aux places de maîtres qui viendront à vaquer dans les trois écoles (1). En 1336, le 25 septembre, Jean de Luxeuil, chantre de la cathédrale, et Simon Moreau réunissaient, pour augmenter leur traitement respectif, la collation de toutes les écoles grandes et petites, en faisant une indemnité annuelle au sous-chantre de la cathédrale (2). Cependant les revenus du chantre de la cathédrale ne montaient annuellement qu'à XXXVII livres tournois, c'est pourquoi l'évêque Jean d'Auxois unit à la chantrerie la collation de l'église de Conflans (3).

Enfin les quatre autres dignités étaient celles d'archidiacre de Sézanne, d'archidiacre de Margerie, d'archidiacre de Brienne, d'archidiacre d'Arcis. Ces quatre archidiacres, au xe siècle, signent les chartes tantôt

---

(1) Archiv. de l'Aube, F. Saint Etienne, 6 G 2.
(2) Ibid., lias. G. 3348.
(3) Ibid., lias. G. 3348.

avant tantôt après le chantre. L'ancien traitement des cinq archidiacres sera modifié par actes épiscopaux des 16 janvier et 17 novembre 1343 (p. 207, n° 26). Cette pièce se trouvera à la date susdite dans nos *Monuments de l'ancienne discipline du diocèse de Troyes*.

2. Dès l'époque de la séparation des menses épiscopales et capitulaires les prébendes étaient au nombre de quarante (p. 208, n° 28), ce qui prouve que la cathédrale de Troyes avait des revenus considérables, car ce fut une règle générale et invariable de proportionner le nombre des chanoines aux revenus des églises.

Parmi les prébendes de la cathédrale quatre étaient sacerdotales, c'est-à-dire qu'elles devaient nécessairement être données à des prêtres ou à des clercs qui s'engageaient à recevoir la prêtrise dans l'année.

Les chanoines contractaient diverses obligations qui sont exprimées dans la formule du serment qu'ils prêtaient le jour de leur réception.

Hec est forma juramenti quod debet facere flexis genibus et tactis sacrosanctis Evangeliis quicumque recipitur in capitulo Trecensi in canonicum et in fratrem.

Ego N., canonicus hujus ecclesie, juro ad hec sancta Dei evangelia, quod ego ex nunc in ista ecclesia desserviam per me vel alium secundum gradum ordinis in quo sum (vel ero in futurum) promotus. — Item juro quod ero fidelis et obediens dominis decano et capituli hujus ecclesie. — Item juro quod ego servabo jura, statuta et consuetudines hujus ecclesie approbatas, pro posse. — Item juro quod ego servabo secreta capituli et ea nemini revelabo. — Item juro quod statutum seu laudabilem consuetudinem hujus ecclesie de solvendis XX libris et XX denariis turonensium in receptione cujuslibet canonici servabo. — Item juro quod si contingat me personaliter hic non residere solvam foraneitatem consuetam C solidorum turonensium, nec contra hoc privilegium impetrabo et si fuerit impetratum illo non utar. — Item juro quod omnia et singula contenta in pelle particionum prebendarum ecclesie Trecensis que loquitur de grossis fructibus percipiendis in cameris particularibus, qui grossi fructus recipiuntur equaliter de quinquennio in quinquennium, servabo, nec contra veniam tacite vel expresse. — Item juro quod statutum seu consuetudinem hujus ecclesie super grossis fructibus cujuslibet prebende, ad quam quis per alterius obitum recipitur, qui pro uno anno cellario hujus ecclesie applicari consueverunt ad augmentacionem anniversariorum defunctorum canonicorum hujus ecclesie, servabo, nec contra veniam per me vel alium tacite vel expresse. — Item juro quod si contingat me habere competitorem, vel alium recipi ad prebendam ad quam recipior, de fructibus ante michi adjudicatam pacificam possessionem provenientibus nichil unquam petam ; sed applicabuntur ecclesie, nisi ante inchoatam litem per annum pacifice possederim. — Item juro quod si contingat me per annum in hac ecclesia residere, statim, anno elapso, emptione vel alio justo titulo a capitulo domum habebo canonialem, si qua vacet; alias anno quolibet ecclesie, ratione domus non habite, solvam C solidos turonensium. — Item juro quod sum de legitimo matrimonio, liber, et ex utroque parente libero procreatus. Et casu quo contrarium hic per me juratorum aut alicujus eorum reperitetur in futurum, volo ex nunc et consentio quod hec mea receptio nulla sit ipso facto et nullius valoris et momenti. Sic me adjuvet Deus et hec sancta Evangelia.

Le jour de sa réception, chaque chanoine donnait primitivement une chape. Au xiv° siècle, le droit de chape fut remplacé par la somme de XIII livres VI sous VIII deniers pour la fabrique. D'autres droits se rattachaient au droit de chape, c'est pourquoi chaque chanoine versait la somme totale de vingt livres et vingt deniers tournois qui étaient ainsi distribués :

Summa XX librarum et XX denariorum turonensium quam solvet quilibet canonicus prebendatus in sua receptione distribuetur hoc modo : fabrica recipiet XIII libras VI solidos et VIII denarios; capitulum C solidos distribuendos inter canonicos tunc capitulantes; scriba X solidos; claustrarius X solidos; succentor X solidos; et quatuor pueri chori V solidos turonenses recipient (Trésor de la cathédrale, *ms. cit.* fol. 5 r°).

Chacun des chanoines à sa mort devait payer comme droit de poêle (*pro pallio*) « VI florenos auri de Florentia, boni auri et justi ponderis, vel valorem ipsorum »; les dignités payaient huit florins (p. 223).

Toutes les prébendes étaient à la collation de l'évêque; il n'y avait d'exception que pour les prébendes unies dont nous allons dire un mot.

Le 4 mars 1091, l'évêque Philippe de Pont unit une prébende de la cathédrale au prieuré de Saint-Georges de Vallant (Aube), fondé par le chapitre de Troyes vers 1085 (p. 1-4) : il est à remarquer qu'au moment où les chanoines de Saint-Pierre abandonnaient la vie commune, ils faisaient venir de l'abbaye de Saint-Quentin de Beauvais des chanoines-réguliers qu'ils établissaient à Saint-Georges. Le 11 novembre 1093 (1), le pape Urbain II confirma à l'abbaye de Saint-Quentin la possession du prieuré de Saint-Georges : « Urbanus, episcopus, servus servorum Dei, dilectis in Xpisto filiis in ecclesia B. Quintini secus Bellovacensem urbem.. Pie voluntatis affectu prosequente » à la prière de Foulques, évêque de Beauvais, il confirme à l'abbaye entre autres biens « ecclesiam S. Georgii in Trecassino episcopatu.. Datum Anagnie, per manus Johannis, S. R. E., diaconi cardinalis, III idus novembris, indict. II anni MXCIII, pontificatus domini Urbani pape II anno sexto. » On lisait dans le nécrologe de Saint-Quentin : « X kal. januarii. Obiit venerande memorie Ivo, pre aliis sui temporis doctor insignis, primus abbas hujus ecclesie, postea Carnotensis episcopus. Hic.. cellam S. Georgii nobis acquisivit, prebendam S. Petri Trecensis (2).

L'évêque Hatton (1140-1142), à la demande du pape, accorda aussi une prébende à l'abbaye de Cluny (p. 13) ; mais en 1164, Etienne, abbé de Cluny, rendit

---

(1) Alain le Large, *De ordine canonicor. disquisitiones*, p. 525.
(2) *Gallia Christ.*, t. IX, col. 819.

cette prébende à Henri de Corinthie, évêque de Troyes (p. 27).

Une autre prébende fut attachée à l'entretien des quatre enfants de chœur. Le chapitre ayant demandé préalablement à Benoit XIII, antipape, la suppression et l'union de cette prébende, le 14 mai 1407 Benoit XIII accorda la requête des chanoines, « Massilie apud S. Victorem, II idus maii, pontificatus anno XIII ». Le 15 décembre 1411, Etienne de Givry, évêque de Troyes, signa les lettres de suppression et d'union de la prébende. Nous donnons ces lettres dans les *Monuments de l'ancienne discipline du diocèse de Troyes*, à la date de 1411. (Archiv. de l'Aube, *lias*. G. 2566.)

Enfin une autre prébende unie, appelée préceptoriale, fut affectée au principal du collège de Troyes, et plus tard aux Oratoriens.

V. *Le chœur : 1. le personnel; 2. règlements.*

1. — Le personnel proprement dit du chœur comprenait :

1° Les dignités et les chanoines titulaires dont nous avons parlé plus haut.

2° Les quatre chanoines de Notre-Dame. Ils furent fondés en 1182 par Haïce de Plancy, doyen du chapitre. Ils étaient à la collation de l'évêque, et de la juridiction du chapitre. Chacun d'eux recevait la moitié des rétributions d'un chanoine; ils faisaient un stage perpétuel (p. 46, 208 n° 30). Voici le serment que prêtaient les chanoines de Notre-Dame.

Hec est forma juramenti quod tenetur facere canonicus ad altare Beate Marie in sua receptione.

Ego N., presbiter canonicus ad altare Beate Marie

in ecclesia presenti, juro quod ego faciam continuam residentiam, et intererò diligenter omnibus horis diurnis et nocturnis in choro hujus ecclesie cantandis et missis ibidem celebrandis. — Item quod officium in capella Beate Marie fieri consuetum continuabo pro posse. — Item juro quod jura et consuetudines laudabiles dicte capelle pro posse meo servabo. — Item juro quod ego ero obediens et justiciabilis dominis meis decano et capitulo hujus ecclesie ac de bonis quibuscunque dicte capelle pertinentibus eisdem dominis legitimum compotum reddam et per concanonicos meos reddi procurabo. — Item juro quod statutum seu laudabilem consuetudinem hujus ecclesie de solvendis X libris turonensium in receptione cujuslibet canonici dicte capelle servabo. Sic me Deus adjuvet et hec sancta Evangelia (1).

3° Le sous-chantre. Il fut fondé au mois de janvier 1201. Il faisait partie des vicaires de chœur, il était à la collation du chantre et sous sa juridiction, et il le remplaçait au besoin. Il pouvait être choisi parmi les capitulants, et alors il suffisait qu'il fut diacre ; autrement son office était sacerdotal, il devait un stage perpétuel. C'était lui qui installait les bénéficiers de la cathédrale, à l'exception de l'évêque et du doyen (p. 102, 144 et 209, n° 31).

Le sous-chantre faisait le serment suivant le jour de sa réception.

(1) Trésor de la Cathédrale, ms. cit., fol. 3 r°.

Hæc est forma juramenti succentoris Trecensis.

Ego N., hujus ecclesiæ succentor, juro quod in hac ecclesia faciam continuam residentiam et intererro omnibus horis divinis diurnis et nocturnis pro posse. — Item juro quod vicarios et alios inferiores inquietos aut alios defectuosos in choro reprehendam, honestatem servicii divini pro posse procurando; rebelles autem, si qui sint, vobis dominis meis decano et capitulo, aut domino meo cantori revelabo. — Item juro quod officium succentorie diligenter exercebo. — Item juro quod jura succentorie servabo et alienata, si que sint, recuperabo pro posse. *Et si non sit sacerdos :* Item juro quod faciam me infra annum ad sacerdocium promoveri (1).

Outre ses droits sur le chœur, le sous-chantre jouissait encore de certains droits sur les petites écoles comme nous l'avons dit plus haut. En 1246 (p. 193), le chantre céda au sous-chantre 60 sous sur la paroisse d'Ecardes (Marne). Le mercredi 25 septembre 1336 (2), lorsqu'eût lieu l'union de toutes les écoles sous un seul recteur général ou grand-maître, qui était à la collation alternative du chantre de Saint-Pierre et du scholastique de Saint-Etienne, comme nous l'avons dit plus haut, il fut réglé que le recteur des écoles paierait tous les ans au sous-chantre « XVIII libratas terre turonensis annui redditus. »

4° Les vicaires de chœur ou musiciens-chantres. Ils furent établis au nombre de dix-huit le 15 avril 1302 (p. 215). Un peu plus tard le nombre des vicaires de

(1) Trésor de la Cathédrale, *ms. cit.*, fol. 2 v°.
(2) Archiv. de l'Aube, liasse G. 3348.

chœur fut porté à vingt et un, en y comprenant le sous-chantre (p. 209, n° 32).

2. — Notre cartulaire renferme plusieurs réglements, du XII° au XIV° siècle, concernant l'office divin, l'assiduité au chœur, l'ordre de préséance, l'intabulation, les distributions, la pointe, le luminaire etc. (n° 10, 38, 39, 131, 184, 213, 214, 216, 220, 228, 231, 233).

Les anciens statuts relatifs à l'assistance au chœur furent souvent renouvelés en chapitre général pendant le XV° siècle, comme on le voit dans le *Liber villosus* (1); après le XV° siècle ils sont encore solennellement promulgués le 4 janvier 1515 (v. st.) et confirmés le 16 du même mois, puis promulgués de nouveau le 1ᵉʳ juillet 1528, le 5 janvier 1534 (v. st.) et enfin le mercredi 4 janvier 1696. A cette date le chapitre rappelle (2) que les bénéficiers doivent garder strictement la résidence « comme il est réglé et comme il paraît par les registres depuis 1520, ou des congez sont demandés même pour trois jours ».

Ici nous ajouterons seulement un document qui fait connaître plus explicitement le luminaire que l'évêque devait fournir à la cathédrale.

XIV° siècle. — Nota que tuit li cierge qui sont porté dou tresor de Monseigneur en cuer, cest assavoir en l'eglise de Troyes, sont de livre chascun.

Et en sont ou dit cuer continuellement nuit et jour deux ardens.

Devant lautel devant la vierge sainte Hélène 1 cierge ardent continuellement, comme dit est.

(1) Archives de l'Aube, reg. G. 1254.
(2) Ibid. reg. G. 1305, fol. 281 r°.

Devant le Saulveur 1 cierge ardent continuellement.

Et devant Nostre-Dame, cest assavoir en la chapelle darrier, 1 cierge ardent continuellement comme dit est. Ainssin sont ardens continuellement en ladicte eglise nuit et jour V cierges.

Item est assavoir que le samedi as soir sont alumé aux vespres IIII cierges, le dimenche a matines, à la messe et a vespres, et est tenue ceste ordonnance a toutes les festes de IX lecons.

Item a feste double sont alumé, comme dit est a IX lecons, VIII cierges.

Item a feste annuelle le grant luminaire est alumé comme dit est et le cothidien avec.

Item est assavoir que en la dicte chapelle de Nostre-Dame darrier sont le vendredi a vespres ardent III cierges, le samedi à la messe, et a vespres et le dimenche.

Item toutesfoiz que les heures sont dictes, cest assavoir matines, prime, tierce, medi, none et vespres, et aux jours feriés a la messe, et a toutes ces heures dessusdictes ardent II cierges.

Item a feste année III cierges.

Et sont délivrez au clerc de la chapelle dessus dicte par le clerc dou Sauveur le samedi IIII cierges pour toute la sepmaine, se il durent tant.

Item a tous les anniversaires d'evesque et autres qui sont double, ardent IIII cierges aux vegiles et a la commendation et a la messe.

Item toutes les foiz que en chante de Nostre Dame où dou Saint Esperit, IIII cierges sont ardens devant lautel, excepté celle dou lundi laquelle est extraordinaire.

Item tuit li flaz doivent estre de XXIIII en la livre, des quelz les XVI sont petiz et les VIII grans.

Et toutes foiz on en doit baillier aux jours feriés II petiz et I grant ; les petiz pour les leteriz et le grant pour lere la legende. Et est assavoir que a toutes festes de IX lecons on en doit baillier IIII petiz et II grans, et a feste double pareillement.

Item a feste annuelle VI petiz et III grans.

Item quant il fait trouble on doit bailler III tortiz souffisans.

Item toux les samedis de l'an on doit a lun des marrigliers prebtres, lun apres lautre, et au marriglier lais qui sonne les heures, une poignée de chandelles souffisans.

Item toutes les deux Vierges, au confrairies, pour mettre et oster les chandeliers de bois, li macon doivent avoir chascun I cierge des moiens de la confrairie.

Item le grant luminaire doit estre dou pois de LIII livres en XIII cierges.

Item le cierge benoist doit avoir et a le pois dou grant luminaire ; et est ou cuer des Pasques jusques a la Penthecouste (1).

Le lundi 26 août 1446, le chapitre accorda à l'évêque la remise d'une partie du luminaire « propter diuturna et varia discrimina guerrarum, in hoc Francie regno a longo tempore vigentium » et qui avaient fort

---

(1) Bibliot. de Troyes, ms. 833, ad calcem. XIV° s.

diminué les revenus épiscopaux (1). Nouvelle transaction le mercredi 3 novembre 1484 (2). Le 12 août 1707, le luminaire de la cathédrale est modifié en faveur de F. Denis Bouthillier, évêque de Troyes (3). Enfin, Bossuet, le 9 décembre 1722, obtient un nouveau réglement pour la diminution du luminaire de la cathédrale, sans préjudicier à la transaction du 12 août 1707 (4).

Plusieurs règlements spéciaux fixent le luminaire requis en certains cas particuliers : ainsi le chapitre décide, le vendredi 25 novembre 1491, que tous ceux qui disent « missas ordinarias, » à la cathedrale, « emant tedas ad levandum corpus Xpisti et cereos. Quod si contempserint, ab eisdem missis privabuntur. » Archiv. de l'Aube, *reg.* G. 1278, fol. 311 r°.

VI. *Chapitres généraux.*

Outre les assemblées ordinaires des chanoines qui étaient très fréquentes et presque journalières, comme le prouvent les registres des délibérations capitulaires du xiv° au xviii° siècle, il y avait encore les grandes et solennelles assemblées connues sous le nom de chapitres généraux. Les intérêts spirituels et temporels du chapitre, les réformes importantes à faire se traitaient en chapitre général. Il y avait vingt-quatre jours de chapitre général pendant l'année. On lit dans une délibération du mardi après Quasimodo 1388 : « Il y a VI jours capitulaires après le mardi de Quasimodo,

---

(1) Archives de l'Aube, *reg.* G. 1275, fol. 249 v°.
(2) Ibid. *reg.* G. 1278, fol. 29 v°.
(3) Ibid. *reg.* G. 1306, fol. 29 v°.
(4) Ibid. *reg.* G. 1308, fol. 37 r°.

VI jours capitulaires après le premier jour de l'an, et XII jours capitulaires après la feste de saint Pere et de saint Pol, qui touz sont chapitres generaulx ». (Archives de l'Aube, reg. G. 1254, fol. XLVI v°.)

VII. *Le chapitre était exempt de la juridiction de l'évêque de Troyes.*

A partir de la séparation de la mense capitulaire et de la mense épiscopale le chapitre de la cathédrale forma une institution ayant son autonomie propre, ses assemblées, son sceau, sa justice et son officialité. Dans le cours du XII° siècle, les chanoines s'affranchissant insensiblement de la juridiction épiscopale se placèrent sous la juridiction immédiate du doyen et du chapitre. Le chapitre jugeait en premier ressort ses membres et les causes en appel ressortissaient à l'officialité de Sens (p. 209, n° 34). Les chanoines faisaient reposer leur privilége d'être exempt de la juridiction épiscopale sur le chapitre *irrefragabili* du concile de Latran, tenu en 1215, et sur les concessions des évêques de Troyes. De fait, les évêques de Troyes Manassès de Pougy en 1184 (p 53), Robert en 1225 (p. 172), Guichard le 5 août 1304 (p. 222), Guillaume Parvi le 7 avril 1452, Louis Raguier, le 21 juillet 1478, Jacques Raguier le 15 avril 1496, reconnurent que le chapitre de la cathédrale était exempt de leur juridiction. Nous rapporterons deux pièces qui sont les titres de ces concessions au XV° et au XVI° siècle.

21 juillet 1478 — 15 avril 1496.

Universis presentes litteras inspecturis Jacobus, Dei et Sancte Sedis Apostolice gratia Trecensis episcopus, salutem. Notum facimus, quod cum processus, lites et discordie mote fuissent, majoresque moveri sperarentur inter nos, ex una parte, et decanum et capitulum nostre Trecensis ecclesie tam conjunctim quam divisim, ex altera, occasione jurisdictionum, exemptionis et privilegiorum dictorum decani et capituli, necnon jurisdictionis temporalis dicte nostre Trecensis ecclesie, quiquidem processus, lites et discordie sepissime odia generant inter partes, que nos volentes pro posse vitare, et cupientes in pace et fraternitate cum dictis decano et capitulo, prout decet, vivere, super rebus inferius annotatis de quibus movebatur inter nos questio, concordavimus et pacificavimus in modum qui sequitur : Et primo, quod curati capellani et clerici ecclesiarum Sanctorum Remigii, Nicetii, Dionisii, Aventini Trecensis; de Barbona, de Creneyo, de Fayello, de Rameruco, de Sancto Petro de Boussenayo respective, que ecclesie sunt de collatione et visitatione dictorum decani et capituli cum suis succursibus; et similiter ecclesiarum de Mouceyo, de Villeyo Marescalli, et Aubrusselto etiam cum suis succursibus, que sunt de collatione et visitatione dicti decani Trecensis, videlicet dicti capellani et clerici continue predictis ecclesiis respective deservientes, necnon capellani perpetui in ipsis ecclesiis beneficiati, qui similiter sunt de collatione ipsorum, sunt et erunt exempti a jurisdictione nostra ordinaria. Et sciendum est quod in dicta ecclesia Sancti Remigii est unus curatus, quatuor capellani, et tres clerici deservientes ipsi ecclesie

Sancti Remigii ac ecclesiis Beate Marie Magdalene et Sancti Frodoberti, ipsius ecclesie Sancti Remigii succursibus; in ecclesia Sancti Nicetii est unus curatus, duo capellani et unus clericus; et in qualibet aliarum ecclesiarum suprascriptarum est unus curatus et unus capellanus respective, ut dictum est, quiquidem curati dictarum ecclesiarum in eorum institutione accipient curam animarum a nobis, et etiam capellani sui predicti, in eisdem ecclesiis continue deservientes, accipient a nobis licentiam quolibet anno, quemadmodum faciunt alii capellani ecclesiarum non exemptarum dicte diocesis. Matricularii vero ecclesiarum predictarum a nobis sic exemptarum sunt et erunt subjecti et justiciabiles nostri et de nostra jurisdictione ordinaria, poterunt tamen dicti decanus et capitulum visitando dictas ecclesias, dictis matriculariis injunctiones facere dependentes a dicta visitatione, prout consueverunt, quibus injunctionibus si non paruerint, eosdem coram nobis aut officiali nostro poterunt persequi, et pena seu emenda que fuerit in injunctione facta dictis matriculariis apposita, seu que contra ipsos propterea adjudicabitur, applicabitur fabrice dicte nostre Trecensis ecclesie. Item magister, fratres et sorores Hospitalis Sancti Nicolai Trecensis sunt et erunt subjecti, et justiciabiles dictorum decani et capituli, et a jurisdictione nostra ordinaria exempti, prout fuerunt ab antiquo, salva tamen compositione facta inter dominum Joannem *Lesguisé*, quondam Trecensem episcopum, et dictos decanum et capitulum super declaratione et absolutione a sententia excommunicationis canonis tam quoad dictos magistrum, fratres et sorores quam quoad ceteros supradictos et justiciabiles dictorum decani et capituli et a nobis exemptos. Item curati predictarum ecclesiarum tenentur et in futurum tenebuntur comparere in magna synodo nostra, que quolibet anno celebratur in nostra Trecensi ecclesia, nisi legitime excusentur, et non in aliis synodis, et si non compareant nos poterimus procedere contra ipsos per contumaciam et excommunicationem, prout possimus contra alios curatos non exemptos, nec tamen poterimus propter dictam contumaciam in dictis ecclesiis aut fructibus earum manum nostram apponere seu apponi facere, quinimo poterunt dicti decanus et capitulum dictas ecclesias regere fructusque earum saisire et suos facere prout faciunt et facere consueverunt per decessum dictorum curatorum, salvo tamen quod cum aliqui fuerint per ipsos commissi ad dictas ecclesias regendas quoad spiritualia, commissi predicti tenebuntur licentiam accipere a nobis, quam non poterimus denegare si dicti commissi fuerint sufficientes et idonei. Item supradicti curati cappellani et clerici dictarum ecclesiarum a nobis exemptarum, tenebuntur exequi debite mandata nostra et nostre Trecensis curie, necnon aliarum curiarum ab eadem curia nostra dependentium privilegiis dictorum decani et capituli non derogantia; alias si dicta mandata neglexerint exequi aut denegaverint, punientur et corrigentur per nos aut nostrum officialem, nec poterunt supradicti exempti aut aliquis ipsorum administrare sacramenta ecclesiastica personis quibuscumque in casibus in quibus dicte persone tenentur pro dictis sacramentis percipiendis habere litteras a nobis aut nostro officiali, nisi de ipsis litteris prius dictis exemptis fidem fecerint, et si contra hoc fecerint per nos aut nostrum officialem similiter punientur. In ceteris autem casibus, etiam curam animarum et administrationem sacramentorum concernentibus, dicti decanus et capitulum habebunt omnimodam jurisdictionem in dictos exemptos, sicut ab antiquo habere consueverunt, etiam si ipsi exempti a jurisdictione nostra celebraverint bina vice in die causa lucri tam in loco exempto quam non exempto, et aliis similibus casibus et secundum privilegiorum dictorum decani et capituli formam et tenorem, necnon certi arresti prolati in curia parlamenti Parisiensis, inter predecessorem nostrum episcopum Trecensem in materia novitatis defensorem, ex una parte, et dictos decanum et capitulum actores et conquerentes, ex altera, die XXI° julii, anno Domini M°CCCC°LXX°VIII°. Item jurisdictio temporalis predicte Trecensis ecclesie erit et manebit communis et pro indiviso nobis et dictis decano et capitulo, et emende que procedent et nascentur de delictis, criminibus, excessibus, et forefactis commissis in dicta ecclesia, necnon cetera commoda, que ad causam dicte justicie temporalis procedent, applicabuntur per medium et communiter nobis et dictis decano et capitulo per quemcumque fuerint captio seu prisia et prosecutio facte pro dictis delictis et excessibus seu aliis juribus, salvo dicto reverendo jure locationum portalis dicte ecclesie. Item nullam habebimus jurisdictionem temporalem in loco in quo dicti decanus et capitulum soliti sunt congregari ad capitulandum, nec etiam in libraria, orreis et ceteris locis eisdem adjacentibus, existentibus inter dictam ecclesiam et curtem nostram, in claustro quoque et in loco dicto *le Chaufour*; quinimo dictam jurisdictionem dicti decanus et capitulum conjunctim et in solidum in dictis locis habebunt; nos autem et successores nostri soli habemus omnimodam jurisdictionem in dicta nostra curte, domo episcopali et jardinis ejusdem. Item si dictus decanus celebret et faciat divinum officium in prelibata Trecensi ecclesia, habebit et habere poterit illa die tam in missa quam in vesperis capellanum vel vicarium juxta se, sibi monstrantem in cappa sericea, ac etiam in processionibus in quibus dictus decanus comparebit in vestibus sacerdotalibus ad dictum officium faciendum. Item totiens quotiens prefati decanus et capitulum presentabunt nobis aliquem sufficientem et idoneum ad parrochialem ecclesiam de Sancto Patroclo in Colle, que est de presentatione ipsorum decani et capituli, et ad alias ecclesias ad presentationem ipsorum similiter spectantes, tenebimur collationem sibi dare, nec illam poterimus denegare, salvo tamen jure nostro ordinario. Et omnes processus moti tam occasione rerum predictarum quam aliarum, inter nos et dictos decanum et capitulum, necnon inter promotores nostros et dictos a nobis exemptos seu alteros ipsorum, coram quibuscumque judicibus sint pendentes, remanserunt et remanent pro nullis, expensis hinc inde compensatis. Promittentes bona fide et sub ypotheca et obligatione omnium bonorum mobilium et immobilium presentium et futurorum nostri episcopatus, omnia et singula supradicta inviolabiliter perpetuo observare. In cujus rei testimonium presentes litteras sigilli nostri appensione duximus communiri, actum et datum Trecis in domo nostra episcopali, die XV° mensis aprilis, anno Domini M°CCCC°XC°VI post Pascham. — Camusat, *Promptuar.*, fol. 240 r°.

VIII. *L'archevêque de Sens visitait et corrigeait le chapitre de Troyes.*

A l'exemption de la juridiction episcopale se rattachait un autre privilége : c'était l'archevêque de Sens, et non l'évêque de Troyes, qui avait droit de visite et de correction sur le chapitre de Saint-Pierre (p. 209, n° 34).

11 *septembre* 1386. — *Lettres de rémission.*

Universis et singulis presentes litteras inspecturis Guido, miseratione divina archiepiscopus Senonensis, salutem in Domino. Notum facimus, quod, cum nuper nostram visitando provinciam ad ecclesiam Trecensem ejusque capitulum die dominica presentis mensis septembris causa visitandi descenderimus, fuerimusque per decanum et capitulum ecclesie ad visitacionis officium honorifice et decenter recepti; postmodumque, tractu temporis processo, per nos ad correctionem dictorum decani et ecclesie predicte, tam conjunctim quam divisim, volentes tunc in nostro jocundo adventu cum dictis decano et capitulo singularibusque personis ejusdem graciose procedere, omnes excessus et negligentias, quorum punicio ad nos pertinere deberet, tam de consuetudine quam de jure, per ipsos decanum et capitulum et personas singulares ejusdem usque in diem presentem commissas, de gracia speciali condonamus et remittimus per presentes. In quorum omnium testimonium presentes litteras fieri facimus... Datum Trecis, die XI^a mensis septembris, anno Domini M°CCC°LXXX sexto (1).

Le chapitre de Troyes répondit à ces lettres de rémission par des lettres de non-préjudice dans lesquelles il reconnait que le pardon à lui octroyé ne préjudiciera pas pour l'avenir aux droits de l'archevêque (2).

IX. *L'élection de l'évêque appartenait au chapitre.*

Quand le siége épiscopal devenait vacant, il appartenait au chapitre de nommer le nouvel évêque. Ce droit fut en vigueur jusqu'au concordat de Léon X et

(1) Archives de l'Aube, *reg.* G. 1254, fol. VIII-34.
(2) Ibid.

de François 1er. On trouve dans nos documents (p. 119) une élection pleine de difficultés qui eut lieu en 1206-1207, enfin les chanoines de Saint-Pierre, sur l'avis du pape Innocent III, élurent évêque le diacre Hervé, natif de Saint-Benoît-sur-Vanne.

Au XVe siècle il arriva quelquefois des difficultés qui entravèrent l'élection des évêques, nous en donnons pour exemple l'élection de Jean Léguisé. L'évêque Etienne de Givry étant mort le 26 avril 1426, le lundi 29, le chapitre décida que l'élection du nouvel évêque aurait lieu le 11 juin (1). Jean Léguisé fut élu. Cinq jours après arrivait une commission du chancelier de Paris au bailli de Troyes portant l'ordre de saisir le temporel du chapitre parcequ'il avait procédé à l'élection de l'évêque sans la permission du roi. Le chapitre en appela au parlement.

Avril-juin 1426.

Anno Domini M°CCCC°XX°VI°, die XXVI mensis aprilis obiit quondam bone memorie rever. in Xpisto pater et dominus Stephanus, Trecensis episcopus, etatis nonaginta duorum annorum et in episcopatu XXXI, in ecclesia Trecensi ipsa die ante majus altare sepultus. Post cujus exequias expletas, venerabiles domini decanus et capitulantes capitulum suum ad sonum campane provocatum intraverunt, et pro electione futuri pastoris citationem ad quadragesimam diem sequentem pro canonicis absentibus decreverunt. Qua die adveniente, qui voluerunt et po

---

(1) Archives de l'Aube, reg. G. 1275, fol. 39 r°.

tuerunt presentes fuerunt numero XXIII, cum ceteris procuratoribus aliquorum absentium, servatisque terminis juris, ad electionem futuri pastoris solemnitatibus adhibitis processerunt, et tandem viam scrutinii elegerunt concorditer, per quam domini scrutatores electi, suum scrutinium fecerunt, et solemniter dictis dominis capitulantibus retulerunt, quod major et sanior pars dictorum coeligentium venerabilem virum magistrum Joannem *Laguisé*, in artibus magistrum, in jure civili baccalaureum et in jure canonico licentiatum, dicte ecclesie canonicum prebendatum, tunc presentem, nominaverunt et elegerunt. Factaque relatione premissorum, ceteri qui alios coelegerunt, in quantum potuerunt, dicte nominationi et electioni de dicto magistro Joanne factis, tanquam benemerito, adheserunt et consenserunt vunanimiter, eumque modo consueto in choro ecclesie intronizaverunt, et cetera fecerunt que in ecclesia de jure fieri videbantur. Quibus peractis ad capitulum redierunt, et suum consensum petierunt, qui post intervallum modici temporis suum dicte electioni benigne prebuit consensum pariter et assensum, et tunc ad dominum nostrum Papam per unum de suis concanonicis dictam electionem in forma transmiserunt. Post hec, quinta die sequenti, supervenit quedam commissio ex parte cancellarie Parisiensis domino baillivo Trecensi directa, per quam mandabatur ei ut inhiberet nobis capitulantibus ne ad electionem procederemus, et si processum fuerat, illam non persequeremur, et hoc sub pena temporalitatis etc., cui nos opposuimus et ad oppositionem nostram minime fuimus recepti, et ne ad ulteriora idem dominus baillivus, qui prudenter se habuit, procederet, ab eo et ejus mandato et a quacumque executione, si quam vellet circa nos exercere, ad curiam parlamenti appellavimus et provocavimus, et adhuc causa in dicto parlamento residet indecisa, dicebatur enim nos non posse ad dictam electionem procedere, nisi cum licentia regis petita et obtenta ; quod est nobis novum (1).

Le vendredi 14 juin le chapitre décide que le chanoine « Gerardus Jeuberti », qui part pour Rome avec la mission de rendre compte de l'élection de Jean Léguisé, sera compté comme présent au chœur de la cathédrale jusqu'à la Saint Remi (2).

Le vendredi 19 juillet le chapitre délègue six de ses membres pour aviser à faire lever la saisie du temporel (3).

L'élection fut maintenue.

7 avril 1524. — *Sentence rendue au baillage de Sens, par laquelle du consentement du sieur euesque de Troyes, les chanoines de son eglise sont declarez exemptz de sa juridiction.*

A tous ceux qui ces presentes lettres verront, Francois Boucher consciller du roy, lieutenant ge-

---

(1) Archives de l'Aube, *reg.* G. 1234, fol. CLX-170 v° et G. 1475, fol. 39 r°.
(2) *Ibid.*, fol. 43 r°.
(3) *Ibid.*, fol. 41 r°.

neral au baillage de Sens, commissaire, juge et gardien donné et deputé de par ledict seigneur aux venerables doyen et chapitre de l'église Saint-Pierre de Troyes, membres et suppostz d'icelle, pour cognoistre et determiner au siege dudit Sens, de toutes leurs causes et querelles meuës et à mouuoir tant en demandant comme en deffendant, comme par priuilege royal à eux octroyé et notoirement publié audict siege peult apparoir, salut : Sur ce que procès ait esté meü et introduict en c'este cour, entre lesdicts venerables doyen et chapitre, et maistre Claude de Lirey, prestre chanoine prebendé en ladicte eglise, demandeurs et compleignans d'vnepart, et reuerend pere en Dieu monsieur l'euesque dudit Troyes, en son nom et comme ayant prins la cause pour maistres Jean Collet son official, Gruco Moynet son scelleur et autres ses complices et Martin Marie, deffendeurs oudict cas, d'autre part : pour raison et à cause de ce que combien que lesditz du chapitre tant en chef que en membres, et consequamment ledit Lirey à cause de sa prebende et chanoinerie en ladite eglise, soient seullement subiectz immediatement ausditz venerables chanoines et chapitre, et par appel à monsieur l'archeuesque de Sens, sans ce qu'ilz soient subjectz, ne justiciables en premiere instance ne autrement, en quelque maniere que ce soit, audit reuerend euesque de Troyes, son official, scelleur, ses vicaires, promoteurs, ne autres officiers ; ains exemptz de la juridiction ecclesiasticque dudit euesque, dont ils ont joy et vsé, tant en chef que en membres, et en sont en bonne possession et saisine de tel et si long temps, qu'il n'est memoire du commencement ne du contraire en possession et saisine qu'il na esté, et n'est loysible audit official, scelleur dudit euesque de Troyes, ou altres officiers de decerner citation contre ledit Lirey, ne autres desditz prebendez en ladite eglise, pour respondre par-deuant ledit official de Troyes en matiere personnelle, ne autrement, ne d'en tenir cour ou jurisdiction, ne contrainde iceluy Lirey, ou autres desditz prebendez à proceder pardeuant luy en ladite matiere, ne à l'executeur d'icele citation citer ledit Lirey, ou aultres desditz prebendez, pour respondre pardeuant ledit official, à requeste dudit Martin Marie, ne autrement, en quelque maniere que ce soit. En possession et saisine, si ledit euesque de Troyes, son official, scelleur, ou executeur de ladite citation, s'estoient efforcez ou efforçoient faire le contraire desdites possessions et saisines, de les contredire, empescher, et le tout faire reparer et remettre, tantost et sans delay au premier estat, et deü, par raison et justice, et combien que ledit Lirey, et lesditz du chapitre de Troyes, en la qualité que dessus, prebendez en icelle eglise Sainct Pierre de Troyes, ayent joy et vsé desdites possessions et saisines, pour y estre maintenuz et gardez, neantmoins les officiers dudit euesque de Troyes, ou l'vn d'eulx, à requeste dudit Martin Marie, s'estoient ingerez de decerner une citation pour citer à comparoir pardeuant ledit official de Troyes ledit Lirey, chanoine prebendé en ladite eglise Sainct Pierre de Troyes, qui auroit esté executée, et si s'est ledit official, efforcé cognoistre de ladite matiere pure, personnelle, à lencontre dudit Lirey, nonobstant ladite exemption, en troublant par ce et empeschant ledit Lirey en s'esdites possessions et saisines, ensemble les prebendez dudit chapitre à tort, sans cause, induëment, de nouuel, au moyen dequoy, et pour auoir reparation desditz nouueaux troubles et empeschemens, lesditz doyen, chanoines et chapitre de Troyes, ensemble ledit de Lirey, auroient obtenu noz lettres de commission et complainte en forme de maintenuë et garde, en vertu desquelles se seroient faict maintenir et garder par certain sergent royal, és possessions et saisines dessusdites, à lencontre desditz euesque de Troyes, son official, scelleur, vicaires, promotteurs, executeur de la citation, ensemble contre ledit Martin Marie, et pource que ledit Martin Marie se seroit opposé, ledit sergent auroit assigné jour ausditz Marie, euesque de Troyes, ses officiers, et autres dessusditz, pour dire par ledit Marie ses causes d'opposition, que pour plus amplement veoir maintenir et garder lesditz venerables, et Lirey, es qualitez que dessus en leursdites possessions, et saisines. Ou quel proces tant à esté procedé, que finablement Jean Artault, procureur dudit reuerend euesque de Troyes, tant en son nom, comme ayant pris ou prenant en main le faict et cause pour lesditz maistres Jean Colet son official, Gruco Moynet son scelleur, et autres ses officiers, auroit consenty les conclusions desditz venerables et Lirey, en vertu de la procuration speciale à luy enuoyée, delaquelle la teneur sensuyt.

A tous ceux qui ces presentes lettres verront, Guillaume Bruyer, escuyer, licencier ès loix, prevost de Troyes, et garde du seel de ladite preuosté, salut. Scauoir faisons que pardeuant Symon Mangenet, et Guillaume Rogier, clercs notaires jurez, et establiz à ce faire ès baillage et preuosté dudit Troyes, de par le roy nostre sire, fut present en sa personne reuerend pere en Dieu messire Guillaume Paruy, par la permission diuine et du Sainct Siege Apostolique euesque de Troyes, lequel tant en son nom comme ayant pris ou prenant en main le faict et cause pour venerables et discretes personnes, maistre Jean Colet son official, Gruco Moynet son seelleur, et autres ses officiers, feist, ordonna, constitua, et establist ses procureurs generaulx, et certains messagers especiaulx honorables hommes maistre Jean Artault procureur à Sens, Pierre Martin, Anthoine Guiot, ausquelz et chascun deux pour le tout portant ces lettres ledit constituant donna et octroya, et par ces presentes donne et octroye plain pouuoir, auctorité, mandement especial, et plaine puissance de, pour et ou nom dudit reverend constituant, dire et declarer en certain procès, pendant en la cour du bailliage de Sens, entre les venerables doyen, chanoines et chapitre de l'eglise de Troyes, et maistre Claude de Lirey, *alias* Boulanger, chanoine prebendé en ladite eglise, complegnans et demandeurs en cas et matiere de saisine et de nouuellerie, d'vnepart, et ledit reuerend constituant, tant en son nom que comme ayant pris et prenant en main le faict et cause pour lesditz Colet, Gruco, et autres ses officiers, deffendeurs auec vng nommé Martin Marie, d'autrepart, que combien que puys an et jour ença eu esgard au temps de l'introduction dudit procès, ledit Colet official, ayt decerné ses lettres de citation, à requeste dudit Marie, à lencontre dudit de Lirey, iceluy faict citer pardeuant luy, et octroyé desfault contre ledict de Lirey, soubz vmbre qu'il ne s'estoit presenté ne mis à l'audience deuant le siege de l'assignation à luy donnée par ladite citation ou aultre dependent d'icelle, à raison de quoy lesditz venerables, eux disans par ce troublez et empeschez en leurs droictz, possessions et joyssances, ont intenté la complaincte dont c'est meu ledit procès, neantmoins veu les lettres et pièces exhibées par lesditz venerables audit reuerend constituant, signammant certain arrest de la cour de parlement, donné entre lesditz venerables doyen et chapitre, d'vnepart, et l'euesque dudit Troyes regnant, le 21° jour de juillet l'an 1478, iceluy reuerend constituant oudit nom, ne veult soustenir ce qui auroit esté faict en ceste partie par ledit Colet et autres ses officiers, et de consentir pour et ou nom d'icelluy reuerend constituant qu'il soit dit, jugé, et appoincté par le bailly dudit Sens, ou son lieutenant, et partout ailleurs ou il appartiendra que à bonne et juste cause, lesditz venerables doyen et chapitre ensemble ledit de Lirey se sont douluz et complainctz pour raison dudit trouble et empeschement, que à tort il a esté faict contre eulz et qu'il soit osté et leué à pur et à plain, à leur prouffit, et outre de ce consentit pour et ou nom dudit reuend constituant que iceulz venerables doyen et chapitre, tant en chef que en membres, soient dictz et declarez exemptz de la justice et jurisdiction dudit reuerend et ses officiers, et de mettre à laudience dudit reuerend et de sondit official, etiam pour les cas mentionnez ou chapitre *Volentes (de Priuilegiis, in Sexto)*, excepté toutes-foys en matiere de herezie, et de la foy, et és cas esquelz vng diocesain peult de disposition de droit cognoistre sur les exemps de sa jurisdiction hors ez cas mentionnez oudit chapitre *Volentes*, sans par ce deroger ne prejudicier aux aultres priuileges, joyssance, possessions et concordatz pretenduz par lesditz venerables, et audit constituant ses droictz, priuileges possessions et deffenses, au contraire de ce qui n'est consenty cy dessus ; et generallement de faire autel et autant sur ce que dit est et les deppendances, comme ledit reuerend constituant feroit et faire pourroit si present en sa personne y estoit, jacoit ce que le cas requist mandement plus especial, prometant ledit constituant par sa foy donnée en parolle de prelat, la main mise au pictz, soubz l'obligation de tous les biens temporelz appartenans audit eueshé presentz et aduenir, lesquelz quant à ce il à soubzmis et obligé à toutes jurisdictions quelzconques, pour estre contrainct à tenir fermement, à tousjours tout ce que par sesditz procureurs, ou l'vn d'eulz sur ce que dit est et les deppendences sera faict dict procuré et besongné, payer l'adjugé et ester a droit surce, se mestier est. En tesmoing de ce nous auons scellé ces presentes lettres des scel et contrescel de ladite preuosté, par le rapport desditz notaires, auec leurs seingtz manuelz, ce faict le 25ᵉ jour de januier, l'an 1524, ainsi signé : G. Roger, et Mangenet, et seellées en double queüe de cyre vert.

Scauoir faisons que nous, oy ledit consentement et veües lesdites lettres de procuration, disons que à bonne et juste cause lesditz venerables, tant en chef que en membres, ensemble ledit Lirey, se sont doluz et complainctz pour raison dudit trouble et empeschement, que à tort il a esté faict contre eulx, lequel sera osté et loué, ostons et levons au prouffit et joyssement desditz venerables et Lirey, et oultre auons iceulx venerables tant en chef que en membres, declaré et declarons exemptz de la justice et jurisdiction dudit euesque de Troyes et de ses officiers, et de mettre à l'audience dudit euesque et de son official, *etiam* pour les cas mentionnez ou chapitre *Volentes* (*de Priuilegiis, in Sexto*), excepté toutes-voyes en matiere de heresie, et de la foy, et es cas esquelz vng diocesain peult de disposition de droit cognoistre sur les exemptz de sa jurisdiction hors és cas mentionnez oudit chapitre *Volentes*, sans par ce desroger ne prejudicier aux autres priuileges, joyssance, possessions et concordatz pretenduz par lesditz venerables, et audit euesque ses droitz, priuileges, possessions et deffenses au contraire de ce qui n'est consenty cy dessus, despens compensez de leur consentement par nostre sentence diffinitiue jugement et a droit. Si donnons en mandement au premier sergent royal sur ce requis, mettre ces presentes à execution deüe en ce qu'elles gisent à executer, auquel de ce faire donnons pouruoir mandons à luy estre obey. En tesmoing de ce nous auons seellé ces presentes du contrescel dudit bailliage. Donné et faict en jugement audit Sens, le 7ᵉ jour d'auril, en l'assignation de judica l'an 1524. *Signé* : Viardot (1).

X. *Le chapitre nomme les membres de l'officialité sede vacante.*

Le chapitre exerça toujours le droit de nommer les membres de l'officialité à la mort de l'évêque. Ce droit fut contesté par Etienne Gilbert, à la mort de Jean de Braque, en 1375. Etienne Gilbert était sous-collecteur apostolique, et il prétendait qu'à ce titre il devait nommer le personnel de l'officialité et aussi percevoir le produit des actes de cette juridiction. Le chapitre maintint le droit qu'il avait de nommer les membres de l'officialité ; mais il autorisa ces officiers à rendre compte à Etienne Gilbert du produit des actes de leur charge.

10 aout 1375.

Anno M°CCC°LXX°V°, die festi sancti Laurentii,

---

(1) Camusat, *Promptuar.*, fol. 125 r°.

sedes episcopalis Trecensis vacavit per mortem defuncti D. Joannis *Braque*, et ordinaverunt domini decanus et capitulum ecclesie Trecensis officiarios ad regendum curiam Trecensem qui secuntur, videlicet : magistrum Aymonem de Polongeio officialem; dominum Guillelmum de Creneyo sigilliferum; magistrum Joannem Gueraudi auditorem testamentorum; magistrum Petrum de Arbosio seniorem, penitentiarium; G. *le Fautrat* promotorem causarum officii; Johannem *Voine* janitorem curie; et erit curia in domo domini Guillelmi Audeberti. Item dicta die in presentia domini Joannis de Balneolis, Petri de Greyo, et Guillelmi de Nogento, dominus Stephanus Gilleberti, subcollector Apostolicus, presentavit dominis decano et capitulo litteras, et eisdem requisivit quatenus sibi permitterent ponere officiarios ad regendum dictam curiam auctoritate Apostolica, dicendo quod sibi pertinebat auctoritate dictarum literarum. Et domini predicti de capitulo, habita deliberatione responderunt ipsi D. Stephano, quod visis literis, posito quod habeat potestatem levandi fructus episcopatus, attamen pertinebat eisdem positio officiariorum; sed bene placebat eisdem ut officiarii suprascripti sibi responderent de fructibus per ipsos levatis. Quibus sic actis, predicti officiarii, videlicet magister Aymo, G. de Creneyo, et magister J. Gueraudi juraverunt bene regere sua officia, et sibi de fructibus per ipsos levatis respondere, vel alteri cui pertinebit. Item dicta die magister Petrus de Arceys tradidit dictis dominis signetum officialatus, et dominus Joannes de Summofonte, sigillifer, tradidit sigilla, et dicti domini tradiderunt magistro Aymoni signetum officialatus, et domino G. de Creneyo sigilla. Quibus sic actis, dominus S. Gilleberti requisivit dictis dominis quatenus dictus dominus G. de Creneyo redderet sibi rationem de emolumento dicti sigilli pro et nomine camere Apostolice, et dicti domini sibi responderunt quod bene placebat eis et in quantum teneretur. Actum presentibus Joa. Cousteti et Joa. de Brena (1).

Pierre de Villiers, évêque de Troyes, étant mort au mois de juin 1378 (2), le 14 du même mois Richard Pépin, abbé de Saint-Martin-ès-Aires et official de Troyes, apporta au chapitre le signet de l'officialité, Jean Baudes, tabellion de la cour de Troyes, apporta les sceaux de l'officialité au nom de Guillaume de Creney. Le chapitre nomma official Pierre d'Arcis, garde du sceau Thomas Duit, promoteur Pierre de Ramerupt, auditeurs des testaments Nicolas Lescot et Jean Pressy, régisseur Nicolas Juilli, pénitencier Jean Boinet.

Etienne de Givry, évêque de Troyes, étant mort le 26 avril 1426, le même jour le chapitre nomma les membres de l'officialité : « Stephanum Grapin officialem, E. Mauberti sigilliferum, N. Huyardi et H. Doreti promotores causarum, predictum N. Huyardi audienciarium, Joannem de Veterivilla registratorem, predictos Grapini et Mauberti auditores testamentorum,

(1) Archives de l'Aube, reg. G. 1274, fol. 37 r°.
(2) Ibid. Sur cette date voir *Additions et Errata*, fol. 45 r°.

N. Monachi, janitorem curie episcopalis et custodem carceris (1) ».

XI. *Principaux biens du chapitre.*

Les principaux biens du chapitre de Saint-Pierre sont énoncés dans les bulles des papes Innocent II (p. 10) et Eugène III (p. 23), dans les lettres des rois Louis VII (p. 37) et Philippe-Auguste (p. 120). A ces documents nous ajouterons le pouillé du chapitre et un extrait des lettres de terrier accordées au chapitre par le roi Henri IV.

I. Pouillé du chapitre de Saint-Pierre.

1. In ecclesia Trecensi sunt XL prebende, de quibus prior de S. Georgio habet unam, et alie sunt de collatione episcopi. Et taxantur grossi fructus cujuslibet dictarum prebendarum ad decimam, XL l. [en 1754, 50,000 l.].

2. In eadem ecclesia sunt quatuor prebende ad altare B. Marie virginis de collatione episcopi. Et taxantur grossi fructus cujuslibet, XX l. [en 1754, 2,300 l.].

3. Duo presbiteri matricularii sunt de collatione episcopi. Et taxantur quilibet ad decimam, XXIII l. [en 1754, 400 l.].

4. Succentoria est de collatione cantoris pleno jure.

(1) Archiv. de l'Aube, reg. G. 1275, fol. 39 r°.

5. Quatuor matricularii laici sunt de collatione episcopi.

6. Altaria seu capellanie, tam de veteri quam de novo fundate, sunt de collatione episcopi.

7. Tres liberi servientes sunt de collatione capituli.

8. Sequuntur ecclesie parochiales que sunt de collatione et visitatione pleno jure decani et capituli ecclesie Trecensis, in quibus curati et sacerdotes desservientes in ipsis ecclesiis sunt subditi et justiciabiles dictorum decani et capituli dicte ecclesie :

9. Curatus ecclesie parochialis S. Remigii, B. Marie Magdalene et S. Frodoberti et debet pensionem.................... LXVI l. t.

10. Curatus S. Nicetii Trecensis debet....................... XL l. t.

11. Curatus S. Dionisii Trecensis debet....................... C s. t.

12. Curatus S. Aventini Trecensis debet....................... XL s. t.

13. Curatus S. Petri de Boucenayo

14. Curatus de Rameruco debet... VI l. t.

15. Curatus de Barbona debet..... VI l. t.

16. Curatus de Fayello

17. Curatus de Creneyo debet..... IIII l. t.

18. Sciendum quod in dictis ecclesiis parochialibus, que sunt de collatione, visitatione et plenaria dispositione decani et capituli dicte ecclesie Trecensis, sunt plures cappellanie perpetue, que similiter sunt de collatione et visitatione pleno jure dictorum decani et capituli Trecensis.

19. In ecclesia S. Remigii sunt duo cappellani : cappellanus S. Eustachii et cappellanus S. Johannis Baptiste.

20. In ecclesia S. Marie Magdalene sunt quinque cappellani : cappellanus S. Johannis, evangeliste, cappellanus S. Katarine, cappellanus S. Nicolai, cappellanus S. Michaelis, cappellanus S. Anthonii.

21. In ecclesia S. Nicetii sunt duo cappellani perpetui : cappellanus S. Nicolai et cappellanus S. Katarine.

22. In ecclesia de Barbona est unus perpetuus cappellanus : cappellanus S. Laurentii, martiris.

23. Sciendum quod matricularii seu provisores fabrice predictarum ecclesiarum exemptarum tenentur sortiri jurisdictionem dictorum decani et capituli de injunctionibus sibi factis in visitationibus ipsarum ecclesiarum (1).

24. Sequuntur ecclesie parochiales que sunt de presentatione tantum dicti decani et capituli Trecensis et debent pensionem.

25. Curatus S. Martini de Boucenayo debet......................	C s. t.
26. Curatus de Ponte Beate Marie..	- IIII l. t.
27. Curatus Patrocli in Colle......	XII l. t.
28. Curatus de Sancta Syria......	C s. t.
29. Curatus de Corbolio.........	LX s. t.
30. Curatus de Donamento.......	LX s. t.
31. Curatus de Aquilefago........	XX l. t.

(1) *Pouillé* XVIᵉ s. Cabinet de M. l'abbé Coffinet, doyen de la Cathédrale.

32. Curatus de Capella S. Petri....   C s. t.
33. Curatus de Chauchiniaco.....
34. Curatus de Maceyo..........   XX s. t.
35. Curatus de Orvillari.........   L s. t.
36. Curatus de Vallencio.........   XXX s. t.
37. Curatus de Sancto Saturnino...
38. Curatus de Troancio Parvo (1).

Au pouillé des paroisses relevant du chapitre nous ajouterons la formule du serment que prêtaient les curés de ces paroisses.

Hec est forma juramenti quod tenentur facere curati parochialium ecclesiarum pertinencium ad collationem decani et capituli Trecensis ecclesie.

Ego N., curatus N., juro ad hec sancta Dei evangelia quod ego ero fidelis et obediens dominis meis decano et capitulo hujus ecclesie. — Item juro quod jura et libertates ecclesie mee manutenebo pro posse, et alienata, si que sint, recuperabo. — Item juro quod pensionem, dictis dominis meis ratione cure mee debitam, solvam terminis consuetis. — Item juro quod dictis dominis meis, dictam curam meam visitantibus temporibus debitis, solvam jura visitacionis et eos recipiam reverenter. *Et si sint subditi et justiciabiles :* Item juro quod sum et ero subditus et justiciabilis eorumdem dominorum meorum. Sic me adjuvet Deus et hec sancta Evangelia (2).

(1) *Trésor de la Cathédrale, ms. cit. — Pouillé du XVIe siècle.* Cabinet de M. l'abbé Coffinet, doyen de la Cathédrale.
(2) *Trésor de la Cathédrale de Troyes, ms. cit.*

2. Extrait des lettres de terrier accordées au chapitre par Henri IV.

D'après les lettres de terrier concédées par Henri IV le 3 mars 1599 (1), le droit de seigneurie du chapitre de Saint-Pierre s'étendait sur vingt-deux localités, dont plusieurs constituaient des mairies très-importantes. Nous citons par ordre alphabétique ces diverses seigneuries :

Bonneuil al. Bonneux (dépendant de la mairie des Noës, Aube), Bréviandes (Aube), Champillon (co. de Longeville, Aube), Chigy (Yonne), Courceaux (Yonne), Echenilly (co. de Saint-André-les-Troyes), Fontaine-Fourche (Yonne), Les Grandes-Chapelles (Aube), Joux (co. de Plantis, Aube), Longeville (Aube), Massey (Aube), Mesnil-Vallon (co. de Macey, Aube), Les Noës (Aube), Orvilliers (Aube), Plantis (Aube), Saint-Georges (Aube), Sainte-Syre (Aube), La Vacherie-les-Troyes (Aube), Vallant (Aube), Vannes (Aube), Villepart (co. de Bréviandes, Aube), Villiers (co. de Droupt-Saint-Basle, Aube).

XII. Le chapitre met ses biens, droits et privilèges sous la protection de l'excommunication.

Tous les dimanches, avant la grand'messe, la procession s'arrêtait devant la chapelle de Saint-Sauveur à la cathédrale et le célébrant vêtu de l'aube et de la chappe lançait le monitoire suivant :

(1) Archiv. de l'Aube, reg. G. 1364, fol. 6 r°.

Sequitur excommunicacio (1).

« De l'auctorité de monseigneur l'evesque nous dénonçons pour excommuniés ceulz qui à leur escient retrenchent les droitures de l'église de céens et de l'évesché; (ceulz qui emblèrent céens (2) une crois d'or et la couronne dou Sauveur, ceulz qui ont emblé l'ordinaire de céens, et ceulz qui le sceurent qui ne l'ont manifesté au déan de céens); et tous ceulz qui detourbent que l'en ne plaidoie à court de crestienté, si comme on a accoustumé, et meulle aus molins des eglises si comme l'en seult. »

« Ex auctoritate Dei omnipotentis Patris et Filii et Spiritus Sancti, et sancte Marie, Genitricis filii ejus D. N. Jehu Xpisti, et sancti Michaelis archangeli, angelorum, et beati Petri apostolorum principis, et omnium sanctorum Dei, excommunicamus et anathematizamus et a liminibus sancte matris Ecclesie sequestramus N.N. quos nominavimus, et nisi resipuerint et ad satisfactionem et emendationem venerint, sic extinguantur lucerne eorum in secula seculorum. Fiat! fiat! »

Le 4 janvier 1542 le chapitre décide qu'il faut soumettre au jugement de l'évêque la sentence d'excommunication qui se lit tous les dimanches, afin qu'elle soit revue et corrigée « quia illic videntur esse

(1) Bibliot. de Troyes, ms 838, fol. 11 v°, XIV° siècle.
(2) Ce qui est placé entre parenthèse est la partie variable de la formule : c'est là qu'étaient dénoncés tous les auteurs d'une injustice secrète commise envers le chapitre.

multa abusiva et ferme ridicula ». La formule ne fut pas modifiée. En 1607 le chapitre ayant consulté la Sorbonne sur le même sujet, le 19 mai les docteurs A. Duval, Ph. de Gamache, P. Le Clerc, Mulot et N. Isambert déclarent que l'excommunication susdite « peult estre duement et légitimement publiée selon sa forme et teneur pour toutes causes y contenues ».

Cette interprétation fut pleinement confirmée le 13 septembre 1610 par les consultations de Sébastien Rouillard et de Loys Dorléans (1). Enfin, le mardi 19 juillet 1690, le chapitre, sur l'avis des docteurs de la Sorbonne les plus distingués par leur science et leur piété, décida que la formule d'excommunication serait maintenue. Toutesfois les docteurs ayant été d'avis « que la compagnie doit ôter la dernière partie qui est contre ceux qui empêchent de moudre aux moulins du chapitre, ce motif étant trop vil et interessé, » les chanoines décident que ces mots seront retranchés de la formule « au lieu des quels seront insérés les suivants : *et qui malicieusement retiennent les titres, papiers et enseignements de cette église* » (2).

Nota. Sur l'ancien cartulaire du chapitre de Saint-Pierre voir la note de M. d'Arbois de Jubainville, *Inventaire série G. liasse G.* 2584.

---

(1) Archiv. de l'Aube, *liasse* G. 2579
(2) Ibid., *reg.* G. 1305, fol. 4 v°.

§ II. Chartes de Saint-Urbain.

1. *Nature des documents que nous éditons.*

Les archives anciennes de la collégiale de Saint-Urbain sont arrivées à peu près intactes jusqu'à nous ; quelques pièces seulement ont disparu.

Les documents antérieurs au xv° siècle sont analysés fidèlement dans un inventaire très précieux rédigé en 1399, et que nous citons souvent (1). Cet inventaire explique la disparition actuelle de plusieurs titres originaux, par cette raison qu'ils n'avaient plus d'objet dès 1399 « qui de présent ne sont point en usage. » Ces titres ne sont pas analysés dans l'inventaire. Voir p. 232 n. 1.

Il y avait aussi dans les archives de la collégiale de Saint-Urbain un cartulaire, qui fut écrit vers le commencement du xvi° siècle ; il est perdu maintenant. On trouve aux Archives de l'Aube un petit cayer intitulé : *Exrait du cartulaire de l'église Saint-Urbain de Troyes.* Il contient vingt analyses, en français, de pièces dont les originaux existent. La plus récente de ces pièces porte la date de 1467, et est désignée comme se trouvant au fol. IX^{xx} VII v° du cartulaire.

Nous donnons une analyse rapide des documents que nous avons recueillis.

(1) Archiv. de l'Aube, *reg.* 10 G. 1.

II. *Construction de l'église et fondation de la collégiale de Saint-Urbain aux frais du trésor pontifical.*

Jacques Pantaléon, natif de Troyes, devenu pape sous le nom d'Urbain IV fonda sur l'emplacement de la maison de son père l'église et la collégiale de Saint-Urbain, en l'honneur du pape martyr, son saint patron. Urbain IV écrivait le 20 mai 1262 (p. 231 n°2) : « Voulant rendre à jamais célèbre et mémorable l'endroit où est situé notre maison paternelle, nous avons résolu de transformer cette demeure, qui fut le lieu de notre naissance et le témoin de nos premiers pas dans le pèlerinage de cette vie, en un temple consacré à notre Créateur sous le vocable de saint Urbain, pape et martyr. » C'est ce qui explique dans le cours des siècles, la vénération spéciale de tous les vrais troyens par rapport à cette église bâtie par un pape qui fut leur *concitoyen et leur frère* (p. 352). Le pape envoya pour la construction de l'église et la fondation des prébendes canoniales la somme de 10,000 marcs sterlings d'argent fin valant 580,540 livres au pouvoir de 3,532,855 francs, monnaye d'aujourd'hui.

Le double dessein d'Urbain IV entra immédiatement en voie de réalisation. Les constructions de l'église avançaient rapidement et les procureurs du pape achetaient des immeubles pour fonder les prébendes canoniales (p. 234-252). Mais les projets d'Urbain IV étaient loin d'être accomplis, lorsque le jeudi 4 octobre 1264, il mourut à Pérouse et fut inhumé dans l'église cathédrale, dédiée à saint Laurent. « Et fut mise sur sa tombe, selon des Annales de Troyes (1), une épitaphe

---

(1) A Troyes, chez M. Alexis Socard, ancien libraire.

qui est écrite à la fin d'un ancien légendaire in-4° en parchemin des leçons de l'Octave de la Fête-Dieu, qui est gardé dans le chapitre de l'église collégiale de Saint-Urbain de Troyes, au-dessus de laquelle épitaphe est écrit en lettres rouges et gothiques ce qui suit :

« Hi sunt versus scripti supra sepulchrum domini Urbani, pape, nati de civitate Trecensi, versificati per fratrem Thomam de Aquino, de ordine Predicatorum, qui etiam frater compilavit officium sacramenti Corporis Xpisti de mandato dicti domini pape :

Archilevita fui, Pastorque gregis, Patriarcha
Tunc Jacobus; posui michi nomen ab urbe Monarcha.
Tunc cinis exivi : tumuli condor in archa.
Te sine fine frui tribuas michi, summe Hierarcha. »

L'œuvre du pape Urbain IV fut continuée avec un grand zèle par Clément IV, son successeur, et par le cardinal Ancher, son neveu, natif aussi de Troyes.

Nous avons publié (p. 264) le premier compte de Saint-Urbain, il est adressé au cardinal Ancher. C'est sans doute le compte dont le cardinal se plaint (p. 287-289) parce qu'au lieu de renfermer exclusivement les dépenses faites pour la construction de l'église il comprend aussi les dépenses faites pour la fondation des prébendes.

Ce compte embrasse, selon nous, les exercices des années 1263-1266, il se rapporte à deux périodes de temps ainsi désignées : dépenses avant l'incendie de l'église (*Ante combustionem*) et dépenses après l'incendie de l'église (*Post combustionem*). Le comptable se nomme Manassès ; il mourut peu de temps après l'incendie.

On trouve dans ce compte tout à la fois les dépenses pour la construction de l'église et les dépenses pour la fondation des prébendes ; nous en donnons l'analyse. Pour l'évaluation des sommes, voir *Additions*.

Le trésor pontifical envoya pour la construction de l'église et la fondation des prébendes de Saint-Urbain la somme de 10,000 marcs sterling d'argent fin au pouvoir de 3,532,855 fr. de notre monnaie actuelle. Cette somme fut remise le 12 septembre 1264 à Jean Garsie et à Thibaut d'Acenay, procureurs du pape pour l'œuvre de Saint-Urbain, par maître Félix, trésorier de Saint-Urbain, et par Simon, chanoine de la collégiale. Les procureurs dans leur récépissé reconnaissent avoir reçu « decem milia marcharum sterlingorum bonorum, XIII solidis et IV sterlingorum pro marcha computatis (p. 249). »

Recettes.

Reçu du trésor pontifical 10,000 marcs d'argent fin, soit 29,077 l. 10 s. (1).......	29,077 l. 10 s.
Retenu par les marchands,.....	3,700 l.
Restait.....................	25,377 l. 10 s.
Ajouter 800 l. laissées p. Manassès	800 l.
Total des recettes..........	26,177 l. 10 s.

Dépenses.

1° Dépensé par Robert et Etienne.	11,607 l. 7 s.
2° Par Garsias et Thibaud d'Avenay pour l'achèvement du chœur..	1,244 l. 12 s.
3° par les mêmes pour l'acquisition de revenus................	11,564 l.
Total de la dépense pour l'achèvement du chœur.................	24,415 l. 19 s.
Il est donc resté en caisse...	1,761 l. 11 s.

(1) D'après les tables de M. Leber ces 29,077 l. 10 s. = 588,809 l. au pouvoir de 3,532,855 fr. de la monnaie actuelle. (*Essai sur l'appréciation de la fortune privée au moyen-âge*).

Le compte que nous venons d'analyser ayant été envoyé à Rome, le cardinal Ancher le trouva embrouillé ; il voulait le compte particulier de la construction de l'église, séparé du compte de la fondation des prébendes. Sans doute que les premières dépenses pour la construction du chœur de Saint-Urbain étaient bien et duement justifiées dans le compte établi par Robert et Etienne et montaient à 11,607 livres (p. 264); mais il n'en était pas de même des dépenses subséquentes. Conformément à cette pensée d'éclairer les comptes de Saint-Urbain, le 26 janvier 1267, le pape Clément IV exigea que Jean Langlois, ancien maître de la fabrique de Saint-Urbain, qui partait pour la croisade, rendit compte auparavant de 2,500 livres qu'il avait reçues pour l'achèvement du chœur de l'église (p. 274). Cette somme, reste des 10,000 marcs du trésor pontifical, avait été remise à Jean Langlois par les procureurs du pape. D'un autre côté le cardinal Ancher étant venu à Troyes en 1273, demanda le 8 novembre une copie du récépissé délivré par les anciens procureurs pontificaux pour l'œuvre de la collégiale (p. 249). Enfin, après de longues négociations, le 2 juillet 1274, le cardinal fit sommer les chanoines de Saint-Urbain de rendre compte 1° des 2,500 livres remises à Jean Langlois, 2° de 500 livres données par le cardinal, sommes qui étaient exclusivement réservées à la construction de l'église (p. 287-289).

IV. 1. *Incendie du chœur de l'église de Saint-Urbain au mois de mai 1266 ; 2. Continuation des travaux.*

1. Le compte de 1263-1266 nous révèle qu'un incendie ravagea le chœur de l'église Saint-Urbain, lorsqu'il était à peine achevé. Au mois d'octobre 1876, quand les ouvriers commencèrent les travaux pour la reconstruction du chœur de la même église, nous n'avons eu qu'à montrer le compte de 1263-1266 pour éclairer les architectes sur un fait qu'il s'agissait d'expliquer : les pierres du chœur tant à l'extérieur qu'à l'intérieur, jusqu'à 2 m. 50 c. au-dessus des chapiteaux (les murs-bahuts furent même atteints), ont été trouvées tellement friables, calcinées et écrasées que les architectes concluaient qu'un incendie, causé probablement par la malveillance, avait détérioré toute la partie inférieure de l'édifice.

Le chœur de l'église Saint-Urbain, commencé à l'automne de 1262 ou au printemps de 1263, était achevé au printemps de 1266, les charpentiers et les plombiers avaient établi les combles et la couverture, les portes et les stalles étaient posées (p. 265), il y avait un autel en marbre dans le sanctuaire. Dès le 21 octobre 1265, le pape avait convoqué les fidèles à venir gagner les indulgences le jour où le maître-autel serait consacré (p. 263); le 28 du même mois le pape accorda des indulgences aux fidèles qui visiteraient la nouvelle église, en 1266, le jour de la fête de saint Urbain, qui tombait le 25 mai (la consécration du maître-autel devait sans doute concourir avec la fête patronale). On sait ce qui arriva, les religieuses de Notre-Dame-aux-Nonnains et leurs suppôts, vers la fin du mois de mai 1266, envahirent la nouvelle église (p. 269), arrachèrent les portes avec leurs gonds, renversèrent le maître-autel en marbre, enlevèrent et dispersèrent les outils des ouvriers, des colonnes et des pierres taillées. Dès le 7 juin, les coupables étaient citées à comparaître devant le subdélégué du conservateur des priviléges de la collégiale (p. 269). Les chanoines ayant fait faire de nouvelles portes elles furent enlevées dans une seconde invasion qui suivit de près la première. Ces deux invasions criminelles motivèrent la bulle *Per execrabilem insolentiam* le 1ᵉʳ octobre 1266 (p. 269). C'est avant l'été 1266 qu'il faut placer l'incendie de l'église Saint-Urbain (1), et il paraît concorder avec les invasions des religieuses de Notre-Dame.

2. Pour réparer les désastres de l'incendie les chanoines de Saint-Urbain cherchent à battre monnaie et à augmenter par différentes recettes le *residuum pecunie* du compte de 1266; ils engagent à cet effet des vases sacrés, ils vendent même un ciboire, et deux potets d'argent (p. 268). C'est alors, pensons-nous, que le cardinal Ancher fit remettre aux chanoines pour la fabrique 500 livres tournois (p. 289), au pouvoir de 60,750 francs de notre monnaie.

De son côté, le pape Clément IV, le 1ᵉʳ octobre 1266, fait presser vivement les chanoines de Saint-Urbain « ut sub conversatione laudabili et divinis laudibus insistentes apud eamdem ecclesiam sine dilatione convenirent in unum » et il leur promet secours et protection contre quiconque oserait les troubler et leur nuire de quelque manière que ce soit (p. 270). Le 9 janvier 1267 (p. 272), le même pape sollicite la charité des fidèles par une bulle d'indulgences en faveur de l'église Saint-Urbain « ut opus hujusmodi valeat

---

(1) Une des premières dépenses portées au compte de 1266 après l'incendie de l'église, sont les frais par maître Louis pour le fauchage des céréales appartenant à la collégiale (p. 268).

consummari. » En même temps le pape s'occupait des comptes de la construction (p. 274), et donnait des ordres pour la bénédiction d'un cimetière (p. 276); mais ils ne furent exécutés qu'à l'automne de 1282 ou en 1283 (p. 304). Le 10 janvier 1284, le cardinal Ancher poursuivait l'œuvre de la construction de Saint-Urbain (p. 307). Au xiv° siècle les travaux marchent lentement : le 22 avril 1351, Jean V d'Auxois, évêque de Troyes, fait publier partout le diocèse les indulgences papales pour l'achèvement de la collégiale (p. 319); enfin, l'église Saint-Urbain, telle qu'elle est, fut achevée et consacrée en 1389 par Pierre d'Arcis, évêque de Troyes (p. 330).

V. *Obstacles à la fondation de la collégiale de Saint-Urbain.*

La collégiale de Saint-Urbain s'éleva au milieu de difficultés de toutes sortes. Les principales vinrent du côté des religieuses de Notre-Dame-aux-Nonnains, qui croyaient que la nouvelle église porterait préjudice à leurs intérêts temporels. Déjà nous avons vu plus haut deux invasions successives des religieuses pour empêcher la nouvelle collégiale d'entrer en fonction régulière (p. 269-272). Sur la fin du mois de mai 1267, l'évêque d'Auxerre, délégué par le Saint-Siége, ayant voulu procéder à la bénédiction d'un cimetière à l'usage de Saint-Urbain, les religieuses et leurs suppôts firent une troisième invasion en armes et allèrent jusqu'à porter les mains sur l'évêque et par deux fois l'obligèrent à renoncer à l'exécution de son mandat. Le 15 juillet 1268, la bulle *Quamvis nos* ouvrit les procédures canoniques qui aboutirent à l'excommunication des religieuses et de leurs complices (p. 277-281).

D'un autre côté, le comte Thibaut V, qui avait permis aux chanoines de Saint-Urbain d'acquérir des biens dans ses fiefs et domaines jusqu'à concurrence de 300 livres de revenu annuel, s'était fait livrer frauduleusement par Jean Garsie, ancien procureur de Saint-Urbain, les lettres qu'il avait données au chapitre et il les avait lacérées, et de plus il avait fait saisir les biens du chapitre. Le 26 octobre 1268, le pape Clément IV invite Thibaut à rendre la charte en question ou à en faire rédiger une semblable, et à remettre le chapitre en possession des biens saisis (p. 278); mais Thibaut paraît être resté sourd aux prières du pape. Il est vrai que Thibaut avait besoin d'argent pour la croisade et qu'il s'en procurait par toute sorte de moyens même par la confiscation des biens des juifs; cependant il aurait dû avoir égard, comme le lui rappelle le pape Clément IV, à l'affection qui l'unissait au pape Urbain IV, fondateur de la collégiale (p. 278). A son avénement au trône pontifical Urbain IV avait même reçu d'Isabelle, fille de saint Louis et femme de Thibaut V, « annulum preciosum cum lapide et electo rubino » qu'elle lui avait envoyé par le cardinal Simon, du titre de Sainte-Cécile (1). Le pape remercia la comtesse par des lettres datées de Monteflascone, le 23 juillet 1262 (apud Montem Flasconem X Kalend. augusti anno 1°). Urbain IV avait aussi accordé à Thibaut, outre des faveurs spirituelles, de grands avantages pécuniaires, tels que l'impôt du centième, prélevé en Champagne et en Brie sur le revenu des biens

---

(1) Bibliot. Nation., *Moreau*, t. 1208, p. 126.

ecclésiastiques pour la défense de la Terre-Sainte ; et aussi les sommes payées pour le rachat du vœu des croisés et des dons et legs faits dans ces deux provinces pour la défense de la Terre-Sainte (1). Dans ses dispositions testamentaires (2) le comte Thibaut pensa à l'église Saint-Urbain, « 2 juillet. La Roche en mer de lez Marseille : Je laisses aus esglises de Saint Maclo de Bar.. à chascune L livres.. aus esglises de Saint-Urbain de Troies.. à chascune XL livres. »

Le comte Henri III, successeur de Thibaut V, continua à l'égard du chapitre de Saint-Urbain les rigueurs de son prédécesseur. Mais le pape Grégoire X ayant renouvelé les instances de Clément IV, le comte Henri se décida enfin, au mois d'août 1273, à rendre au chapitre l'autorisation accordée par Thibaut et à donner mainlevée de la saisie (p. 282), et encore ce fut en conservant un certain droit sur la collation des prébendes.

VI. *Constitution du chapitre*

Le chapitre de Saint-Urbain fut constitué par la bulle du pape Clément IV *Etsi universe*, le 24 septembre 1265. Il était ainsi composé : « duodenarium canonicorum numerum cum decano, cantore, thesaurario. » Le Pouillé de 1761 reproduit les principales dispositions de la bulle : « Le chapitre de Saint-Urbain est composé de douze titres de bénéfices, sçavoir trois dignités

---

(1) D'Arbois de Jubainville, *Hist. des ducs et des comtes de Champagne*, t. IV, p. 410.
(2) Bibliot. de Provins, *Cartul. de Cailliot*, fol. 272 r°.

et neufs canonicats qui partagent quatorze prébendes. Revenu du chapitre 10,000 livres.

Il n'est pas nécessaire d'être chanoine *de gremio*, pour être élu doyen ou pour posséder les deux autres dignités.

Le doyen est le premier en dignité, tant au chœur qu'au chapitre. Il est électif et collatif par le chapitre, et confirmatif par le Pape. Il a deux prébendes.

Le trésorier est alternativement à la collation du roy et du doyen. Il a une prébende et demie.

Le chantre est alternativement à la collation du roy et du doyen. Il a une prébende et demie.

Les neufs chanoines sont alternativement à la collation du roy et du doyen. Ils ont chacun une prébende. »

Le pape Clément IV accorda le 30 septembre 1265 au cardinal Ancher, sa vie durant, la collation des dignités et des prébendes (p. 260).

Au mois d'août 1273, le cardinal Ancher concéda à Henri III, comte de Champagne, et à ses successeurs, « collationem pro medietate prebendarum et dignitatum, excepto decanatu (283 et 289). » Cette convention fut confirmée par le pape Grégoire X le 17 mars 1274 (p. 284). Dans l'addition au Pouillé de 1407 (n° 573, p. 210), ainsi que dans le Pouillé de 1612, on lit : « Rex et decanus conferunt vicissim thesaurariam, cantoriam et prebendas, et decanus confert altaria pleno jure ; nec faciunt turnum, nisi vacent per obitum (1), ita quod quilibet potest obtinere collationem

---

(1) « Nunc ex senatusconsultis collationes permutationis causa aut ex resignatione simplici faciunt turnum. » Note manuscrite de Remy Breyer au Pouillé de Camusat.

illam a rege vel a decano si vacaverint per simplicem resignationem, vel causa permutationis. » Le 11 mars 1534, le pape Paul III par un bref, réserva à Odard Hennequin, doyen de Saint-Urbain, devenu évêque de Troyes, le droit de nommer aux bénéfices de la collégiale papale (1).

La bulle d'institution fixe les revenus prébendaires de chacun des chanoines au maximum de cinquante livres tournois tous les ans (p. 257), soit 2450 fr. de notre monnaie.

Les chanoines devaient résider et assister au chœur; ils avaient deux mois de vacances tous les ans (p. 256).

Il y avait un prévôt ou chambrier pour administrer le temporel de la collégiale (p. 256); il devait rendre ses comptes au chapitre deux fois par an (p. 257).

Le 25 mai 1535, les chanoines de Saint-Urbain décidèrent qu'à l'avenir ils tiendraient tous les ans deux chapitres généraux, le premier le lendemain de la Saint-Urbain et le second le lendemain des Trépassés, et que chacun des chapitres généraux durerait trois jours (2).

VII. *La collégiale de Saint-Urbain relevait immédiatement du Saint-Siège.*

Les papes Urbain IV et Clément IV voulurent que la collégiale de Saint-Urbain (les chanoines, les clercs employés aux service divin et les serviteurs des chanoines), fût exempte de la juridiction ordinaire de l'évêque de Troyes, comme de l'archevêque de Sens, et

---

(1) Archiv. de l'Aube, *origin.*
(2) Archiv. de l'Aube, note de Remy Breyer.

soumise immédiatement au Saint-Siége *ad Romanam ecclesiam nullo medio pertinens* (p. 253-259, 270, 275, 287, 300, 304, 308, 316 et 325, etc.) ; la juridiction ordinaire sur les chanoines appartenait au doyen (p. 257).

Les Souverains-Pontifes rappellent l'exemption du chapitre de Saint-Urbain dans toutes leurs bulles, malgré cela, elle fut plusieurs fois contestée dès le xiv° siècle et jusqu'au milieu du xvii° ; mais enfin elle fut pleinement confirmée le 3 février 1375 par le pape Grégoire XI (p. 326), et le 15 avril 1658, par arrêt rendu en parlement portant vérification et enregistrement des lettres-patentes données par le roi en faveur de « l'église papale, séculière et collégiale de Saint-Urbain, dépendant immédiatement du Saint-Siége. » Par ces lettres, l'église de Saint-Urbain est confirmée dans ses droits, priviléges, prérogatives, immunités et exemptions conformément au titre de sa fondation, aux bulles de Clément IV et de Grégoire XI, et à divers arrêts et sentences en faveur de la collégiale, entre autres : arrêt de la cour tenant les Grands-Jours à Troyes, donné contre les archevêque de Sens et évêque de Troyes, le 11 septembre 1398 ; sentence du prévôt de Troyes du 9 janvier 1408 ; autre arrêt de la cour du 23 décembre 1473, rendu contre l'évêque de Troyes ; autre sentence du bailli de Troyes contre l'évêque, le 14 juin 1507 ; enfin, lettres de confirmation du droit de *committimus*, du mois d'avril 1615, registrées en la dite cour le 6 février 1616 (1). La collégiale resta définitivement en tranquille possession de

---

(1) Archives de l'Aube, *origin.*

son privilége. Le Pouillé du diocèse de Troyes de 1761 porte : « Le chapitre de Saint-Urbain relève immédiatement du Saint-Siége. »

VIII. *1. Chapelles ou chapellenies fondées à Saint-Urbain. 2. Fondation d'un marguillier laïque en 1285.*

1. Nous donnons la liste des vingt chapelles fondées en l'église Saint-Urbain et de leur revenu, d'après le Pouillé de 1761, et la taxe décimale dont elles étaient chargées d'après le Pouillé de Camusat.

Autel de Saint-Nicolas. — Quatre chapelains : deux sous le nom de *Sainte-Croix*, le chapitre les présente et le doyen confère; et deux sous le nom de la *Sainte-Vierge*, qui sont à la collation du doyen.

Les chapelles de la fabrique. — Il y a six chapelles unies à la fabrique, ce sont les chapelles suivantes : *Saint-Laurent*. Revenu 40 l.; *Saint-Sulpice*; *Saint-Maur*; *Saint-Antoine*; *Sainte-Marguerite*; *Saint-Léonard*.

Saint-Pierre et Saint-Paul. Deux chapelains à la collation du doyen. Revenu 100 l. Taxe 49 s. 10 d.

Saint-Étienne. A la collation du doyen. Revenu 200 l. Taxe 8 l. 8 s.

Saint-Jean-l'Évangéliste. A la collation du doyen. Revenu 150 l. Taxe 7 l. 4 s.

Saint-Gérard. A la collation du doyen. Revenu 15 l. Taxe 29 s. 6 d.

Saint Jean-Baptiste. A la collation du doyen. Revenu 120 l. Taxe 48 s. 4 d.

Sainte-Marie-Madeleine. A la collation du doyen. Revenu 60 l. Taxe 48 s. 4 d.

Saint-Nicolas-d'Hyver. A la collation du doyen. Revenu..... Taxe.....

Toussaints. A la collation du doyen. Revenu 10 l.

Sainte-Catherine. A la collation du doyen. Revenu 120 l.

On trouve dans nos documents la fondation de la plupart de ces chapelles. Nous ajouterons quelques renseignements tirés de notes de Jacques Breyer (1).

1328, au moins d'avril avant Pâques, Pierre de la Noe fonde à Saint-Urbain la chapelle Sainte-Madeleine à charge de trois messes par semaine pour le repos de son âme.

1362, Jacques Dery, bourgeois de Troyes, fonde la chapelle de l'Annonciation a condition que le chapelain dira trois messes de *Requiem*, par semaine, pour le fondateur.

En 1368, Isabeau de Verdun, mercière et bourgeoise de Troyes, et en 1374, Pierre de Verdun, frère d'Isabeau, bourgeois de Troyes, augmentent la dotation de l'autel Saint-Nicolas.

1371, 28 février, Guy du Bois, chanoine de Saint-Étienne et trésorier de Saint-Urbain, fonde à Saint-Urbain la chapelle des *Quatre-Saints* (Saint-Laurent, Saint-Sulpice, Saint-Antoine et Saint-Maur), à condition de célébrer une messe tous les jours et de la chanter le jour de la fête de chacun des quatre titulaires. Après sa mort Guy du Bois fut enterré devant cette chapelle.

« En tant qu'il touche les fondacions des autelz *Saint-Estienne* et *Toussains* il n'y a aucunes lettres par devers la dicte église, ne amortissemens, ne aucunes lettres quelconques (*Invent. de* 1399). »

(1) Registre dans les Archives de la fabrique de Saint-Urbain.

La chapelle Saint-Léonard fut réunie à la fabrique par le pape Eugène IV en 1435.

Le 18 février 1669, Antoine de La Huproie, marchand à Troyes, fonda la chapelle Sainte-Catherine.

Les chapelles Saint-Laurent, Saint-Sulpice, Saint-Maur, ont été réunies à la fabrique à cause de sa pauvreté, par décret épiscopal en date du 15 août 1784; les lettres-patentes confirmatives de ce décret sont du mois d'octobre de la même année; les frais de réunion montèrent à 3,120 livres.

2. Le 10 janvier 1284 (v. st.), le cardinal Ancher, fonda dans l'église Saint-Urbain, un marguillier laïque à la collation du doyen (p. 308). Ce marguillier à verge avait dix livres de traitement (p. 308), et le jour de sa réception il prêtait le serment suivant :

« Je N..., marguillier en cette église, jure et pro-
» mets être fidèle et loyal envers icelle; *item* que je
» serai de la justice et juridiction spirituelle de M. le
» doyen et luy prêterai à cet effet obéissance ; *item*
» que moy et toute ma famille serons du parochiage
» du sieur doyen en ladite église; *item* que j'assis-
» terai le plus qu'il me sera possible en ladite église
» nommément aux bons jours pour porter la baguette ;
» *item* que je me porterai à mon pouvoir pour la con-
» servation des priviléges de ladite église (1). »

Il y avait aussi des marguilliers d'honneur que le chapitre choisissait parmi les personnes distinguées de la ville. Une note, de l'écriture de Jacques Breyer, porte : « 1377, Jocelin de Villeret, natif de Beaufort, était marguillier et chambrier de Saint-Urbain. 1477, 15 février, mort de Jean de Mesgrigny, marguillier à

---

(1) Archives de la fabrique de Saint-Urbain.

verge et paroissien de Saint-Urbain, où il fut inhumé. Il était seigneur de Fontaines les Bar-sur-Aube, et de Polisy-sur-Seine, élu et receveur des tailles ordonnées être levées pour la guerre, par ordre du roi à Troyes (1). »

IX. *La paroisse de Saint-Urbain.*

D'après le Pouillé de 1761 » La paroisse (le titre paroissial de Saint-Urbain), est à l'autel de l'Annonciation de la sainte Vierge. » Le doyen était curé-né de cette paroisse à laquelle il commettait pour le remplacer celui qu'il jugeait à propos.

Le territoire de cette paroisse était fort restreint et s'étendait primitivement aux membres et aux serviteurs du chapitre, au maire de la justice, aux marguilliers, à leurs familles et à leurs domestiques. Dans la seconde moitié du xviii° siècle, la juridiction paroissiale de Saint-Urbain, souvent contestée, fut enfin par arrêt du parlement, du 19 mars 1782, confirmé le 3 septembre de la même année, restreinte aux membres et aux serviteurs du chapitre ; et défense fut intimée au doyen d'exercer aucun droit paroissial sur les femmes, enfants et domestiques des marguilliers et du juge de la mairie. Déjà le 14 mars 1780, par sentence du bailliage de Troyes, le chapitre de Saint-Urbain, qui prétendait inhumer la femme du sieur Labbé, avocat, domicilié sur Sainte-Madeleine, et qualifié de grand-maire de Saint-Urbain, avait été débouté de ses prétentions. L'arrêt de 1782 diminua fort les revenus curiaux des doyens qui étaient

(1) Archives de la fabrique de Saint-Urbain.

dans l'usage de choisir parmi les personnes riches et distinguées de la ville des marguilliers d'honneur et un officier juge de la mairie de la collégiale.

X. *Temporel de la collégiale :* I. *Gagnages;* — II. *Maisons;* — III. *État général peu florissant.*

Nous donnons l'état du temporel de Saint-Urbain, d'après un inventaire de 1775, qui se trouve à la sacristie de Saint-Urbain. Nous signalons l'acte le plus ancien qui se rapporte à chaque propriété.

I. Gagnages.

1. Aillefol, maintenant Gérosdot, 1° gagnage montant à 20 arpents 92 cordes de terres et en 4 arpents de pré, lieu dit les Petits-Prés (lettres d'amortissement données le 19 janvier 1497, par Simon de Meures, seigneur d'Aillefol) ; 2° une maison avec accint en la rue de Piney, et une autre maison avec accint en la Grande-Rue, en face de l'église.

2. Avreuil, 12 arpents de terres et prés (17 février 1469).

3. Bagneux-les-Méry, 15 arpents 33 cordes de terre et 3 arpents 19 cordes de pré (acquis le 19 may 1573).

4. Barberey-aux-Moines, 1 arpent de pré, lieu dit anciennement la Fosse-l'Évêque et maintenant la Voie-de-Vannes (29 octobre 1496).

5. Barberey-Saint-Sulpice, 1 arpent et demi de pré, lieu dit les Grands-Courtins (26 octobre 1361).

6. La Celle-sous-Chantemerle, une maison et accint (2 novembre 1515).

7. Chapelle-Saint-Luc, 5 quartiers de pré lieu dit les Arpents (8 juillet 1534).

8. Charley, 2 arpents de pré lieu dit les Parfondes (13 may 1660).

9. Chastres, 1° le gagnage dit autrefois le Gagnage de Saint-Urbain, dit maintenant le grand gagnage de Chastres, 43 arpents de terres et 76 cordes de pré (acheté par Jean Closier, doyen de Saint-Urbain, le 3 janvier 1454), en 1530 il y avait encore une maison avec accint attaché à ce gagnage, et sise lieudit le Prey-Jehan-de-Foy ; 2° autre gagnage dit le petit gagnage de Chastres, 18 arpents 24 cordes de terre et pré (acquis le 3 décembre 1663).

10. Culoison, 7 arpents de pré lieu dit les Viguelles (13 may 1660).

11. Courteranges, 9 arpents de pré lieu dit la Guillotière (19 juin 1649).

12. Fontaine-les-Montaulin, ferme avec deux maisons, un étang de 5 arpents et 295 arpents de terres et prés sur Moutaulin, Lusigny et Courteranges (may 1264, 1305, 1310, 10 mars 1403). En 1557, cette ferme fut divisée en trois lots.

13. Lavau, 2 arpents de pré, lieu dit la Noue-du-Bochot-au-Prêtre (10 avril 1582).

14. Machy, paroisse de Saint-Falle, 1° 7 arpents de prés et terre, acquis en 1262 au mois de juin, de l'abbesse de la Piété-sous-Rameru, par les procureurs du pape. 2° 8 arpents 45 cordes de vignes amorties en juillet 1360 par Marie de la Bonne-Fontaine, dame de Machy; le 3 décembre 1362 par Pierre de Machy, seigneur dudit lieu; le 10 juin 1363 par Jean de Machy, écuyer; le 14 avril 1469 par le sieur de Villemereuil,

écuyer. 3° Une maison avec pressoir et accint d'un arpent, accensée le 18 septembre 1600 au marquis de Créqui, seigneur de Saint-Falle; accensée le 7 décembre 1623 à Bernard d'Angenoust, seigneur de Machy, à cause de sa femme Anne de Marisy; accensée le 3 septembre 1738 à Marie-Élizabeth d'Anglebermer, veuve de Jean-Louis d'Alsace d'Hénin Liétard, marquis de Saint-Falle, comme tutrice d'Antonin d'Hénin d'Alsace Liétard, comte d'Hénin, et de demoiselle d'Hénin (cette maison avait été accensée le 17 octobre 1704 à Jean-Louis d'Alsace). 4° Une maison et accint d'un demi arpent, lieu dit La Place (16 janvier 1453).

15. Méry-sur-Seine, 1° une maison sise rue du Chastel, dont l'amortissement est du 13 mars 1363; 2° 2 arpents et demi de pré, lieu dit la Haute-Borne (4 septembre 1475).

16. Mesgrigny, un gagnage consistant en 89 arpents 68 cordes de terres et prés (acquis le 3 décembre 1663).

17. Onjon, 1° gagnage de la Male-Grange autrefois Vuide-Bourse, de 150 arpents de terre et 9 arpents 92 cordes de pré, dit le Pré Sainte-Marie (9 octobre 1311); 2° 5 quartiers et demi de terre, lieu dit les Courbes (2 may 1657); 3° une maison et un accint de 40 cordes, lieu dit la Rue-Cornue (19 juillet 1572); 4° 7 arpents trois quarts de terre appelés le Courtil-Maréchal (14 may 1548).

18. Origny, par donation en décembre 1202, le chapitre possédait conjointement avec le Paraclet un tiers de boisseau d'avoine sur chaque arpent sis à Glanne-Pendue.

19. Pont-Sainte-Marie, 16 arpents de pré, lieu dit le Pré-la-Gravière (achat fait au mois de juin 1264).

20. Pont-sur-Seine, 5 arpents de pré donnés le 13 octobre 1377 par messire Morce, doyen du chapitre, lieu dit Pré-Bernard ou Beau-Loup.

21. La Potolle-les-Sacey, seigneurie dite anciennement l'Apostolle (parce que le pape l'avait achetée) et plus anciennement Orient, maison avec 300 arpents de terre vendue par le comte Thibaut, au mois de juin 1264, pour le prix de 1,300 livres avec la ratification de Hugues, comte de Brienne, le 13 janvier 1270.

22. Prunay, paroisse de Saint-Jean-de-Bonneval, 7 quartiers de pré, lieu dit l'Osière (donnés le 13 octobre 1349).

23. Romilly, une partie des dîmes, acquises au mois de juin 1264, à la charge de fournir le pain Pâques. (Voir les *Chartes*, p. 244, 245, 256 et suiv.).

24. Ruvigny, 1° le gagnage dit les Châteaux, acheté 7,200 livres le 13 juin 1665, contenant 90 arpents de terres et prés ; 2° une maison et accint avec haies, comprenant 4 arpents 85 cordes, lieu dit les Châteaux (28 septembre 1772).

25. Sacey, 1° gagnage dont l'origine remonte à la donation de Henri l'Armurier, au moins de juillet 1291, (plus tard il fut divisé : le grand gagnage de Sacey comprenait, le 14 juillet 1550, une maison et dépendances avec accint et 107 arpents de terres et prés ; le petit gagnage de Sacey comprenait, le 23 juin 1505, 24 arpents 78 cordes) ; 2° deux arpents de vignes entourés de haie, lieu dit le Clos-de-Saint-Urbain ; 3° un demi arpent de vigne, lieu dit le Bas-des-Vignes, du côté de la Potolle (12 octobre 1588).

26. Saint-André-les-Troyes, un arpent de terre, lieu dit La Fontaine (24 février 1630).

27. Saint-Florentin, Germini et autres lieux, 29 arpents dont 21 de terres, 7 de pré et 1 de vigne (20 janvier 1357).

28. Saint-Lyé, 62 cordes de pré (13 décembre 1772).

29. Saint-Mesmin, une maison et 19 arpents de terres labourables, acquises le 8 février 1426.

30. Saint-Parre-aux-Tertres, 1° une maison et accint près de l'église (27 décembre 1480); 2° 4 arpents de pré, lieu dit le Grand-Marot, autrement le Moulin-Aulmont, près le Pré-aux-Cornailles (6 juillet 1604).

31. Saint-Thibaut, une pièce de pré de 3 arpents, lieu dit alors le Champ-de-la-Croix et maintenant le Pré-aux-Couleuvres (18 avril 1545).

32. Sainte-Savine, 1° 5 arpents de pré à Sainte-Savine, lieu dit les Vieilles-Fourches (27 août 1557); 2° 1 arpent et demi de terre avec une maison au Hamelet-Sainte-Savine, lieu dit anciennement le Mont-Saint-Loup (16 septembre 1491); 3° à Chicherey, paroisse de Sainte-Savine, 63 cordes de terre, lieu dit la Coste-Saint-Bernard (18 may 1573).

33. Le Tronchay, gagnage et seigneurie avec droit de justice dite autrefois la Maison-des-Prés, et ensuite la Motte-Rosson et maintenant le Tronchay. Ce gagnage fut acheté en 1330 de Jean du Tronchay, écuyer, par Jacques de la Noue et Marguerite, sa femme, dame de Poulangis; et par eux donné à Saint-Urbain avec le consentement de Dreux, sire de Chappes, parce que le Tronchay mouvait de son fief. Les lettres d'amortissement de Dreux sont « faites en l'an de grâce Nostre Seignor MCCCXXXII, le jeudi après l'Apparition Nostre Sei-

gnor. » L'acte de donation du Tronchay pour la fondation de l'autel Sainte-Marguerite est du 13 septembre 1333. Le 10 octobre 1388, Gui de Verdun, chanoine de la cathédrale et seigneur de Rosson, accorde que moitié de l'eau de la fontaine de Rosson coulera dans les fossés du Tronchay. Cent cinquante-quatre arpents de terres labourables et 11 arpents de pré, dépendaient du Tronchay.

34. Troyes et la banlieue : 1° 2 arpents aux Vouises ou Faux-Fossés, proche les Gayettes (5 may 1380) ; 2° 1 quartier et demi de jardin à Croncels, près Saint-Gilles (15 juin 1360) ; 3° 1 quartier et demi de jardin à Croncels, lieu dit les Gayettes ou Bas-clos (5 août 1492) ; 4° 2 arpents et demi de jardin aux Bas-Trévois (4 mars 1554) ; 5° 1 arpent de jardin aux Terrasses (3 may 1360) ; 6° 3 quartiers de pré, lieu dit Prés-de-Juilly ou la Grève sur le Rupt-de-Cordé, au faubourg de Troyes (12 novembre 1446) ; 7° 2 arpents et demi de terrain en Prèze (17 juin 1431) ; 8° 2 quartiers et demi de vigne, lieu dit la Ruelle-de-Fouchy, en Prèze (9 janvier 1581) ; 9° en Chaillouet autrement Petite-Ecrevolle : un demi quartier de jardin, lieu dit Voie-de-Challoet, maintenant la Ruelle-aux-Moines (8 août 1397) ; 1 arpent de pré au coin de la Ruelle-aux-Moines et 2 arpents à gauche de la même ruelle ; 10° à Saint-Jacques, le pré lieu dit le Pont-aux-Cochons, et 4 arpents de pré en la Grande-Ecrevolle (20 octobre 1578) ; 11° 1 arpent de pré à la Vacherie, lieu dit le Bochot (5 juin 1380).

35. Vauchassis, 1° gagnage de 140 arpents de terre et de 4 arpents et demi de pré avec maison, dépendances et accint (acquis le 3 novembre 1674 pour le prix de

5,600 livres) ; 2° une maison et accint de 2 arpents, rue du Moutier (11 février 1772).

36. Verrières, 1° un gagnage comprenant 50 arpents 75 cordes de terre. Nicolas de Metz-Robert, chanoine de Saint-Urbain, en a pris possession en 1362; 2° une maison et un accint de 3 quartiers, lieu dit l'Accint de MM. de Saint-Urbain (18 octobre 1570).

37. Villette, 19 denrées de pré, lieu dit la Routure (7 may 1558).

II. *Maisons.*

Les revenus de Saint-Urbain étaient assis en grande partie sur plus de quatre-vingt trois maisons éparses dans trente-cinq rues à Troyes. Nous donnons la nomenclature de ces maisons d'après l'inventaire de 1775. La plupart des maisons de la collégiale portent des enseignes dès le milieu du xvi° siècle.

Rue de la Cité.

1. Maison appelée l'hôtel de la *Grande-Coupe* (17 mars 1505), englobée dans les constructions de l'Hôtel-Dieu au xvii° siècle.

Grande-Rue.

2. Maison dont une moitié fait le coin de la rue des *Mauberts* ou du *Maillet-Vert*, et où pend pour enseigne la *Grosse-Armée*; et à l'autre moitié pend l'enseigne de la *Licorne*.

3. Une maison attenante le portail de Saint-Urbain à gauche en entrant.

4. Maison proche le portail à droite en entrant.

5. Maison proche la *Rue de la Vierge*.

6. L'hôtellerie du *Chaudron* allant de la *Grande-Rue* à la *Rue-Moyenne*.

7. Maisons (deux) sises sur les travaux de l'église et tenant à l'hôtel du *Chaudron*.

8. Maison achetée en 1365 par le fils de Jean Larmurier, faisant le coin de la rue des *Quenouilles*.

9. Maison où pend pour enseigne les *Innocents* (1575).

10. Maison ou pend l'enseigne du *Vert-Galand*.

11. Maison attenante à la précédente, où pend pour enseigne le *Puit d'Auvergne* (1571).

12. Maison attenante à la précédente, où pend pour enseigne le *Faisan*

13. Maison attenante de la porte de la Maîtrise près du grand portail de l'église. (La Maîtrise a été vendue à enlever par acte du 23 novembre 1716.)

Rue-Moyenne.

14. Maison faisant coin de la rue des *Mauberts* ou du *Maillet-Vert*, au devant des *Lisses de Notre-Dame*.

15. Maison au-devant des *Lisses de Notre-Dame*, où pendait le signe de la *Croix*.

16. Maison attenant à la *Maîtrise*, du côté de Saint-Jean, où pend pour enseigne le *Hérault* (1602).

17. Maison attenante à la précédente, et adossée (le 21 janvier 1604) à celle de Nicolas Oudot, imprimeur).

18. Maison ou pend l'enseigne du *Montplaisir* (1602).

19. Trois frestes de maison attenant celle de *Montplaisir* et à côté de l'enseigne du *Lion d'Argent* (1554), au-devant du grand-portail de Saint-Urbain. (Le 5 janvier 1658, hypothèque sur un de ces frestes contre Jac-

ques Paguet, graveur et faiseur d'images, sur un autre de ces frestes devant le *Puits de la Raine*, qui est habité (31 janvier 1743), par Louis-Alexandre Herluison, sculpteur.

20. Maison où pend l'enseigne la *Bonne-Adventure* (1520).

21. Maison donnant sur la *Rue-Moyenne* et sur la rue *Notre-Dame* : le freste dit l'image *Saint-Honoré* (1570), dans la *Rue-Moyenne*, est attenant à la *Boucherie*; et le freste dans la rue *Notre-Dame*, porte l'enseigne du *Gouault-Noir*, 2 mai 1570, elle est habitée par Macé-Gouauld, marchand.

22. Maison à côté de la précédente *Rue-Moyenne*.

23. Maison proche de la *Boucherie*, au-dessus du *Puits de la Samaritaine*. (Sur cette maison hypothèque du 7 septembre 1586, contre Thomas Chasneau, imprimeur, et Hélène, sa femme.)

24. Maison attenante à celle du *Point-du-jour*, en face du portail de Saint-Urbain. (Hypothèque de la dite maison contre Jean Oudot, imprimeur, et Jeanne Roger, sa femme, du 25 octobre 1739.)

25. Maison attenante l'église [Saint-Urbain], à droite en sortant.

26. Maison attenante à la précédente, à droite en sortant de l'église.

27. Maison dite le *Point-du-jour* (1458), en face de Saint-Urbain.

Rue Notre-Dame.

28. Maison (louée le 22 octobre 1607, à Christophe Carrel, imprimeur) la seconde en deçà de la rue du *Coq*.

29. Maison où pend l'enseigne du *Gouault-Noir* (1570), adossée à la maison *Saint-Honoré* de la *Rue-Moyenne*.

30. Maison près la *Boucherie*.

31. Maison où pendait le *Paon d'Or Couronné* (avant 1529).

32. Hôtel de la *Nef-d'Argent* (1558), allant jusqu'à la *Rue-Moyenne*.

33. La Maison du *Croissant d'Or* (avant 1529). Sur cette maison, 12 août 1660, hypothèque contre Marie de Pleurs, veuve de François Laurent, comme tutrice de ses enfants ; 7 octobre 1671, hypothèque contre demoiselle Anne Laurent par succession de ses père et mère ; 13 novembre 1725, hypothèque contre M. de Marisy, seigneur de Cervet, par succession de feu dame Anne Laurent, sa mère.

34. Maison où pend l'enseigne du *Phénix*, (le 17 août 1611 elle est désignée : la maison qui commence à prendre l'enseigne du *Phénix*).

35. La maison où pend le *Sauvage d'Argent*, composée de trois faîtes, dont le troisième par le derrière aboutit au *Croissant d'Or*.

36. Maison où pend le *Sauvage d'Or*, à deux corps de logis, dont l'un fait le coin de la rue de la *Corderie* et l'autre en suivant dans la rue de la *Corderie* (1501). Le *Sauvage d'Or* a sa grande porte rue de la *Corderie* et l'enseigne pend sur la rue *Notre-Dame* ou de l'*Épicerie*.

37. Maison appelée l'*Huis de fer*.

38. Maison où pend la *Harpe du roi David*, et qui va jusqu'à la *Rue-Moyenne*.

39. Maison ou pend l'image *Saint Martin*, avec dépendances répondant sur la rue *Girgondis*.

Rue des Merlettes.

40. Maison dite le *Faisan*, vis-à-vis le cimetière de Notre-Dame-aux-Nonnains.

41. Maison faisant le coin de la *Rue-Moyenne*, attenant de celle du *Point-du-jour* et du *Faisan*.

Rue de la Grande-Tannerie.

42. Maison aboutissante par derrière à la ruelle de *Girgondis*, autrement la Ruelle des *Halles*.

43. Deux autres maisons aboutissant par derrière au ruisseau.

Rue de la Corderie ou du Sauvage.

44. L'hôtel dit l'*Homme-Sauvage* et ses dépendances, où étaient les *Halles de Provins*.

45. Une autre maison.

Rue de la Charbonnerie ou l'Épicerie et rue de la Limace ou de la Tête-Noire et autrement le Papeguet.

46. L'hôtel de l'*Anneau d'Or*, détruit par l'incendie de 1524. Il était attenant de la maison où pendait la *Tête-Blanche*, aussi détruite. La maison de l'*Anneau d'Or* reconstruite, aboutissait par derrière à la rue du *Temple*.

47. Maison où pend la *Fleur de Lys* démembrée de l'hôtel de l'*Anneau d'Or*.

48. L'hôtel où pend pour enseigne la *Limace* composée de quatre frestes de maisons : deux frestes sur la rue de la *Charbonnerie* en face de la Charbonnerie, et deux frestes en face du pilori sur la rue de la *Limace*. On lit dans l'hypothèque du 18 août 1645 : « La maison composant ci-devant l'hôtel de la *Limace*, est divisée

en deux frestes rue de l'*Épicerie* auxquelles pend l'enseigne du *Lion-Noir*, et deux frestes dans la rue de la *Limace* ou de la *Tête-Noire*, où pend l'image *Saint Jacques* à l'un, et l'image de l'*Écritoire* à l'autre.

Rue du Cheval-Blanc ou des *Petites-Masqueries*.

49. Une maison.

Rue des Grandes-Masqueries ou des *Trois-Cochets*.

50. Une maison dans la rue des *Grandes-Masqueries* ou des *Trois-Cochets*, répondant à la rue de la *Pie* et à la rue du *Cheval-Blanc*, avec deux bâtiments sur le rupt de *Vienne*, tenants d'une part à la maison où pend l'enseigne le *Regnard qui pêche ou qui prêche*.

Rue du Temple.

51. Grande maison, qui tient l'emplacement de deux, où pend l'enseigne des *Trois-Pucelles*, brûlée en 1524 et reconstruite (habitée le 27 mars 1623, par Claude Briden, imprimeur).

52. Maison où pend pour enseigne la *Pyramide*, aboutissant par derrière au rupt de Seine, et d'un côté touchant à une maison que Garnier, imprimeur, tient par procuration.

Rue du Dauphin ou de *Saint-Pantaléon*.

53. Maison avec plusieurs faîtes et ses appartenances, près et devant l'église Saint-Pantaléon, elle tient d'un bout au midi, à la ruelle près de l'église Saint-Pantaléon, et de l'autre bout à l'hôtel du *Panier-Vert*, et à l'hôtel Moslé (en 1551). Avant elle tenait par un faîte à l'hôtel du *Chaudron*, appartenant à Saint-Pierre ; ayant ce dit faîte, une entrée dans une grande

cour appartenant à Saint-Pierre, c'est ce qu'on appelait la rue des *Croisettes* aboutissant à l'hôtel des Croisettes, brûlée en 1524.

54. Maison dite du *Panier-Vert* puis de l'*Arbre-d'Argent*, (appartenant aux enfants Jacques Mauroy), à côté de l'hôtel *Moslé*, en face du *Marché-aux-Ognons*, sur la rue du Dauphin, en face de celle de l'*Épicerie*.

55. Maison dite Maison des *Quatre-Vents*, attenante à la précédente, et faisant le coin de la rue *Saint-Pantaléon* et de celle du *Marché-au-Blé*.

Rue du Saint-Esprit puis de Croncel.

56. Deux frestes de maisons tenant à l'hôtel du *Saint-Esprit*.

Rue du Marché-au-Blé.

57. Maison dite de la *Tartre*, consistant en trois corps de logis, aboutissant par derrière à l'hôpital *Saint-Bernard*.

58. Maison où pendait la *Porte-Dorée*, et dite maintenant le *Bougelot*, tenant d'une part à la maison du *Grand-Cornet*, bâtie où était l'hôtel de la *Cloche* avant le feu de 1524, aboutissant par derrière aux fortifications et au donjon de *Belfroy*.

59. Maison où pendait l'enseigne des *Croisettes*, et où pend de présent (1682) pour enseigne les *Fleurs-de-Lys*.

Rue du Belfroy.

60. Maison proche la porte *Belfroy*. Cette maison touche par derrière à l'hôtel du *Porc-épic*, aujourd'hui (17 mai 1621) des *Trois-Filles*.

Rue de la Vieille-Saunerie ou du Tabellionage ou de l'Auditoire-Royal ou du Chapperon.

61. Trois maisons. Dans une hypothèque du 28 janvier 1772, une de ces maisons est désignée « rue de l'Auditoire-Royal ou du Chapperon, appelée anciennement rue de la Vieille-Saunerie ou rue du Tabellionage » ; une autre de ces maisons est désignée : « dans la rue de la Vieille-Saunerie, répondant à la rue de la Draperie ou de l'Étape-au-Vin. »

Rue des Lorgnes et du Maillard.

62. Une maison sur la rue des Lorgnes par devant et aboutissant à la ruelle du Maillard.

Rue de la Draperie ou de la Saveterie ou de la Chausseterie.

63. Une maison portant pour enseigne le Cœur-Joyeux.

64. Une autre maison attenante, portant pour enseigne la Trinité ; dans l'hypothèque du 21 octobre 1776, on lit : à laquelle pend maintenant l'enseigne de la Rose-Blanche.

Rue de la Poullailerie, faisant le coin de celle de la Draperie.

65. Une maison.

Rue de la Vieille-Loge ou du Petit-Credo.

66. Une maison.

Rue de la Bourserie.

67. Maison à laquelle pend pour enseigne le Belin couronné, 12 livres de rente sur cette maison par suite d'un leg du chanoine Belin, 17 mars 1603.

Rue de la Rouairie ou des Filles.

68. Plusieurs frestes de maisons tenant d'un côté à l'hôtel du *Belfroy*, de l'autre à l'hôpital *Saint-Abraham*, et par derrière aux murs des fortifications ; un freste qui touche à la maison où pend l'enseigne des *Trois-Filles*.

Rue du Bourg-Neuf, aujourd'hui des *Carmélites*.

69. Deux maisons.

Rue Colas-Verdey.

70. Maison faisant le coin de la rue du *Bourg-Neuf*.

Rue de Chaalons et maintenant *rue du Coq*.

71. Quatre frestes de maisons. (Dans l'hypothèque du 17 octobre 1564, ces maisons sont désignées rue du Coq, cy-devant rue de Chaalons).

Rue des Buchettes.

72. Maison où pendait pour enseigne la *Justice qui redresse le monde*.

73. Maison donnant dans la ruelle de *Maupeigné*.

Lisses de Saint-Remy.

74. Maison où pend l'image *Saint Remy*, en face l'église et le cimetière Saint-Remy, tenant à la maison où pend l'enseigne du *Coq qui crible*.

Rue du Bois, aujourd'hui rue du *Nom de Jésus*.

75. Maison du *Coq qui crible*, tenant du levant à la maison où pend l'image *Saint Remy*, tenant au midi à la maison dite le *Jeu de Paulme des violettes*.

Rue de l'École, allant de l'église Saint-Urbain à l'église Saint-Remy.

76. Une maison.

Rue du Marché-aux-Trappans.

77. Maison devant les *Lisses du cimetière Saint-Remy* et tenant à la maison précédente dans la rue de l'*École*.

78. Maison tenant à la précédente.

79. Maison dite la maison *Aux Pies*, donnant d'un bout sur le marché où on vend les trappans, et de l'autre au gué de la porte de *Compostel*.

Rue Surgale, autrement du Faulcheur près Saint-Nizier.

80. Maison à la quelle pend l'image du *Faulcheur* et qui aboutit par derrière au rupt *Merdanson*.

Rue Char-Daniel, aujourd'hui rue du Singe-Vert, derrière le cœur de Saint-Nicier.

81. Maison en deux corps de logis, derrière le cimetière Saint-Nicier, elle aboutit par derrière à la rivière.

Rue du Chardronnet (avant 1567) ou de la Hure (en 1567) ou des Deux-Paroisses (en 1724).

82. Maison allant du pavé royal à la rivière.

Rue de Nervaux, près le Moulin de La Tour.

83. Maison, sous le moulin de La Tour, elle aboutit par derrière aux remparts de la ville.

Près l'église Saint-Denis.

84. Maison dite de la Tour du Chapitre.

85. Maison derrière l'Évêché. M. l'évêque de Troyes l'acheta en 1667 et la fit entrer dans son enclos.

Diverses rentes sur des étaux de bouchers et à la Poissonnerie.

III. *État général peu florissant.*

Malgré les bienfaits de la cour de Rome, de plusieurs princes ou particuliers, le chapitre de Saint-Urbain fut ordinairement gêné dans son temporel. Cette assertion repose sur de nombreux documents. Nous avons dit un mot des trois invasions des religieuses de Notre-Dame-aux-Nonnains contre la collégiale de Saint-Urbain, les dommages furent estimés 100 marcs d'argent (p. 304 et 305), payées seulement en 1283.

En 1268, le comte Thibaut V avait saisi les biens de la collégiale qui étaient dans ses fiefs et domaines.

Au mois de juillet 1290, les monitions canoniques sont adressées à l'abbesse et aux religieuses de Notre-Dame-aux-Nonnains, qui avaient causé de grands dommages à la halle d'Ypre, à Troyes, qui appartenait à la collégiale (p. 312).

L'an 1295, les biens de la collégiale étaient en saisie royale (p. 313).

Le 24 novembre 1290, Jean de Gisors, collecteur papal, estime les revenus de la collégiale à 320 livres (p. 312).

Le 2 février 1334 (*v. st.*). Ego Johannes de Allemante, canonicus Trecensis, collector decimalis decime pro subsidio Terre Sancte et passagio Ultramarino a Sede Apostolica ultimo concesse, per dominum Trecensem episcopum in civitate et diocesi Trecensi deputatus, recepi a decano et capitulo ecclesie Sancti Urbani Trecensis XVI l. Turon. pro primo termino secundi anni dexanni supradicti. Datum anno Domini MCCCXXXIV, die II mensis februarii.

Le 26 juin 1335. « Johannes de Allemante » il donne la quittance de « XVI l. Turon. pro secundo termino secundi anni dexanni » die XXVI junii anni M CCC XXX V.

Le 12 mai 1344 « Aymericus Helie, canonicus Trecensis, et collector biennii decime civitatis et diocesis Trecensis, domino nostro regi a Sede Apostolica concesse » il reconnaît avoir reçu par les mains du chantre de Saint-Urbain « XVI l. Turon. provinorum, pro primo termino secundi anni, videlicet Ascensionis Domini anni MCCCXLIV. Datum sub sigillo meo in Vigilia Ascensionis. »

Le 17 novembre 1344 « Aymericus Helie » il donne quittance de XVI l. Turon. provinorum, pro secundo termino secundi anni, videlicet Omnium Sanctorum, anni M CCC XLIV.. Die XVII mensis novembris. »

En 1358, la justice de la Potole était tenue en saisie par le bailli d'Isabelle, comtesse de Brienne (p. 323).

L'an 1370, le chapitre de Saint-Urbain faisait reconstruire les maisons rue Notre-Dame, construites sur l'emplacement des halles de Provins, maisons qui avaient été brûlées (p. 324).

D'après le Pouillé de 1407, le chapitre de Saint-Urbain paie XX livres à titre de décimes (*solvunt pro decima* XX l.) ; ces XX livres représentent le dixième de l'estimation officielle du revenu de la collégiale. La valeur de la livre en 1407 devant s'exprimer aujourd'hui par 49 fr. environ, la taxe à XX livres de décimes en 1407 représenterait maintenant 980 fr. Ce qui mettrait le revenu du chapitre à 9,800 l., estimation faible, mais se rapprochant de celle du pouillé de 1764 qui porte le revenu de Saint-Urbain à 10,000 l.

Dans le rôle des décimes à lever dans le diocèse de Troyes, dressé en 1457 par Jean Pavin et l'évêque Louis Raguier, le chapitre de Saint-Urbain est ainsi taxé : « Decanus et capitulum S. Urbani Trecensis VII l. X s. — Decanus pro decanatu, I l. V s.

En 1463 les chanoines de Saint-Urbain répondent à l'archevêque de Sens qu'ils ne pourraient contribuer au don pour le roi Louis XI, parce que leur église était pauvre et accablée de dettes.

Le 28 août 1482, le chapitre de Saint-Urbain présenta une requête à messieurs de la Chambre des Comptes de Paris, disant que « comme la dite église fut anciennement dotée de plusieurs grands revenus, tant en domaine qu'autrement, dont était entretenu le service divin qui soulait être fait en la dite église et mesmement que les rentes, qui estoient constituées sur les étaux de la Boucherie de Troyes, sont tellement diminuées quelles sont de présent comme de nulle valeur, tant à l'occasion d'une boucherie qui a été érigée de nouvel, comme autrement.. » Ces motifs ont déterminé les chanoines « à cesser en partie le service divin qui soulait être faict en la dite esglyse parce qu'ils n'avaient pas de quoi le faire et entretenir. »

Le vendredi d'après la Purification 1500 (*v. st.*), le chapitre de Saint-Urbain donne pour la décime demandée par le pape l'année précédente 20 écus au soleil et 25 s. ; en 1512, le vendredi après la Saint-Pierre-ès-

Liens, pour les décimes nouvellement imposées par le roi, 34 l.; le 24 juillet 1523, pour le don gratuit, 80 l.; en 1533 pour la double décime demandée au clergé, 31 l. 10 s.; le 2 décembre 1537 pour une triple décime 93 l. 9 s.

Le 12 octobre 1567, le cardinal de Lorraine, présent à Troyes pour fixer la subvention à payer au roi, taxe le chapitre de Saint-Urbain à 6 ou 700 l. Pour payer cette taxe, la collégiale fut obligée de vendre des joyaux de l'église à Nicolas Boulanger, orfèvre à Troyes, jusqu'à la concurrence de 38 marcs, une once, 3 gros d'argent, ce qui monta à la somme de 572 l. 17 s., et fut donné au receveur du cardinal la somme de 600 l. 5 s. Les joyaux qui furent vendus étaient deux anges portant chandeliers, pesant 12 marcs 3 onces et demie.. Item, deux bassins, pesant 4 marcs et demi once.. Item, 2 potets en forme de fioles, pesant ensemble 2 marcs 3 onces et 1 gros.. et autres.

Le Pouillé de 1612 porte la taxe décimale de Saint-Urbain à 132 livres. Ces divers renseignements révèlent un état financier peu florissant (1).

Enfin en 1749, la collégiale était si pauvre et si chargée de dettes que Poncet de la Rivière, évêque de de Troyes, forma le projet de l'unir au chapitre de Saint-Pierre. Mais cette proposition, sur l'avis de Barrin de la Galissionnière, archidiacre de Margerie, fut repoussée par les chanoines de Saint-Pierre (2).

(1. Nous avons extrait ces notes des *Annales* de la collégiale, écrites par Jacques Breyer. (Archiv. de la fabrique de Saint-Urbain et à la Bibliot. de Troyes, ms. de Sémillard, t. I.)

(2) Arch. de l'Aube, *reg.* G. 1311, fol. 274. Mercredi 8 octobre.

XI. *Trésor de Saint-Urbain : inventaires de 1277 et de 1468.*

Le trésor de Saint-Urbain fut principalement formé par la munificence de la cour romaine. Il nous est connu par deux précieux inventaires que nous avons publiés (p. 293 et 331). Le premier fut dressé le 31 mars 1277, à la demande du cardinal Ancher. Dans le cours de l'année 1276, les chanoines de Saint-Urbain avaient été victimes de plusieurs injustices et vols (p. 292), le cardinal craignant pour les objets du culte qui avaient été envoyés de Rome, la plupart avant 1266, en fit dresser l'inventaire officiel en 75 articles, et les chanoines s'engagèrent par serment à ne jamais aliéner (nisi casibus a jure permissis) aucun des objets provenant de la munificence romaine (p. 293). Le second inventaire officiel, comprenant 165 articles, fut rédigé le 26 août 1468 par les marguilliers de Saint-Urbain, sur le commandement du doyen et du chapitre (p. 331). Ces deux inventaires sont pleins de détails d'un grand intérêt au point de vue des vases et ornements liturgiques au XIII° siècle et jusqu'à la fin du XV°.

XII. *Memoriale ou pancarte des indulgences et des reliques de l'église Saint-Urbain.*

Sous le titre de *Memoriale* nous avons publié la pancarte des indulgences que les fidèles pouvaient gagner dans l'église de Saint-Urbain, et des reliques qu'on y vénérait (p. 351). Cette pièce curieuse établit que la collégiale papale était une des plus riches églises de la chrétienté au point de vue du trésor des indulgences.

La plupart des saintes reliques qui faisaient la gloire du sanctuaire de Saint-Urbain provenaient de Rome. Le *Memoriale* a été analysé dans un petit volume intitulé : *Le Thrésor spirituel caché dans l'église papale de sainct Urbain, pape et martyr, de la ville de Troyes*, par Pierre François de Benoist, prêtre d'Avignon, protonotaire du Saint-Siège (1). Le *Memoriale* des indulgences a été certifié véritable et conforme aux originaux, et le *Memoriale* des reliques a été trouvé conforme aux reliques présentes dans l'église et aux lettres authentiques ou aux anciens inventaires se rapportant aux dites reliques, le 11 décembre 1651, « à la poursuite et diligence de vénérables et discrettes personnes, maistres Remy Pothier, chanoine de l'église Saint-Urbain de Troyes, greffier du chapitre d'icelle, et Jean-Jacques Nivelle, aussi chanoine de la dicte église, et d'iceux assistés par Simon Garsonnot et Nicolas Guyliot, notaires apostolicqs au diocèse de Troyes (2). »

XIII. *Armoiries du chapitre de Saint-Urbain.*

Nous donnons les armoiries officielles du chapitre de Saint-Urbain, enregistrées le 24 décembre 1700 (3).

« D'azur à un saint Urbain, pape, de carnation, vêtu pontificalement, d'or, la tiare en tête, de même; tenant de sa main dextre, élevée, un goupillon d'argent, et de sa senestre une croix, haussée et fleuronnée d'or; accosté de deux anges, de carnation, affrontés,

---

(1) A Troyes, chez Chevillot et Jean Blanchard, en la Rue-Moyenne. MDCLII.
(2) *Ad calcem* du *Thrésor spirituel*.
(3) Paris, Bibliot. Nation., *Armor. génér. de France*, vol. Champagne, p. 471, Bureau de Troyes, n° 153.

à genoux, vêtus d'argent, ailés d'or, tenant chacun un encensoir, de même, avec lequel ils encensent le saint. Le tout posé sur une terrasse d'or. »

Ces armoiries représentent le sceau traditionnel du chapitre, mais avec les émaux du blason. Un exemplaire de ce sceau, que nous devons publier, existe pendant à l'inventaire du 31 mars 1277 (p. 293).

NOTA.

Dans les *Titres de la fondation de l'église Saint-Urbain de Troyes, dépendante immédiatement du Saint-Siège apostolique, faite par Urbain IV, pape, natif de Troyes* (1), on trouve plusieurs pièces que nous avons rééditées dans nos chartres. Ce sont : 1° les deux bulles de Clément IV, p. 253, 261 ; 2° la transaction de 1273, p. 282 ; 3° les deux bulles de Grégoire XI, p. 325, 326.

Jacques Breyer est le véritable auteur des *Titres de la fondation de l'église Saint-Urbain*. D'abord chanoine de la chapelle Notre-Dame de Saint-Étienne, puis chanoine de Saint-Urbain en 1683, Jacques Breyer est mort le 16 avril 1707. Il est l'oncle de Remy Breyer. (Bibliot. de Troyes, *liasse* 2499, lettre à La Ravaillière.)

(1) A Troyes, de l'imprimerie de Jacques Febvre, en la Grande-Rue, MDCLXXXIII.

CARTULAIRE

DE SAINT-PIERRE DE TROYES

1. — Vers 1085.

Philippus, Dei gratia Trecensis episcopus, presentibus et posteris salutem. Quoniam apud nos ecclesia Beati Georgii apta erat divino servitio, placuit fratribus Sancti Petri ponere in ea regulares canonicos, quatinus et Deo servirent devotius, et alios exemplo bone conversationis incitarent. Illis ergo attendentibus diversas congregationes istius ordinis, refulsit ecclesia Beati Quintini Belvacensis, ex cujus veneranda religione locus Sancti Georgii posset illustrari. Domno itaque Yvone abbate Trecis, in capitulo Beati Petri residente, hec ratio approbata est, ex utraque parte, ut fratres Sancti Georgii a Beato Petro sua teneant, a Beato autem Quintino regulam, in qua quidem si offenderint, illius sit ecclesie aut aliquid in eis corrigere aut aliquem ex eis transmutare. Si autem aliquis aliquod terrenum adversus eos proclamaverit, ad justitiam veniant in manu Beati Petri, eos indique patrocinantis. Veruntamen si forte evenerit eam ecclesiam ad aliam transire regulam, ista illi nullam ex tunc habeat subjectionem. Huic autem conventioni interfuerunt fratres : Joannes, decanus; Gilbertus, archidiaconus; Guido, archidiaconus; Theodoricus, archidiaconus; Arnulphus, cantor; Hubertus, sacerdos; Berlandus, sacerdos; Petrus, levita; Constantinus, levita; Girardus, levita; Gildardus, levita; Frotmondus, subdiaconus; Hugo, subdiaconus; Gilduinus, subdiaconus; Odo, subdiaconus; Ansellus, subdiaconus; Jacellus, cancellarius, manu propria scripsit. — *Cartul.* fol. 43 v°. D'Achery, *Spicilegium*, t. XI, p. 301.

2. — 4 mars 1090 (*v. st.*).

Philippus, Dei gratia ecclesie Trecassinorum episcopus, totius Ecclesie filiis regulariter viventibus et victuris future perfrui regula beatitudinis. Est, fratres karissimi, inestimabilis meriti, nos ea que Dei sunt construere, quia nimirum immensi periculi ea nos, quod absit, destruere : habet enim se ad utrumque justitia, ut bene agentibus reddantur promia, male autem operantibus debita supplicia. Operemur bonum ergo ad omnes, maxime autem ad eum, qui omnium Dominus est, quatinus ad utrumque fervens dilectio nostra, qui facit utraque unum, copulet nos caritatis obsequio. Et quoniam Redemptor noster redemptionis nostre pretium non aliud misericorditer dedit quam semetipsum, a nobis quidem est ei reddendum, non aliud magis quam nos ipsos ad tante pietatis commercium, quatinus redempti pretioso sanguine ipsius, pretiosa redemptione mereamur per ipsum divine majestati assistere. Verumtamen, quia nimium nos ipsa premit mortalis infirmitas, perfectos etiam terrena inhabitatio multum aggravat, curandum est unicuique summopere pro viribus, sanctorum patrocinia conquirere, ut qui diffidimus ex merito nostro, ad spem misericordie sublevemur, eorum interveniente auxilio. Quapropter, ego Philippus, Dei omnipotentis, cujus nutu sum episcopus Trecensis, horrendo judicio vehementer perterritus, duxi maxime michi necessarium in celesti palatio procurare patronum, illum scilicet martyrem, beatum inquam Georgium : ejus itaque cuidam ecclesie, quam pluribus miraculis Dominus ad laudem gloriosi martyris dignatus est sublimare, ego quidem, ad ejus promerendam gratiam et ad ejusdem loci fratrum humilitatem in ecclesia Sancti Petri concedo prebendam integram atque perpetuam, ut sicut filia alactatur a matre, sic ecclesia illa consoletur ab uberibus consolationis nostre. Et quoniam que ab episcopo fiunt in ecclesia, assensu clericorum stabilienda sunt, ne forte perversa posteritas aliquid contra jus malignetur imposterum, auctoritate sigilli nostri, sigilli etiam capituli Beati Petri, collaudantibus quod fecerim communi favore canonicis, confirmo et corroboro. Servitium autem hujus prebende, ita reddetur ut ipsi apud nos septimanam suam faciant, vel fieri faciant ab aliquo sacerdote ex parte nostra. Confirmo etiam eis nominatim ecclesiam Beate Marie de Druto, seu que ab antecessoribus meis sive ab aliis benefactoribus suis, vel in futurum juste et canonice possessuri sint, firma et illibata eisdem permaneant. Super adversarios autem hujus privilegii immitto anathema nostri officii, anathema inquam *Maranata*, quod non dissolvetur per infinita secula. Actum est hoc anno ab Incarnatione Domini M° XC°, indict. XIV, regnante rege Francorum Philippo, et me Philippo, Trecensi episcopo, IV nonas martii, residente in capitulo Beati Petri. Nomina fratrum qui affuerunt et laudaverunt hec sunt : Normannus, prepositus; Gisbertus, archidiaconus; Petrus, archidiaconus; Guido, archidiaconus; Joscelinus, archidiaconus; Hugo, archidiaconus; Joannes, presbyter atque camerarius; Berlamus, presbyter atque decanus; Bochardus, presbyter; Hubertus, presbyter; Odo, cantor; Constantinus, diaconus; Petrus, diaconus; Rainerius, diaconus; Hilduinus, diaconus; Girardus, diaconus. — *Cartul.* fol. 48 v°. D'Achery, *Spicilegium*, t. XI, p. 302.

5. — 2 avril 1104.

In nomine Sancte et Individue Trinitatis, ego Hugo, comes Dei gratia Trecensis, post vulnerum meorum nimis difficilium afflictionem et eorumdem, Deo mediante, evasionem, perpendens me in pluribus divinam gratiam offendisse, penamque predictam peccatis meis exigentibus me juste promeritum attendens longe majorem promeruisse, de collato michi beneficio a Domini benignitate, videlicet, de reddita michi sanitate, proposui in conferendis beneficiis aliquibus ecclesiis Domino gratias reddere. Et quia bonum desiderium letus debet comitari exitus, testante beato Augustino, qui Dominum orat ut bonis principiis meliores adjungantur exitus, quod in interiori meo votis disposueram exibui effectibus. Dedi igitur ecclesie Trecensi Beati Petri et Sancti Salvatoris libertatem domorum canonicarum, videlicet, ut nemo presumat deinceps eas violare propter furem ibi repertum, nec aliquo modo extrahere ipsum, sed liberum permittere in manu atque nutu canonicorum, nec mensuram vini sive annone falsam accipere ibidem, neque inde extrahere aliquid violentia, nec etiam fugitivum aliquem, nec omnino a canonicis pro re aliqua, neque a domibus eorum exigere aliquam consuetudinem; servientes etiam qui vivent de proprio victu canonicorum ita liberos efficio, ut etiam si mercatores fuerint nullam michi prorsus vel meis faciant consuetudinem et nullum pro mercatura solvant teloneum. Quod si forte clamor fiat de aliquibus predictorum servientium, nemini respondeant, neque in jus veniant nisi ammonicione canonicorum. Quid plura? Nullum prorsus michi vel meis faciant servitium. Preterea tres servientes qui custodiunt commune bonum canonicorum, videlicet cellarius et granatarius atque major eadem prorsus libertate, que data est predictis servientibus, a me donantur, et de quocumque officio vivant, nullum teloneum, nulla prorsus consuetudo michi vel meis ab eis persolvantur. Decimam etiam mei telonei hujus civitatis supradictis prebeo canonicis ad constituendum aliquid in ecclesia Beati Petri et Sancti Salvatoris, hac conditione, ut inde nichil redigere ad proprios usus liceat episcopo sive canonicis. †. Hujus rei testes sunt : Milo, episcopus; Raynaldus, prepositus ; Girardus, Petrus, Goscelinus, Drogo, Anselmus, archidiaconi ; Gosfridus, dapifer ; Guido de Wangeruco, Galcherius de Firmitate, comes Andreas de Rameruco, Ebrardus de Firmitate, Andreas de Baldemento, Pontius de Mareio. Actum Trecis, anno millesimo centesimo quarto, ab Incarnatione Domini, quarto nonas aprilis, indictione duodecima ; residente Richardo cardinali in supradicta ecclesia, in sinodo ; presente Manasse, Remensi archiepiscopo ; et Manasse, Suessionensi episcopo ; et Hugone, Cathalaunensi episcopo ; et multis aliis conprovincialibus episcopis. Presente etiam Damberto, Senonensi archiepiscopo; et Yvone, Carnotensi episcopo; et Johanne, Aurelianensi episcopo ; et multis aliis conprovincialibus episcopis. Presente quoque Radulfo, Turonensi archiepiscopo; et Marbodo, Redonensi episcopo, et multis aliis conprovincialibus episcopis ; regnante Philippo, Francorum rege ; Milone, urbis Trecorum episcopo, existente ; Hugone ejusdem comitatum obtinente. — *Cartul.* fol. 48 r°. *Origin.* liasse G-2608.

4. — Vers 1104 ?

Quoniam Sanctorum Patrum precipit institucio et firmat auctoritas quia beneficia que dantur ecclesiis, ut firma et rata permaneant, debent adsignari monimentis litterarum, ut sic tradantur memorie posterorum : idcirco nos morem patrum sequentes, beneficia, que Hugo, comes Trecensis, ecclesie B. Petri Trecorum pro redemptione anime sue contulit, harum litterarum notulis assignare curavimus, ut sic horum memoria beneficiorum nostris commendaretur sequacibus. Omnibus igitur scire volentibus innotescat Hugonem, Trecensem comitem, tam Veteris quam Novi Testamenti institutis, que dari rerum decimas precipiunt, instructum, totius telonei Trecarum ecclesie S. Petri decimam concessisse. Sed quia ministri principum solent res etiam bene institutas quabusdam versutiis defraudare, timens ne in futuro inde oriretur impedimentum ecclesie, Deo sibi divinitus inspirante, quod prius instituerat in melius ad ecclesie commodum voluit adfirmare. Totum igitur teloneum et justiciam, preter membrorum truncationem, que ad clerum non pertinet, decimi fori, ex quo in die veneris inciperet quoadusque die sabbati terminaretur, idem comes prefate contulit ecclesie, qui sue prudentie discretionis sic istam distinxit elemosinam, ut due partes impenderentur necessariis ecclesio ; tercia vero parte ejusdem ecclesie reficerentur officine. Statuit autem, ne qua dissensio oriretur de susceptione hujus elemosine, quatinus hoc beneficium susciperet minister ecclesie. Et quia quod ecclesie contulerat voluit testibus confirmare, ad hujus astipulationem beneficii isti legitimi testes fuerunt adhibiti : Andreas, comes de Rameruco; Wido de Wangionisrivo; Gosbertus dapifer ; Airardus, comes Brenensis ; et frater ejus Milo, comes Burrensis; Goffridus, filius Hottranni ; Hottrannus filius ejus ; et de servientibus comitis : Lanbertus, prepositus ; et Falco, filius Engermeri ; Evrardus, filius Burdini ; Walo, filius Fromundi. — *Cartul.* fol. 43 r°. — *Origin.* liasse G-2608. — Le sceau est fixé sur le parchemin, le contre-sceau pend à un lemnisque de parchemin.

5. — Au plus tard 1121. — « Lettres scellées du sceau de l'évêque Philippe et de celui du comte Hugues, par lesquelles Rainaud, vicomte de Troyes et prévôt de cette église, donne à l'église de Troyes la seigneurie de Vennes, pour en jouir en toute liberté comme lui et ses prédécesseurs en ont joui avec tout son domaine et ses dépendances. Ladite donation faite pour le salut de son âme et de celles de ses prédécesseurs, du consentement du comte Hugues, duquel cette terre était tenue en fief. » — *Cartul.* fol. 52 v°.

6. — 1081-1121.

Notum sit omnibus, tam presentibus quam futuris, quod Philippus, Trecensis episcopus, ecclesiam Sancti Remigii, et ecclesiam Sancti Nicecii, et ecclesiam Sancti Dionisii, et ecclesiam Sancti Martini de

Molceio, Deo inspirante, ab omni exactione, sive consuetudine, canonicis Beati Petri Trecorum, in manu capituli ita liberas esse concessit, quod sacerdotes, qui istis ecclesiis deservient, de manu fratrum, qui archidiaconatum civitatis habent, curam suscipiant, et ab ipsis ponantur in ecclesiis et ejiciantur eorum arbitrio, neque de justicia, neque de forifacto, neque de consuetudine aliqua, episcopo, sive archidiacono, sive decano respondeant, nisi tantummodo Capitulo. Si quis autem, instinctu diabolico, quod absit, hujus donum libertatis infringere, vel inmutare presumpserit, super ipsum, quicumque sit ille, sententiam dedit anathematis. Hujus rei testes sunt : Raynaldus, prepositus; Wido, archidiaconus; Odo, archidiaconus; Teobaudus, archidiaconus; Manases, archidiaconus; Odo, cantor; Hugo, sacerdos, decanus; Burdinus, Gislebertus, Fulco, Walterus, Teodericus, Tegerus, Girulfus, Robertus, Raynaldus, Hatos, Henjorannus, Petrus; Anselmus, nepos ejus; Poncius. — *Cartul.* fol. 50 r°. — *Origin.* liasse G-2577.

7. — Entre 1125 et 1133. — « Le comte Thibaut (II° de Champagne, IV° de Blois) confirme à cette église toutes les libertés et indemnités accordées par son prédécesseur le comte Hugues, à savoir, la liberté du cloître; la liberté des serviteurs du Chapitre, et en particulier du cellerier, du grenetier et du maire; les droits de tonlieu et de justice (cfr. n°s 3, 4, 8). » — *Cartul.* fol. 55. r°.

8. — 28 août 1133.

Innocentius, episcopus, servus servorum Dei, dilectis filiis Odoni, preposito Trecensi, et canonicis tam presentibus quam futuris, in perpetuum. Clerici qui in sortem Domini sunt vocati, quanto familiarius omnipotenti Domino adherere noscuntur, tanto eos esse convenit tam ab exactionibus liberos quam a pravorum hominum inquietatione securos. Equum est enim ut quemadmodum in spiritualibus sacrosancta Dei Ecclesia sine ruga et macula et scismate in unitatis perpetue splendore clarescit, ita in temporalibus nullis, vel in se, vel in membris suis, gravaminibus affligatur, et qui ejus sunt servitio mancipati, nullas injurias, nichil extraordinarium patiantur. Ideoque sancti patres a longis a retro temporibus mundum in maligno esse positum cognoscentes, rationabili discretionis consilio decreverunt, ut ecclesie et possessiones et bona earum immunitatis defensione gauderent, et quanto ampliori libertatis prerogativa decorate fuissent, tanto ipsarum ministri ferventius in divini cultus amore persisterint, quam nimirum inmunitatem intemeratam opportet modis omnibus illibatamque servari. Ne quis forte, si eam infringere attemptaverit, inveniatur, quod absit, ecclesiastica statuta contempnere et tanquam sacrorum decretorum et canonum violator, et transgressionis reus non inmerito judicetur. Quia ergo sicut Apostolus protestatur *ubi Spiritus, ibi libertas*, ut quietius valeatis famulatibus divinis insistere, libertates omnes a fratre nostro bone memorie Philippo, Trecensi episcopo, in quatuor ecclesiis, videlicet, Sancti Remigii, Sancti Nicecii, Sancti Dionysii, Sancti Martini de Molceio, rationabili vobis donatione concessas; inmunitates etiam ab illustri viro Hugone, Trecensium comite, devota liberalitate donatas, et a carissimo filio nostro Blensensium comite Teobaldo firmatas, tranquillitati vestre paterne affectionis intuitu providentes, auctoritate vobis Apostolica confirmamus. Statuentes ut nulli omnino hominum liceat vos aut ecclesiam vestram super hoc de cetero infestare, aut aliquam vobis exinde perturbationem vel gravamen inferre, sed liberi et quieti, quemadmodum supra dictum est, permanentes, omnipotenti Domino vota vestra pacifice persolvatis. Si quis igitur, hujus nostre constitutionis tenore perspecto, contra eam temere venire temptaverit, secundo tertiove commonitus, nisi reatum suum digna satisfactione correxerit, beatorum apostolorum Petri et Pauli indignationem incurrat, et a sacratissimo corpore et sanguine Dei ac Domini, redemptoris nostri Jhu Xpi, alienus fiat, atque in extremo examine districte ultioni subjaceat; observantes autem omnipotentis Dei et eorumdem apostolorum benedictionem et gratiam consequantur. Amen. Amen. Amen. Ego Innocentius, catholice Ecclesie episcopus. *Monogramme*: Bene valete. † Ego Guillielmus, Prenestinus episcopus, subscripsi. † Ego Hubertus, presbyter cardinalis, tituli Sancti Clementis, subscripsi. † Ego Lucas, presbyter cardi-

nalis, tituli Sanctorum Johannis et Pauli, subscripsi.
† Ego Romanus, diaconus cardinalis Sancte Marie in Porticu, subscripsi. † Ego Gregorius, diaconus cardinalis Sanctorum Sergii et Bachi, subscripsi. † Ego Guido, diaconus cardinalis Sancte Marie in Via Lata, subscripsi. † Ego Oddo, diaconus cardinalis Sancti Georgii ad Velum Aureum, subscripsi. † Ego Guido, diaconus cardinalis Sanctorum Cosme et Damiani, subscripsi. Datum Brixie, per manum Almerici, sancte Romane ecclesie diaconus cardinalis et cancellarius, V kal. septembris, indictione X, Incarnationis Dominice anno M° C° XXX° III°, pontificatus vero domni Innocentii pape II anno III°. *Dans le cercle concentrique :* SCS. Petrus, SCS. Paulus, Innocentius papa II. *Légende :* adjuva nos Deus salutaris noster. — *Cartul.* fol. 36 v°. *Origin.* liasse G-2577. — La bulle était sur fils de soie jaune.

9. — Avant le 17 juillet 1140-1142.

In nomine Sancte et Individue Trinitatis. Halo, Dei gratia Trecensis ecclesie humilis minister, omnibus fidelibus in perpetuum. Summa Dei virtus sapienter cuncta gubernans, ad informationem humane vite misericorditer veniens, prudenter hoc providit, et juste pieque ordinavit, ut qui ecclesiasticis sunt intenti servitiis, ecclesiasticis jure prosequantur beneficiis. Quicquid ergo ad utilitatem servorum Dei efficere contendimus, profuturum nobis ad eternam beatitudinem promerendam confidimus.

Quocirca notum fieri volumus, tam presentibus quam futuris fidelibus, quod karissimi nostri fratres Cluniacenses, ad nos humiliter accedentes, petierunt, ut pro amore Dei aliquod beneficium illi sanctissime domui Cluniacensi impertiri dignaremur. Siquidem justa petentibus aures claudere divina pietas non permittit, proinde considerantes piam eorum esse petitionem, illorum petitionibus gratanter annuimus atque ecclesiam de Barbona, ecclesiamque de Lintis et Lintellis perpetuo jure possidendas dedimus et concessimus, ita tamen ut Iterius presbyter, quandiu vixerit, quinque, per singulos annos, solidos Cluniacensi ecclesie de ecclesia de Barbona persolvat; et nepos meus Wiricus decem solidos in vita sua. Post mortem vero illorum, ille prenominate tres ecclesie in proprium deveniant monachorum, ita ut habeant liberam potestatem eligendi in eisdem ecclesiis idoneos sacerdotes, quos Trecensi episcopo representantes, curam animarum de ejus manu recipiant. Monachi vero de ecclesiasticis beneficiis eisdem presbyteris mensurate provideant. Dedimus etiam ecclesie Cluniacensi, laudantibus et concedentibus clericis nostris, petente hoc atque exigente papa Innocentio, unam prebendam in ecclesia Beati Petri Trecensis in perpetuum tenendam. Quod, ne aliqua temporum vetustate aut personarum varietate mutaretur, vel infirmaretur, jussimus hanc chartam nostri sigilli auctoritate roborari, et nomina idonearum personarum, que interfuerunt, subtitulari. S. Oddonis, archidiaconi; S. Manasses, archidiaconi ; S. Fulconis, archidiaconi ; S. Tegeri, canonici ; S. Wirici, nepotis episcopi. — *Cartul.* fol. 37 r°. Migne, *Patrol. lat.*, t. CLXXXIX, col. 1065.

10. — 1145.

In nomine Sancte et Individue Trinitatis, Hato, divina miseratione Trecensis ecclesie humilis minister omnibus catholice matris Ecclesie filiis imperpetuum. Amicis sponsi vicarius Jhu Xpisti hoc potissimum incumbit, hoc pre omnibus est necessarium ut sponsam Agni immaculati, quam sanguine proprio sibi vindicavit, quibus possunt modis confovendo studeant credite dispensationis honorificare ministerium. Ea propter, cum ecclesia Trecensis in diebus sacerdotii nostri et indigentia servitorum suorum miserabiliter esset attrita, pie compassi fuimus, non sine multo merore, non sine multa cordis angustia, antiqua enim famosioris ecclesie nobilitas data erat in contemptum, gloria in confusionem, filiorum frequentia super quorum assiduitate jocondari consueverat versa erat in solitudinem, forinsecis quidem et extraneis quos habebat canonicos non que Dei sed que sua erant querentibus et debiti servitii honorem matri sue nequaquam reddentibus. Participato itaque cum sapientibus personis consilio, post multas et a pluribus annis protractas canonicorum nostrorum postulationes, statuendo statuimus, assentiente et quod fecimus confirmante religioso ac venerabili viro Alberico, Hostiensi episcopo, Sedis Apostolice legato, ut qui de cetero in ecclesia nostra canonicarentur, nisi ad ecclesie servitium stacionarios se ipsos exhiberent, nichil de prebendali benelicio preter XX solidos annis singulis reciperent, exceptis duntaxat Cluniacensibus, quibus, ad prefati legati petitionem, in ecclesia nostra prebendam concessimus. Preterea adjiciendo adjicientes prohibuimus ne unquam ulterius, quacunque occasione vel pro qualibet persona, de communitate fratrum singularis fieret vel daretur alicui prebenda. Hoc autem totum, ut non solum inter presentes sed etiam apud futurorum posteritatem ponderis sui tenorem irrefragabiliter obtineret, auctoritate Dei et domini legati et nostra voce propria, fratribus universis corde et ore consentientibus, anathematis sententiam in eos promulgavimus, qui quocumque tempore quocumque modo, quod pietatis intuitu decrevimus, permutarent, aut, quod absit, in irritum revocarent, salva nimirum Apostolice majestatis reverentia. Presentem itaque paginam, ad nostre constitutionis munimentum, sygillo domini legati et nostro proprio et communi fratrum sygillo confirmantes, roboravimus, subscriptis personarum, que interfuerunt et approbavere, nominibus. S. domini Alberici, legati; S. Hatonis, episcopi; S. Theobaldi, abbatis Sancte Columbe Senonensis; S. Guillermi, de Sancto Martino; S. Ewbrardi de Sancto Lupo, abbatum; S. Hugonis de Criciaco; S. Balduini, Noviomensis, decani; S. Odonis, prepositi; S. Manasse, item Manasse, Odonis,

Falconis archidiaconorum ; S. Burdini, Guarneri, Stephani, presbiterorum; S. Petri, Drogonis, diaconorum ; S. Tegerii, Petri, Guerrici, Hilduini, subdiaconorum. Actum Trecis in sollempni capitulo, anno ab Icarnatione Domini M° C° XL° quinto. Gibuinus, cancellarius, scripsit et recognovit. — *Cartul*. fol. 39 r°. — *Origin*. liasse G-2573.

11. — Au plus tard 1146.

In nomine Sancte et Individue Trinitatis. Amen. Hato, divina miseratione Trecensis ecclesie humilis minister, omnibus sancte matris Ecclesie filiis tam posteris quam presentibus, in perpetuum. Quoniam hominum actiones, multiplici annorum revolutione decursa, facile a memoria labuntur, nisi scripto commendantur ; quam, pro remedio anime nostre providimus, elemosinam, presenti carta confirmare studuimus. Nos siquidem ecclesiam sancti Aventini de Creneio, cum omnibus pertinenciis suis, assensu karissimi archidiaconi nostri Manasse de Villemauro, libere et absolute possidendam concessimus filiis nostris canonicis, videlicet Sancti Petri ecclesie Trecensis, ita duntaxat quod nec circadas, nec exactiones, nec redditus sinodales, imo, nullam consuetudinem episcopo vel cuilibet persone, quocumque modo, vel occasione, persolvat. Preterea, liberalitate pontificali concessimus ut prefati filii nostri plenam habeant facultatem eligendi in prefata ecclesia presbiterum, cura animarum a nobis et successoribus nostris investiendum. Porro, ab ipsis electum et a nobis investitum ut revera sibi penitus obnoxium et subditum perpetuo jure possideant, sed de proprio tantum ordine nobis responsurum. Hoc autem sigilli nostri impressione et testium subnotatione qui interfuerunt roborare curavimus. Actum est Trecis, in capitulo Sancti Petri, astantibus supradicte ecclesie fratribus, et aliis quam pluribus. S. Odonis, prepositi ; S. Manasse de Villemauro, archidiaconi ; S. Guidonis, archidiaconi; S. Manasse de *Rumilli*, archidiaconi ; S. Farconis, archidiaconi ; Burdini, Gisleberti, Garneri, Hugonis, Stephani, presbiterorum; Galteri de Fusseio, Drogonis, diaconorum ; Teoderici, Tegeri, Girulfi, Galteri, Petri, Engeranni, Odonis, Wirrici, Petri, Engermeri, subdiaconorum. Ego Gibuinus, cancellarius, scripsi et subscripsi. — *Cartul*. fol. 38 v°. — *Origin*.

12. — 16 août 1147. — « Eugenius, episcopus, servus servorum Dei. » Le pape confirme la décision d'Atton, évêque de Troyes, déjà approuvée par Albéric, évêque d'Ostie, légat (voir plus haut n° 10), et aux termes de laquelle ceux des chanoines de Saint-Pierre qui ne seront pas assidus au service de cette église ne toucheront que 20 sous par an sur les fruits de leur prébende. « Datum Altissiodori XVII kal. septembris. — *Origin*. liasse G-20.

13. — 1147.

In nomine Sancte et Individue Trinitatis, Henricus, sancte Dei Trecensis ecclesie episcopus, omnibus in Xpisto fidelibus tam presentibus quam futuris, in perpetuum. Notum vobis facere volumus magistrum Petrum Manducatorem, clericum nostrum, post reditum nostrum de Hungaria supplici devotione et per interventum venerabilis fratris nostri Alani, abbatis de Arripatorio, nos rogasse quatinus ei ecclesiam de Arbrossello habendam concederemus. Cujus petitioni prebentes assensum, prefatam ecclesiam eidem Petro dedimus, assensu filii nostri Manasse, archidiaconi, ab omni exactione liberam et absolutam, salvo tantum jure episcopali, videlicet circadiis et synodis. liberam etiam electionem presbiteri in eadem ecclesia sibi concessimus. Quod, ne vetustate deleretur, in presenti pagina scripto mandavimus. Ut autem ratum et inconcussum maneret, sigilli nostri firmavimus impressione, subtitulavimus et nomina testium qui interfuerunt: Evrardus, abbas Sancti Lupi; Alanus, abbas de Arripatorio; Odo, prepositus; Guirricus, archidiaconus; Petrus, decanus; Stephanus Lupus; Rainerus de Brena. Actum est hoc anno quo piissimus rex Francorum Ludovicus contra Sarracenos iter aggressus est. — *Cartul.* fol. 59 v°. — *Origin.* liasse G-2558.

14. — 1148-1153.

In nomine Sancte et Individue Trinitatis, Godefridus, Dei miseratione humilis minister Lingonensis Ecclesie, tam presentibus quam futuris, in perpetuum. Noverit tam presens etas quam secutura posteritas, quod Helisabeth, mater Milonis, comitis Barensis, et ipsius uxor, nomine Agnes, dederunt majori ecclesie Beati Petri Trecensis, pro celebrando singulis annis predicti comitis anniversario, et pro ejus memoria in processione singulis diebus dominicis facienda, solidos quadraginta, qui uno quoque anno solventur canonicis in festo sancti Remigii, de censu Ville Nove, que juxta Barum sita est, in episcopatu nostro. Preterea laudaverunt et concesserunt canonicis, quod duo homines Beati Petri, commorantes apud villam que dicitur *Corterons*, liberi et emancipati essent, cum filiis et filiabus ipsorum, a justiciis omnibus et serviciis, que idem comes de illic accipere solebat. Porro hujusmodi concessionibus et donis interfuerunt : domnus Henricus, Trecensis episcopus ; item Henricus, comes, filius illustrissimi comitis Teobaudi ; et alie plures legitime persone, tam de monachis quam de clericis et laicis. Hoc autem totum ne, quod absit, aliquantenus immutetur aut vetustate temporum, aut invidia vel incuria successorum, pagine presentis auctoritate, sigilli nostri impressione, et personarum que adfuerunt subnotatione roborari precepimus, memorato etiam Trecensi episcopo necnon et comite Henrico, ad servandum tenacius facti hujus memoriam, sigilla propria subponentibus. S. Petri, de Cella ; S. Guidonis, Arremarensis ; S. Evrardi, de Sancto Lupo ; S. Guillermi de Sancto Martino, abbatum ; S. Odonis, prepositi ; S. Manasses de Villemauri, S. Odonis Senonensis, S. Guerrici, S. Gibuini, S. Falconis, archidiaconorum. Et de laicis : S. Gauteri, comitis Brenensis ; S. Erardi, filii ejus ; S. Hilduini de Vendopero ; S. Laurencii, filii ejus ; S. Guillermi de Danpetra ; S. Milonis de *Corlaversi* ; S. Gaufridi Furnerii ; S. Simonis, filii ejus ; S. Garini de *Meri* ; S. Guiardi, prepositi ; S. Hadonis de *Corlendum* ; S. Raineri de Brenna ; S. Bauduini de *Aci* ; S. Tome de Barro ; S. Herberti, fratris ejus ; S. Ade, vicecomitis Barrensis ; S. Gunterii de Busseriis ; S. Guiteri de Merreio ; S. Josselenni ; S. Ricardi, dapiferi ; S. Nicholai, qui tunc erat prepositus. — *Cartul.* fol. 45 r°. — *Origin.*

15. — 1151.

In nomine Sancte et Individue Trinitatis, Henricus, divina miseratione comes Trecensis, tam presentibus quam futuris, in perpetuum. Notum fieri volo xpistianis omnibus, tam clericis quam laicis, suburbium quoddam Trecis haberi, quod vulgariter Sancti Dionysii burgus appellatur. Porro predecessores mei comites Trecassini canonicis Beati Petri majoris ecclesie prefatum burgum liberum donaverunt, et immune ab omni justitia, et exactione, vel consuetudine, tam ipsorum comitum quam et omnium ministerialium suorum ; latius vero meus bone memorie, excellentissimus comes Teobaudus, quod alii comites donum fecerant, pie laudavit, et proprio sigillo firmavit. Ego etiam, post ipsius discessum, quod ipse laudaverat, satis benigne concessi. Sed pots aliquantulum tempus, in ira et impetu indignationis, ipso burgo infracto pro captione cujusdam Otranni, qui homo erat episcopi, tandem penitentia ductus, ad vocem et consilium domini Bernardi, abbatis reverendi de Claravalle, veni in capitulum Sancti Petri, ubi, in presentia domini Henrici episcopi, abbatum, clericorum et militum meorum, forisfactum meum humiliter recognovi, et in manu Odonis, prepositi, manu ipsa rectum faciendo totum emendavi, et pro lege quam debebam, Guirrico, archidiacono et camerario, pilleum meum, in hujus facti memoriam, reservandum obtuli et donavi, recognita ad plenum, et ore meo prorsus approbata prefati burgi libertate et immunitate antiqua. Quod ut ratum et inviolabile servetur in posterum, per cartam presentem, et sigilli mei impressionem, et personarum que interfuerunt subscriptionem firmari volui et precepi, scilicet, Henrici, episcopi; Bernardi, abbatis de Claravalle ; Ernaudi, abbatis de Bonavalle; Petri, abbatis de Cella ; Guillelmi de Dampetra, Ulrici de Monteregali, Hilduini de Vendopero, Raherii de *Vetzui*, Hugonis de Rumiliaco, Odonis de *Pugi*, Gaufridi Furnarii, Mathei de *Toquin*, Petri *Bursault*, Drogonis de Pruvino, Guillelmus, cancellarius, scripsit et recognovit. Hoc autem totum factum est, anno millesimo centesimo quinquagesimo primo ab Incarnatione Domini, quinto kalendas martii. Data Trecis et recoginita. — *Cartul.* fol. 49 r°. — *Origin.* liasse G-3612.

16. — 1151.

In nomine Sancte et Individue Trinitatis, H. Divina annuente clemencia, comes Trecensium palatinus, tam presentibus quam futuris, imperpetuum. Noverit tam presens etas quam secutura posteritas, quod inter Ansellum de Triagnello et canonicos Beati Petri ventilata fuit a multis diebus quedam contro versia, prefato Ansello homines multos et feminas calumpniante et reclamante, quibus investita et possidens erat Trecensis ecclesia. Filii vero Anselli omnes, post decessum patris, pro eadem calumpnia canonicos et terram ipsorum frequentius infestabant. Tandem, auctore Domino, et patre meo comite Teobaudo pro anime sue remedio multum insistente, res ex toto pacificata est, et contentio terminata, canonicis solventibus C et triginta libras predictis calumpniatoribus. Illi autem, in presentia patris mei et totius curie sue, guirpierunt quicquid prius adversus cononicos reclamaverant apud Aureumvillare et Sanctum Georgium, et apud *Valent*, et omnibus aliis locis, usque ad Secanam, excepta Falconis commendatione, feminis etiam tribus retentis, quarum hec sunt nomina : Maria de Vado, Teburgis, Dulcis. Hoc autem totum, ne temporum vetustate vel succedentium invidia personarum, quod absit, aliquatenus inmutetur, carta presente et sigilli mei impressione roboravi, et eorum, qui viderunt atque interfuerunt, nomina subscribi precepi.

† S. Henrici, Trecensis episcopi ; S. Evrardi, abbatis Sancti Lupi ; S. Odonis, prepositi ; S. Manasse, archidiaconi ; S. Gibuini, cantoris ; S. Guerrici, archidiaconi ; S. Hilduini de Vendopero ; S. Johannis *Herupel* ; S. Petri *Bursaut* ; S. Guidonis, prepositi ; S. Petri, filii David ; et ex parte illorum : S. Gaufridi Fornerarii ; S. Petri de Tornella ; S. Otranni de Plaxeio ; S. Anselli *Gastable* ; S. Guidonis de *Balchisi* ; S. Hogeri, de *Ulci* ; S. Petri de Gelenis. Anno ab Incarnatione Domini millesimo centesimo quinquagesimo primo ; X kalend. marcii. Data est Trecis. Guillermus, medicus et cancellarius, scripsit et recognovit. — *Cartul.* fol. 60 r°. — *Origin.* liasse G-3107.

17. — 31 décembre 1152.

Eugenius, episcopus, servus servorum Dei, dilectis filiis Petro, decano, et canonicis Trecensis ecclesie, tam presentibus quam futuris canonice promovendis, in perpetuum. Effectum justa postulantibus indulgere et vigor equitatis et ordo exigit rationis, presertim quando petentium voluntatem et pietas adjuvat et veritas non relinquit. Idcirco, dilecti in Domino filii, justis vestris petitionibus benigno concurrentes assensu, prefatam ecclesiam, in qua divinis obsequiis mancipati estis, sub B. Petri et nostra protectione suscipimus et presentis scripti patrocinio communimus, statuentes, ut quascumque possessiones, quecumque bona per eandem ecclesiam impresentiarum juste et canonice possidetis, aut in futurum concessione pontificum, largitione regum vel principum, oblatione fidelium, seu aliis justis modis, prestante Domino, poteritis adipisci, firma vobis vestrisque successoribus et illibata permaneant. In quibus hec propriis duximus vocabulis exprimenda : archidiaconatum civitatis vestre, qui dicitur archidiaconatus banleie ; decimas vini quas habetis Trecis ; ecclesiam de Fontisvenna et decimam ; ecclesiam de Maceio et decimam ; ecclesiam de Moreio et decimam ; ecclesiam de Aurovillari cum villa et decima ; ecclesiam de *Valant* cum villa et decima ; ecclesiam de S. Georgio cum villa et decima ; ecclesiam de S. Saviniano cum villa et decima ; ecclesiam de Capella cum villa et decima ; ecclesiam de Basseio ; ecclesiam de S. Remigio super Barbusiam ; ecclesiam de Rameruco et decimam ; ecclesiam de *Troan*, villam et decimam ; ecclesiam de Manso Tecelini et decimam ; ecclesiam de Corbolio et decimam ; ecclesiam de Donamento et decimam ; ecclesiam de Torceio et decimam ; ecclesiam de Quercu et decimam ; ecclesiam de Bevrona ; ecclesiam de *Rosun* ; ecclesiam de *Alefoi* ; ecclesiam de Creneio ; ecclesiam de Ponte ; ecclesiam de S. Aventino ; ecclesiam de Vaartio. In archiepiscopatu Senonensi : ecclesiam de Gigeo et villam ipsam cum appenditiis suis. Molendina de *Jallart* ; molendina de *Harden* ; molendina Raaldi ; molendina de *Valant* ; molendina de *Villeirs* ; molendina de Gigeo ; villam que dicitur Esginileium et villam que nuncupatur *Noe*. Preterea confirmamus vobis et his qui post vos successerint libertatem domorum vestrarum ; et servientium in vestra familia commorantium ; necnon quattuor servientium, qui communi sunt servitio deputati, majoris videlicet, granetarii, cellarii et clausarii ; suburbii quoque, quod burgus S. Dionisii nominatur, quam nobilis memorie comes Hugo, pro anime sue redemptione, concessit, ut scilicet justitie, consuetudini aut exactioni comitis vel ministrorum ejus non debeant ulterius subjacere. Confirmamus itidem vobis tertium thelonei atque justitie decimi fori, ex quo in sexta feria incipiet et in die sabbati terminabitur, quemadmodum vobis antefatus comes concessisse dinoscitur et distinxisse. Ad hec, compositionem illam, que inter vos et dominos de Triagno super his que apud Aureamvillarem, Sanctum Georgium et *Valant*, atque in omnibus locis vestris usque ad Secanam sibi competere contendebant, facta est, ratam et inconcussam perpetuis temporibus decernimus permanere ; qui nimirum, centum triginta libris a vobis acceptis, omnia que ibidem reclamabant, excepta commendatione Falconis, tribus illic mulieribus sibi retentis, vobis et ecclesie vestre refutaverunt. Elemosinam quoque quadraginta solidorum de censu Ville Nove, que juxta Barrum sita est, in festo Sancti Remigii, vobis annis singulis persolvendam, quam nobilis memorie Milo, Barrensis comes, pro anime sue salute fecisse dinoscitur, auctoritate vobis Apostolica confirmamus, et imminutam futuris temporibus

permanere sancimus. Decernimus ergo, ut nulli omnino hominum liceat prefatam ecclesiam temere perturbare, aut ejus possessiones auferre, vel ablatas retinere, minuere, seu aliquibus vexationibus fatigare, sed inconcussa omnia et integra conserventur, eorum, pro quorum gubernatione ac sustentatione concessa sunt, usibus omnimodis profutura. Salva nimirum in prefata ecclesia de Gigeo Senonensis archiepiscopi, et in ceteris episcopi vestri, canonica justitia et reverentia. Si qua igitur in futurum ecclesiastica secularisve persona hanc nostra constitutionis paginam sciens, contra eam temere venire temptaverit, secundo tertiove commonita, nisi presumptionem suam congrua satisfactione correxerit, potestatis honorisque sui dignitate careat reamque se divino judicio existere de perpetrata iniquitate cognoscat, et a sacratissimo corpore ac sanguine Dei et Domini, redemptoris nostri, Jhesu Xpi aliena fiat, atque in extremo examine districte ultioni subjaceat. Cunctis autem eidem loco sua jura servantibus sit pax Domini nostri Jhesu Xpi, quatenus et hic fructum actionis bone percipiant, et apud supremum judicem premia eterne pacis inveniant. Amen. Amen. Amen. Ego Eugenius, catholice Ecclesie episcopus, subsignavi. *Monogramme :* Benevalete. † Ego Gregorius, presbyter cardinalis tituli Calixti, subscripsi. † Ego Ismarus, Tusculanensis, subscripsi. † Ego Hugo, Hostiensis episcopus, subscripsi. † Ego Aribertus, tituli Sancte Anastasie presbyter cardinalis, subscripsi. † Ego Octavianus, presbyter cardinalis tituli Sancte Cecilie, subscripsi. † Ego Rolandus, presbyter cardinalis tituli Sancti Marci, subscripsi. † Ego Odo, diaconus cardinalis Sancti Georgii ad Velum Aureum, subscripsi. † Ego Gregorius, diaconus cardinalis Sancti Angeli, subscripsi. † Ego Gerardus, diaconus cardinalis Sancte Marie in Via Lata, subscripsi. † Ego Bernardus, diaconus cardinalis Sanctorum Cosme et Damiani, subscripsi. Datum Laterani, per manum Bosonis, sancte Romane ecclesie scriptoris, II kal. januarii ; indictione XV, Incarnationis Dominice anno M° C° L° II°; pontificatus vero domni Eugenii pape III anno octavo. *Le cercle concentrique porte :* SCS Petrus, SCS Paulus, Eugenius papa III. *Légende :* Fac mecum, Domine, signum in bonum. — *Cartul.* fol. 35 r°. — *Origin.* liasse G-2603.

18. — 1164.

In nomine Sancte et Individue Trinitatis, ego Stephanus, Cluniacensis abbas, venerabili Henrico, episcopo, et Trecensi capitulo, eorumque successoribus in perpetuum. Dignum est, et officio equitatis conveniens, transactiones et pacta, transigentium voluntatibus constituta, ne processu temporis in oblivionem deveniant, fidei committere litterarum. Ea propter, prebendam, quam Cluniacensis ecclesia in ecclesia vestra habebat, vobis, assentiente capitulo nostro concedimus, et donamus et reddimus, absque omni reclamatione, libere in perpetuum possidendam, et cui volueritis assignandam. Vir autem nobilis, et Ecclesie Dei specialiter devotus Henricus, Trecensis comes palatinus, dedit Cluniacensi ecclesie in eleemosynam in annuis reditibus Sancte Margarete de Campania duodecim libras Pruvinensis monete, utrique ecclesie liberaliter providens, dum et Trecensis ecclesia prebendam suam recepit, et Cluniacensis propter hoc nichil amittit, imo et melius de beneficio communiter consequitur, quod et fructuosius et sibi congruentius esse non dubitet. Retribuat ei qui retribuere potest, et qui in causa, imo et causa est, Dominus Deus. Ne autem nichil mutaretur vel deperiret, sigillo nostro munire curavimus. Actum est hoc anno ab Incarnatione Domini M° C° LX° IV°, regnante Ludovico Francorum rege, anno XXXI regni ejus. — *Cartul.* fol. 54 v°. — Migne, *Patrol. lat.*, t. CLXXXIX, col. 68.

19. — 1165.

In nomine Sancte et Invidue Trinitatis, ego Theobaldus, Cluniacensis prior, et totus ejusdem ecclesie conventus, Henrico, Dei gratia Trecensis ecclesie venerabili episcopo, et toti ejusdem capitulo in perpetuum. Quoniam quidem dignum est, et officio equitatis conveniens, transigentium pacta et conventiones, ne oblivione possint deleri, litteris et sigillis insigniri et sic ratum credit esse quod tenet. Nos id quod dominus abbas Cluniacensis Stephanus, precibus pii et gloriosi comitis Henrici, de prebenda, quam habebamus in ecclesia vestra fecit, videlicet quod eam vobis reddidit, cui volueritis assignandam, et laudamus et concedimus et confirmamus ; et licet contra consuetudinem ecclesie nostre, amore tamen comitis dicti, sigilli nostri munimine roboramus. Quia autem providentia sue discretionis sepe nominandus comes, ne preces ejus nos in aliquo gravare viderentur, apud Sanctam Margaretam de Campania beneficium duodecim librarum, sicut ejus in charta continetur, ecclesie nostre singulis annis statuit reddendum. Actum est hoc anno M° C° LX° V°, regnante piissimo rege Francorum Ludovico. — *Cartul.* fol. 56 r°. — Migne, *Patrol. lat.*, t. CLXXXIX, col. 68.

20. — 1167.

In nomine Sancte et Individue Trinitatis, ego Willelmus, Dei gratia Carnotensis electus, Henrico, Trecensi episcopo, totique ejusdem ecclesie capitulo, imperpetuum. Quoniam ea, que ad profectum et notitiam futurorum pervenire debent, inserere scriptis antiquorum consuevit auctoritas, ego Willelmus, eorum exempla imitari dignum arbitrans, dispositionem inter dominum Trecensem episcopum et capitulum, et me, ejusdem ecclesie propositum, de prepositura factam, memorie scriptorum mandare curavi. De domini itaque episcopi Trecensis, et universi capituli consensu, meaque concessione, statutum est, quatenus prebendam meam integram, et ecclesie Trecensis prepostturam cum integritate honoris, dignitatis et potestatis, in electionibus videlicet, cum justicia claustri et domorum investitura, cum etiam feodorum jure, sicut hactenus me habuisse dinoscitur, quoad vixero, vestre universitatis concessione, libere et quiete possidere; et ea, que ad jus claustri pertinent, per procuratorem ejusdem scilicet ecclesie canonicorum, michi gerere licebit. Justiciam autem terre et omnium dispositionem exteriorum, et ejusdem prepositure reddituum perceptionem, que propria voluntate mea, et pietatis intuitu, ad consolationem fratrum, capitulo Trecensi misericorditer resignavi, exceptis viginti libris, quas pro redditibus prepositure, vestro consensu, michi retinui, que singulis annis de redditu ecclesie Sancti Remigii, in Nativitate Domini decem libre et decem libre in Pascha, sine dilationis obstaculo michi persolventur : eidem utique capitulo, pro voluntatis et utilitatis sue arbitrio, exercere, administrare, et disponere amodo licebit. Hoc quoque nichilominus premissis annectere curans, quoniam de mea concessione, et communi vestra voluntate, quod post decessum meum, nullus michi substituatur prepositus, immutabiliter una decrevimus : et decretum nostrum tam jusjurandi vestri religione, quam presentis scripti mei attestatione firmavimus. Ut autem hec omnia firma semper et illibata permaneant, presentis scripti munimine, et sigilli mei auctoritate roborare dignum duxi. Hujus rei testes sunt et actores : Henricus, Trecensium comes ; Henricus, Trecensis episcopus ; Petrus, decanus ; Manasses, archidiaconus ; Galterus, cantor; Odo, archidiaconus; Guerricus, archidiaconus ; magister Girardus, archidiaconus; magister Bernardus, archidiaconus ; Radulfus, Stephanus Giraudi, et Stephanus Lupus, presbiteri ; magister Willelmus, Rainaldus, diaconi ; Haicius de Planceio, Manasses de Pogeio, magister Stephanus, Rocelinus, subdiaconi ; Anselmus de Triagnello ; Matheus, Senonensis precentor ; Hilduinus, Remensis vicedominus ; magister Petrus, et Robertus, et alii quamplurimi. Actum est publice in capitulo Trecensi, anno Domini M° C° LX° VII°. — *Cartul.* fol. 45 v°. — *Origin.* liasse G-2257. Le sceau pendait à des fils de soie rose et jaune.

21. — 1167.

In nomine Sancte et Individue Trinitatis, ego Henricus, Trecarum comes palatinus, presentibus et posteris in perpetuum. Quoniam conditionis humane fragilitas, diversis inclinata miseriis, non potest oblivionis notam evadere, dignum duxi ut, quod honeste et bono zelo facere decreveram, venture posteritati sigillatis apicibus fideliter mandaremus. Noverint igitur universi, quia gravans consuetudo inoleverat in domibus episcopi Trecensis, quod videlicet episcopis obeuntibus, prepositi comitis Trecensis et ceteri ejusdem ministri, quecumque supererant de rebus episcopi ad usum comitis rapiebant ; eratque succedentis episcopi multo major desolatio, quam de rebus ereptis comiti provenisset utilitas. Hanc itaque molestam ecclesie et episcopo consuetudinem divine pietatis amministratione et amore consanguinei mei Henrici, Trecarum episcopi, et pro remedio animarum patris et matris mee relaxans, ipsi episcopo et ejus successoribus libere concessi, ut quicquid infra domos, vel grangias, vel curtes episcopales continetur, vel extra inventum fuerit, ubicumque sint, tam in annona quam in animalibus, jumentis, et pecoribus quibuscumque, quam ceteris quibuslibet mobilibus, exceptis tamen venturis tam segetum quam vinearum, et exceptis redditibus terre et hominum, ipso episcopo obeunte, in opus et adventum intronizandi episcopi a ministris ecclesie cum omni integritate conservetur. Hujus doni testes sunt: Guilelmus, Carnotensis electus; archidiaconi: Manasses, Guirricus, Girardus, Bernardus, Galterus; Manasses; Haytius; Stephanus; Ansellus de Triagno; Petrus Bursaldus; Guillelmus, marescallus; Drogo Bristaldus; Dambertus; Ertaldus; Petrus de *Bar*. Data est hec carta manu Guilelmi, cancellarii. Anno ab Incarnatione Domini nostri Jhesu Xpisti M° C° LX° VII°, epacta XXVIII°; concurrente VI°; indictione XV°; regnante Lodovico, rege Francorum, XXXIIII° regni ejus; clave existente XXVIII°, anno ab Adam VI^m et CCCLXVI. Daniel, sacerdos Xpisti, scripsit. — *Cartul*. fol. 72 r°. *Origin*. liasse G-2608. Le Le sceau manque; il pendait par double queue.

22. — Au plus tard 1169.

Odo, Dei gratia Senonensis ecclesie decanus et Trecensis archidiaconus, Ha[icio], Trecensi decano, et ecclesio Trecensis communi capitulo salutem. Presentibus litteris vobis significare volui, quod super rebus de *Chige*, vobis post decessum meum relictis, non mutavi propositum, quia quicquid vobis reliqueram tam in pecudibus quam in aliis post excursum vite presentis relinquere decerno, sub hac pacti confirmatione, quod annuatim XL solidos in molendinos de *Chige* assignatos ad anniversarium meum peragendum, propter incrementum prenominate ville persolvetis. Et ne super rebus predictis emergat dissencio, sigilli mei impressione omnis controversie occasio removetur. — *Origin.* liasse G-2759.

23. — 6 septembre 1169. — « Alexander, episcopus, servus servorum Dei, venerabili fratri nostro Matheo, episcopo, et dilectis filiis capitulo Trecensibus. » Cette bulle confirme « villa que dicitur Sanctus Leo.. *Avenz, Lanes*, Angularia, Aquis, Gumereium, Summus Fons.. » elle est reproduite mot à mot (*mutatis mutandis*) dans les lettres de Louis VII (*infra* n° 29), à la fin : « Grangiam etiam Ville Cestini cum appenditiis suis, et decimam a Nochero redemptam. Ecclesiam insuper de Pineio cum pertinentiis suis et prebendas libera donatione vobis nichilominus confirmamus. Decernimus ergo (*ut infra* p. 43). Datum Veneventum, per manum Girardi, sancte Romane ecclesie notarii, VIII idus septembris indictione III Incarnationis Dominice anno M° C° LXIX° pontificatus domini Alexandri III pape in anno X° ». — *Archiv. de l'Aube, vieille copie.*

24. — 1170. — « Rodulfus, prior de Karitate » notifie que « prior Sancti Sepulchri, laudante capitulo suo, et me, et capitulo de Karitate assentiente, dedit canonicis Trecensibus B. Petri domum Rainaldi de Pruvino. » Pour faciliter cet arrangement « Henricus, comes Trecensis palatinus » donne au prieuré de Saint-Sépulchre « X sol. annui redditus, et XX libras » une fois payées. « Testes : Manasses de Villemauro, archidiaconus Trecensis ; Manasses de Pojcio ; Aycius de Planceyo. — *Cartul.* fol. 55. r°. *Origin.*

25. — 18 mars 1170.

Alexander, episcopus, servus servorum Dei, dilectis filiis.. decano, et canonicis Trecensibus, salutem et Apostolicam benedictionem. Ad aures nostras pervenit, quod, cum decanie personatus in ecclesia vestra non fuisset institutus, bone memorie Henricus, quondam Trecensis episcopus, attendens quod honor ille ad decorem et venustatem ipsius ecclesie vestre spectaret, communicato prudentum et religiosorum virorum consilio, loco prepositure decanatum de novo constituit, et ut de cetero nullus substituatur prepositus communi deliberatione decrevit. Unde, quoniam omnis institutio, que noscitur rationabili providentia facta, et ad hornatum pertinet ecclesiarum, per nos debet recipere incrementum, constitutionem pariter et ordinationem memorati episcopi ratam et firmatam habemus, et cam auctoritate Apostolica et scripti nostri munimine roboramus, statuentes, ut nulli omnino hominum liceat hanc paginam nostre confirmationis infringere, vel ei aliquatenus contraire. Si quis autem hoc attemptare presumpserit, indignationem omnipotentis Dei et beatorum Petri et Pauli, apostolorum ejus, se noverit incursurum. Datum Verulis, XV kal. aprilis. — *Cartul.* fol. 37 r°. — *Origin.* liasse G-2558.

26. — 1170.

Ego Henricus, Trecensis comes palatinus, universis presentibus et futuris notum facio, quod filiam Odonis, monetarii, Odeam nomine, quam Simon Bituriciensis duxit uxorem, ecclesie Beati Petri Trecensis in perpetuam elemosinam donavi, concedens eidem Simoni, et prefate ecclesie, quicquid idem Odo illi in maritagio prefate filie sue donabit. Domum etiam ejusdem Symonis, que Terracia appellatur, liberam esse imperpetuum concessi. Si vero cellarium ibi fuerit, in hac non erit libertate. Quod ut notum permaneat et ratum teneatur, litteris annotatum sigilli mei impressione firmavi. Affuerunt autem hujus rei testes : dominus Manasses de Pugeio ; magister Stephanus Pruvinensis ; dominus Ansellus de Triagnello ; Drogo de Pruvino ; Guillelmus, marescallus ; Artaldus, camerarius ; Matheus ; Manasses de Clauso ; et Guibertus de Barro. Actum Trecis, anno Incarnati Verbi M° C° LXX°. Data per manum Guillelmi, cancellarii. — *Cartul.* fol. 50 v°. — Biblioth. Nation. *Titres scellés de Clarembault*, vol. 209, *origin.* fol. 913 r°.

27. — 20 avril 1171-1172.

Alexander, episcopus, servus servorum Dei, dilectis filiis.. decano, et capitulo Treconsi, salutem et Apostolicam benedictionem. In his, que ab Apostolica Sede requiritis, et pro ministerio nostro et pro devotione vestra hilariter debetis et efficaciter exaudiri. Ea propter, dilecti in Domino filii, vestris justis postulationibus grato concurrentes assensu, et volentes vobis in posterum precavere, presentium auctoritate duximus prohibendum, ne quis vestrum, cum in episcopum electus vel consecratus fuerit, post consecrationem suam prebendam antehabitam vel alios redditus ecclesie vestre, nisi quos ad jus episcopale constiterit pertinere, ad suos usus valeat retinere. Nulli ergo omnino hominum liceat hanc paginam prohibitionis nostre infringere vel ei ausu temerario contraire. Si quis autem hoc attemptare presumpserit, indignationem omnipotentis Dei et BB. Petri et Pauli, apostolorum ejus, se noverit incursurum. Datum Tusculani, XII kal. maii. — *Cartul.* fol. 36 v°. — *Origin.* liasse G-2573.

28. — 1176.

Ego Henricus, Trecensium comes palatinus, notum facio presentibus et futuris, me canonicis ecclesie B. Petri Trecensis concessisse quod in villa eorum, que dicitur Capella Sancti Petri, non accipiant nisi XV modios avene annuatim de salvamento, ad men-

suram Trecensem, sicut emitur et venditur in foro.
Inde tamen excipio terram Beati Petri Celle Trecensis. Serviens autem dictorum canonicorum in predicta villa talliam faciet, presente marescallo Trecensi, si interesse voluerit. Quod si interesse noluerit, non minus propter hoc tallia flet. Ego quidem in prefata villa nec aliam talliam, nec alias consuetudines habeo nisi solum exercitum meum, in quem homines ejusdem ville mecum ibunt. Hec autem omnia dictis canonicis concessi, salvo per omnia jure marescalli Trecensis. Que, ut nota permaneant et rata teneantur, litteris annotata sigilli mei impressione firmavi. Affuerunt autem hujus rei testes: dominus Manasses de Pugiaco; Haicius de Planciaco; Willelmus, marescallus; et Ertaudus, camerarius. Actum Trecis, anno Incarnati Verbi M° C° LXX° VI°. Data per manum Stephani, cancellarii. Nota Willelmi. — *Cartul.* fol. 50 v°. — *Origin.* liasse G-2857.

29. — 1177.

In nomine Sancte et Individue Trinitatis, amen. Ludovicus, Dei gratia Francorum rex. Noverint universi presentes pariter et futuri, nos dilecto nostro Matheo, venerabili Trecensi episcopo, ejusque successoribus, que subter annexa sunt imperpetuum concessisse et confirmasse, videlicet, villam que dicitur Sanctus Leo, cum appenditiis suis; quicquid juris habetis in villa que dicitur *Avenz*; quicquid juris habetis in villa que dicitur *Lanes*; quicquid juris habetis in villa que dicitur Angularia, et insulam que juxta eam sita est, in flumine Alba; villam que dicitur Aquis, cum appendiciis suis, in ea libertate que vobis a dominis de Villamauri concessa est, videlicet, ut cum Trecensem ecclesiam et suo antistite vacare contingerit, domini Villemauri vel ministri eorum, de rebus episcopi vel suorum hominum juridictiones ejusdem ville nichil accipient, sed usibus et dispositioni ejus, qui illic fuerit subrogandus antistes, in sua incolumitate omnia conserventur. Quicquid etiam habetis in villa que dicitur Gumereium; et in villa que nuncupatur Summus Fons, cum jure et libertate quam in eisdem locis habuerunt antecessores vestri. Preterea, libertatem vobis et ecclesie vestre a bone memorie comite Hugone concessam, ut scilicet, qui a vobis servientes aliquod publicum officium optinuerint, ab omni justitia et exactione comitum Trecensium, ac suorum ministerialium, quamdiu officium ipsum habuerint, liberi sint et immunes. Adjicientes ut domus episcopales et curtes, cum omnibus in eis contentis in obitu episcoporum illam libertatem obtineant, quam comes Henricus vobis concessisse et confirmasse dinoscitur. Ad hec, unum modium frumenti, quem idem comes Henricus vobis, de molendinis que sub Turre sita sunt, pro hominibus apud curtes Insule habitantibus, dedit, in vigilia Omnium Sanctorum, annuatim persolvendum; et unum sextarium frumenti, in novis molendinis, juxta ecclesiam Sancti Quintini, pro censu quem debet Paganus de Tulo.

Furnum quoque, in Burgo Episcopi, in ea integritate libertatis quam vobis memoratus comes Henricus concessit, et scripto suo roboravit. Centum etiam solidos, quos idem comes Henricus dedit matriculariis ecclesie Sancti Petri, in teloneo suo Trecensi singulis annis persolvendos. Granchiam quoque Ville Cestini cum appendiciis suis, que acquisistis et acquirere poteritis. Preterea, honorem de Meriaco, cum casamentis, terris cultis et incultis, fluviis, aquis aquarumve decursibus, pratis, pascuis et nemoribus, servis et ancillis, sicut antecessores vestri a nostris habuerunt. Casamenta etiam que domini de Trianello, castrum videlicet de Venesiaco, cum aliis que ab ecclesia Trecensi habent. Casamenta que Guido de Donpetra et Hugo de Planceo hactenus ab ecclesia Trecensi tenuerunt. Casamenta etiam que vicecomes Senonensis et dominus de Chacenaio apud Molendinum Leonis tenent. Casamentum quod Odo de Averleio ab ecclesia Trecensi tenet. Nichilominus, etiam casamentum quod vicecomes Sancti Florentini ab ecclesia Trecensi habet, cum aliis omnibus que hactenus ecclesia Trecensis habuisse dinoscitur. Hec autem que diximus universa, ut rata perpetuo et inconvulsa permaneant, ecclesie Trecensi indempnitati volentes in posterum provideri, eadem presentis scripti patrocinio regii nominis caractere subter annotato decrevimus communiri. Actum Senonis, anno ab Incarnatione Domini M° C° LXX° VII°, astantibus in palacio nostro quorum nomina supposita sunt et signa : S. comitis Theobaldi, dapiferi nostri ; S. Guidonis, buticularii ; S. Rainaldi, camerarii ; S. Radulfi, constabularii. Data, vacante cancellaria. *Monogramme :* Philippus. — *Cartul.* fol. 62 r°. — *Origin.* liasse G-2551.

30. — 1178.

Ego Henricus, Trecensium comes palatinus, notum facio presentibus et futuris, quod duobus sacerdotibus altaris Beati Petri Trecensis custodibus, in augmento beneficii quod eis contuleram, dedi in perpetuam elemosynam XXX sextarios avene in salvamento meo Capelle Sancti Petri, singulis annis accipiendos in festo sancti Remigii, quousque redditum istum eis alibi assignavero. Quod ut notum permaneat et ratum teneatur, litteris annotatum sigilli mei impressione firmavi. Affuerunt autem hujus rei testes : dominus Ansellus de Triangulo ; magister Hugo de *Mont Rampon ;* Willelmus marescallus ; Girardus Eventatus, Tescelinus de *Clairy ;* Artaudus camerarius ; et Leerus Lingonensis. Actum Trecis, anno Incarnati Verbi M° C° LXX° VIII°. Data per manum Stephani, cancellarii. Nota Willelmi. — *Cartul.* fol. 51 v°. — *Copie* liasse G-2857.

31. — 27 janvier 1179.

Alexander, episcopus, servus servorum Dei, venerabili fratri nostro Matheo, episcopo, et dilectis filiis capitulo Trecensibus, tam presentibus quam futuris canonice substituendis, in perpetuum. Cum tua honestas, frater episcope, et devotio mereantur, ut apud nos in tuis debeas petitionibus exaudiri, tanto tibi libentius in his que secundum Deum duxeris requirenda deferimus, quanto gratiam Apostolice Sedis comparasse tibi nosceris pleniorem. Ea propter, venerabilis in Xpisto frater episcope, tuis justis postulationibus clementer annuimus, et Trecensem ecclesiam, cui, auctore Deo, preesse dinosceris, sub beati Petri et nostra protectione suscipimus, et presentis scripti privilegio communimus; statuentes ut quascumque possessiones, quecumque bona eadem ecclesia in presentiarum juste et canonice possidet, aut in futurum concessione pontificum, largitione regum vel principum, oblatione fidelium, seu aliis justis modis, prestante Domino, poterit adipisci, firma tibi tuisque successoribus et illibata permaneant. Ad hec, cum de prudentum et de religiosorum virorum consilio te asseras statuisse, ut in ecclesia tibi commissa canonicorum septem ad minus presbyteri et septem diaconi, preter archidiaconos, sint assidui, quibus decedentibus, nulli, nisi presbyteri vel diaconi, aut etiam alii in talibus ordinibus constituti, quod ordinum propinquiori termino qui occurrit ad illos ordines assumantur, debeant subrogari, prestita tamen promissione ac professione de assiduitate in ecclesia predicta servanda. Nos tuis petitionibus benigne, prout decuit, annuentes, constitutionem tuam super his, sicut diximus, factam, ratam habemus et firmam, eamque perpetuis temporibus manere decernimus illibatam, et adjicimus, quod si clerici inferiorum ordinum fuerint substituti, et commoniti, primis Quatuor Temporibus ordines illos non receperint, eis prorsus amotis, alios subrogandi liberam de auctoritate nostra habeas potestatem. Preterea, de tua conscientia et voluntate statuimus, ut canonici in prescripta ecclesia residentes, si qui in tuo vel successorum tuorum, aut etiam ipsius ecclesie servitio fuerint, vel cum licentia tua et capituli scholasticis vacaverint disciplinis, aut fuerint infirmitate detenti, suarum nichilominus integros fructus percipiant prebendarum. Alii vero canonici, qui eidem ecclesie assidue non fuerint, de constitutione nostra viginti tantum solidos habeant annuatim. Ad hec, de auctoritate Apostolice Sedis adjicimus, ut tam a te quam a successoribus tuis in predicta ecclesia, cum decano caruerit, in decanum presbyter canonicus statuatur, aut etiam diaconus, qui primis Quatuor Temporibus que occurrerint in presbyterum ordinetur. Et si commonitus, in eisdem Quatuor Temporibus eumdem suscipere ordinem forte neglexerit, fas tibi sit et successoribus tuis ei auctoritatem et potestatem illius officii et sedem in choro et in capitulo interdicere. Et si nec sic in subsequentibus primis Quatuor Temporibus ordinem presbyteratus susceperit, eo amoto, libere alium substituere. Nichilominus etiam ut majus altare prescripte ecclesie in majori semper reverentia habeatur, presenti scripto arctius prohibemus, ne ad missarum in eodem altari solemnia celebranda quilibet admittatur, nisi episcopus, abbas, aut canonicus prescripte ecclesie, seu etiam prior Sancti Georgii, qui specialiter ad eamdem ecclesiam pertinet, aut ejus canonicus regularis idoneus et honestus ab eodem priore transmissus qui sicut ceteri reverenter ibi sacerdotis officium impleat, et fructum prebende, quam habet in ipsa ecclesia, integre consequatur. Decernimus ergo, ut nulli omnino hominum liceat prefatam ecclesiam temere perturbare, aut de ejus possessionibus auferre, vel ablatas retinere vel minuere, aut aliquibus vexationibus fatigare. Sed omnia integra conserventur eorum, pro quorum gubernatione ac sustentatione concessa sunt, usibus omnimodis profutura, salva in omnibus Apostolice Sedis auctoritate. Si qua igitur in futurum ecclesiastica secularisve persona hanc nostre constitutionis paginam sciens contra eam venire temptaverit, secundo tertiove commonita, nisi reatum suum congrua satisfactione correxerit, potestatis honorisque sui dignitate careat, reamque se divino judicio existere de perpetrata iniquitate cognoscat, et a sacratissimo corpore ac sanguine Dei et Domini redemptoris nostri Jhesu Xpisti aliena fiat, atque in extremo examine divine ultioni subjaceat. Cunctis autem eidem loco sua jura servantibus, sit pax Domini nostri Jhesu Xpisti, quatinus hic fructum bone actionis percipiant, et apud districtum judicem premia eterne pacis inveniant. Amen, amen, amen. Ego Alexander, catholice Ecclesie episcopus; ego Hubaldus, Hostiensis episcopus; ego Johannes, presbyter cardinalis. Datum Tusculano, per manum Alberti sancte Romane ecclesie presbyteri cardinalis et cancellarii, VI calendas februarii, indictione XI, Incarnationis Dominice anno M° C° LXX° VIII°, pontificatus vero Alexandri pape III anno XX°. — *Cartul.* fol. 54 v°. — D. Martène, *Veter. Script.* t. I, col. 906.

32. — 1179.

Ego Henricus, Trecensium comes palatinus, notum facio presentibus et futuris, quod Garinus Furnerius de Mairiaco, uxore sua laudante, quicquid habebat apud Capellam Sancti Petri de jure marescalcie dimisit canonicis Beati Petri pro duobus modiis avene, annuatim sibi reddendis usque ad festum sancti Martini. Hoc etiam laudavi, et sigilli mei auctoritate corroboravi ; testibus : Manasse de Pugiaco ; Haicio de Planciaco ; Ansello de Triangulo ; Garnero, fratre ejus ; Willelmo, marescallo ; et Artaudo, camerario. Actum Trecis, anno Incarnati Verbi M° C° LXX° IX°. Data per manum Stephani, cancellarii. Nota Willelmi. — *Cartul.* fol. 43 v°. *Origin.* liasse G-2857.

33. — Vers 1181.

Petrus, Dei gratia Tusculanensis episcopus, Apostolice Sedis legatus, omnibus qui litteras istas viderint in Domino salutem. Noverit discretio vestra, quod cum inter venerabilem fratrem nostrum Manassem episcopum et capitulum Trecensem super villa qne dicitur Venna contentio verteretur, eo quod capitulum villam illam ab episcopo, postquam erat episcopus, nolebat teneri, ne forte a successuris episcopis sub hoc posset occupari pretextu, in hanc formam per nostrum studium est sedata : episcopus, dum vixerit, sub annua pensione octo librarum Vennam pacifice possidebit ; ipso autem viam universe carnis ingresso, villam ad capitulum libera et absoluta, sine contradictione qualibet, revertetur. Ad hec, terram Fabarum, et homines unde sub annuo canone XX solidorum exolvit ; et terram et homines de Sarcolis, pro quibus ad annum censum X solidorum et modii avene tenetur ; molendina quoque de Valenis, de quibus quatuor modios annone unum frumenti, alium siliginis duos avene, et LXXX pisces annuatim persolvit, sicut et Vennam, dum vixerit, retinebit sub predicta conditione, ad capitulum videlicet post ipsius obitum sine calumpnia reditura. Quod ut ratum permaneat, presens scriptum sigilli nostri impressione duximus roborandum. — *Cartul.* fol. 44 v°. — *Origin.*

34. — Du 10 au 16 mars 1181.

Ego Henricus, Trecensis comes palatinus, notum facio presentibus et futuris, quod gravi detentus infirmitate, quia homines Trecensis episcopi in talliis et exactionibus, vacante episcopatu, plusquam deberem gravaveram, approbantibus domino et fratre meo Guilelmo, Rhemorum archiepiscopo, sancte Romane ecclesie titulo Sancte Sabine cardinali, et Maria, charissima uxore mea, et dilectissimo filio meo Henrico, pro salute anime mee et parentum meorum, prefatos homines liberos ab omni tallia et exactione mea et successorum meorum et immunes in perpetuum esse concessi : ita quod, vacante episcopatu, non plusquam CC libras pro tallia de rebus hominum episcopi accipiemus ego vel successores mei, preter fructus qui de propria terra episcopi provenerint, et legitimos ejus redditus secundum quod in scripto meo alio, quod episcopo Henrico indulsi, continetur. Illas autem CC libras, quotiescumque sedes vacaverit, non per nos vel ministeriales nostros, sed per manum decani et capituli Sancti Petri Trecensis recipiemus. Quod, ne temporum vetustate, vel malignantium calumpnia, infringi valeat aut immutari, litteris annotatum sigilli mei impressione firmari dux? necessarium. Actum Trecis, anno Incarnati Verbi M° C° LXXX°. Data per manum Haicii, cancellarii. — *Cartul.* fol. 50 r°. — *Origin.*

35. — Du 10 au 17 mars 1181. — La comtesse Marie fait la même déclaration qui est notifiée dans la charte précédente. « Actum Trecis, anno Incarnati Verbi M° C° LXXX°. — *Origin.*

36. — 1182.

Manasses, Dei gratia Trecensis episcopus, totumque Beati Petri capitulum, omnibus tam futuris quam presentibus ad quos litere iste pervenerint, in perpetuum. Sciant omnes quod dominus Haycius, ecclesie nostre decanus, in ipsa ecclesia quatuor assignavit canonicos presbyteros servitio altaris Beate Marie, et ipsius chori imperpetuum destinatos, qui eidem altari continue servientes, servitium quoque chori et majoris altaris, singuli in ordine vicis sue per septimanas exequerentur, quibus nos dicte ecclesie capitulum XX libras annuorum redditum in perpetuum contulimus beneficium, quarum X libras usque ad festum sancti Martini, et X libras usque ad Clausum Pascha annuatim recipient. In cujus beneficii recompensationem a domino episcopo nostro Manassse C solidos annui redditus, et a dicto decano nostro CC libras ad emendos redditus in augmentationem magnarum prebendarum nostrarum recepimus. Medietatem etiam minutarum partitionum in omnibus proventibus, tam missis quam matutinis, anniversariis et stationibus, eis contulimus, ita scilicet, quod singuli memoratorum canonicorum medietatem canonicalis partitionis, sicut prescriptum est, habebunt, pro quo nostro gravamine a nominato decano CC libras percepimus, de hiis quidem CC libris ememus redditus, qui ad minutas partitiones nostras expendentur. Sciendum autem quod nullus de aliqua prebendarum illarum poterit investiri, quousque ad sacerdotium promotus fuerit, cum vero aliquam earum vacare contigerit reliqui canonici qui supererunt, vacantis fructus prebende, quousque canonicus substitutus sit, percipient. Preterea adjiciendum est, quod memoratus Hayoius decanus, dictis IV canonicis presbyteris in perpetuo jure possessionis dedit duo arpenta et dimidium vinee, que apud Maisnillum habebat, que scilicet emerat ab Alberto de burgo Sancti Dionisii, et duo arpenta que habebat in Colle, que scilicet emerat ab Emelina, uxore Guidonis de *Montepuil*. Statutum est etiam quod nullus prescriptorum IV canonicorum aliam prebendam habere poterit, nec etiam aliquod aliud ecclesiasticum beneficium, propter quod assiduitatem chori, continuumve dicti beate Marie altaris servitium aliquatenus intermittat. Si vero contigerit aliquem eorum aliquod aliud habere beneficium, cui melius ei libeat immorari, hanc prebendam relinquet et capitulum eam alio dabit sine omni contradictione. Hii itaque quatuor canonici cum redditibus prefati altaris et possessionibus quoque suis in manu specialiter et custodia capituli permanebunt. Donatio autem et investitura prebendarum istarum, ad dictum earum primitivum institutorem Haycium, decanum, quamdiu ecclesie nostre canonicus fuerit, pertinebunt; et post eum, ipsarum prebendarum donatio capituli erit imperpetuum, et investientur a decano, nec poterunt canonici illi de beneficiis ejusdem altaris, aliquid vendere vel immutare sive quoquo modo a possessione altaris alienare, nisi de conscientia et assensu capituli. Illud etiam sciendum quod capitulum vacantis prebende donationem ultra tres menses non poterit prorogare, et priusquam aliquis de prebenda investiatur, assiduitatem in choro et continuum altaris Beate Marie servitium se observaturum proprie manus juramento firmabit. Notandum quidem est, quod si aliqua de causa partitiones ecclesie nostre decidere contigerit, ut scilicet exigente quacumque necessitate beneficium partitionum ad alios usus transferri oporteat, memorati quatuor canonici nullum in hoc habebunt contradictionem, sed licebit capitulo, pro communi arbitrio, de beneficio illo ecclesie necessitatibus, si res exigerit, occurrere. Hujus rei testes : Odo, Galterius, Drogo, Manasses, Hubertus, archidiaconi ; Renardus, Johannes de *Conflans*, Renaudus, presbiteri ; Manasses de *Bucci*, Galterius tunc camerius, Vilelmus, Petrus Potator, diaconi ; Garnerus, Amatus, Arnaudus, Milo de Sancto Albino, Milo de Barro, Johannes, Girardus, Hugo, subdiaconi. Actum in capitulo Trecis, Anno Incarnati Verbi M° C° LXXX° II°. — *Cartul.* fol. 50 r°. — Camusat, *Promptuar.* fol. 180 v°.

37. — 26 mai 1182-1183.

Lucius, episcopus, servus servorum Dei, dilectis filiis Aicio, decano, et capitulo Trecensi, salutem et Apostolicam benedictionem. Ad hoc gradus in Ecclesia dispositio superna constituit, ut non contra prelatos subditi contumaces existant, nec rursus prelati in opprimendos subditos frustra se valeant occupare : inde est quod, precibus vestris inducti, presentium auctoritate decernimus, ut non liceat episcopo vestro, qui pro tempore fuerit, notoria culpa excepta, aliquam personarum vel canonicorum, sine citatione canonica, et capituli conscientia, excommunicationis vel interdicti vinculo innodare. Nulli ergo omnino hominum liceat hanc paginam nostre constitutionis infringere vel (Cfr. n. 27). Datum Velletri, VII kal. junii. — *Cartul.* fol. 37 r°. — *Origin.* liasse G-2577.

38. — 26 février 1183.

Lucius, episcopus, servus servorum Dei, dilectis filiis Haicio, decano, et capitulo Trecensis ecclesie, salutem et Apostolicam benedictionem. Ea, que ad decorem domus Domini, et ordinis ecclesiastici respiciunt honestatem, Apostolico favore nos decet amplecti, et que propter hoc a viris ecclesiasticis laudabiliter ordinantur, auctoritate nostra firmare, ne qualibet ex levitate mutentur, et venustas Ecclesie confundatur. Sane, relationis vestre tenore comperimus, quod cum ecclesia vestra propter canonicorum insolentiam, qui nolebant ad presbyteratus ordinem promoveri, innote persone atque minus idonee passim ad celebrandum in majori reciperentur altari, insistente bone memorie M[enasse], quondam episcopo vestro, apud vos *communi* fuit assensu statutum, quod, personis extraneis ab ejusdem altaris servitio penitus elongatis, solis abbatibus, canonicis, et matriculariis vestris, et priori Sancti Georgii, qui habet in ecclesia vestra prebendam, in ipso altari divina celebrare liceret, et ne pro ministrorum defectu divina quandoque contingeret officia pretermitti, preter sacerdotes qui in ecclesia vestra majorem locum habent et officium dignitatum, septem ad hoc canonici simplices fuere presbyteri perpetuo deputati. Attendentes igitur quod ex hac ordinatione honestius Deo servitium impendatur, et ipsius ecclesie consultatur honori, et justis postulationibus vestris grato concurrentes assensu, eamdem ordinationem, sicut de communi assensu rationabili provisione facta esse dinoscitur, ratam habentes, auctoritate Apostolica confirmamus, et presentis scripti patrocinio communimus. Statuentes ut nulli omnino hominum liceat hanc paginam nostre confirmationis infringere, vel ei ausu temerario contraire. Si quis autem hoc attemptare presumpserit, indignationem omnipotentis Dei et beatorum Petri et Pauli, apostolorum ejus, se noverit incursurum. Datum Velletri, IV kalendas martii. — *Cartul.* fol. 36 v°. — *Origin.* liasse G-2573.

39. — 2 décembre 1183.

Lucius, episcopus, servus servorum Dei, fratri Manassi, Trecensi episcopo, salutem et Apostolicam benedictionem. Apostolice Sedis benignitate inducimur justas postulationes coepiscoporum nostrorum clementer admittere, et desideriis eorum que consonant honestati facilem prebere assensum. Ea propter, Apostolica tibi auctoritate concedimus ut canonicos tuos, quos idoneos videris, ad presbiteratum suscipiendum vel alios gradus, necessitate vel utilitate ecclesie suadente, nullius contradictione vel appellatione obstante, canonica censura compellas. Nulli ergo omnino hominum (*ut supra* n. 27). Datum Anagnie IIII nonas decembris. — *Origin.* liasse G-21.

40. — 9 décembre 1183.

Lucius, episcopus, servus servorum Dei, venerabili fratri Manase, Trecensi episcopo, salutem et Apostolicam benedictionem. Audivimus et audientes nequivimus non mirari quod laici quidam in claustro vestro domos jure hereditario possidentes, tales personas plerumque admittunt per quas clericorum quies inhonesto strepitu sepe turbatur, et devotio populi ne divinis intendat officiis prepeditur. Joculatoribus quidem, aleatoribus, cauponibus et mulieribus impudicis prescripte domus de consuetudine prava locantur. Volentes igitur communi ecclesie honestati consulere, auctoritate Apostolica prohibemus ne domus canonicales ulterius laicis vel gratis dentur aut etiam sub quacumque occasione locentur. Constituimus etiam de domibus quas laici in claustro jure hereditario tenent, si eas in personis propriis cum honesta familia, exclusis inhonestis personis per quas clericis molestia generetur et honestas decoloretur ecclesie, inhabitare noluerint, nonnisi clericis gratis vel pro pretio concedantur. Si vero prohibitioni tue contraire presumpserint, personas alias, quas domos ipsas contra mandatum nostrum inveneris inhabitare, contradictione et appellatione cessante, vinculo excommunicationis astringas, et donec cesserint facias ab omnibus arctius evitari. Datum Anagnie V id. decembris. — *Origin.* liasse G-21.

41. — 1184.

Ego Manasses, Dei gratia Trecensis episcopus, omnibus ad quos littere iste pervenerint, in perpetuum. Notum facimus tam presentibus quam futuris, quod de contentione habita inter nos et capitulum nostrum, scilicet de archidiaconatu banleie Trecensis; de potestate interdicendi ecclesias in quibus in banleia Trecensis stationes habet ecclesia nostra; de positione abbatum in sede sua post ipsorum benedictionem; de presentatione presbiterorum in ecclesiis quas canonici nostri suas esse asserebant; de custodia thesauri; ad hanc, mediantibus Manasse, Dei gratia Lingonensi episcopo, et Haicio, decano nostro, venimus compositionem : scilicet, quod concessimus eis in perpetuum de jure prefati archidiaconatus C solidos annuatim, quorum L solidos ego et successores mei reddere tenebimur ad Natale Domini; L vero in die Resurrectionis. Concessimus etiam eis potestatem interdicendi ecclesias in quibus in predicta banleia stationes habent, si ecclesie ille diebus stationum redditus illis a se debitos non persolvant. Insuper concessimus eis quod auctoritate capituli sui decanus eorum, si presens fuerit, ponere habeat abbates Sancti Lupi, et Sancti Martini, absque omni contradictione, in sede sua, post ipsorum benedictionem; illo vero absente, ab ebdomadario majoris prebende canonico, hujus officii dignitas, salvo jure decani, expleatur. Si autem aliquis non majoris prebende canonicus tunc ebdomadarii canonici vicem suppleverit, vel quocumque alio modo subrogatus fuerit, canonicus sacerdos qui ultimo ante ebdomarius extitit, hujus officii dignitatem explebit. Preterea concessimus eis presentationes presbiterorum in ecclesia de *Orviler*, et ecclesia de *Valant*, in ecclesia de Sancto Saviniano, et ecclesia de Capellis; in ecclesia de *Troan*, et ecclesia de Corbolio. De custodia vero thesauri et de restitutione dampnorum disceptationem relinquimus indeterminatam. Quod ut ratum permaneat et incommutabile, sigilli nostri auctoritate presentem paginam decrevimus esse muniendam. Testes sunt : Galterus, Manasses, Drogo, Herbertus, archidiaconi; Johannes de Abbatia, Johannes de *Conflans*, Renardus, Renaudus, presbiteri; Petrus, Manasses, Guillelmus, diaconi; Gerardus, Milo, Drogo, Ernaudus, Johannes, Hugo, subdiaconi; Johannes de *Possesse* et Milo de Sancto Fidolo. Actum Trecis, in capitulo Beati Petri anno ab Incarnatione Domini M°C°LXXX° IIII°. — *Cartul.* fol. 40 r°. — *Origin.* liasse G-3378, le sceau était sur soie rose.

42. — 1184-1188.

Ego N[icholaus], Beati Quintini Belvacensis abbas, universumque ejusdem ecclesie capitulum, notum fieri volumus ad quoscumque littere presentes pervenerint, quod cum inter nos et canonicos Beati Petri Trecensis questio mota fuisset super minutis partitionibus supradicte ecclesie, quas nostras esse vindicabamus ratione unius prebende, quam habemus in eadem ecclesia, aliquandiu agitata fuisset; tandem coram domino Parisiensi [Mauricio] et magistro Petro, cantore Parisiensi, quibus in eadem causa Summus Pontifex vices suas commiserat, de partium assensu, in hunc modum est amicabiliter sopita. Sane cum prior noster Sancti Georgii, qui fructus prebende illius percipere consuevit singulis annis ratione prebende predicte, sicut et alii forinseci canonici C solidos persolveret, gratia pacis a prefatis canonicis est statutum : ut de predictis C solidis prior Sancti Georgii XL tantum solidos annuatim persolvat, totam integritatem prebende percepturus, sicut et alii ejusdem ecclesie canonici, preter predictos XL solidos, et exceptis minutis partitionibus. De minutis enim partitionibus, hoc inter nos et ipsos canonicos est statutum : quod sepe dictus prior, tempore hebdomade sue, quam in prelibata ecclesia facere consuevit in quatuor festis annualibus tantum, Natali videlicet, Pascha, Pentecoste, et in festo beati Petri, sicut unus de aliis canonicis, eam, que se continget, percipiet portionem, alias quantum ad minutas partitiones nihil penitus percepturus... — *Cartul.* fol. 56 r°. — Camusat, *Promptuarium*, fol. 119 r°.

43. — 1184.

In nomine Sancte et Individue Trinitatis, amen. Ego Manasses, Dei gratia Trecensis episcopus, notum facio presentibus et futuris, quod pro remedio anime mee, ecclesiam Beati Petri Trecensis, quam plurima dilectione amplexor, ut pote benignissimam matrem, cujus uberibus fere ab infantia educatus sum, prout facultas mea pati potuit, studui ampliare. Dedi etenim prefate capitulo ecclesie et in perpetuum concessi liberam decani electionem : et quia tante dignitatis nomini succenti non sufficienter respondebant, decanatum augmentavi XX libris annuatim persolvendis. Dedi etiam eis ecclesiam Sancti Patrocli, in illa libertate qua possident ecclesiam Sancti Remigii et ecclesiam Sancti Nicetii possidendam. In illa autem ecclesia, scilicet Sancti Patrocli, XX solidos pro anniversario predecessoris mei Mathei, felicis memorie, assignavi. Pro anniversario etiam sanctissimi patris Henrici assignavi XX solidos in ecclesia de Manso Thiescelini ; his supradictis addidi VII libras in ecclesia de *Colaverde* ; de quibus XX solidi sunt pro anniversario Roscelini, et pro anniversario meo de predictis VII libris XX solidos assignavi. Statui etiam, ut sacerdos ecclesie de *Colaverde*, quicumque sit, juret se redditurum pretaxatam VII librarum summam terminis constitutis : XL scilicet solidos in Circumcisione Domini ; XL solidos ad Clausum Pascha ; XL solidos ad Assumptionem beate Marie ; XX solidos in festivitate Omnium Sanctorum. Ut autem summa anniversarii mei usque ad C solidos ascendat, dedi IV libras in quodam horto meo qui fuit Hugonis *Nabur*. Dedi etiam tertiam partem eis decime de *Mace*; tertiam quoque partem molendinorum Venne; et vineam ejusdem ville, quam pretio C librarum emeram, eis concessi post decessum Galteri, Trecensis archidiaconi ; et quicquid in eadem precaria super territorium B. Petri usque ad diem qua composita est pagina ista adquisieram. Quod ut ratum permaneat imperpetuum, presentem paginam sigilli mei munitione roboravi. Hujus rei testes sunt : Manasses, Lingonensis episcopus; Galterus de *Pogi*, Manasses, Drogo, Herbertus, archidiaconi ; Johannes de Abbatia, Johannes de *Conflans*, Renardus, Renaudus, presbiteri; Petrus, Manasses, Guillelmus, diaconi ; Ernaudus, Johannes, Girardus, Milo, Drogo, Hugo, subdiaconi ; Johannes de Posessa et Milo de Sancto Fidolo. Actum Trecis in domo mea pontificali, anno ab Incarnatione Domini M° C° LXXX° IIII°. — *Cartul.* fol. 40 r°. — *Origin.* liasse G-2558.

44. — 1186.

Ego Clarembaldus de Capis notum facio tam futuris quam presentibus, quod Odo de Vandopera invadiavit canonicis Beati Petri Trecensis, pro XL marcis argenti, quicquid habebat in modificationibus vel custumiis apud Capellas, et apud Sanctum

Savinianum, et in adjacentibus locis in terra Sancti Petri, et hoc laudavimus ego et duo fratres ejus Bovo et Jordoinus. Jordoinus quoque eisdem canonicis invadiavit, pro XLIIII marcis argenti, quicquid habebat in prefatis modificationibus vel custumiis, et hoc quoque laudavimus ego et duo fratres ejus, Odo scilicet et Bovo. Facta est autem illa invadiatio hac conditione, quod licebit michi vel heredi meo, quociens voluerimus et poterimus, ante Pascha, redimere ; ipsi quoque et heredes eorum hanc eamdem habent redimendi facultatem. Testes sunt : Ego Clarembaldus ; Guido, frater meus ; Teobaldus de *Fresnei* ; Haytius, decanus ; Droco, Herbertus, archidiaconi ; Garinus, camerarius ; Reinaldus ; magister Reinaudus, Johannes de *Cofflanz*, Johannes de Abbatia, presbiteri ; magister Petrus Potator ; Guillelmus *Testarz*, diaconi ; Hyduinus de Vendopera, Galterus de Capis, Girardus de Barro, Milo de Barro, subdiaconi. Actum Trecis, anno ab Incarnatione Domini millesimo centesimo octogesimo sexto. — *Cartul*. fol. 52 r°. — *Origin*. liasse G-2859.

45. — 1186.

Ego Maria, Trecensis comitissa, notum facio presentibus et futuris, quod, assensu et voluntate karissimi filii mei Henrici, ad luminare lampadis de ante altare Sancti Salvatoris ecclesie Beati Petri Trecensis, assignavi modium avene annui redditus in salvamento de Capella Sancti Petri. Hanc elemosi-

nam feci pro anima domini mei comitis Henrici, et pro salute mea, et filii mei. Hunc autem redditum recipient presbiteri matricularii dicte ecclesie, et luminaria dicte lampadis die ac nocte jugiter ardentis ministrabunt. Quod ut ratum teneatur, litteris innotatum sigilli mei impressione firmavi. Testibus: Andrea, capellano, et magistro Oddone. Actum Trecis, anno ab Incarnatione Domini M° C°LXXX° sexto. Data per manum Haicii, cancellarii. Nota Willelmi.
— *Copie*, liasse G-2857.

46. — 1188.

Ego Henricus, Trecensium comes palatinus, tam presentibus quam futuris notum facio, quod in villa canonicorum Sancti Petri Trecensis que dicitur Capella, habeam XV modios avene de salvamento. Concessi ipsis canonicis quod salvamentum illud colligant equaliter tam in hominibus in atrio manentibus quam in hominibus extra atrium manentibus, ad voluntatem suam, excepto quod in quatuor hominibus quos ibi habeo Theone scilicet, Morino, Gilone, et uxore Guiardi Ruffi, non accipiant nisi in singulis tres minas. Poterit etiam quilibet hominum illorum consuetudinem illam dimittere uni heredum suorum cui voluerit; alii vero heredes, sicut ceteri homines ejusdem ville, salvamentum persolvent, pro voluntate et disposicione canonicorum. Si qui etiam hominum meorum deinceps in eandem villam venerint mansuri, assignationi salvamenti, quam canonici in ceteris hominibus facient, subjacebunt, ita tamen quod secundum singulorum possibilitatem in hominibus meis, sicut et in aliis racionabiliter accipient. De hiis etiam XV modiis habebit eadem ecclesia III modios et dimidium, sicut a pie recordationis patre meo comite Henrico, et matre mea comitissa Maria ei collatum fuit et confirmatum. Quorum scilicet trium modiorum et dimidii matricularii ejusdem ecclesie habebunt II modios et dimidium ad opus suum, et ad ministrationem lampadis ante altare beate Marie I modium. Notum etiam facio quod Garinus de Mariaco quecumque habebat apud Capellam Sancti Petri vendidit canonicis Beati Petri Trecensis ; et ego, cum ea de feodo meo essent, hoc laudavi. Galcherus etiam de Castris, et Reimbaldus, frater ejus, quecumque habebant apud *Orvilers* et in potestate ejusdem ville vendiderunt predictis canonicis ; et ego similiter hoc laudavi, cum ea de feodo meo essent. Notum etiam facio quod Tierricus de *Flaci* quecumque habebat apud Planteicium in terragiis, in quibus scilicet cum canonicis Sancti Petri Trecensis partiebatur, vendidit eisdem canonicis et quitta clamavit in perpetuum. Tres etiam oschias quas apud Plantecium habebat, cum terris que *Hastel* dicuntur, eis similiter dimisit et vendidit ; quicquid etiam consuetudinum apud eamdem villam habebat tam in gallinis quam nummis, et panibus, eis vendidit et quittum clamavit. Statutum autem est quod si deinceps de nemoribus, que ipsis canonicis et predicto Tierrico communia sunt, aliquid essartabitur, dictus Tierricus inde terragium suum habebit, quantum ad medietatem suam spectabit. Hoc ita tenendum fiduciavit idem Tierricus, et uxor ejus, et liberi eorum; et ego, de cujus feodo res ipsa esse dinoscitur, hoc laudavi. Et ut ratum teneatur, litteris annotatum sigillo meo confirmavi. Actum Trecis, anno ab Incarnatione Domini M° C° LXXX° VIII°. — *Cartul.* fol. 50 v°. — *Origin.* liasse G. 2857.

47. — 1188. — « Lettres du comte Henri, par lesquelles il certifie que Garin Fournier de Méry, cède à ce chapitre tout ce qu'il avait aux Chapelles, à titre de maréchal, moyennant deux muids d'avoine, payables annuellement à la Saint-Martin. » — *Cartul.* fol. 50 r°.

48. — 1188.

Ego M[anasses], Dei gratia Trecensis episcopus, omnibus ad quos littere presentes pervenerint in Domino salutem. Notum fieri volumus, quod in presentia domini Senonensis archiepiscopi concessimus et donavimus capitulo Beati Petri Trecensis perpetuo possidendam ecclesiam Sancti Petri de Bucenaio, in ea libertate in qua predictum capitulum ecclesias Sancti Remigii et Sancti Nicecii dinoscitur possidere. In ecclesia vero Sancti Martini de Bucenaio concessimus et donavimus eidem capitulo C solidos annuatim percipiendos, cum presbiteri presentatione. In cujus rei memoriam presentem cartam notari fecimus et sigilli nostri impressione muniri. Actum apud Sanctum Sepulcrum, anno Incarnati Verbi M° C° LXXX° VIII°. — *Cartul.* fol. 41 r°. — *Origin.* liasse G-3313.

49. — 1188.

Guido, Dei gratia Senonensis archiepiscopus, omnibus ad quos littere presentes pervenerint in Domino salutem. Notum fieri volumus, quod venerabilis frater noster Manasses, Trecensis episcopus, in nostra presentia constitutus, concessit et donavit capitulo Beati Petri Trecensis perpetuo possidendam ecclesiam Sancti Petri de Bucenaio, in ea libertate in qua predictum capitulum ecclesias Sancti Remigii et Sancti Nicecii dinoscitur possidere. In ecclesia vero Sancti Martini de Bucenaio concessit et donavit eidem capitulo centum solidos annuatim percipiendos, cum presbyteri presentatione. In cujus rei memoria presentem cartam notari fecimus et sigilli nostri impressione muniri. Actum apud Sanctum Sepulchrum, anno Incarnati Verbi M° C° LXXX° VIII°. Datum per manum magistri Petri, cancellarii, notarii. — *Cartul.* fol. 44 r°. — *Origin.* liasse G-3313.

50. — 1188.

Ego Manasses, Dei gratia Lingonensis episcopus, notum facio presentibus et futuris, quod ecclesie Beati Petri Trecensis assignati sunt XL solidi in annuis censibus Ville Nove prope Barrum pro anniversario comitis Milonis, annuatim sollempniter faciendo singulis annis, in festo sancti Remigii fideliter persolvendi. Qui, si prefato termino redditi non fuerint, de Dei misericordia et successorum nostrorum benignitate presumentes, statuimus, et decano Vandopere, quicumque sit, districte precipimus, quatinus de servientibus qui census illos receperint et de tota terra comitis Barrensis debitam sine dilatione faciat justiciam, usque dum Trecensi ecclesie super hoc facta fuerit competens satisfactio; comes vero Barri, si requisitus, infra septem dies dictos nummos solvi non fecerit, de ipsius persona justicia teneatur. Actum anno Incarnati Verbi M° C° LXXX° VIII°. — *Cartul.* fol. 45 r°. — *Origin.*

51. — 1188.

In nomine Sancte et Individue Trinitatis, Manasses, divina miseratione Trecensis episcopus, universis ad quos littere iste pervenerint in Domino salutem. Quoties a parvitate nostra pie requiritur.. Nos ad fervorem et sinceritatem dilectionis et charitatis cordis oculos acutius porrigentes, et bonum testimonium, mores, et vitam Galtheri, Trecensis archidiaconi, dilecti nepotis nostri, qui in famulatu nostro multoties desudavit, benignius considerantes, eidem Galtero pietatis intuitu et ob servitii et laboris sui remedium, quicquid a Domino Gaufrido de Villa Harduini apud Vennam emimus, quiete et pacifice post decessum nostrum, nullius contradictione obstante, contulimus. Verum et cum in gremio matricis ecclesie Beati Petri Trecensis a diebus juventutis nostre educati fuerimus, et plura beneficia nos et amici nostri ab ipsa multoties susceperimus, et cum maxime ejusdem ecclesie capitulum, per quod ad tanti honoris gradum divina providentia sublimati sumus, predicto Galthero, archidiacono, quicquid habebat apud Vennam omnibus diebus vite sue, ad preces nostras, post decessum nostrum contulerit; non immemores tanti beneficii, a predicto capitulo accepti, eidem capitulo illud, quod a jam dicto Gaufrido emimus, post decessum sepedicti Galtheri tenendum quiete et pacifice possidendum concessimus. Datum anno M° C° LXXX° VIII°. — *Cartul.* fol. 69 r°. — Camusat, *Promptuar.* fol. 179 r°.

52. — 1188 (v. st.). — « Lettres de l'évêque Manassès, par lesquelles, pour terminer toute contestation au sujet du trésor de cette église (Cfr. p. 54), qu'il avait fait transporter hors de l'église, il déclare que, dans le terme du dimanche des Rameaux, il sera tenu de rendre à l'église son calice d'or ; la table d'argent qui se mettait sur l'autel ; la chappe qu'il a donnée à l'église de Sens, lors de sa consécration ; et les gages que les marguilliers avaient donnés pour servir de caution lorsqu'on leur avait confié la garde du Trésor. » — *Cartul.* fol. 41 r°.

53. — 1189. — Deux chartes données l'une par « Guiternus, Dei patientia Beati Lupi Trecensis abbas, et totum capitulum »; l'autre donnée par « Haicius, Dei patientia Trecensis ecclesie Beati Petri decanus, et totum capitulum. » Ces deux chartes notifient un accord au sujet de plusieurs différends qui existaient entre les chanoines de Saint-Pierre et les religieux de Saint-Loup. (Cfr. *Cartul. de l'abbaye de Saint-Loup*, n⁰ˢ 99, 100.)

54. — 1186 au plus tard. — « Lettres par lesquelles la comtesse Marie certifie que Geoffroi de Villehardouin a vendu à Manassès, évêque de Troyes, tout ce qu'il avait dans la seigneurie et le domaine de Vannes. » — *Cartul.* fol. 54 v⁰. (Cette charte a été oubliée à sa place chronologique.)

55. — 1188-1189. — « Lettres par lesquelles le comte Henri déclare que s'il a exigé la dîme sur la terre du chapitre de Saint-Pierre, ça été, conformément à la décision nouvellement rendue à Paris, pour secourir la terre de Hiérusalem [il s'agit de la dîme Saladine, établie en vertu d'une ordonnance de Philippe-Auguste rendue le dimanche 27 mars 1188]; qu'au surplus il ne l'a fait que pour cette fois, et que par cette considération; et que ni lui ni ses héritiers ne pourront rien prétendre de pareil doresnavant. » — *Cartul.* fol. 50 v⁰.

56. — 1190.

Ego M[anasses], Trecensis episcopus, notum fieri volo tam presentibus quam futuris, quod quidam homo noster Milo nomine, filius Mathei, prepositi nostri, duxit in uxorem *Dameron*, privignam Febelinarii, Trecensis civis, que ancilla erat Trecensis capituli, de assensu et voluntate ejusdem capituli, ea tamen conditione, quod nos, in recompensationem predicte *Dameron*, donavimus et concessimus filiam Ebrardi *Berruier* Emelinam, uxorem Radulfi

Malfait, que ancilla nostra erat, libere et absolute cum tota sua posteritate presenti et futura possidendam. Ipsi vero decanus et capitulum prenominati *Dameron*, ancillam suam, nobis et successoribus episcopis eadem conditione possidendam concesserunt. Et ut hoc ratum et inconcussum permaneat, sigilli nostri auctoritate dignum duximus premuniri. Actum anno ab Incarnatione domini M° C° LXXXX°.
Cartul. fol. 41 v°. — *Origin.* liasse G-2621.

57. — 1191 au plus tard.

Ego Herveus, decanus, et Petrus, cantor ecclesie Parisiensis, et Petrus, decanus Sancti Germani Altisiodorensis, notum fieri volumus universis ad quos presentes littere pervenerint, quod cum Hayeius, decanus, et capitulum Trecensis ecclesie, Stephanum, presbiterum de Rameruco, traxissent in causam super quibusdam decimis, que site sunt in territorio Rameruci et Insularum, et in territoriis Wasconie et Romanie, quas nomine Trecensis ecclesie possidebat, infra diem, decisioni cause a nobis, Apostolica auctoritate prefixum, eadem causa sopita est in hunc modum, quod idem Stephanus supradictis decimis et eorum pertinentiis, et aliis omnibus que ad jus et proprietatem Trecensis ecclesie pertinent, sicut ipse novit, vel sicut ab antiquioribus terre hominibus posset inquirere diligentius, juravit recognoscere se veritatem. Confessus autem quod decime ille cum pertinentiis suis, de quibus fuerat controversia inter eos, erant de jure et proprietate ecclesie Trecensis. Ita etiam quod predicti decanus et capitulum possunt eas in manu sua retinere, vel sub quantacumque voluerint, vel potuerint, sive magna sive minima alii tradere pensione, et sic eas in manu decani, coram universo capitulo, resignavit. Idem enim sacerdos expressit quod in grossa decima de Rameruco, quicumque sit sacerdos ejusdem ville, XXXIX sextarios annuatim percipere debet, XIII frumenti, XIII siliginis, totidemque tramesagii, de meliore quod erit in horreo, ad mensuram predicte ville ; et de residuo monachi de Rameruco terciam partem, et ecclesia Trecensis duas partes, percipere debent. Minutam quoque decimam parrochie sue de Rameruco, videlicet cum ipsa ecclesia, recognovit ad jus prefate Trecensis ecclesie pertinere. Preterea confessus est idem sacerdos quod de duabus partibus grosse decime Wasconie, et etiam minute, jam dicta ecclesia, vel ille qui nomine ejus possidet, terciam debet percipere porcionem, et de proventibus oblationum in festis annalibus similiter. Adjecit etiam quod de quadam terra, que vocatur terra Beati Petri, quam quidam homines in predicta villa possident, duos solidos annui census, et duo prandia, cum duabus vel tribus equitaturis, ecclesie sepedicte, vel ei qui nomine ejus possidet, quicumque sint illi qui jam dictam terram possident, annuatim persolvere tenentur. Idem similiter recognovit quod in grossa decima Romanie de jure pretaxate ecclesie Trecensis, tam ipse quam predecessores sui, duas partes hactenus perceperint. Hiis itaque peractis, predicti decanus et capitulum, cum prenominato Stephano misericorditer agere volentes, antedictas decimas, cum pertinentiis suis, toto tempore vite sue possidendas concesserunt, salva sex modiorum, ad mensuram Trecensem, annua pensione, quos solvit pro grossa et minuta decima Rameruci et predictarum villarum ; et salva etiam ecclesie de Rameruco sex librarum annua pensione, quas solvit pro ipsa ecclesia; et aliis proventibus oblationum de Wasconia ; et pro censu prelibate terre, et prandiis, et chevagiis Insularum octo tamen sextarios, ad eamdem mensuram, quatuor tam frumenti quam siliginis et quatuor avene, memorate decime adjicientes pensioni, et hec omnia post decessum pretaxati presbiteri libere et absolute ad Trecensem ecclesiam revertentur. — *Cartul.* fol. 46 r°. — *Origin.* liasse G-3186.

58. — 1191.

In nomine Sancte et Individue Trinitatis, amen. Bartholomeus, Dei gratia Trecensis episcopus, omnibus ad quos littere iste pervenerint in Domino salutem. Noverit universitas vestra, quod nos attendentes devotionem et dilectionis affectum, quem a primis pueritie nostre annis pia mater nostra ecclesia Beati Petri Trecensis erga nos, tanquam precordialem alumnum suum, singulari quadam specialitate habuerit, et quod ex gremio ipsius nos Dominus ad episcopalem dignitatem vocaverit, juxta meritorum ejusdem ecclesie exigentiam nos condecet respondere, ut de promotione nostra aliquem fructum debeat percipere, cujus voluntati quicquid habemus honoris et potestatis semper debeamus inclinare. Cum igitur predecessor noster, Manasses, Trecensis episcopus, quondam partem ville, que dicitur Venna, a domino Gaufrido de Villa Harduini, comitis Henrici marescallo, propriis sumptibus suis sibi aquisierit, nos, considerantes partem illam ipsi ecclesie utilem et multum necessariam, cum in eadem villa plures possessiones habeat, causa commoditatis et provectionis ejusdem ecclesie, caventes contentionem et querelam, que inde posset oriri inter successores nostros Trecenses episcopos et memoratam ecclesiam, non immemores beneficiorum, que in eadem ecclesia diu percepimus, quicquid juris habebamus nos et successores nostri Trecenses episcopi, in illa emptione quam fecit, sicut diximus, predecessor noster apud Vennam, a predicto marescallo, vel a quolibet alio, pro remedio anime nostre eidem ecclesie in perpetuum contulimus possidendum. Concessimus etiam jamdicte ecclesie ecclesiam de Rameruco, cum omnibus beneficiis suis et appendiciis, ut eam libere et pacifice in perpetuum teneat in ea libertate in qua tenet ecclesiam Beati Nicecii et ecclesiam Beati Remigii, scientes quod per eandem ecclesiam de Rameruco possessiones multe et alia beneficia, que ibi habet ecclesia Beati Petri sepedicte ville circumjacentia, liberius possint ampliari, et sub meliori libertate et tranquillitate in perpetuum debeant permanere. Ut hec autem donatio nostra firmior et stabilior in perpetuum permaneat, ad presentationem ipsius capituli presbiterum, qui eidem ecclesie modo preest, cura ipsius ecclesie investivimus, qui propria manu juravit super sanctum Evangelium jura illius ecclesie se nullo modo diminuere, et se fidelitatem ecclesie Beati Petri modis omnibus observare. Quod ut ratum permaneat et firmum teneatur, litteris annotatum sigilli nostri roboravimus munimento. Actum anno Incarnationis Dominice millesimo centesimo nonagesimo primo. — *Cartul.* fol. 41 v°. — *Origin.*

59. — 1191.

In nomine Sancte et Individue Trinitatis, amen. Johannes, decanus, totumque Beati Petri Trecensis capitulum, omnibus ad quos litere iste pervenerint salutem in Domino. Noverit universitas vestra, quod, cum venerabilis pater et patronus noster Bartholomeus, episcopus Trecensis, moraretur in decanatu ecclesie nostre, et de propriis sumptibus suis altare Beate Marie in ecclesia nostra edificaret, altare illud tam redditibus quam aliis ornatibus dotavit et ditavit, et quatuor presbyteros canonicos ad assiduum servitium chori et illius altaris ob remedium anime sue in perpetuum destinavit, et donationem et investituram prebendarum, quas ibidem de suo proprio instituit, in manu sua retinuit; sed post ipsum eadem donatio et investitura dictarum quatuor prebendarum ad capitulum nostrum redire debuit. Cum vero Dominus ad episcopalem ipsum promovit dignitatem, a nobis instanter petiit, ut ipsi et successoribus suis Trecensibus episcopis donationem et investituram predictarum prebendarum libere in perpetuum concederemus. Cujus petitioni benigno concurrentes assensu, considerantes etiam piam ipsius intentionem, et quam mera et lubenti liberalite proponat semper in melius ampliare beneficia ab ipso predicto altari collata, ipsi et successoribus suis Trecensibus episcopis liberam donationem et investituram dictarum quatuor prebendarum in perpetuum contulimus possidendam, ut de beneficiis ipsius opus manum suarum majus suscipiat incrementum, et ad ipsum et successores suos quicquid juris habebamus in donatione earumdem prebendarum redeat, quatinus dilectionem quam habet erga ecclesiam nostram in augmentatione beneficiorum eidem altari pertinentium ad honorem Xpisti et pie Genitricis sue pia operis exhibitione valeat declarare. Quod ut ratum maneat et inconcussum, litteris annotatum sigilli nostri roboravimus munimento. Actum anno Incarnationis Domini M° C° XC° primo. — *Vidimus* de l'année 1237 (*v. st.*) liasse G-2573.

60. — 1191.

Haicius, Dei gratia Trecensis episcopus, omnibus ad quos littere iste pervenerint in Domino salutem.

Noverit universitas vestra, quod, cum sanctimoniales de Foisseio molendinum quoddam Trecis, juxta pratum nostrum, haberent, et super ejus situ et sede inter ipsas et canonicos Beati Petri sepius querela ageretur, priorissa et sanctimoniales dictum molendinum nobis, bonum pacis inter ecclesias ordinare volentibus, reliquerunt et quietum clamaverunt. Nos autem, ob remedium anime nostre, memoratis canonicis idem molendinum in elemosinam conferentes, dicte ecclesie sanctimonalium in recumpensationem hujus facti quicquid habebamus in decima de Villa Chestini, in qua cum eis participabamus, in perpetuum cum omni integritate proventuum omnium, assistente et approbante Beati Petri capitulo, dedimus et concessimus. Conventus vero ipsarum, post decessum nostrum, anniversarium nostrum se singulis annis promisit facturum. Cujus die XX solidos pitancie de propriis redditibus habebit, et ne hoc aliquo modo liceat immutari statuerunt sub anathemate prohiberi. Hoc ut ratum permaneat et inconcussum teneatur, litteris annotatum tam nostro quam Beati Petri sigillo duximus roborandum. Actum anno Incarnati Verbi millesimo centesimo nonagesimo primo. — *Cartul.* fol. 42 v°. — *Origin.* liasse G-3414.

61. — 1190-1192. — « Lettres de l'évêque Barthélemy, portant permission en faveur d'un homme de la main-morte du chapitre pour se marier avec une femme de la main-morte de l'évêché : à condition que la sœur de cette femme

demeurera sous la justice et du domaine du Chapitre. » — *Cartul.* fol. 44 v°.

62. — 1190-1192. — « Lettres de l'évêque Barthélemy, par lesquelles il donne pour l'œuvre de cette église tout ce qui lui est dû en main-morte, savoir : à Troyes 10 l.; à Saint-Lyé 10 l.; à Aix 10 l.; à Pouan 10 l. Défense au chapitre sous peine d'excommunication d'employer cet argent à autre chose que pour l'œuvre de l'église. Plus une chasuble rouge avec une tunique et une dalmatique de même couleur, et une tunique et une dalmatique blanche. Défense aux évêques de Troyes d'en faire usage en dehors de l'église pour quelque nécessité que ce soit. — *Cartul.* fol. 42 r°.

63. — 4 mai 1192.

Celestinus, episcopus, servus servorum Dei, venerabili fratri.. episcopo, et dilectis filii capitulo Trecensi salutem et Apostolicam benedictionem. Justis petentium desideriis dignum est nos facilem prebere consensum, et vota, que a rationis tramite non discordant, effectu prosequente complere. Ea propter, vestris justis postulationibus grato concurrentes assensu, institutionem in ecclesia vestra, de communi omnium nostrum voluntate firmatam, videlicet, ut quicumque canonicorum per dimidium saltem annum in ecclesia non maneret assiduus de fructibus prebende sue solidos centum amitteret, sicut justo et sine pravitate aliqua facta est et hactenus. Nulli ergo omnino hominum liceat hanc paginam nostre confirmationis infringere vel *ut supra* n. 27 . Datum Laterani, nonas maii pontificatus nostri anno secundo. — *Origin.* liasse G-2573.

64. — 1192.

Bartholomeus, Dei gratia Trecensis episcopus, universis ad quoscumque littere presentes pervenerint in Domino salutem. Notum fieri volumus tam presentibus quam futuris, quod molendinum de Prato Episcopi, quod a sanctimonialibus de Fossiaco adquisivimus et habuimus, ob remedium anime nostre dilectis filiis nostris Johanni, decano, et capitulo Trecensis ecclesie dedimus et concessimus imperpetuum possidendum; unde ipsi singulis annis in anniversario nostro unum modium frumenti solvere tenentur, his qui anniversario intererunt distribuendum. Et, ut hoc ratum et firmum permaneat, sigilli nostri impressione muniendum dignum duximus et signandum. Actum est hoc anno ab Incarnatione Domini M° C° LXXXX° II°. — *Cartul.* fol. 42 r°. — *Origin.* liasse G-3414.

65. — 1192.

Bartholomeus, Dei gratia Treeensis episcopus, omnibus ad quos littere presentes pervenerint salutem in Domino. Volumus ut presentis scripti testimonio tam presentibus quam futuris notum habeatur, quod, cum decanus ecclesie Beati Petri Trecensis sex libras annue et antique pensionis in ecclesia d'*Aubroissel*, jure decanatus ab antiquo possideret, nos qui domino Johanni, tunc temporis decano, ratione pristine dilectionis et familiaritatis obnoxii et obligati tenemur, quem socium et commensalem gratissimum fidelemque tanto tempore nos habuisse recolimus, aliquid ad utilitatem ipsius addere cupientes in memorata ecclesia et in presbyteris qui in ea amministraturi sunt, ad honorem sui personatus dicto Johanni et successoribus suis eam concedimus justitiam et libertatem, quam capitulum Beati Petri habet in ecclesiis Sancti Remigii et Sancti Nicetii. Quod ut ratum habeatur, sigilli nostri impressione firmavimus anno ab Incarnatione Domini M° C° XC° secundo. — *Cartul.* fol. 60 r°. — *Origin.* liasse G-2558.

66. — 1192.

Mathildis, Dei gratia Fontisebraldi humilis abbatissa, omnibus ad quos littere iste pervenerint in Domino salutem. Noverint universi presentes pariter et futuri, quod controversia que ventilabatur inter capitulum Beati Petri Trecensis et sanctimoniales de Foissiaco super molendino, juxta Pratum Episcopi sito, ita sedata est, quod predicte sanctimoniales, assensu et concessu nostro, idem molendinum Bartholomeo, Trecensi episcopo, et quicquid juris in eo habeant reliquerunt et quietum clamaverunt. Predictus vero episcopus, pietatis intuitu capitulo Beati Petri idem molendinum in elemosinam conferens, in ejusdem molendini recompensationem quicquid in grossa decima de Villa Chestini et de Argentela habebat eisdem sanctimonialibus, cum omni integritate proventuum, liberaliter in perpetuum, laudante jam dicto capitulo et approbante, contulit et concessit possidendum. Insuper, in earumdem grangia, que est apud *Paienz*, karrucatam unam terre a decima que ad ipsum pertinebat liberam indulsit et absolutam. Preterea vero cum inter ipsum episcopum et pretaxatas sanctimoniales super decima vini, que est in territoriis de Villa Chestini et de Argentela, quedam discordia fuisset exorta, tandem, compositione mediante, in hunc modum quievit, quod in eadem decima vini Trecensis episcopus unam medietatem habebit; alteram vero medietatem sepedicte sanctimoniales libere et quiete possidebunt. In omni autem minuta decima, quoquo modo predictus episcopus eam possidebat, concessit quod de universis proventibus medietas episcopo, altera vero medietas dictis sanctimonialibus imperpetuum quieta remanebit. Laudamus etiam atque precipimus, ut conventus de Foissiaco, postquam predictus episcopus obierit, anniversarium ipsius singulis annis solempniter faciat, et de predictis redditibus pitantiam XX solidorum in anniversarii die sine omni retractatione habeat. Et ne hoc liceat immutari sub anathemate statuimus prohiberi. Quod ut ratum et firmum omni tempore perseveret, nos laudamus et approbamus, et sigilli nostri munimine dignum duximus roborandum. Actum publice, anno

Incarnati Verbi M° C° LXXXX° secundo. — *Cartul.* fol. 57 v°. — *Origin.* liasse G-3414.

67. — 1194. — « Herbertus, decanus Beati Stephani Trecensis; Galterus, prepositus; Villenus, subdecanus, totumque Capitulum », notifient qu'ils ont donné à un de leurs serfs la permission de se marier avec une serve du chapitre de Saint-Pierre ; les enfants qui naîtront de ce mariage seront partagés entre les deux chapitres. « Actum anno Incarnati Verbi M° C° XC° quarto. » — *Origin.* liasse G-2621.

68. — 1194.

Ego Garnerus, Dei gratia Trecensis episcopus, totumque Beati Petri Trecensis capitulum, notum facimus futuris et presentibus, quod cum orta esset querela inter venerabilem decanum nostrum Johannem ex una parte, et nostrum capitulum ex alia, super portionibus ecclesie nostre, quas, sicut idem decanus dicebat, in omnibus commodis duplices habebat, mediante sollicitudine venerabilis domini Willermi Rhemensis archiepiscopi in hunc modum terminata est et sopita : idem Johannes decanus noster omnes patriciones, que ad decanatum spectabant et centum solidos quos annuatim de nostro percipiebat, qui ad jus decanatus pertinebant, in manu nostra resignavit. Condigne autem recompensationis non immemores, ecclesiam de Mouceio cum omnibus pertinentiis suis sepedicte decano et suis successoribus Trecensibus decanis in ea libertate qua possidebamus eam libere concessimus in perpetuum possidendam. Ego Garnerus, Trecensis episcopus, huic facte compositioni et testimonium perhibeo et factam approbo. Quod ut ratum permaneat et firmum, presentem paginam scribi fecimus, et sigillorum nostrorum munimento roborari precepimus. Actum anno ab Incarnatione Domini M° C° XC° quarto. — *Cartul.* fol. 77 r°. — *Origin.* — Les deux sceaux pendaient à doubles cordons de soie rose et bleue tressée. — *Copie collation.*, sous le sceau de l'officialité, *die sabbati ante festum B. Clementis*, 1354.

69. — 1194.

Joannes, decanus, totumque Beati Petri Trecensis capitulum, omnibus presentes litteras inspecturis salutem in Domino. Noverit universitas vestra, quod, cum longo tempore habuerimus quamdam consuetudinem, que manusmortua dicitur, super homines nostros, nos eam dignum duximus in perpetuum delendam. Statuimus enim communi assensu capituli nostri, quod omnes homines nostri, qui sunt et qui erunt infra suburbium Trecense, quod vulgariter dicitur banleuga, a dicta consuetudine liberi permaneant in perpetuum et absoluti : ita quod omnes eorum possessiones in edificiis et tenementis et omnibus aliis mobilibus ubicumque fuerint, ad heredes propinquiores libere et sine contradictione deveniant, si homines fuerint ecclesie nostre et manentes infra dictam banleugam. Sano illos a predicta libertate excipimus qui se maritaverunt in homines comitis, vel episcopi, vel cujuscumque militis, vel Beati Stephani, sine assensu capituli nostri, et eos similiter qui nos negaverunt. Adventitii quoque homines, qui albani nuncupantur et in dominium ecclesie se transtulerunt, eadem libertate gaudebunt. Homines autem nostri uxorati de villis nostris venientes sine assensu capituli, libertatem illam non habebunt. Actum anno M° C° LXXXX° IV°. — *Cartul.* fol. 34 r°. — Camusat, *Auctarium*, fol. 22 v°.

70. — Mars 1195. (*v. st.*).

In nomine Sancte et Individue Trinitatis, ego Johannes, Sancte Genovefe abbas, ego Robertus, Sancti Victoris abbas, et ego Petrus, cancellarius Parisiensis, notum facimus presentibus et futuris, quod, cum causa inter ecclesiam Trecensem, ex una parte, et ecclesiam Sancte Columbe Senonensem, ex alia, super decimatione de *Bocenai*, coram domino Parisiensi episcopo, et nobis abbate Sancti Victoris, et P., cancellario Parisiensi, auctoritate Apostolica verteretur, tandem in nos sit de assensu partium compromissum. Nos itaque, ad ea que pacis sunt intendentes, arbitrati sumus in hunc modum, quod monachi Sancte Columbe Senonensis pro domo sua de Reigniaco de terris quas in territorio de *Bocenai* possident, et propriis sumptibus excolunt, ecclesie Trecensi loco decime persolvent tunc quatuor sextuarios bladi ad mensuram illius loci in perpetuum annuatim, videlicet, unum de frumento, unum de sigalo, et duos de avena. Ne igitur quod semel per concordiam utraque parte consentiente fuit, nobis arbitrantibus, diffinitum, iterum possit ad litigium revocari, presentem paginam scribi et sigillorum nostrorum fecimus testimonio roborari. Actum publice, anno Verbi Incarnati M° C° nonagesimo quinto, mense marcio. — *Cartul.* fol. 47 r°. — *Origin.* liasse G-3313.

71. — 1196 au plus tard. — « Lettres par lesquelles Renaud de Pougy accorde à ce chapitre 20 s. de rente à prendre sur les cens de Chanlai pour l'anniversaire de son frère Henri. — *Cartul.* fol. 54 v°.

72. — 22 septembre 1196.

Notum sit omnibus tam presentibus quam futuris, quod ego Henricus, Trecensis comes palatinus, confirmo et concedo duobus sacristis Sancti Petri cathedralis ecclesie Trecensis habendum in perpetuum et semper possidendum annonam, quam dominus Remigius, succentor ecclesie Sancti Stephani, capelle mee, habet in villa que vocatur Capella Sancti Petri, post decessum ejusdem Remigii. Data X° kalend. octobris anno ab Incarnatione Domini M° C° XC° VI°. — *Copie authentique*, collationnée le 2 janvier 1526.

73. — 1169.

Alexander, episcopus, servus servorum Dei, venerabili fratri Matheo, Trecensi episcopo, suisque successoribus canonice instituendis, in perpetuum. In eminenti universalis ecclesie speculo, disponente Domino, constituti, ex injuncto nobis officio apostolatus astringimur fratres nostros episcopos plena charitate diligere, ac ne pravorum hominum molestiis agitentur tam eos, quam loca eorum gubernationi commissa protectione Sedis Apostolice communire. Ea propter, venerabilis in Xpisto frater episcope, tuis justis petitionibus benigno concurrentes assensu, Trecensem ecclesiam cui, auctore Domino, preesse dinosceris, ad exemplar patris et predecessoris nostri sancte recordationis Eugenii, pape, sub beati Petri et nostra protectione suscipimus, et presentis privilegio communimus, statuentes, ut quascumque possessiones, quecumque bona eadem ecclesia in presentiarum juste et canonice possidet, aut in futurum concessione pontificum, largitione regum vel principum, oblatione fidelium, seu aliis modis, prestante Domino, poterit adipisci, firma tibi tuisque successoribus illibata permaneant. In quibus hec propriis duximus exprimenda vocabulis: abbatiam Sancti Lupi, abbatiam Sancti Petri de Cellis, abbatiam Sancte Marie que sita est in suburbio Trecassino, abbatiam Sancti Martini juxta urbem, abbatiam Sancti Petri Arremarensis, abbatiam Sancti

Petri de Nigella, abbatiam que dicitur Oya, abbatiam de Cantumerula, abbatiam de Arripatorio, abbatiam de *Bultencurt*, abbatiam de Recluso, abbatiam de Belloloco, abbatiam de Capella, abbatiam de Bassofonte, abbatiam que dicitur Paraclitus. Ecclesiam de Barbona, ecclesiam de Campo Guidonis, ecclesiam de Tumbis, ecclesiam de Cubitis, ecclesiam de Linthis et Lintellis, ecclesiam de Claellis, ecclesiam de Rumiliaco in Valle Caprarum, ecclesiam de *Druct*, ecclesiam de Jassenis, ecclesiam de Viaspero, ecclesiam de Bonavicina, ecclesiam de Sancto Victore, ecclesiam de Aillebalderiis, ecclesiam de Salera, ecclesiam de Herbicia, ecclesiam de *Villers*, ecclesiam de Varcia, ecclesiam de Molceio, ecclesiam de Meriaco. Decimam de Molceyo, decimam de Marineio, decimam de Arduseio, decimam de Summofonte, decimam de *Avans*, decimam de Villa Harduini, decimam de Sancto Leone, decimam de Barbereio, decimam de Capella Sancti Luce tam in annona quam in vino, decimam de Marcilleio, decimam de Bretennino, decimam de Sancto Victore, decimam de Claellis, decimam de Novico, decimam de Fonte *Betton*, decimam de Buisseriis. Villam que dicitur Sactus Leo, cum appenditiis suis ; quicquid juris habes in villa que dicitur *Avenz*; quicquid juris habes in villa que dicitur *Lanes*; quicquid juris habes in villa que dicitur Anglura, et in insula que juxta eam sita est, in flumine Alba ; villam que dicitur Aquis, cum apendiciis suis, in ea libertate que a domino de Villemauro concessa est antecessoribus tuis, tibi tuisque successoribus confirmamus, videlicet, ut cum Trecensem ecclesiam suo antistite vacare contigerit, domini de Villemauro vel ministri eorum, de rebus episcopi vel suorum hominum ibi nichil accipiant, sed usibus et dispositioni ejus, qui illic fuerit subrogandus antistes, in sua incolumitate omnia conserventur. Quicquid etiam habetis in villa que dicitur Gumereium ; et in villa que nuncupatur Summus Fons, et utrobique prescriptam libertatem quam domini de Triagno tuis antecessoribus concesserunt, tibi et successoribus tuis auctoritate Apostolica confirmamus. Preterea, confirmamus tibi et ecclesie tue libertatem eidem ecclesie a bone memorie comite Hugone concessam, ut scilicet, qui a te vel a successoribus tuis servientes aliquod publicum officium optinuerint, ab omni justitia et exactione comitum Trecensium, ac suorum ministerialium, quamdiu officium ipsum habuerint, liberi sint et immunes. Confirmamus etiam tibi liberam potestatem dandi decaniam, que providentia antecessoris tui a prepositura separata est, et de propriis redditibus predicti antecessoris tui dotata est ; et facultatem dandi prepositaram, cantoriam, archidiaconatus, et prebendas in ecclesia tua, ita quod in prebendarum investitura prepositus libro manum apponere non presumat, quemadmodum antecessores tui habuisse noscuntur. Ecclesiam Beati Stephani, prope civitatem Trecensem, a nobili viro comite Henrico de novo constructam, cum omni subjectione quam tibi tuisque successoribus ejusdem ecclesie decani, cum hominii exhibitione, persolvere debent, et de manibus vestris illius ecclesie curam suscipere, vobis auctoritate Apostolica confirmamus. Adjicientes ut domus episcopales et curtes, cum omnibus in eis contentis in obitu episcoporum illam libertatem obtineant, quam comes Henricus vobis concessisse et confirmasse dinoscitur. Prebendam etiam quam abbas et fratres Cluniacenses in ecclesia Trecensi consueverunt habere, quam vobis sponte sua resignaverunt in perpetuum, et quemadmodum in eorum scriptis authenticis continetur, vobis presenti privilegio roboramus. Ad hec, unum modium frumenti, quem idem comes Henricus vobis, de molendinis que sub Turre sita sunt, pro hominibus apud curtes Insule habitantibus, dedit, in vigilia Omnium Sanctorum annuatim persolvendum; et unum sextarium frumenti, in novis molendinis, juxta ecclesiam Sancti Quintini, pro censu quem debet Paganus de Tuso. Furnum quoque, in Burgo Episcopi, cum omni integritate libertatis quam vobis memoratus comes Henricus concessit, et scripto suo roboravit. Centum etiam solidos, quos idem comes Henricus dedit matriculariis ecclesie Sancti Petri, in teloneo suo Trecensi singulis annis persolvendos. Granchiam quoque Ville Cestini cum appendiciis suis, et decimam a Nochero redemptam. Ecclesiam insuper de Pineio cum pertinentiis suis et prebendas libera donatione vobis nichilominus confirmamus. Decernimus ergo (*ut supra* p. 43). Datum Veneventum, per manum Girardi, sancte Romane ecclesie notarii,

VIII idus septembris indictione III Incarnationis Dominice anno M°C°LXIX° pontificatus domini Alexandri III pape in anno X°. — Archiv. de l'Aube, *vieille copie*. — Analyse de cette pièce plus haut n. 23.

74. — 25 janvier 1171-1172.

Alexander, episcopus, servus servorum Dei, decano et capitulo Trecensis ecclesie salutem et Apostolicam benedictionem. Ea, que ad incrementum ecclesiarum pertinent et ad earum spectant decorem sollicito studio et diligentia promovere debemus, et viros ecclesiasticos tanto studiosius ad hoc invitare, quanto eis amplius congruere dinoscitur circa cultum divinum et ecclesiarum augmentum propensiorem curam et sollicitudinem adhibere. Intelleximus sane, et certa relatione nobis innotuit quod omnes fere ecclesie Gallicane generaliter constituerunt, ut qui non sunt in obsequiis earum assidui non tantum percipiant quantum illi qui assiduam ibi moram noscuntur et conversationem habere, et quia hujus modi constitutio satis laudabilis et honesta existit, et nostrum interest vos et alios ad propositum honestatis et virtutis studiosius invitare, et ad ea propensius inducere que ad morum instructionem et incrementa debeant pertinere virtutum : universitatem vestram monemus, consulimus et mandamus ut quantum debeant canonici forenses annuatim percipere secundum formam et exemplum Senonensis ecclesie, matris vestre, cum assensu et auctoritate venerabilis fratris nostri M., episcopi vestri, constituatis, et in hoc, et in ordine ecclesie vestre servando ejus institutionem sequamini studiosius et doctrinam. Indignum enim esset et omnino absurdum si forinseci eam beneficiorum integritatem perciperint, quam illi percipiunt qui circa officium ecclesie assidui esse noscuntur. De cetero, quia memoratum episcopum vestrum instrumenta et privilegia ecclesie vestre latere non debent, qui ejusdem ecclesie magister est et defensor, nichilominus universitatem vestram monemus, consulimus et mandamus, quatinus ei privilegiorum ecclesie vestre copiam faciatis ut statum ejus possit plenius agnoscere, et jura ipsius cognita conmodiori patrocinio custodire, nam ejus honestatis est et virtutis, et ita vos et ecclesiam vestram sincere diligit quod de ipso in hac parte non oportebit vos dubitare. Datum Tusculani, VIII kal. februarii. — *Origin.* liasse G-20.

75. — 1181-1185. — « Lucius, episcopus, servus servorum Dei, episcopo Trecensi. » Confirmat plures ecclesias parrochiales et decimas Trecensis diocesis. « Preterea canonicales ecclesias ad jus ecclesie Trecensis pertinentes, ecclesiam Sancti Nicholai de Sezannia, eclesiam Sancti Remigii de Plaiostro, ecclesiam Sancti Blitharii de Brocis, ecclesiam Sancti Flaviti de Villamauro, ecclesiam Sancti Nicholai de Pogeio, ecclesiam Sancti Laurentii de Planceio. » Cum inhibitione de non alienando sine auctoritate Romani Pontificis. *Inventaire de l'évêché* 1519, reg. G-15.

76. — 15 juin 1185.

Lucius, episcopus, servus servorum Dei, venerabili fratri episcopo, et dilectis filiis decano et capitulo Trecensi salutem et Apostolicam benedictionem. Ad hoc nobis universarum ecclesiarum regimen est commissum ut tam eis quam ministris earum sua jura integra conserventur, et ne in ipsis aliquid enorme attemptetur ex injuncto studeamus officio precavere. Ideoque auctoritate presencium inhibemus ne in ecclesia vestra sine conscientia et assensu tuo, frater episcope, ullus de novo pactiones, instituciones vel juramenta facere ulla temeritate presumat, quibus episcopali dignitati vel officio derogetur ; et si que taliter facte sunt nullum ex eis prejudicium pacieris. Ad hec, frater episcope, presencium tibi auctoritate concedimus, et in ecclesiis in quibus necessitas exigit, sicut videris expedire, sine prejudicio alierum ecclesiarum, nullius contradictione vel appellatione obstante, cimiteria benedicas. Datum Verone, XVII kal. julii. — *Vidimus* de l'an 1412, liasse G-21.

77. — 1190-1192. — « Lettres par lesquelles l'évêque Barthélemy donne une fille de sa main-morte à ce chapitre, pour tenir lieu d'une fille de main-morte que ledit chapitre avait laissé épouser par un homme de Courlanges qui était de la main-morte de l'évêché. » — *Cartul.* fol. 42 v°.

78. — 25 mars 1195.

Celestinus, episcopus, servus servorum Dei, venerabili fratri episcopo, et dilectis filiis decano et capitulo Trecensi, salutem et Apostolicam benedictionem. Ad hoc nobis *(ut supra* n. 76). Datum Laterani, VIII kal. aprilis pontificatus nostri anno quarto. *Vidimus* de l'an 1412 liasse G-21.

79. — 1196.

Garnerius, Dei gratia Trecensis episcopus, universis ad quos littere presentes pervenerint salutem in vero Salutari. Cum Trecensi capitulo nostro sinceram dilectionem teneamus et mutuam exhibere, a quo fructus multimodos et honoris amplitudinem, licet indigni, suscepimus, ne merito ingratitudinis vicio argui mereamur, ejusdem temporales fructus et honorem affectu magis ampliare satagimus quam effectu. Ut autem affectus benivoli gratia penitus non lateret, memorato capitulo XX libras annuo pensionis et antique dedimus in perpetuum possidendas : in ecclesia scilicet de Pontibus X libras ; in ecclesia Chalestrie C solidos; in ecclesia Arremarensi C solidos, que pensio canonicis nostris missis et matutinis assistentibus parcietur. Ne ergo nostri muneris firmitas in posterum valeat infirmari, presentem paginam sigilli nostri karactere dignum duximus roborari. Actum anno Incarnati Verbi millesimo centesimo nonagesimo sexto. — *Cartul.* fol. 43 v°. — *Origin.* liasse G-2577.

80. — 1196.

G[arnerus], Dei gratia Trecensis episcopus, universis ad quos littere presentes pervenerint salutem in salutis Actore. Cum Trecensem ecclesiam et ipsius capitulum paterne dilectionis visceribus amplectamur, dignum est, et ad hoc tenemur, ut quantum possumus eidem ecclesie et, omnibus in ea Deo servientibus, de beneficiis ab ipsa nobis collatis prodesse studeamus, ad vestram igitur volumus universitatem pervenire, quod nos dilecto filio nostro Jo., ecclesie predicte decano, decimam, quam apud Mouceiacum habebamus, benigne concedentes, ipsi toto tempore vite sue permisimus possidendam, ita quod de donacione illa duos modios frumenti capitulo Trecensi singulis annis reddere tenebitur ; post decessum vero ipsius, predicta decima ad jamdictum capitulum sine contradictione revertetur, libere et pacifice in perpetuum possidendam. In cujus rei testimonio, presentem ipsi paginam tradidimus, sigilli nostri patrocinio roboratam. Actum anno Incarnati Verbi M° C° XC° sexto. — *Origin.* liasse G-3092.

81. — 1196.

Ego Galterus, Dei gratia Nivernensis ecclesie minister humilis, notum facimus presentibus et futuris, quod dominus Renaudus de Pugeio, et Odo, fratres nostri, in nostra presentia constituti, laudaverunt ecclesie Beati Petri XX solidos, annuatim reddendos in censu de Chanlaio, pro anniversario Henrici, fratris nostri. Et nos, ad majorem firmitatem, presentes litteras sigillo nostro firmavimus. Actum anno Verbi Incarnati M° C° XC° VI°. — *Cartul.* fol. 45 v°. — *Origin.* liasse G-2741.

82. — 1197.

Salo, decanus, et G., precentor Senonensis ecclesie, omnibus, in quorum presentia carta presens apparuerit, in Domino salutem. Notum fieri volumus, quod, cum nobis commissa fuisset causa auctoritate Apostolica, que vertebatur inter canonicos Trecensis ecclesie et abbatem et monachos Beati Petri de Cella super decima vini novarum vinearum, que sunt apud Pontem Beate Marie, dictis canonicis pro minuta decima, sicut et aliam totam habent, ipsam requirentibus ; monachis vero ipsam habere volentibus, quia in terris illis in quibus nove vinee plantate sunt magnam decimam bladi quandoque receperant. Nos testes utriusque partis recepimus, et habito prudentum virorum consilio, cognito etiam in toto Trecensi episcopatu vinum pro minuta decima haberi, predictis canonicis illam decimam minutam novarum vinearum, sicut habent antiquam, auctoritate Apostolica adjudicavimus in perpetuum, sine partis adverso reclamatione, vel appellationis interpositione, etiam super hoc silentium perpetuum imposuimus. Et ad majorem rei firmitatem utramque partem litterarum nostrarum testimonio munivimus. Actum anno Incarnati Verbi M° C° XC° VII°. — *Cartul.* fol. 38 r°. — *Origin.* liasse G-3155.

85. — 1197.

Garnerus, Dei gratia Trecensis episcopus, omnibus presentem paginam inspecturis in Domino salutem. Sciat universitas vestra, quod nos dilectis filiis canonicis nostre ecclesie Trecensis dedimus decimam de Molceio, jure perpetuo possidendam, interposita conditione, quod Johannes ipsius ecclesie decanus tota vita sua nomine capituli eamdem decimam in manu sua tenebit, pro duobus modiis frumenti quos ipse ad mensuram Trecensem dictis canonicis persolvere tenebitur annuatim; fient autem de frumento illo, de unoquoque videlicet sextario, quadraginta panes, ita quod unus panis singulis canonicis dividetur, illis videlicet quorum dies in tabulis partitorum pro residentia suscribentur. Post decessum vero ipsius decani dicta decima capitulo nostro ad eundem usum libere et integro remanebit. Dedimus etiam eis partitionem panis et vini in tribus anniversariis trium predecessorum nostrorum pie recordationis Mathei, Manasse, Bartholomei. Cujusmodi partitionem die anniversarii nostri a nostro instituimus fieri successore, sepe dicti siquidem canonici nostre ecclesie nobis unanimiter concesserunt, quod, ipso die anniversarii nostri, de bonis a nobis ipsis collatis XL solidi annuatim assistentibus ecclesie servitio partientur. Quod ne mutabilitate aliqua in posterum depereat, prefatam paginam scribi et sigillo nostro fecimus confirmari. Actum anno Verbi Incarnati M° C° XC° septimo. — *Cartul.* fol. 34 v°. — *Origin.* liasse G-3092.

84. — 1197.

Garnerus, Dei gratia Trecensis episcopus, omnibus presentem paginam inspecturis in Domino salutem. Noverint universi presentes pariter et futuri, quod nos dedimus dilectis filiis nostris canonicis Beati Petri Trecensis ecclesiam purrochialem de Barbona, in perpetuum possidendam, in ea libertate in qua tenent ecclesiam Sancti Remigii et Sancti Nicecii Trecensis. Quod ut ratum et stabile permaneat, litteris annotatum sigilli nostri roboravimus munimento. Actum anno Incarnati Verbi millesimo centesimo nonagesimo septimo. — *Cartul.* fol. 44 r°. — *Origin.* liasse G-2709. — Le sceau pendait à des fils de soie verte et blanche.

85. — 8 février 1197. — « Celestinus, episcopus, servus servorum Dei.. » Le pape accorde aux chanoines de Saint-Pierre « ut tam diu pravas consuetudines, que apud vos vierie nuncupatur, ecclesie vestre obligatas a personis laicis, vobis liceat detinere donec tota sors vobis fuerit in integrum soluta » sans que les intérêts provenant de chacune

de ces redevances puissent être comptés en principal. « Datum Laterani, VI id. februarii, anno sexto pontificatus nostri. » — *Origin. scellé.*

86. — 1197.

G[arnerus], Dei gratia Trecensis episcopus, omnibus ad quos littere presentes pervenerint salutem in salutaris Actore. Noverit universitas vestra, quod nos, ad preces quorumdam amicorum nostrorum de ecclesia nostra Trecensi, ejusdem ecclesie capitulo quemdam hominem nostrum Radulfum de Corlengiis, tunc temporis manentem apud villam que dicitur *Valanz*, cum uxore sua, et successione et pertinenciis eorum, dedimus et concessimus perpetuo possidendum. Ne igitur hec nostra concessio aliquorum malignitate in posterum valeat infirmari, presentem super hoc paginam scribi, et sigilli nostri patrocinio fecimus roborari. Actum anno Incarnati Verbi M° C° XC° VII°. — *Cartul.* fol. 43 r°. — *Origin.*

87. — 1198.

Johannes, ecclesie Beati Petri Trecensis decanus, totumque ejusdem ecclesie capitulum, omnibus presentes litteras inspecturis in Domine salutem. Noverit universitas vestra, quod discordia, que inter nos et nobilem Campanie comitem Theobaldum vertebatur super justitia hominum nostrorum, compromissione facta a nobis et ab ipso comite in dominum Senonensem Mychaelem archiepiscopum et in Gaufridum, mareschallum Campanie, receptis ex utraque parte testibus, terminata est in hunc modum : si aliquis conqueritur de aliquo hominum nostrorum qui non sit de liberis servientibus nostris, ipse homo debet ire ad citationem prepositi comitis. Sed si de aliqua querela agatur contra eum, non respondebit ibi nec remanebit, sed in curia nostra querela audietur et terminabitur ; et de omnibus querelis et admissionibus homines nostri non nisi coram nobis respondebunt. Si comes iturus est in exercitum vel in expeditionem in propria persona, pro negotio proprio, per litteras suas vel per credibilem nuntium nobis mandabit ut homines nostros submoneamus ; et hoc faciemus, et ad nostram submonitionem ibunt homines nostri, et aliter non, et eunte ipso comite. Diffinitum est etiam quod hec est libertas claustri nostri, et domorum in quibuscumque manemus, sive in claustro, sive extra claustrum : quod nec furem nec falsam mensuram, nec aliquam rem aliam poterit prepositus comitis vel aliquis alius capere in eis, nec aliquid justicie habebit in eis, nec aliquis ex parte comitis. Omnes etiam servientes nostri, qui de bonis nostris vivunt in domibus nostris, liberi sunt ab omnibus consuetudinibus et clamoribus et ab omnibus servitiis ; et hanc libertatem habent tres servientes nostri, scilicet granetarius, cellararius, et major noster. Si quis autem omnium istorum in justitia comitis captus fuerit vel deprehensus ad presens et cognitum delictum, justitia erit comitis. Si vero delictum negetur, comes vel sui recredent hominem captum, et delictum probabunt in curia nostra, et, probata veritate, comes justitiam obtinebit. Quod ut ratum et inconcussum permaneat, litteris annotatum sigilli nostri testimonio roboravimus. Actum anno Incarnati Verbi M° C° XC° VIII°. — Archiv. nation., *origin.* avec traces de sceau. — Teulet, *Layettes du trésor des chartes*, t. I, n. 484.

88. — 1198. — « Theobaldus, comes palatinus.. » Ces lettres de Thibaut III, comte de Champagne, reproduisent textuellement, *mutatis mutandis*, les lettres précédentes (n. 87), et elles en sont la contre-partie. « Actum anno Incarnationis Domini M° C° XC° VIII°. Datum per manum Galteri, cancellarii. Nota Petri. » — Archiv. de l'Aube, *origin.*

89. — 9 mai 1198.

Innocentius, episcopus, servus servorum Dei, dilectis filiis canonicis Trecensibus salutem et Apostolicam benedictionem. Ea, que auctoritate Sedis Apostolice ratione previa statuntur, firma debent et illibata servari; et ne in recidive contentionis scrupulum relabantur, Apostolico convenit presidio communiri. Ea propter, dilecti in Domino filii, vestris justis precibus inclinati, sententiam quam dilecti filii.. decanus et precentor Senononsis ecclesie, judices a Sede Apostolica delegati, pro vobis contra monachos de Colla super decima novarum vinearum, que sunt apud Pontem Sancte Marie, canonice protulerunt, ricut rationabiliter lata est, nec legitime appellationis remedio sublevata, auctoritate Apostolica confirmamus, et presentis scripti patrocinio communimus. Nulli ergo omnino hominum liceat hanc paginam nostre confirmationis (*ut supra* n. 27). Datum Rome apud Sanctum Petrum, VII id. maii pontificatus nostri anno primo. — *Origin.* liasse G-3155.

90. — 1198.

Innocentius, episcopus, servus servorum Dei, episcopo Trecensi salutem et benedictionem Apostolicam. Injuncti nobis officii ratione compellimur, et charitatis debito provocamur fratribus et coepiscopis nostris in suis justis petitionibus favorem Apostolicum impertiri, ut qui specialiter in partem nostre sollicitudinis sunt vocati, tanto commissum sibi officium liberius exsequantur quanto se et jura sua majori viderint Sedis Apostolice benignitate juvari. Ea propter, venerabilis in Xpisto frater, tuis justis precibus benigno concurrentes assensu, ad exemplar predecessorum nostrorum felicis memorie Lucii et Clementis Romanorum pontificum, auctoritate tibi presentium indulgemus ut clericos tue diocesis, qui contra statuta Lateranensis concilii, prave cupiditatis ardore, plures ecclesias vel ecclesiastica beneficia detinere contendunt, cum de proventibus unius ipsi congrue valeant sustentari, ad canonicum valeas reducere moderamen. Clericos vero ecclesie tue, quos necessitas postulaverit ad sacros ordines promoveri, secundum privilegium M., predecessori tuo, et successoribus suis a felicis recordationis Alexandro papa predecessore nostro indultum, liceat tibi, si idonei fuerint, nec de canonica potuerint institutione repelli, ad eosdem ordines suscipiendos secundum canonum instituta compellere, vel si in obedientes fuerint, animadversionis ecclesiastice sententia cogere ; nisi contra hoc alicui fuerit Sedis Apostolice auctoritate indultum ut ad suscipiendos ordines non cogatur. Et quia Trecensis ecclesia, tue provisioni commissa, tuo debet moderamine gubernari, nec ullus in messem tibi creditam falcem debet ausu temerario mittere, presentium auctoritate statuimus ut nulli subditorum tuorum liceat, post appellationem ad te rationabiliter factam, parochianos tuos excommunicatione percellere, vel commissas tibi ecclesias supponere interdicto. Quod si presumptum fuerit, sententiam decernimus non tenere, et si, non precedente appellatione, sententia talis ab aliquo subditorum tuorum fuerit irrationabiliter promulgata, sententiam talem valeas, prout justum fuerit, relaxare. Nullis litteris institutioni canonice prejudicium facientibus a Sede Apostolica impetratis. Datum Rome apud Sanctum Petrum (15-31 maii). — Baluze, I, 105.

91. — 1199.

Garnerus, Dei gratia Trecensis episcopus, omnibus ad quos littere iste pervenerint in Domino salutem. Noverit universitas vestra, quod Milo de

Corlavarzi, miles, in nostra presentia constitutus, donavit ecclesie Beati Petri Trecensis quicquid juris habebat in medietate decime de *Colaverzi*, vel nomine casamenti vel alio modo, ab ipsa ecclesia nomine elemosine perpetuo possidendum ; quam medietatem decime ipsam ecclesiam ex dono bone memorie Henrici, predecessoris nostri, quondam Trecensis episopi, possidebat. In cujus rei testimonium presentes litteras fieri, et sigillo nostro fecimus roborari. Actum anno Domini M° C° XC° nono. *Cartul*. fol. 43 r°. — *Origin*. liasse G-2749.

92. — 1199.

Garnerus, Dei gratia Trecensis episcopus, omnibus ad quos littere iste pervenerint in Domino salutem. Noveritis quod Milo de *Curtlavardi*, in nostra presentia constitutus, dedit in elemosinam capitulo Beati Petri Trecensis casamentum medietatis decime de *Cortlaverdi* ; et de ipso casamento dilectum filium Johannem, ipsius ecclesie decanum, nomine predicti capituli investivit. In cujus rei testimonium presentes litteras fieri, et sigillo nostro fecimus confirmari. Actum anno Domini M° C° XC° nono. — *Cartul*. fol. 43 r°. — *Origin*. liasse G-2749.

93. — 1200.

Garnerus, Dei gratia Trecensis episcopus, omnibus ad quos littere iste pervenerint in Domino salutem. Noverit universitas vestra, quod nos in commutationem Marie, filie Galteri de *Valanz*, que femina erat capituli Trecensis, quam homo noster Garnerus de Pagano ducere volebat in uxorem, eidem capitulo dedimus et jure perpetuo habendam concessimus, uxorem Jocelini, filii Girardi de Orvillario, que nostri juris erat, et liberos ipsius, quos ex eodem Jocelino peperit vel fuerit paritura : ut sic dicta Maria cum successione sua nobis et posteris nostris jure perpetuo remaneret. In cujus rei testimonium presentes litteras scribi et sigillo nostro fecimus roborari. Actum anno gratie M° CC°. — *Origin.*

94. — 1200.

Garnerus, Dei gratia Trecensis episcopus, universis presentes litteras inspecturis salutem in vero Salutari. Noverit universitas vestra, quod nos gratiam et affectum recolentes quem dilecti, filii J., decanus, et capitulum nostrum Trecense erga nos et nostros a nostre promotionis tempore habuerunt, ad petitionem eorum, necnon ad interventum reverendi in Xpisto patris domini nostri Willelmi, Rhemensis archiepiscopi, Sancte Romane ecclesie tituli Sancte Sabine cardinalis, *Hermeniart*, uxorem Rogeri, jamdicti archiepiscopi servientis, cum prole sua suisque tenementis, ipsis donavimus et concessimus jure perpetuo possidendum, ita ut idem capitulum tam in ea quam in pueris suis et bonis eorum id juris habeant quod nos habuimus et predecessores nostri Trecenses episcopi preteritis temporibus habuerunt. Ut autem hec donatio nostra rata et inviolabiliter perseveret nec per aliquem valeat aliquatenus infirmari, presentes litteras scribi et sigilli nostri patrocinio fecimus roborari. Actum anno Domini M° CC°. — *Origin.* liasse G-2621.

95. — 1200.

Ego Th., Trecensis comes palatinus, notum facio presentibus et futuris, quod Petrus, miles de Valentigniaco, in mea presentia recognovit se vendidisse canonicis Beati Petri Trecensis quicquid habebat in decima de Valentigniaco. Ego vero, de cujus feodo predicta decima movebat, venditionem illam laudavi et ad petitionem utriusque partis sigilli mei munimine roboravi. Actum Trecis, teste me ipso, anno Domini M° CC°, mense aprili. — *Origin.*

96. — Juillet 1200.

Ego Clarembaudus, dominus de Cappis, presentibus et futuris notum facio, quod dominus Bovo de Sancto Sepulchro, miles, donavit in perpetuam elemosinam capitulo Beati Petri Trecensis medietatem partis sue quam habebat in modiationibus de Sancto Saviniano, de Rilleio et de Capella Sancti Petri; et sciendum est quod in illis modiationibus habebat duas partes, domina vero de Vendopera terciam partem. Hanc autem donationem concesserunt pariter et laudaverunt Bovo, filius, et alii liberi ejusdem. Ego etiam, de cujus feodo predicte modiationes movent, hoc ipsum concessi, et adposita sigilli mei impressione, benigne et diligencius approbavi. Actum anno Domini millesimo ducentesimo, mense Julio. — *Cartul.* fol. 53 r°. — *Origin.* liasse G-2857.

97. — Vers 1200. — « Lettres par lesquelles Clarembaud de Chappes, certifie que le chevalier Beuve de Saint-Sépulcre a engagé à ce chapitre pour 330 l. de Provins tout ce qu'il avait dans le terrage, les coutumes et le moulin de Chauchigny; dans les terrages de Sainte-Maure, Froide-Rive et Saint-Benoit, dans le terrage, les coutumes, les tailles et dans toute la terre et le domaine de Saint-Sépulchre; son pré des Fonces; le quart dans les maisons qu'il a engagées à sa sœur, dame de Vadémons, lequel quart ledit Beuve perçoit sans préjudice dudit engagement; tous les prés qu'il a auprès de Troyes. Le tout valant annuellement 30 l. de rente, et demeurant engagé au chapitre pour ladite somme, en conséquence de quoi ledit Beuve en a investi ce chapitre, et le chapitre l'a rendu audit Beuve pour le tenir au nom du chapitre, à charge de la part dudit Beuve d'en rendre annuellement audit chapitre 30 l., savoir, 15 l. à la Pentecôte, et 15 l. à la Saint-Denis pour acquitter lesdites 330 l. Faute de paiement en temps voulu le chapitre pourra saisir lesdits biens, en faire les fruits siens, et faire excommunier ledit Beuve. Et quand par le paiement annuel desdites 30 l. ladite somme de 330 l. sera acquittée, tous lesdits biens retourneront audit Beuve ou à ses héritiers. Clarembaud approuve cet engagement comme étant de choses qui sont dans son fief, et se réserve la faculté de les faire saisir, faute par ledit Beuve ou ses héritiers de lui faire la prestation de service à laquelle il a droit comme seigneur suzerain. — *Cartul.* 53 r°.

98. — Janvier 1200 (v. st.).

Garnerus, Dei gratia episcopus, Joannes, decanus, et capitulum Trecense, omnibus ad quos littere iste pervenerint salutem in salutis Actore. Quoniam ex propria fragilitate instruimur ut non ad transitoria sed eterna debeamus nostre mortalitatis opera inclinare, sicut juxta apostolum sive merimur sive vivimus Domini sumus, ita ad opera Domini et ad ampliandum cultum nominis sui sic pre ceteris debemus intendere quemadmodum in hereditate Domini specialiter ei sumus et pro ceteris deputati, quos in sorte levitica preter nostrum meritum voluit evocare. Cum itaque Manasses, cantor ecclesie nostre, sicut vir nobilis, magnis et multis negotiis detineatur frequenter, et ob hec ecclesia ipsa aliquando cantoris officio ex ipsa necessitate non carere non possit, nos et huic facto volentes remedium adhibere, et ad honorem tam ecclesie nostre quam Creatoris et gloriosi apostoli cujus nomen invocatur in ea, juxta quod fere in omnibus ecclesiis Gallicanis quasi ex generali est consuetudine ordinatum, eidem cantori cum assensu ipsius novum adjunximus succentorem, qui officii sui cum oportuerit ministerium exequatur. Sane idem cantor ei jus scolarum et regimen et quicquid eis annexum est, que primitus ad cantoriam spectabant, preter sexaginta solidos annui redditus, qui ad cantoriam pertinent ex donatione Henrici bone memorie, quondam Trecarum comitis, et denarios censuales qui sunt apud Fossam Sancte Savine, ipsi succentorie concessit. Succentor autem, et omnes successores ejus, de manu cantoris succentoriam recipient, et de ea Trecensibus cantoribus exhibere hominium tenebuntur, habituri de singulis pueris canonicis nostris decem solidos annuatim et justitiam in omnes pueros chori, tam presente quam absente cantore. Habebit etiam potestatem tam pueros quam clericos inducendi in chorum, et justitiam in clericos non canonicos chori, in absentia cantoris, eamdem quam cantor si presens esset haberet. Dabit autem cantor motu suo, et omnes successores ejus, succentoriam cui voluerint ydonee persone, ut officium istud per seipsum possit et sciat sine scandalo adimplere, utque in ecclesie nostre residentia perseveret. Nec in collatione succentorie alicujus consensum requirat, eo dumtaxat servato, ut si canonicus ecclesie nostre fuerit, aut diaconus erit, aut infra annum recipiet ordinem sacerdotis. Solvet etiam nonam quam cantor nobis suo tempore solvere consuevit. Siquidem nos, eo quod cantoria in resignatione collationis scholarum diminuta erat, ei communi voluntate et successoribus ejus ecclesiam de Vulentigniaco concessimus in omni ea libertate in qua nos decanus et capitulum possidemus ecclesiam Sancti Nicetii apud Trecas. Fuit autem Nicolaus clericus ad hoc officium deputatus, et ei cantor juxta tenorem predictum succentoriam concessit. Nos autem, ut factum istud perpetua stabilitate firmetur, ipsum presentibus litteris inseri, et sigillorum nostrorum fecimus appensione muniri. Actum anno Domini M° CC°, mense januario. — *Origin.*

99. — 1201.

Ego Erardus de Brena, dominus Rameruci, notum facio presentibus et futuris, quod, cum dilecto meo Droconi de Planceio, Trecensi canonico, terragium de Novilla apud *Troan,* quod de meo erat feodo, in elemosina datum fuisset a domina Margareta et heredibus ejus, laudavi ei, et concessi quod ei liceat jam dictum terragium vendere, vel pignori obligare, vel pro anima sua dare cuiquam voluerit, ita quod si in manum laicum convertatur, a nobis feodaliter teneatur; si vero ipsum ecclesie conferri contigerit, sub custodia mea et potestate consistat. In cujus rei testimonium presentes litteras scribi, et sigilli nostri munimine volui roborari. Actum anno Verbi Incarnati M° CC° primo. — *Origin.* liasse G-3342.

100. — 1201.

Ego Garnerus, dominus Trianguli, notum facio presentibus et futuris, quod, cum discordia esset exorta inter me et capitulum Beati Petri Trecensis super Xpistiano de Escheminiis et fratribus et sororibus suis: tandem, pacis amore, idem capitulum communiter michi et heredibus meis dictum Xpistianum et fratres et sorores ipsius atque omnem generationem ipsorum in perpetuum possidendos quitaverunt. Ego autem, laudante uxore mea Agnete, in recumpensationem hujus facti, et pro remedio anime mee, dedi et assignavi ecclesie predicte quatuor libras et decem solidos annui redditus, in foro meo de Marigniaco, ad octavas Natalis Domini singulis annis percipiendas, ita quod si forum meum aliquo casu deciderit, quicumque villam de Marigniaco tenuerit, predictas quatuor libras et decem solidos ad prefixum terminum reddere tenebitur annuatim. Si vero, sicut predictum est, dicta summa annuatim non fuerit persoluta, concessi prefato capitulo ut liceat ei justiciam ecclesiasticam facere super me et super terram meam, aut super dominum Mareigniaci, quicumque fuerit, et super terram ipsius. Ad hujus igitur debitam rei firmitatem, presentem paginam sigilli mei impressione muniri precepi. Actum anno Domini M° CC° primo. — *Cartul.* fol. 55 r°. — *Copie*, liasse G-3045.

101. — Décembre 1201.

Petrus, Dei gratia Senonensis archiepiscopus, omnibus ad quos littere iste pervenerint salutem in omnium Salvatore. Noverit universitas vestra, quod dilecti filii decanus, et capitulum Trecense, Jocelino presbitero ecclesiam Sancti Nicecii, ad preces nostras, sub annua pensione XL librarum pruviniensium concesserunt habendam. Que videlicet pensio in Natali Domini, in Pascha, in festo beate Marie Magdalene in festo Omnium Sanctorum annis singulis debet solvi, in unoquoque termino decem X libre. Idem autem Jocelinus confessus est coram nobis se ipsis capitulo jurasse, quod pensionem predictam statutis terminis bona fide solveret, et quam cito deficeret in aliquo terminorum libere posset ab eadem ecclesia amoveri, nec super hoc capitulum ipsum in causam traheret vel in aliquo molestaret. Sane Galterus, laicus, frater ipsius Jocelini, se erga ipsum capitulum in predicta pensione constituit responsalem, eo modo, quod quam cito idem Jocelinus deficeret in solutione unius terminorum, domus ipsius Galteri, prope ecclesiam Sancti Nicecii sita, esset pro X libris ipsi capitulo obligata. Actum anno Domini M° CC° primo, mense decembri. — *Origin.* liasse G-3377.

102. — 1202.

Johannes, decanus, et universum Sancti Petri Trecensis capitulum, omnibus presentes litteras inspecturis in Domino salutem. Noverit universitas vestra, quod nos pari assensu et unanimi voluntate dedimus in excambium duas feminas ecclesie nostre Odiernam scilicet, filiam Evrardi, quondam majoris nostri, et Mariam, filiam Clare de burgo Sancti Dionysii, pro Sibilla, filia defuncti Johannis Briderie, illustri comitisse Campanie Blanche et successoribus ipsius. Actum anno Incarnati Verbi M° CC° secundo. — Bibliot. de Troyes, *Cartul. Comitum Campanie*, ms. 22, p. 26.

103. — Janvier 1203 (*v. st.*).

Milo, Trecensis archidiaconus et episcopalium procurator, omnibus presentes litteras inspecturis in Domino salutem. Noverit universitas vestra, quod dilectus noster Garnerus de Meriaco, cantor Trianguli, concessit in perpetuum et quitavit ecclesie Beati Petri Trecensis, laudantibus et concedentibus fratre suo domino Garino de Meriaco, uxore etiam ejusdem Garini et liberis, quicquid habebat in omnibus commodis in decima bladi de Castris, cum tractu ejusdem decime; qui scilicet tractus, et quicquid habebat in decima supradicta, ad jam dictum Garnerum jure hereditario pertinebat. Siquidem ipse Garnerus fidei sacramento firmavit quod bona fide et pro posse suo dicte ecclesie ipsam garentizabit quitacionem, si forte de ipsa contra predictam ecclesiam per aliquos questio moveretur. Nos autem, qui rerum episcopalium procuracionem habemus, eo quod ipsa decima de Castris de feodo domini episcopi movere dinoscitur, quitacionem et tractus et decime factam, ut duximus, a jam dicto Garnero, ecclesie Trecensi fieri concessimus et laudavimus, quantum ad nos, tanquam scilicet ad procuratorem spectabat. In cujus rei testimonium presentes litteras sigilli nostri fecimus impressionne muniri. Actum anno Domini M° CC° III°, mense januarii. — *Cartul.* fol. 58 v°. — *Origin.* liasse G-2751.

104. — Janvier 1203 (v. st.).

Frater Galcherius, Molismensis ecclesie dictus abbas, omnibus presentes litteras inspecturis in Domino salutem. Noverit universitas vestra, quod dilectus consanguineus noster Garnerus de Meriaco, cantor Trianguli, in nostra presencia constitutus, concessit in perpetuum et quitavit ecclesie Beati Petri Trecensis quicquid habebat in decima bladi de Castris, in omnibus commodis, et tractum ejusdem decime; que decima, cum tractu, ad eum jure hereditario pertinebat. Hanc siquidem quitacionem fieri concesserunt et laudaverunt ecclesie supradicte dominus Garinus de Meriaco, frater ipsius Garneri, uxor etiam et liberi ejusdem Garini, in nostra presencia constituti. In cujus rei testimonium presentes litteras fieri fecimus, et sigilli nostri impressione muniri. Datum anno Domini M° CC° tercio, mense januario. — *Cartul.* fol. 58 r°. — *Origin.* liasse G-2751.

105. — Janvier 1203 (v. st.).

Ego Galterus, Campanie cancellarius, notum facio et testificor presentibus et futuris, quod venerabilis cantor Trianguli Garnerus de Meriaco concessit in perpetuum, et quitavit ecclesie Beati Petri Trecensis quicquid habebat in omnibus commodis in decima bladi de Castris, et tractum ejusdem decime;

que decima, cum tractu, ad eum jure hereditario pertinebat. Hanc itaque quitacionem fieri concesserunt et laudaverunt in presencia mea ecclesie supradicte frater ejusdem Garneri dominus Garinus de Meriaco, uxor et liberi ejusdem Garini. In cujus rei noticiam presentes litteras sigilli mei feci testimonio communiri. Actum anno Domini millesimo ducentesimo tercio, mense januario. — *Cartul.* fol. 58 r°. — *Origin.* liasse G-2751.

106. — 1193-1204. — « *Lettres par lesquelles l'évêque Garnier reconnait son évêché chargé, à raison de la donation à lui faite d'un pré par Eudes dit Jocelin, de 20 s. de rente envers ce chapitre pour l'anniversaire dudit Eudes. Il témoigne aussi avoir donné aux religieuses de Foissy la moitié des coutumes des Chapelles.* » — *Cartul.* fol. 48 v°.

107. — 1204.

Ego Blancha, comitissa Trecensis palatina, notum facio tam presentibus quam futuris, quod, cum inter capitulum Beati Petri Trecensis, et Henricum de Chinigiaco discordia verteretur super justicia, vieria et quibusdam consuetudinibus, quas idem Henricus clamabat in tribus villis dicte ecclesie, scilicet, *Orvilers*, *Valanz*, et Sancto Georgio, in potestate etiam et hominibus earumdem villarum asserens memoratum capitulum memoratas justiciam, vieriam, et alia predicta, a suis predecessoribus et ab ipso, sub admodiatione duodecim modiorum aveno, diutius possedisse, que omnia capitulum ei negabat; tandem, post multas rationes hinc inde propositas per me et per venerabiles viros abbatem Pontigniaci, Galterum cancellarium meum, et Milonem Trecensem archidiaconum, in quos ab utraque parte fuerat compromissum de predicta discordia, compositum est in hunc modum : Henricus de Chinigiaco, predictam justiciam, vieriam, et consuetudines predictas ecclesie et capitulo Beati Petri dimisit in perpetuum, et quittavit. De duodecim autem modiis avene, quos prefatus Henricus et predecessores sui in tribus villis prefatis ab antiquo percipere solebant, dicte ecclesie et capitulo dimisit sex modios in perpetuum et quittavit ; et quicquid juris in tribus prenominatis villis, in potestate etiam, et hominibus earumdem villarum habebat, vel habere poterat, similiter ecclesie et capitulo dimisit in perpetuum et quittavit, excepto feodo quod Guido *Gasteblé* tenet de ipso, quod feodum remanet in justicia dicte ecclesie et capituli, et exceptis quibusdam hominibus, quos ipse Henricus in memoratis villis habet, qui homines similiter remanent in justicia et salvamento dicte ecclesie et capituli. Pro predictis autem quittationibus dedit capitulum sepe dicto Henrico quadringintas et quinquaginta libras Pruvinensis monete. Alios vero sex modios reddent ei vel ejus mandato majores vel servientes capituli, singulis annis in perpetuum infra octavas sancti Remigii, et adducent ei apud Sanctum Memorium in domum suam, ad rectum bichetum Trecense recte et legitime mensurandos. Sed occasione hujus bladi non poterit ipse Henricus, vel ejus heredes, aliquid aliud in memoratis villis, in potestate vel hominibus earum, in posterum reclamare. Si vero isti sex modii avene soluti non fuerint in integrum termino constituto, Henricus de rebus hominum dictarum villarum, sine injuria aliqua ecclesie vel capitulo aut etiam ipsis hominibus propter hoc inferenda, capere poterit usque ad valentiam defectus, vel usque ad valentiam sex modiorum integrorum si nichil adhuc receperit, donec de sex modiis avene creantum ejus fiat. Hanc itaque compositionem et quittationes predictas voluit et laudavit Verderia, uxor Henrici. Ut autem hec omnia nota permaneant et rata teneantur, ad peticionem utriusque partis presentem cartam fieri volui in testimonium et confirmationem, et sigilli mei munimine roborari. Actum Trecis, anno gratie millesimo ducentesimo quarto. Datum per manum Galteri, cancellarii. Nota Johannis. — *Cartul.* fol. 51 r°. — *Origin.* liasse G-3017.

108. — 1204. — « Johannes, decanus, totumque capitulum Beati Petri Trecensis » notifient l'accord précédent (n. 107), consenti avec « Henrico de Chinigiaco.. super justitia, vieria.. in *Orvilers*, *Valanz* et Sancto Georgio. Actum Trecis, anno gratie M° CC° quarto. » — *Cartul.* fol. 52 v°. — Archiv. nation., *origin.* avec traces de scean. Teulet, *Layettes du Trésor des Chartes*, t. I, n. 740.

109. — Janvier 1204 (v. st.).

Drogo de Plancelo, cononicus Trecensis, omnibus presentes litteras inspecturis in Domine salutem. Cum dilecti et venerabiles domini Milo, decanus, et capitulum Beati Petri Trecensis, michi benigne concesserint, ut quicquid habent apud Sanctum Saturninum et Warciam, tam in hominibus quam in aliis, sub annua pensione XX solidorum, sub nomine Trecensis ecclesie, quamdiu canonicus ero Trecensis, pacifice possideam et quiete, in ea omnimoda integritate in qua bone memorie H. de Sancto Quintino, quondam Trecensis ecclesie archidiaconi, illud idem possedit, nomine ecclesie memorate. Ne essem beneficii ingratus accepti, memoratis decano et capitulo affectu benigno concessi, ut tam ipsa michi facta concessio quam ea quecunque adquisiero in villis duabus predictis post decessum meum, vel quomodocunque Trecensi prebenda carebo, ad predictum capitulum et Trecensem ecclesiam sine difficultate qualibet devolvantur, grata pace perpetuo ab eadem ecclesia possidenda. In cujus rei memoriam presentes litteras scribi, et sigilli mei feci testimonio communiri. Actum anno Domini M° CC° quinto, mense januario. — *Cartul.* fol. 59 r°. — *Origin.* liasse G-3316.

110. — Juillet 1205.

Helissendis, domina Capparum, omnibus presentes litteras inspecturis salutem in salutis Actore. Cum karissimus dominus et maritus meus Clarembaudus, quondam dominus Capparum, in mortis articulo constitutus, ecclesie Beati Petri Trecensis XL solidos annui redditus pro anniversario suo, et patris sui, singulis annis in perpetuum celebrando, legaverit, de ipsa parte quam in minagio Trecarum jure vicecomitatus habebat annuatim habendos : ego, que anime ipsius teneor et beneficis et orationibus subvenire, legatum illud approbo et concedo, ita quod quandiu vixero dictos XL solidos dicte ecclesie singulis annis in nundinis S. Johannis sine interruptione reddi faciam de dicta parte minagii supradicti. Et quicumque partem illam post decessum meum habebit, ipsam elemosinam, in eisdem nundinis supradicte ecclesie, sine difficultate qualibet reddi faciet annuatim. Quod ut ratum sit et inconcussum permaneat, litteris annotatum sigilli mei testimonio confirmavi. Actum anno Domini M° CC° quinto, mense julio. — *Cartul.* fol. 54 r°. — *Origin.* liasse G-2636.

111. — Juillet 1205.

Milo, archidiaconus, episcopalium procurator, Gallerus, cancellarius Campanie, et Girardus de Barro, canonicus Trecensis, omnibus presentes litteras inspecturis salutem in omnium Salvatore. Cum ab universo Trecensi capitulo sit concessum ut Galterus, nepos mei Girardi de Barro, domum mei Girardi cum appendiciis suis post decessum mei Girardi, in tota vita sua, si clericus fuerit, in pace possideat, vel si clericus non fuerit, prima venditio dicte domus mei Girardi erit ad emendum redditum pro meo anniversario faciendo; et si idem Galterus priusquam ego Girardus forte decesserit, nichilominus anniversarium mei Girardi fiet in perpetuum annuatim de venditione predicta. Ne ego Girardus incurrerem ingratitudinis vicium granchiam meam, que sita est ante domum prenominatam, cum stabulis et appendiciis ejus ecclesie Beati Petri Trecensis dedi in perpetuum et quitavi, Guidone fratre meo plateam suam, que est ante sepedictam domum, de consensu et voluntate uxoris et liberorum suorum, eidem ecclesie concedente et quitante in perpetuum possidendam. In cujus rei testimonium presentes litteras scribi, et sigillorum nostrorum impressionibus fecimus communiri. Actum anno gratie M° CC° quinto, mense julio. — *Cartul.* fol. 58 v°. — *Origin.* liasse G-2628.

142. — 1205.

H. de Curia Dei, et A. de Fonte Johannis, abbates, et E., prior de Flotlano, omnibus tam presentibus quam futuris qui presentes litteras viderint in Domino salutem. Cum inter venerabiles viros

Garnerium, abbatem, et capitulum S. Benedicti Floriacensis ex una parte, et M. decanum et capitulum Trecensem ex altera, questio verteretur super domo que fuit Willelmi *Testart*, quondam Trecensis canonici, tandem, mediantibus bonis viris, de assensu etiam et conscientia nostra coram quibus eadem questio auctoritate Apostolica vertebatur, talis inter ipsos compositio intercessit : quod jamdicti abbas et conventus S. Benedicti memorato capitulo et ecclesie Trecensi quitaverunt in perpetuum memoratam domum et quicquid juris habebant vel habere poterant in ea, sicut idem Willelmus *Testart* dum viveret eam tenebat. Ipsi autem canonici pro bono pacis et quitacione predicta memoratis abbati et capitulo S. Benedicti XXX et tres libras pruviniensium persolverunt. In cujus rei memoriam presentes litteras fieri, et sigillorum nostrorum fecimus appensione muniri. Actum anno gratie M° CC° quinto. — *Cartul.* fol. 56 r°. — *Origin.* liasse G-3505.

113. — Avril 1206 (Pâques 2 avril). — Deux chartes relatives à la « domus Dei de Chaleta » la première de ces chartes est donnée par « Milo, decanus, et totum capitulum ecclesie Beati Petri Trecensis » et la seconde par « frater Droco, Beati Lupi Trecensis dictus abbas, et totus ejusdem loci conventus. — Voir notre *Cartulaire de l'abbaye de Saint-Loup*, n. 143 et 144.

114. — 16 janvier 1206 (*v. st.*).

Magister Jobertus de Ponte, Senonensis curie officialis, omnibus presentes litteras inspecturis in Domino salutem. Noverint universi, quod, cum *Aaliz* de Castro Guitonis, et Gualcherus, et Arnulphus bone memorie, ejus filii, de assensu et ad laudem sororum suarum, capitulo Beati Petri Trecensis vendidissent decimam de Castro Guitonis, tali interposita condicione, quod si forte Teobaldus, eorum nepos, reclamaret, ipsa *Aaliz*, ad valentiam trium modiorum bladi, dicto capitulo recompensationem faceret jam dicte decime in molendinis et aliis possessionibus suis : tandem, memorato Teobaldo reclamante, *Aaliz* recompensationem supradictam fecit in quodam molendino de Castro Guitonis ; sed quia proventus ejusdem molendini non sufficiebant ad valentiam dicte recompensationis percipiendam, judicatum fuit quod molendinum illud et tota *Aaliz* terra, ad quoscumque heredes deveniret, teneretur et obligaretur dicto capitulo in III modiis bladi annuatim persolvendis, de specie bladi et ad mensuram patrie quod in autentico venerabilis viri Guarnerii bone memorie, quondam Trecensis ecclesie episcopi, continetur. In cujus rei memoriam presentem paginam fecimus annotari, et sigillo Senonensis curie sigillari. Actum anno gratie M° CC° sexto, mense januario die martis post festum beati Hilarii. — *Cartul.* fol. 56 v°. — *Origin.* liasse G-3292.

115. — Février 1206 (v., st.)

Frater Droco, Beati Lupi Trecensis dictus abbas, omnibus qui presentes litteras viderint in Domino salutem. Noverit universitas vestra, quod domina Aaliz de Castro Vitonis, constituta in nostra presentia, ecclesie Beati Petri Trecensis assignavit perpetuo III modios bladi ad mensuram Villemauri, videlicet, dimidium modium frumenti et duos modios et dimidium molture laudabilis, percipiendos singulis annis in terra que de capite suo est, apud Sanctum Medardum vel alibi ubicumque sita sit, ita quod quicunque eandem terram post eam tenuerint, ex ea predictos tres modios bladi dicte ecclesie in perpetuum reddere tenebuntur. Hec autem assignatio facta est a predicta domina, eo quod non poterat garentire canonicis Beati Petri quamdam decimam quam emerant ab ea et a duobus filiis suis Arnulfo et Gauchero. Hoc non laudaverunt Godefridus, miles, gener ejusdem domine, cum uxore sua Amelina. Quod nos ad petitionem decani et capituli et ipsius domine scribi fecimus, et sigilli nostri munimine roborari. Actum anno Incarnati Verbi M° CC° sexto, mense februario. — *Cartul.* fol. 93 r°. — *Origin.* liasse G-3292.

116. — Février 1206 (*v. st.*).

Ego Guido de Capis, omnibus presentes litteras inspecturis notum facio, quod bone memorie Galterus, quondam Campanie cancellarius, frater meus, dum ageret in extremis, ecclesie Beati Petri Trecensis legavit sexaginta solidos annui redditus in portione proprii patrimonii, que ipsum jure hereditario contingebat, et quam possidebat in vita, videlicet, in redditu qui vulgo vocatur *Fresanges*, et qui apud Vacheriam, Clareium, et villas alias ad hoc appendicias, percipi consuevit. Persolventur autem annis singulis, in perpetuum, in octavis sancti Andree, apostoli, et distribuentur in anniversario suo inter clericos non canonicos viginti solidi, et inter canonicos quadraginta. Statuit insuper, ut qui post eum in eodem patrimoniali redditu suo jure hereditario vel alio modo succedet, per se ipsum, vel majorem, aut servientem suum, quem ad colligendum dictum redditum deputabit, eidem ecclesie fidelitatem facere teneatur; quod dictos sexaginta solidos, cum aliis sexaginta, quos ecclesie Beati Stephani Trecensis simili modo legavit, sine mora et difficultate persolvet de denariis qui in eodem redditu primo fuerint colligendi. Ego itaque, qui in facto ipso presens extiti, donationem predictam et constitutionem concessi fieri et expresse laudavi; et de eodem redditu Girardum, camerarium Beati Petri, nomine capituli, et per ipsum ecclesiam investivi, ut ipsum redditum perpetuo, juxta quod predictum est, debeat possidere. Et ad majorem hujus rei firmitatem, feci presentem paginam sigilli mei munimine roborari. Actum anno Incarnationis Dominice M° ducentesimo sexto, mense februario. — *Cartul.* fol. 54 r°. — *Origin.* liasse G-2636.

147. — Avant 1207.

Ego Blancha, comitissa Trecensis palatina, notum facio presentibus et futuris quod Remsendim, relictam Theobaldi Abrae, feminam meam, dedi canonicis Beati Petri Trecensis, et habendam in perpetuum concessi cum liberis suis qui amodo nascentur ex ea, tali conditione, quod predicti canonici unam de feminis suis ad valentiam istius, quandocumque opportunitas se dederit, in excambium michi dabunt. Quod ut ratum permaneat et firmum, presentem cartam fieri volui, et sigilli mei munimine roboravi. Actum anno Verbi Incarnati M° CC° septimo, mense augusto. Data vacante cancellaria. — *Origin.* liasse G-2621. — Le sceau pendait à des fils de soie rouge et verte.

118. — 20 février 1207.

Innocentius, episcopus, servus servorum Dei, dilectis filiis Trecensi capitulo, salutem et Apostolicam benedictionem. Examinatis studiis eligentium et meritis electorum, super duabus electionibus in vestra ecclesia celebratis, utramque cassavimus secundum canonicas sanctiones ; consequenter autem injunximus canonicis vestris, qui a vobis acceperant potestatem, ut si contingeret utramque electionem de jure cessari, personam idoneam juxta consilium nostrum eligerent in pastorem, ut de corde puro et de conscientia bona et fide non ficta idoneas nobis nominarent personas, ex quibus illam, quam nos magis idoneam crederemus, secundum consilium nostrum eligerent in episcopum. Et factum est ita. Nam quibusdam personis idoneis nominatis, dilectum filium nostrum Herveum, virum utique vita, scientia, et fama preclarum, secundum consilium nostrum concorditer in pontificem elegerunt, et nos electionem ipsius, authoritate curavimus Apostolica confirmare. Quocirca devotioni vestre per Apostolica scripta precipiendo mandamus, quatinus eidem electo reverentiam et obedientiam impendatis, tam debitam quam devotam. Presentantes eum venerabili filio nostro archiepiscopo Senonensi, ut ipsum quantocius ordinare satagat in presbyterum, et in episcopum consecrare. Datum Rome apud Sanctum Petrum, X kalendas martii pontificatus nostri anno IX°. — *Cartul.* fol. 60 v°. — Camusat, *Promptuar.* fol. 185 r°.

119. — 1207.

In nomine Sancte et Individue Trinitatis, amen. Philippus, Dei gratia Francorum rex. Noverint universi presentes pariter et futuri, quod karissimus quondam genitor noster Ludovicus, Matheo, tunc temporis Trecensis episcopo, ejusque successoribus, que subter annexa sunt imperpetuum concessit et confirmavit, videlicet, villam que dicitur Sanctus Leo, cum appendiciis suis; et quicquid juris idem episcopus habebat in villa que dicitur *Avenz*; quicquid juris habebat in villa que dicitur *Lanes*; quicquid juris habebat in villa que dicitur Angularia, et insulam que juxta eam sita est, in flumine Alba; villam que dicitur Aquys, cum appendiciis suis, in ea libertate que ipsi Trecensi episcopo a dominis de Villamauri concessa est, videlicet, ut cum Trecensem ecclesiam suo antistite vacare contigerit, domini Villemauri vel ministri eorum, de rebus episcopi vel suorum hominum jurisdictionis ejusdem ville nichil accipient, sed usibus et dispositioni ejus qui illic fuerit subrogandus antistes, in sua incolumitate omnia conserventur. Quicquid etiam idem episcopus habebat in villa que dicitur Gumereium ; et in villa que nuncupatur Summus Fons, cum jure et libertate quam in eisdem locis habuerunt antecessores sui. Preterea, libertatem sibi et ecclesie sue, a bone memorie comite Hugone concessam, scilicet, ut qui ab eodem episcopo servientes aliquod publicum officium obtinuerint, ab omni justitia et exactione comitum Trecensium, ac suorum ministerialium, quamdiu officium ipsum habuerint, liberi sint et immunes. Adjecit etiam bone memorie supradictus genitor noster, ut domus episcopales et curtes, cum omnibus in eis contentis, in obitu episcoporum illam libertatem obtineant, quam comes Henricus ei concessisse et confirmasse dinoscitur. Ad hec, unum modium frumenti, quem idem comes Henricus ei de molendinis que sub Turre sita sunt, pro hominibus apud curtes Insule habitantibus, dedit in vigilia Omnium Sanctorum annuatim persolvendum ; et unum sextarium frumenti in novis molendinis juxta ecclesiam Sancti Quintini, pro censu quem debet Paganus de Tuso ; furnum quoque in Burgo Episcopi, in ea integritate libertatis quam ei memoratus comes Henricus concessit, et scripto suo roboravit. Centum etiam solidos quos idem comes Henricus dedit matriculariis ecclesie Sancti Petri in theloneo suo Trecensi, singulis annis persolvendos. Granchiam quoque Ville Cestini, cum appendiciis suis, que acquisivit et acquirere posset. Preterea, honorem de Meriaco, cum casamentis, terris cultis et incultis, fluviis, aquis aquarumve decursibus, pratis, pascuis et nemoribus, servis et ancillis, sicut antecessores ejus ab ipso genitore nostro, et suis antecessoribus, habuerunt. Casamenta etiam que domini de Trianello, castrum videlicet de Venesiaco, cum aliis que ab ecclesia Trecensi habent. Casamenta que Guido de Domnipetra et Hugo de Planceo hactenus ab ecclesia Trecensi tenuerunt. Casamenta etiam que vicecomes Senonensis et dominus de Chacenaio apud Molendinum Leonis tenent. Casamentum quod Odo de Avelleio ab ecclesia Trecensi tenet. Nichilominus etiam casamentum quod vicecomes Sancti Florentini ab ecclesia Trecensi habet, cum aliis omnibus que hactenus ecclesia Trecensis habuisse dinoscitur. Nos igitur predicta omnia, sicut in privilegio patris nostri continentur, confirmamus. Preterea, de donatione prebendarum que vacarunt in ecclesia Beati Petri Trecensis, vacante sede illa, quia non inveniabamus aliquem qui vidisset quod nos ea dedimus, aut quod genitor noster pie recordationis rex Ludovicus ipsas tempore vacantis sedis vacantes dedisset ; et quia etiam ex assertione plurium audivimus quod prebende, achidiaconatus, et alia beneficia, tempore illo vacantia, futuro reservarentur episcopo Trecensi ad conferendum quibus vellet, concedimus dilecto nostro Herveo, Trecensi episcopo, ut ea conferat et donationem illorum habeat, tam ipse quam successores ejus episcopi Trecenses : concedimus autem eidem episcopo ut de donationibus quas super hiis fecimus suam faciat voluntatem utpote qui nichil juris in hujusmodi donationibus habebamus. Ut autem predicta omnia perpetuum robur obtineant, sigilli nostri auctoritate et regii nominis karactere inferius annotato presentem paginam confirmamus. Actum apud Sanctum Germanum in Loia, anno Incarnationis Domini M° ducentesimo septimo, regni vero nostri anno vicesimo octavo, astantibus in palatio nostro quorum nomina supposita sunt et signa : dapifero nullo ; S. Guidonis, buticularii ; S. Mathei, camerarii ; S. Droconis, constabularii. Datum, vacante cancellaria. *Monogramme :* Philippus. — *Cartul.* fol. 70 v°. — *Origin.* liasse G-2551.

120. — 31 janvier 1208.

Innocentius, episcopus, servus servorum Dei.. Herveo, Trecensi episcopo.. Justis petentium desideriis dignum est nos facilem prebere consensum, et vota, que a rationis tramite non discordant, effectu prosequente complere. Cum igitur karissimus in Xpisto filius noster Philippus, rex Francorum illustris, statuerit ut de beneficiis que nuper, sede vacante, concesserat, tuam faceres voluntatem, libere profitendo se in illis nichil juris penitus habuisse, ac tu postmodum ipsa personis idoneis assignaris : nos tuis precibus inclinati, concessionem ipsam, sicut canonice facta est, auctoritate Apostolica confirmamus et presentis scripti patrocinio communimus. Nulli ergo.. nostre confirmationis (Cfr. n. 27). Datum Rome apud Sanctum Petrum, II kal. februarii pontificatus nostri anno decimo. — Baluze, II, 133.

121. — 7 février 1208.

Innocentius, episcopus, servus servorum Dei, Herveo, Trecensi episcopo.. Solet annuere Sedes Apostolica piis votis et honestis petentium precibus favorem benivolum impertiri. Ex litteris siquidem fraternitatis tue intelleximus evidenter, quod licet inter te ac karissimum in Xpisto filium nostrum Philippum, Francorum regem illustrem, occasione quorumdam archidiaconatuum et prebendarum, quas quibusdam clericis idem rex, ecclesia tua vacante, concesserat, emerserit scrupulus questionis, eodem rege firmiter asserente donationes prebendarum ad se, ipsa ecclesia vacante, spectare, idem tamen rex postmodum jus tuum et libertatem Ecclesie recognoscens, regia benignitate concessit ut archidiaconatus, prebende, ac alia beneficia, que ibidem vacare contigerit, ecclesia ipsa pastoris officio destituta, donationi substituendi pontificis de cetero reserventur; statuens nichilominus, ut de beneficiis que nuper, sede vacante contesserat, tuam faceres voluntatem, libere profitendo se in ipsis nichil juris penitus habuisse. Possessiones insuper et quedam alia tam tibi quam tuis successoribus idem rex auctoritate regia confirmavit; sicut hec omnia in privilegio prefati regis plenius perspeximus contineri, cujus tenorem de verbo ad verbum presentibus litteris duximus inserendum: « In nomine Sancte et Individue Trinitatis, amen. Philippus, Dei gratia Francorum rex. » (Cfr. *supra* n. 29). Nos igitur devotionem regiam propter hoc in Domino commendantes, et tam concessionem quam constitutionem et confirmationem approbantes ipsius, easdem auctoritate Apostolica confirmamus, et presentis scripti patrocinio communimus. Nulli ergo.. nostre confirmationis.. (Cfr. n. 27). Datum Laterani, VII idus februarii, pontificatus nostri anno decimo. — Baluze, II, 132.

122. — Août 1208.

Ego Erardus de Brena notum facio omnibus tam presentibus quam futuris, quod, cum antecessores mei et ego postmodum apud *Troan* annuatim unum gistium habuissemus, considerans quod id esset contra salutem animarum nostrarum, de voluntate et assensu domine matris mee, necnon et venerabilis vitrici mei domini Galcheri de Jovigniaco, et

Helissendis uxoris mee, et aliorum omnium ad quos id pertinebat, Deo et ecclesie Beati Petri Trecensis, in cujus potestate villa predicta est, gistium illud quitavi in perpetuum et remisi, et insuper quicquid juris habebamus vel habere poteramus ego vel successores mei in ipsa villa, tam in corporibus hominum quam in gistio, et in hiis etiam que reclamare poteram juste vel injuste in furto et multro, in falsa mensura, in theloneo, et in omnibus occasionibus undecumque possent quomodolibet provenire, hoc tamen excepto, quod cum latro fuerit deprehensus et judicatus per illum vel per illos qui villam tenebunt ex parte ecclesie Beati Petri, ex tunc in antea michi vel mandato meo nudus reddetur in finibus de *Doenon*, sicut hactenus est consuetum. In recompensatione vero hujus elemosine michi dedit ecclesia C libras de bonis suis, adjiciens etiam quod singulis annis in crastinum sancti Remigii reddent michi, et portabunt ad granarium meum de Rameruco, homines ville LX sextarios laudabilis avene ad mensuram Rameruci, tali pacto, quod ille homo, qui ipsa die non reddiderit id quod pro se de avena debebit, ex tunc de singulis sextariis reddet michi XV denarios pro emenda, et nichilominus inde me capiam de defectu solutionis avene ad ville communitatem. Quod si homines ad predictum terminum avenam apud Ramerucum adduxerint, et aliquo casu contingat vel contentione aut negligentia servientium meorum quominus recipiatur ab illis, quicumque illorum hominum se tercio jurare poterit legitime infra quindenam subsequentem, quod avenam suam obtulit ad reddendum, et die quo debuit, et quantum debuit, per hoc solummodo erit soluta avena quam debebat, liber et quietus erit penitus ab emenda, nec serviento meo, vel ballivo aliquo querelam moventi, homini alicui super hoc, ultra prefatam quindenam, ullatenus crederetur. Ecclesia vero B. Petri, quantum in ipsa est, michi remisit et antecessoribus meis quascumque occasione hujus gistii contraximus maculas peccatorum. Actum anno Domini M° CC° octavo, mense augusto. — *Cartul.* fol. 55 r°. — *Origin.* liasse G-3342.

125. — Août 1208.

Ego Johannes, comes Brenensis, notum facio omnibus presentibus et futuris, quod, cum karissimus consanguineus et fidelis meus Erardus de Brena gistium quod habebat apud *Troan* in perpetuam elemosinam quitavisset ecclesie Beati Petri Trecensis, et similiter quicquid juris habebat in eadem villa, sicut in carta ejus inde confecta plenius continetur expressum : elemosinam illam, quia de feodo meo movebat, ad preces et requisitionem prefati Erardi, volui et laudavi, et sigilli mei testimonio confirmavi. Actum anno Dominice Incarnationis M° CC° octavo, mense augusto. — *Cartul.* fol. 55 v°. — *Origin.* liasse G-3342.

124. — 18 Janvier 1209.

Innocentius, episcopus, servus servorum Dei, episcopo Trecensi ejusque successoribus canonice substituendis, in perpetuum. Cum honestas tua, frater episcope, ac devotio mereantur ut apud nos in tuis debeas petitionibus exaudiri, tanto tibi libentius, in iis que secundum Deum duxeris requirenda, deferimus quanto gratiam Apostolice Sedis comparasse tibi nosceris pleniorem. Ea propter, venerabilis in Xpisto frater episcope, tuis justis postulationibus clementer annuimus, et ad exemplar felicis recordationis Alexandri, pape, predecessoris nostri, Trecensem ecclesiam, cui auctore Deo preesse dignosceris, sub beati Petri et nostra protectione suscipimus et presentis scripti privilegio communimus, statuentes, ut quascumque possessiones, quecumque bona eadem ecclesia in presentiarum juste ac canonice possidet, aut in futurum concessione pontificum, largitione regum vel principum, oblatione fidelium, seu aliis justis modis, prestante Domino, poterit adipisci, firma tibi tuisque successoribus et illibata permaneant; in quibus hec propriis duximus exprimenda vocabulis : ecclesiam de Sancto Leone et ipsam villam cum appendiciis et pertinentiis earum ; ecclesiam de Aquis et villam cum appendiciis et pertinentiis suis; decimam de Barbereio ; decimam Capelle Sancti Luce tam in annona quam in vino; ecclesiam de Calixto; ecclesiam de

Villagruis; ecclesiam de Nigella ; ecclesiam de Monte Poterii ; ecclesiam de Monte Genoldi ; ecclesiam de Barbusla ; ecclesiam de Pontibus ; ecclesiam de Nogento ; ecclesiam Sancti Petri et Sancti Martini de Bocenaio ; ecclesiam de *Avans;* ecclesium de Mariniaco ; ecclesiam de Castris ; ecclesiam Sancti Saviniani; ecclesiam de Saveriis; ecclesiam Sancte Maure; ecclesiam de Corlaverdeio ; ecclesiam de Verreriis ; ecclesiam de Lusineio ; ecclesiam de Bulliaco ; ecclesiam de Villamauri ; ecclesiam Sancti Medardi ; ecclesiam de Bretteniaco ; ecclesiam de *Fois;* ecclesiam de Barbona ; ecclesiam de Esterniaco ; ecclesiam de Campo Guidonis ; ecclesiam de Busseiaco ; ecclesiam de Curia Givoldi ; ecclesiam de Tumbis ; ecclesiam de Sancto Justo; ecclesiam de Sancto Ferreolo ; ecclesiam de Arceiis ; ecclesiam Droti de Sancto Basolo ; ecclesiam Sancti Ulfi ; ecclesiam de Salona ; ecclesiam de Calderiaco; ecclesiam de Allebauderiis; ecclesiam de Viaspero cum capella Bonevicine ; ecclesiam de Grandivilla ; ecclesiam de Herbitia ; ecclesiam de Villeriis ; ecclesiam de Semonia cum capella Campi Grillonis; ecclesiam de Ulmis ; ecclesiam de Estraellis; ecclesiam de Bolegiis ; ecclesiam de Summavera ; ecclesiam de Septemfontibus; ecclesiam de Puellaremonasterio ; ecclesiam de *Poenz;* ecclesiam de Noerio; ecclesiam de Dienvilla ; ecclesiam de Crespeio ; ecclesiam de Sublenis ; ecclesiam de Pigneio ; ecclesiam de Hispania ; ecclesiam de *Lanes;* ecclesiam de Sumpseio; ecclesiam de Sancta Suzanna ; ecclesiam de Pipere ; ecclesiam de Guasconia; ecclesiam de Marcilliaco; ecclesiam de Summofonte. Preterea canonicales ecclesias ad jus Trecensis ecclesie pertinentes, scilicet, ecclesiam Sancti Nicholai de Sezanna; ecclesiam Sancti Remigii de Pleiotro; ecclesiam Sancti Blicherii de Brecis; ecclesiam Sancti Flaviti de Villamauri; ecclesiam Sancti Nicholai de Pugeio; ecclesiam Sancti Laurentii de Planceio; ecclesiam quoque Sancti Stephani prope civitatem Trecensem, cujus curam decani ejusdem loci de manibus tuis debent suscipere, cum omni obedientia et subjectione quam tibi tuisque successoribus iidem decani cum hominii tenentur exhibitione persolvere, auctoritate Apostolica confirmamus. Ad instar preterea bone memorie Eugenii, pape, predecessoris nostri, abbatiam Sancti Lupi; abbatiam Sancti Petri de Cella; abbatiam Sancti Martini; abbatiam Sancti Petri Aremarensis; abbatiam Sancti Petri de Nigella; abbatiam que vulgo dicitur Oia; abbatiam Sancti Sereni de Cantumerula; abbatiam Sancte Marie de Arripatorio; abbatiam Sancte Marie de *Bullencurt*; abbatiam Sancte Marie de Recluso; abbatiam de Belloloco; abbatiam de Capella; abbatiam de Bassofonte; abbatiam Sancte Marie, que sita est in suburbio Trecassino; abbatiam que vocatur Paracletus. Decimam de Molceio; decimam de Marigniaco; decimam de Arduceio; decimam de Summofonte; decimam de *Avanz*; decimam de Villa Harduini; decimam de Sancto Leone; decimam de Marcilleio; decimam de Bretenaio; decimam de Sancto Victore;

decimam de Claellis ; decimam de Novovico ; decimam de Fonte *Betun* ; et decimam de Busseriis, tibi et ecclesie tue auctoritate Apostolica confirmamus. Ad hec, cum de prudentum et religiosorum virorum consilio bone memorie Matheus, predecessor tuus, statuisse dicatur, ut in Trecensi ecclesia numerus septem canonicorum ad minus presbyteri et septem diaconi, preter archidiaconos, sint assidui, quibus decedentibus nulli debeant subrogari nisi presbyteri, vel diaconi, aut etiam alii in talibus ordinibus constituti quod propinquioribus Quatuor Temporibus que occurrunt ad illos ordines, assumantur ; promissione ac professione nichilominus prestita de assiduitate in predicta ecclesia facienda. Idem Alexander, predecessor noster, ejusdem episcopi petitionibus benigne, prout decuit, annuendo, constitutionem ipse ratam habens et firmam, eamdem perpetuis temporibus illibatam manere decrevit ; adjiciens, quod si eis inferiorum ordinum clerici fuerint substituti, et commoniti primis Quatuor Temporibus illos ordines non reciperent, liceret dicto episcopo et successoribus suis illis loca sua et fructus interdicere prebendarum, et si nec sic in subsequentibus Quatuor Temporibus illos ordines non recipere procurarent, eis prorsus amotis, alios subrogandi liberam haberet auctoritate Apostolica facultatem. Preterea, de ipsius episcopi conscientia et voluntate idem predecessor noster instituit, ut si qui canonici Trecensis ecclesie ejusdem episcopi vel successorum suorum aut etiam in ejusdem ecclesie servitio forsan existerent, vel cum licentia jam dicti episcopi et capituli vacarent scholasticis disciplinis, aut essent infirmitate detenti, suarum nichilominus integros fructus perciperent prebendarum, alii vero canonici, qui ecclesie assidue non servirent, XX tantummodo solidos perciperent annuatim. Insuper, idem Alexander, predecessor noster, adjecit ut tam a prefato episcopo quam a successoribus suis in predicta ecclesia, cum decano careret, in decanum presbyter canonicus statuatur, aut etiam diaconus, qui primis Quatuor Temporibus que occurrerint in presbyterum ordinetur, et si commonitus in eisdem Quatuor Temporibus ordinem presbyterii suscipere forte neglexerit, fas prefato episcopo et suis successoribus esset illi auctoritatem et potestatem ipsius officii, et sedem in choro et capitulo interdicere, ac si nec sic in subsequentibus Quatuor Temporibus ordinem presbyteratus susciperet, eo amoto, libere alium subrogaret. Nos igitur ejusdem predecessoris nostri vestigiis inherentes, que ab ipso super premissis articulis approbata vel statuta sunt, approbando eadem auctoritate Apostolica confirmamus. Ad hec, ad instar ejusdem Alexandri predecessoris nostri sancimus ut nec tibi neque tuis successoribus liceat prescriptas parochiales ecclesias, ad mensam episcopi specialiter pertinentes, a mensa vestra sine auctoritate Romani pontificis aliquatenus alienare. Decernimus ergo ut nulli omnino hominum (*ut supra* p. 43). Datum Laterani, per manum Joannis, Sancte Marie in Cosmidin diaconi cardinalis, Sancte

Romane ecclesie cancellarii, XV kal. februarii, indictione XII, Incarnationis Dominice anno M° CC° nono, pontificatus vero domni Innocentii pape tertii anno undecimo. — *Copie.* liasse G-22.

124. — 23 août avant 1209.

Herverus, divina permissione Trecensis ecclesie minister humilis, omnibus presentes litteras inspecturis salutem in Domino. Universitati vestre notum facimus, quod Hanricus de Vanna, canonicus Remensis, in presentia nostra constitutus, libere et absolute terciam partem tocius hereditatis sue ubicunque sit ecclesie B. Petri Trecensis in elemosinam concessit perpetuo possidendam. Recognovit etiam coram nobis se vendidisse capitulo ecclesie duas reliquas partes tocius hereditatis sue ubicunque sint, et quicquid jure hereditario de cetero ei poterit obvenire. Ne autem predicta postmodum possint aliqua malignitate perverti, vel oblivione deleri, ad petitionem predicti Hanrici presentes litteras notari fecimus et sigilli nostri munimine roborari. Actum Trecis anno gratie M° CC° nono, mense augusti in Vigilia beati Bartholomei, apostoli. — *Origin.*

126. — 1210.

Ego Clarembaudus, dominus Caparum, notum facio universis tam presentibus quam futuris, quod nobilis vir Hugo, dominus Brecarum, et Oda, uxor ejus, vendiderunt ecclesie B. Petri Trecensis duas partes totius quod habebant in admodiationibus et omnibus aliis commodis apud Sanctum Savinianum, et apud Capellam Sancti Petri ; et aliam tertiam partem in perpetuam elemosinam eidem ecclesie pro remedio animarum suarum contulerunt. Ego vero, de cujus feodo eadem movent, venditionem et elemosinam istam, sicut in autentico ipsius Hugonis continetur, dicte ecclesie laudavi et concessi. Quod ut notum et firmum futuris temporibus permaneat, presentes litteras sigilli mei feci munimine roborari. Actum anno gratie M° CC° decimo. — *Cartul.* fol. 53 v°. — *Origin.* liasse G-2858. — Le sceau était sur des fils de soie rouge et verte.

127. — Avril 1211.

Magister Henricus, curie Trecensis officialis, omnibus presentes litteras inspecturis salutem in salutis Auctore. Sciat universitas vestra, quod Guiardus de Logniaco, et Milesendis, uxor ejus, in nostra presentia constituti, quitaverunt ecclesie Beati Petri Trecensis quicquid juris habebant in decima de *Planteiz,* ab ipsa ecclesia jure perpetuo possidendum. Hanc siquidem quitationem laudaverunt Odinus et Emelina, filii eorumdem ; hoc etiam laudavit Petrus, filius domini Petri de Flaciaco, de cujus feodo dicta decima dicebatur movere. In cujus rei memoriam, presens scriptum sigillo Trecensis curie duximus roborandum. Actum anno Incarnationis Dominice millesimo ducentesimo undecimo, mense aprili. — *Origin.* liasse G-3130.

128. — Mai 1211.

H[erveus], divina permissione Trecensis ecclesie minister humilis, omnibus presentes inspecturis in Domino salutem. Noverit universitas vestra, quod Petrus de Flaciaco, miles, in nostra presentia constitutus, emptionem, quam dilectus noster Jacobus de Foissiaco, cononicus Trecensis, de sexta parte decime de *Planteis* ad opus Trecensis ecclesie fecerat, laudavit; que sexta pars erat de feodo dicti Petri. Eamdem et emptionem Agnes, uxor Drogonis de Sancto Leobaudo, quantum in ipsa erat, laudavit coram nobis. In cujus rei testimonium presentes litteras fecimus sigilli nostri munimine roborari. Actum anno gratie M° CC° undecimo, mense maio. — *Origin.* liasse G-3130

129. — 7 juillet 1212.

B., decanus Beati Stephani Trecensis, totumque ejusdem ecclesie capitulum, omnibus presentes litteras inspecturis salutem in Domino. Noverint universi, quod, cum discordia verteretur inter nos ex una parte, et venerabiles viros decanum et capitulum Trecense super duabus insulis sitis ante molendinum suum, quod dicitur molendinum de Prato, et super alveis et cursu et partitione aque a jamdicto molendino et supra : tandem, pro bono pacis.

mediantibus bonis viris Motello et Girardo, preposito Trecensi, et aliis, compromisimus ex parte nostra in dominum Henricum de Sancto Mauritio, succentorem, et Johannem Bergerium, concanonicum ecclesie nostre ; et ipsi ex parte sua in venerabilem virum dominum Guiardum de *Pogi*, archidiaconum, et Rolendum, canonicum eorum, qui debent jurare quod diligenter et bona fide debent inquirere et exquirere bonnas, que jamdudum dicuntur posite fuisse et secundum illas debent ibidem facere aque divisiones, non habito respectu ad dampnum vel profectum alterutriusque ecclesiarum. Et si bonne, quod absit, invente non fuerint, ipsi diligenter inquirent a bonis et antiquis viris de antiqua particione ejusdem aque, et secundum inquisitionem factam bona fide ejusdem aque facient particionem. De parva autem insula similiter bona fide inquirent, et eam reducent ad statum in quo antiquitus esse consuevit, et ambe insule per ipsos bonnabuntur, ita quod de cetero non possit discordia suboriri. Si autem, quod absit, ipsos inquisitores discordare in aliquo contingerit, electus est medius dominus Motellus, vel si ipse interesse non poterit, Petrus Gener, qui, secundum inquisitionem ab eis factam, jus suum de discordia, prestito juramento, unicuique reddet ecclesie, sine particione querele. Debent autem hec omnia usque ad diem martis determinari, nisi de censensu fuerit terminus prolongatus inquisitorum. Condictum etiam fuit, quod si jam dicta discordia per inquisitionem istam fuerit terminata, et altera partium ab eadem resilire voluerit, per dominam comitissam ad ejusdem observantiam cogeretur. Actum anno gratie M° CC° duodecimo, mense julio, in crastino octabarum apostolorum Petri et Pauli. — *Cartul.* fol. 43 r°. — *Origin.* liasse G-3434.

130. — Novembre 1212.

Ego Nicholaus, decanus, totumque capitulum Trecense, notum facimus presentibus et futuris, quod, cum inter nos ex una parte, et dominam nostram Blancham, comitissam Campanie illustrem ex altera, discordia esset de quibusdam hominibus suspensis et de quadam femina interrata, qui capituli fuerant in burgo nostro Sancti Dyonisii, quos scilicet servientes nostri suspenderant apud Vacheriam in nostra justitia extra civitatem Trecensem, et feminam interraverant : tandem ad invicem venimus ad pacem, quod pro bono pacis nos, ex gratia domine comitisse nobis et nostre ecclesie retinenda, imo ex ira ejus placanda, per unum servientium nostrorum, videlicet Bernardum de Burgo Sancti Dionysii, emendam ei fieri fecimus, ita quod de hac emenda fuit super dominum Giroldum, abbatem Molismensem, et ita quod furce, in quibus dicti homines suspensi fuerunt, per nostras dirute sunt servientes. Hoc autem hinc et inde fuit salvo jure domine comitisse et nostro, et salvis etiam utriusque partis libertatibus tam in privilegiis tam in cartis ; et ita insuper quod libertates utriusque partis et jura per concessum utriusque partis remanserunt in eo puncto in quo etant uno die antequam homines suspenderentur. Actum anno Domini M°CC°XII°, mense novembri. — *Cartul.* fol. 79 v°. — Biblioth. nation. *Cartulare comitisse Blanche* Latin 5993, fol. 24 r°.

131. — Mai 1213.

Herveus, Dei gratia Trecensis episcopus, omnibus presentes litteras inspecturis in Domino salutem. Noveritis quod dilectus in Xpisto canonicus noster Symon de Sovigniaco nos ad opus pium et laudabile invitavit, videlicet, ut unum cereum unius libre institueremus, qui ante altare B. Marie Virginis in Trecensi ecclesia indesinenter arderet omnibus sabbatis a post cantata majori nona usque post sextam horam diei dominice, ad predictum altare cantatam ; preterea, in omnibus festivitatibus ejusdem B. Virginis et in festis annalibus, scilicet, in Nativitate Domini, Pascha, Pentecoste, et in festo apostorum Petri et Pauli, et in aliis quatuor sollempnitatibus, scilicet, in festo Omnium Sanctorum, Apparitione, et Ascensione Domini, et in festo Sancte Trinitatis arderet a post cantata majori nona vigilie usque ad horam crastino diei qua matricularii ostia ecclesie claudere consueverunt ; institueremus nos ut ad missam majoris altaris in duobus thuribulis incensaretur circa altare, a post cantato *Sanctus Sanctus Sanctus* usque post *Agnus Dei* ; et similiter ad tres missas Natalis Domini ; et si forte in Adventu vel in Quadragesima contingeret duas missas in conventu celebrari, predicto modo ministraretur incensum : nos igitur de voluntate et coniventia capituli nostri, cujus sigillum presentibus litteris est appensum, ad honorem domini nostri Jhu Xpisti, et B. Genitricis ejus, ad hec omnia nos obligavimus in perpetuum facienda. Actum anno gratie M° CC° tredecimo, mense maio. — *Cartul.* fol. 77 v°. — *Origin.* liasse G-2551.

132. — 1213.

N[icholaus], decanus, totumque capitulum Trecensis ecclesie, omnibus ad quos littere iste pervenerint in Domino salutem. Notum facimus quod dilectus concanonicus noster Simon de Silviniaco, pro remedio et salute anime venerabilis viri domini Galteri de Pogiaco, olim ecclesie Trecensis archidiaconi, et postmodum episcopi Nivernensis, in elemosinam dedit nobis pratum quoddam suum, quod fuit defuncti Johannis, fratris Roberti Crassi, quod videlicet partitur ad heredes defuncti Theobaldi, majoris, et quod est in Nageria Fossiaci. Et nos ad preces cantoris, et predicti Simonis, eis concessimus quod annuatim et in perpetuum die anniversarii ejusdem Galteri, episcopi, assistentibus servitio distribuemus XX solidos de partitionibus nostris. Quod ut ratum et inconcussum permaneat, sigilli nostri munimine duximus roborandum. Actum anno Incarnati Verbi M° CC° tertio decimo. — *Origin.* liasse G-2908.

133. — Avril 1213. — « Lettres par lesquelles Hervé, évêque de Troyes, certifie que Robert, chevalier de Saint-Mards, a approuvé le rachat d'une partie de la dîme de Saint-Mards et de Villemoiron par Nicolas, doyen de cette église. Cette partie de dîme était entre les mains de Thibaut, seigneur de Château-Hutton, et mouvait pour un tiers du fief de Robert (Cfr. n. 134). » — *Cartul.* fol. 82 r°.

134. — Avril 1213.

Omnibus presentes litteras inspecturis Petrus, abbas Sancti Martini Trecensis, totusque ejusdem loci conventus, salutem in Domino. Noverit universitas vestra, quod nos laudavimus et approbavimus contractum, quem Nicholaus, decanus Trecensis, fecit de redimendo decimam, que est in parrochiis de Sancto Medardo et de Villa *Moiron*, de manu Theobaldi, domicelli de Castro Guitonis, que decima movebat in feodum ab ecclesia nostra, vel in toto vel in parte. In cujus rei testimonium presentes litteras solo sigillo mei, abbatis, quo tunc temporis utebar, fecimus munimine roborari. Actum anno gratie M° CC° tercio decimo, mense aprili. — *Cartul.* fol. 81 v°. — *Origin.* liasse G-3292.

135. — Avril 1213. — Lettres identiques (*mutatis mutandis*) données par « Philippus, abbas Sancti Lupi Trecensis » au nom de l'abbaye de Saint-Loup. « Actum anno gratie M° CC° tercio decimo, mense aprili. » — *Cartul.* fol. 82 r°. — *Origin.* liasse G-3292.

136. — Janvier 1214 (*v. st.*).

Omnibus presentes litteras inspecturis N., decanus Trecensis, salutem in Domino. Noverit universitas vestra, quod dilecte matri mee Trecensis ecclesie dedi et concessi in elemosinam, ob remedium anime mee, ad anniversarium meum singulis annis in eadem ecclesia faciendum, totam decimam meam quam habebam apud Castrum Guitonis in parrochiis Sancti Medardi et de Villa *Moiron*, ita tamen, si in via quam aggressus sum ad Sedem Apostolicam viam universe carnis ingredi me contigerit; si vero forte ad propria contigerit me reverti, de predicta decima meam potero facere voluntatem et ipsam cuicunque ecclesie voluero assignare. Decimam autem quam habeo in pignus apud Aubroissum pro LX libris pruviniensium pono in manu capituli Trecensis, ita quod capitulum eam teneat in pignus pro LX libris, si forte contigerit me mutuo accipere LX libras sub securitatem litterarum mutui quas michi tradiderunt; et si minus mutuo acciperem dicta decima esset predicto capitulo obligata pro quantitate pecunie mutuate. Actum anno Domini M° CC° quatuordecimo, mense januario. — *Origin.* liasse G-3292.

137. — Mai 1214.

Omnibus Xpisti fidelibus presentes litteras inspecturis *Aaliz*, Fontis Ebraudi humilis abbatissa, totusque ejusdem loci conventus, salutem in Domino. Universitati vestre notum facimus, quod, cum quedam controversia verteretur inter et Agnetem, priorissam, et moniales de Foissiaco, ex una parte, et Nicholaum, decanum, et capitulum Trecense, ex altera, super decimis terrarum defunctorum Radulfi de Boilliaco et Theodorici et Duranni de Insulis : tandem mediantibus bonis viris, pax inter nos in hunc modum intervenit, videlicet, quod de terris predictorum Radulfi et Theoderici decimas persolvere tenebimur et de terris defuncti Duranni vicesimam gerbam capitulo Trecensi persolvemus. De omnibus aliis terris, quas possidemus in decimacione sua, que pertinent ad grangiam de Bierna, nullam omnino persolvemus decimam ; sed de omnibus aliis terris, quas deinceps quomodo adquirere poterimus in sepe dicta decimacione capituli, vel infra annum illas alienabimus vel decimas persolvemus. Actum anno gratie M° CC° X° quarto, mense maio. — *Origin.* liasse G-3092.

138. — Décembre 1214.

Herveus, divina permissione Trecensis episcopus, omnibus presentes litteras inspecturis in Domino salutem. Noverit universitas vestra quod Garnerus, miles, cognomento *Boiliaue*, in nostra presentia constitutus, recognovit quod capitulum Trecensis ecclesie redemerat ab ipso tres partes decime vini territorii Montismorelli, quas jure hereditario detinebat, receptis ab eodem capitulo centum viginti libras pruviniensium, eandemque redemptionem coram nobis constitute Maria, uxor ejusdem G., et Amelina, soror ipsius, laudaverunt et concesserunt; ipse etiam G. de prefata decima se in manu nostra devestivit, et nos ex ea Nicholaum, decanum, nomine ecclesie investivimus. In cujus rei testimonium presentes litteras sigilli nostri munimine fecimus roborari. Actum anno gratie M° CC° quatuordecimo, mense decembri. — *Cartul.* fol. 80 r°. — *Origin.* liasse G-3089.

139. — 25 février 1217. — « Honorius, episcopus, servus servorum Dei, archiepiscopo Senonensi et suffraganeis.. » il les avertit « ut capitula a concilia provincialia invitentur, et nuntii admittantur. Datum Laterani, V kal. martii pontificatus nostri anno primo. » — *Cartul.* fol. 76 v°. — Biblioth. nation. *Moreau* 1178, p. 269.

140. — Janvier 1217 (*v. st.*).

Herveus, Trecensis episcopus, omnibus presentes litteras inspecturis in Domino salutem. Cum decorem domus Dei diligere, et ea que ad cultum vel servitium divinum pertinent ampliare cura propensiore teneamur, pensata ecclesie nostre utilitate, necnon servitii divini honestate, que ex succentorio maxime pendent officio, propter assiduam in ea succentoris residentiam, eidem succentorie concessimus in perpetuum altare beati Johannis, evangeliste, a venerabili predecessore nostro domino

Garnero, episcopo quondam Trecensi, in ecclesia nostra fundatum : ita quod quicumque succentor ecclesie fuerit institutus, altare predictum cum omnibus pertinentiis suis ex sua institutione quiete possideat ; qui etiam in eodem altari vel per se vel per vicarium divina celebret, et in majori altari septimanam in ordine sacerdotati faciat, necnon ad faciendam continuam in ecclesia nostra residentiam teneatur. Actum anno M° CC° X° septimo, mense januario. — Camusat, *Auctarium*, fol. 23 r°.

141. — Juillet 1217.

H[erveus], Trecensis ecclesie minister humilis, omnibus presentes litteras inspecturis in Domino salutem. Noveritis quod nos concessimus capitulo Trecensi *Ysabiau*, uxorem Mauricii de Amancia, sine liberis ab ea jam creatis, qui nostri erunt, *pro Isabiau*, filia Guarnerii de Basseio, a Constantio de Basseio homine nostro in uxorem ducenda. Actum anno gratie M° CC° X° octavo, mense julio. — *Origin.*

142. — Avril 1218.

Nicolaus, decanus, et capitulum Trecense, omnibus presentes litteras inspecturis in Domino salutem. Noveritis quod nos, in communi capitulo residentes, donavimus et concessimus succentorie nostre in perpetuum unum de altaribus ecclesie nostre cum omnibus proventibus ejus, quodcumque venerabilis pater Herveus, Trecensis episcopus, eidem succentorie contulit aut duxerit conferendum : ita quod, quicumque fuerit ad eamdem succentoriam assumptus, in ecclesia nostra assidue residere tenebitur, et septimanam facere ad majus altare in sacerdotali ordine juxta ordinem vicis sue ; sed in predicto altari, quod idem episcopus succentorie adjunxit, per idoneum vicarium de servitio providebit. Nos insuper eidem succentorie unius vicarie beneficium perpetuo concessimus annectendum, quandiu succentor non canonicus fuerit institutus ; sed si succentoria canonico fuerit assignata, ipse memorate vicarie beneficium non habebit; que, si rursus non canonico tribuatur, ipsius vicarie beneficium obtinebit, dum tamen illis horis intersit, quibus vicarii interesse tenentur. Siquidem quicumque, sive canonicus sive non canonicus, de succentoria fuerit institutus, infra annum tenebitur ad sacerdotalem ordinem promoveri, vel anno elapso cantor tenebitur eamdem succentoriam alii persone conferre. Actum anno M° CC° X° octavo, mense Aprili. — *Cartul.* fol. 57 r°. — Camusat, *Auctarium*, fol. 23 r°.

143. — 18 juin 1218.

In nomine Patris, et Filii, et Spiritus Sancti, amen. Nos Jocelinus, archidiaconus, Henricus, cantor, et Guiardus, archidiaconus Trecensis, electi arbitri a venerabili patre Herveo, episcopo, et capitulo Trecensi, super ecclesia de Barbona ; et jure patronatus

ecclesie de Maceio ; necnon super amministratione prunarum in hyeme ad manum ministrorum majoris altaris, et ad opus turibulorum per totum annum ; et propinationem vini ad opus majoris altaris ecclesie Treconsis, sicut in litteris compromissionis continetur, de consilio bonorum virorum et jurisperitorum ita arbitrando ordinamus : adjudicamus ecclesiam de Barbona predicto capitulo, pleno jure, secundum quod in litteris domini Garneri, quondam episcopi Treconsis, continetur ; nos vero H., cantor, et G., archidiaconus, jus patronatus ecclesie de Maceio dicimus ad predictum capitulum pertinere, tertio coarbitro nostro, J., archidiacono, non habente in memoria quod super jure patronatus predicte ecclesie fuerat ordinatum. Nos autem J., archidiaconus, et H., cantor, possessionem amministrationis prunarum in hyeme ad manus ministrorum majoris altaris, et ad opus turibulorum per totum annum ; necnon possessionem propinationis vini ad opus ejusdem altaris prefato capitulo adjudicamus, salva questione proprietatis domino episcopo, coarbitro nostro G., archidiacono Sezennie, aliter sentiente. Actum anno gratie M°CC°XVIII°, mense junio.
— *Cartul.* fol. 69 r°. — *Origin.* liasse G-2709. — Les trois sceaux pendaient à des fils de soie rose.

144. — Mars 1218 *(v. st.).*

Ego Agnes, domina de Planceio, notum facio omnibus ad quos presens scriptum pervenerit, quod, cum karissimus dominus vir meus Philippus esset Jerosolimam profecturus, ore suo precepit et voluit et injunxit assignationem, quam postmodum feci ecclesie Trecensi, videlicet, XXX solidorum annui redditus et perpetui, quos ecclesie predicte assignavi in pedagio Planceii, qui annis singulis in festo B. Marie Magdalene in perpetuum exsolventur ecclesie memorate, pro anniversario venerabilis domine mee Odeardis, quondam matris domini viri mei, in ipsa ecclesia faciendo, necnon et pro remedio antecessorum suorum et salute. Quod ut ratum sit et inconcussum, presenti scripto meum apponi feci sigillum. Datum anno gratie M°CC°XVIII° mense martio. — *Origin.*

145. — 17 mai 1219.

Omnibus presentes litteras inspecturis frater G., Sigilleriarum dictus abbas, salutem in Domino. Noveritis quod vir nobilis P., dominus de *Boy*, legavit in perpetuam elemosinam domui Dei de Marigniaco et domui Dei Leprosorum ejusdem castri decimam bladi molendinorum suorum de Curva Ripa, receptis prius III modiis bladi et dimidio, quos in eisdem molendinis assignavit idem Petrus illis qui per facturam stagnorum gravati erant de terris et rebus suis, sicut in litteris quibusdam, sigillo dicti Petri sigillatis, que penes nos sunt, plenius continetur. Acta sunt hec anno Domini M° CC° XIX°, mense maio, crastino Ascensionis. — *Origin.* liasse G-3293.

146. — 1219. — Les lettres données à la même date par « P., dominus de Boyo.., Angnete, uxore mea, laudante » sont identiques, *mutatis mutandis*, aux lettres ci-dessus. — *Origin.* liasse G-3293.

147. — 18 novembre 1219. — « Honorius, episcopus, servus servorum Dei, dilectis filiis Sancti Victoris Parisiensis [Johanni], et Hermeriarum [Roberto] Premonstratensis ordinis, Parisiensis diocesis, abbatibus, cancellario Parisiensi.. » Le pape remet à leur jugement « Causam, quam venerabilis frater noster episcopus et dilecti filii capitulum Trecenses » moverunt « in B., comitissam, ac Th., natum ejus, comitem Campanie.. de forteritia Meriaci.. » si fieri potest, inter partes amicabiliter componant, facientes quod statuerint per censuram ecclesiasticam observari. « Datum Viterbii, XIII kal. decembris, pontificatus nostri anno quarto. » — Archiv. nation. *origin.* bulle de plomb sur cordelettes de chanvre. Teulet, *Layettes du Trésor des chartes*, t. I, n. 1368.

148. — 8 decembre 1219.

Honorus, episcopus, servus servorum Dei, dilectiis filiis Sancti Victoris Parisiensis, et Hermeriarum Premonstratensis ordinis, Parisiensis diocesis, abbatibus, et cancellario Parisiensi, salutem et Apostolicam benedictionem. Nuper vobis dedisse meminimus in mandatis ut cum causa, que inter venerabilem fratrem nostrum Trecensem episcopum ex una parte, et dilectam in Xpisto filiam, nobilem mulierem B., comitissam, ac Th., natum ejus, comitem Campanie ex altera, super forteritia Meriaci vertitur, vobis sit ab Apostolica Sede commissa, inter eos amicabiliter, si fieri posset, componere aut super hoc providere indempnitati Trecensis ecclesie curaretis. Cum igitur nostre intentionis non fuit quod fortaritia debeat destrui memorata, per Apostolica vobis scripta mandamus, quatinus eadem fortaritia integre remanente, ad componendum inter partes, vel ad cavendum alias indempnitati ejusdem ecclesie, appellatione postposita, procedatis. Quod si non omnes hiis exequendis potueritis interesse, duo vestrum ea nichilominis exequantur. Datum Viterbii, VI idus decembris pontificatus nostri anno quarto. — Archiv. nation. *origin.* bulle de plomb sur cordelettos de chanvre. Teulet, *Layettes du Trésor des chartes*, t. I, n. 1374.

149. — Décembre 1219.

Herveus, divina miseratione Trecensis episcopus, omnibus presentes inspecturis notum facimus, quod Ermeniardis, uxor Herberti, eodem Herberto presente et assentiente, in nostra presentia recognovit se vendidisse et quitasse dilecto et fideli nostro Henrico, cantori Trecensi, quicquid juris habebat in decima de Lanis *au bos*, que de sua movebat hereditate, et se de eadem decima in manu dilecti et fidelis nostri Guiardi, archidiaconi et officialis, devestivit, presente Guillelmo, fratre predicte Ermeniardis, a quo prefatus Herbertus pro ipsa Ermeniarde, uxore sua, eamdem decimam tenebat in feodum, qui Guillelmus in nostra et dilectorum filiorum

Guiardi, archidiaconi et officialis, item Guiardi de Pogiaco, et Henrici, archidiaconorum Trecensis ecclesie, presentia quitavit dicto cantori quicquid juris habebat vel habere poterat in ipsa decima ratione feodi vel homagii, et eumdem cantorem de ipsa decima investivit; prenominatus etiam Herbertus, fide data in manu dicti officialis, promisit se legitimam garantiam portaturum predicto cantori. Nos igitur investituram, vice nostri a prefato officiali de eadem decima factam memorato cantori, ratam habentes, et ex superhabundanti de ipsa investientes eumdem, eam volumus et approbamus. Quod ut ratum sit, presentes litteras fecimus in testimonium hujus rei sigilli nostri munimine roborari. Actum Trecis, anno Domini M° CC° XIX°, mense decembri. — *Origin.*

150. — 17 mars 1220. — « Honorius, episcopus, servus servorum Dei.., episcopo Trecensi, et.. decano. » à la prière de Hel., comtesse de Bar-sur-Seine, le pape ordonne « ut heredes M., comitis Barri super Secanam, et G., filii ejus, defunctorum apud Damietam, ad persolvenda debita ipsorum et testamenta exequenda cogatis.. Datum Viterbii, XVI kal. aprilis.. anno IV° pontificatus. » — Bibliot. nation. *Moreau*, 184, p. 93.

151. — Avril 1220.

H., divina permissione Trecensis episcopus, omnibus presentes litteras inspecturis in Domino salutem. Notum vobis facimus et testamur, quod nobilis mulier *Aelays* de Logia, et ejus nati Jacobus miles, Droco, Joannes et Guillelmus domicelli adhuc, ex una parte, et Hugo, frater eorum, clericus, primogenitus, ex altera, in nostra starent presentia, rogaverunt nos ut modum cujusdam pacis, quam inter se fecerunt, tam scripto quam nostri sigilli munimine firmaremus. Quod nos fecimus, ipsam pacem coram nobis ab utraque parte concessam et fide firmatam, in modum nobis expositum, presenti scripto notantes, videlicet, quod predicta A., mater, et liberi prefati, Hugoni fratri suo primogenito penitus concesserunt ut de omnibus rebus, quas idem H., clericus tenebat infra Trecas vivens atque decedens plenam suam libere faciat voluntatem, et ipse Hugo tam matri sue quam fratribus memoratis quitavit omnes querelas et omne jus quod eidem posset ex parte patris et matris jure hereditario provenire, ita tamen quod si Stephanus, miles, frater eorum, de partibus transmarinis rediens, ad preces dictorum matris et fratrum pacem istam nollet tenere, pax ista inter ipsum H. et matrem et fratres supradictos divisa nichilominus tenet. Sciendum ergo quod hec sunt illa que Hugo habet infra Trecas, videlicet, I stallum ante migcicerios in Macacreria, I stallum quod ad Sanctum Martinum de Areis partitur in ipsa Macacreria ; et domus ubi tunc manebat Theobaldus de *Durtein*; et I stallum ante domum defuncti Manasseri de Clauso in Macacreria ; I stallum retro Cambitum, de quo Terricus aurifaber debet III solidos censuales ; domus juxta ecclesiam Sancti Johannis ubi cordubanarii manent; et domus Colini, aurifabri, ubi ipse manet; et domus Bertini, cultellarii, in Rua Mediana ; et II logias juxta ecclesiam Sancti Johannis ; et V solidos censuales in domo Terrici, aurifabri. Quod ut ratum permaneat in futurum, ad instanciam utriusque partis fecimus presentes litteras sigilli nostri munimine roborari. Datum anno gracie M° CC° XX°, mense aprili. — *Cartul.* fol. 73 r°. — *Origin.* scellé sur double queue de parchemin, liasse G-3583.

152. — Juillet 1220.

Philippus Beati Lupi, et P. Sancti Martini abbates, et Guiardus archidiaconus et officialis Trecensis, omnibus presentes litteras inspecturis in salutis Actore salutem. Noverint universi, quod Hugo de Logia in presencia nostra constitutus assignavit ecclesie Trecensi XXV libras annui redditus, perpetuo possidendas, in portione hereditatis sue Trecis sita, quam de assensu matris et laude fratrum suorum, scilicet, Jacobi, militis, Droconis Johannis et Guillelmi, domicellorum, vendere poterat et donare et de ea suam omnino facere voluntatem, sicut in litteris venerabilis patris Hervei, Dei gratia Trecensis episcopi, vidimus plenius contineri. Predictorum autem reddituum partes et loca ubi dicti redditus colliguntur duximus exprimenda : III denarios censuales, quos Theodoricus, aurifaber, debet de quarterio cujusdam terre Orti Dei ; et III solidos census in stallo sito retro Cambia, cum V solidis censualibus sitis in domo in qua Theodoricus habitat memoratus; necnon et VI denarios census in domo Quadrati, cordubanarii, que sita est retro ecclesiam B. Johannis in foro Trecensi; et III denarios et obolum census, quos Johannes de Latiniaco debet de quadam platea ante domum suam in Tanneria constituta; item IV libras annui redditus, quas debet Colinus, aurifaber, pro domo sua in qua habitat in Magno Vico sita, in duabus nundinis Trecensibus solvendas annuatim, cum III obolis censualibus, qui ad ipsum Hugonem in eadem domo jure hereditario pertinebant; preterea, XX solidos census, quos relicta defuncti Bertini, cultellarii, debet de platea ubi sita est domus sua, quam plateam predictus Hugo eidem relicte dicti Bertini ascensivit ab instanti festo B. Remigii usque ad novem annos, quibus elapsis, prefata platea ad memoratam Trecensem ecclesiam sine contradictione qualibet revertetur, ad ejusdem ecclesie capituli voluntatem penitus faciendam; cum XX solidis censualibus in domo uxoris Theobaldi de *Durtein*, in qua est cellarium lapideum, que videlicet domus in vico sita est in quo Guido de Nivella dinoscitur habitare; quin etiam XL solidis census in stallo in Merceria constituto, de quibus LX solidis predicta ecclesia ad melius parens se tenebit sive domus sive stalli memorati; item C solidos annui redditus in stallo macelli, quod cum ecclesia B. Martini partitur, et quod idem Hugo de allodio libero et sine censu aliquo possidebat; domum insuper in quo sunt duo estagia, juxta B. Johannis ecclesiam de Foro sitam, quam dicte ecclesie pro XI libris annui redditus assignavit; et XI solidos annui redditus in stallo macelli ad eumdem Hugonem jure hereditario pertinente, de quo annuatim XV solidos census persolvit. Memorate igitur ecclesie decanus et capitulum.. ne tanti beneficii immemores viderentur, prefato Hugoni, ad vitam suam, L libras annui redditus de camera sua dederunt, et easdem L libras ad duos terminos, videlicet, in octava beati Remigii XXV libras, et in octava Pasche XXV libras..; dederunt etiam memorato Hugoni XLV libras numerate pecunie. Sciendum insuper quod supra nominatus Hugo dedit in perpetuam elemosinam terciam partem sue hereditatis, et ipsi concesserunt eidem quod anniversarium facerent ipsius, si tamen tertiam partem ad eos venire contingat. Si vero frater ejus Stephanus, qui tempore concessionis memorate Hugoni facto absens erat, huic facto nollet prebere consensum, ad solutionem predictarum L librarum dictum capitulum in nullo penitus teneretur, tercia parte hereditatis sue, ut dictum est, eis nichilominus remanente. Quod si contigerit dictam terciam partem prefato capitulo in elemosinam datam, ab heredibus aliquo casu evinci, eadem tercia pars pro XLV libris, quas ab ipso dictus Hugo recepit, eidem capitulo obligata remanet in pignus. Ne igitur factum istud aliqua possit oblivione deleri, presentes litteras, ad petitionem partium, scribi et sigillorum nostrorum fecimus roborari. Actum anno gratie M° CC° XX°, mense julio. — *Cartul.* fol. 74 r°. — *Origin.* scellé sur doubles queues des sceaux de Philippe, abbé de Saint-Loup, et de l'officialité de Troyes, liasse G-3583.

153. — Juillet 1220. — « Herveus, Dei gratia episcopus, et capitulum Trecense » notifient un compromis au sujet de plusieurs différends qui existent entre eux et le chapitre de Saint-Étienne (Voir n. 154). « Statuta est pena LX librarum, quam pars illa, que ab ordinatione (compromissionis) resiliret, parti alteri solvere teneretur. Actum anno Domini M° CC° XX°, mense julio. » — *Cartul.* fol. 63 r°. — *Origin.* liasse G-3349.

154. — 3 décembre 1220.

Bartholomeus, decanus, et universum capitulum Beati Stephani Trecensis, omnibus presentes litteras inspecturis salutem in salutis Auctore. Universitatem vestram scire volumus, quod, cum nos compromissionem fecerimus in venerabiles viros Henricum, cantorem majoris ecclesie Trecensis, et Artaudum, thesaurarium ecclesie nostre, super querelis, que inter nos ex una parte, et venerabilem patrem nostrum Herveum, episcopum, et capitulum Trecense ex altera, vertebantur : nos arbitrium ab ipsis cantore et thesaurario super eisdem querelis prolatum, ratum habemus et gratum, sicut super certis articulis continetur expressum annotatis inferius in hec verba. Nos Henricus, cantor majoris ecclesie, et Artaudus, thesaurarius Beati Stephani Trecensis, a venerabili patre Herveo, Dei gratia

Trecensi episcopo, et a decano et capitulo Beati Stephani Trecensis electi arbitri super querelis, que inter ipsos ad invicem vertebantur: videlicet, super prepulsatione campanarum in Vigilia Pasche; super processionibus in Rogationibus; vel adventu legati Sedis Apostolice; vel intronizatione seu reditu Trecensis episcopi a Romana curia; seu etiam ob aliam causam faciendis. Item super celebratione misse in Inventione beati Stephani; super procuratione quam dictus episcopus petebat a capitulo beati Stephani; super quibusdam ecclesiis, scilicet, de Verreriis, de de Essartis, et de Brecenaio; super pensionibus quibusdam quas prefatum capitulum dicebat se ab antiquo jure in dictis ecclesiis percepisse; et super jurisdictione canonicorum et clericorum chori Beati Stephani. De omnibus predictis querelis ita diffinivimus et ordinavimus arbitrando : videlicet, quod in Vigilia Pasche, nunquam pulsetur in ecclesia Beati Stephani donec in matrice ecclesia fuerit prepulsatum; in diebus Rogationum; seu adventu legati Sedis Apostolice; vel intronisatione Trecensis episcopi, seu reditu ejusdem a Romana curia; seu receptione comitis Campanie, vel uxoris ejusdem; seu regis; seu archiepiscopi Senonensis, processionaliter venient canonici Beati Stephani ad matricem ecclesiam, et processionem majoris ecclesie quocumque diverterit subsequentur; missam vero in inventione Beati Stephani celebrabit decanus ejusdem ecclesie, si sacerdos fuerit et voluerit, quod si noluerit vel sacerdos non fuerit quecumque persona majoris ecclesie in dignitate constituta missam si placuerit celebrabit, alioquin septimanarius ecclesie Beati Stephani missam cantabit. Quod si episcopus in solempnitate predicta missam celebraverit, habebit procurationem suam, que marcam argenti excedere non poterit, nunquam alias preter predictam marcam argenti aliquid pro procuratione habiturus, nec eamdem nisi celebraverit in solemnitate predicta. Prenominatum siquidem capitulum fructus unius prebende prefato episcopo et successoribus imperpetuum assignabit, quos percipiet episcopus ubicumque fuerit, partitiones quotidianas non habiturus, nisi personaliter horis interfuerit, in quibus fiunt partitiones; hec autem percipiet tanquam canonicus, capitulum ejusdem ecclesie non intraturus ad tractantum de negotiis ecclesie, nisi a capitulo vocatus. In ecclesiis de Verreriis, et de Essartis prenominatum capitulum jus patronatus habebit. Ecclesiam vero de Brecenaio Trecensis episcopus pleno jure possidebit. De jurisdictione autem canonicorum et clericorum chori Beati Stephani, ita ordinavimus, quod jurisdictio canonicorum et clericorum chori, qui perpetua habent beneficia in predicta ecclesia, sit ecclesie Beati Stephani, in quos Trecensis episcopus omnimodam et solam exercebit jurisdictionem, quam exercet in canonicos cathedralis ecclesie. Jurisdictio autem clericorum non habentium perpetua beneficia in pretaxata ecclesia ad episco- Trecensem pertineat. De pensionibus vero ecclesiarum de Verreriis et de Essartis nostrum erit modificare. In hujus itaque rei testimonium presentes litteras sigillo nostro fecimus roborari, quibus etiam litteris, ad majorem cautelam, predictorum arbitrorum sigilla sunt apposita. Actum anno gratie M° CC° XX°, feria V² ante festum beati Nicholai. — *Cartul.* fol. 64 r°. — *Origin.* liasse G-3349.

155. — 3 décembre 1220. — « Bartholomeus, decanus, et universum capitulum B. Stephani » s'engagent à obtenir la confirmation du comte de Champagne Thibaut IV relativement à l'acte qui précède (n. 154). « Actum anno gratie M° CC° XX°, feria V² ante festum beati Nicholai. » — *Cartul.* fol. 64 r°· — *Origin.* liasse G-3349.

156. — 6 décembre 1220. — Ratification du même acte (n. 154) par « Nicholaus, decanus, et universum capitulum B. Petri Trecensis.. mense decembri ipso die sancti Nicholai. » — *Copie* liasse G-3340.

157. — Mai 1221. — « Lettres par lesquelles Guiard, archidiacre, et l'official de Troyes certifient, que Etienne de la Loge, frère de Hugues de la Loge, étant revenu *de partibus transmarinis* donne son consentement à la donation faite par Hugues, son frère, et qu'il rappelle dans les mêmes termes que ci-dessus (n. 152). An 1221, au mois de mai. » — *Cartul.* fol. 75 v°.

158. — 29 janvier 1221 (*v. st.*).

Ego Herveus, Dei gratia Trecensis episcopus, notum facimus omnibus presentes litteras inspecturis, quod, cum controversia esset inter nos et capitulum Trecense super jurisdictione curatorum ecclesiarum, quas idem capitulum dicit se habere liberas Trecis, et presbyterorum non curatorum in ecclesiis illis deservientium ; et super eo quod dicebamus nos posse molere in molendinis de *Jallard* ad omnes necessitates nostras sine multura ; et super apporto in Trecensi ecclesia quod dicebamus penitus nostrum esse, tandem inter nos compositum est in hunc modum : quod questioni de jurisdictione curatorum ecclesiarum supersedebimus quamdiu sedem Trecensem tenebimus ; prebyteri vero non curati, qui habuerint a nobis licentiam celebrandi in episcopatu Trecensi, si recepti fuerint ad terminum a curatis ecclesiarum illarum ad deserviendum in illis ecclesiis, et contingat dictos presbyteros non curatos excedere, ex parte nostra denunciabitur dicto capitulo quod excessus illos corrigat infra triginta dies, quod si fecerit bene erit ; sin autem, ex tunc nos jurisdictionem in dictos presbyteros non curatos libere exercebimus. De molendo vero in molendinis de *Jaillard* ita compsitum est : quod molemus ibi, sicut solemus, ad omnes necessitates nostras in presentia nostra Trecis faciendas ; in absentia vero nostra molemus ibi in tempore famis ad elemosynas nostras Trecis tantum erogandas, sicut solemus molere residentes. De apporto vero, recognoscit capitulum quod nostrum est. Durabit autem hec compositio quamdiu episcopatum Trecensem tenebimus, ita quod per eamdem compositionem neutri parti fiat prejudicium, nec in possessione nec in proprietate. In cujus rei testimonium presentes litteras sigillo nostro fecimus roborari, in festo sancte Savine, virginis, anno gratie M° CC° XX° primo. — *Cartul.* fol. 68 v° 69 r°. — *Vieille copie,* liasse G-2551.

159. — Mars 1221 *(v. st.).* — « Lettres par lesquelles Henri, chantre de cette église, Guiard, archidiacre de Sézanne, Guiard, archidiacre de Brienne, et Renier de Saint-Quentin, certifient que Odon de *Boiloiges,* chevalier, a vendu à Hervé, évêque de Troyes XL septiers de vin de rente annuelle, mesure de Fontaine-Denis, qu'il avait droit de percevoir sur le tiers de la dîme dudit lieu, appartenant à Herbert, frère dudit Odon, de telle sorte que s'il y avait du surplus c'était pour ledit Herbert, et que s'il y avait moins il devait compléter ladite quantité sur la moitié de la dîme de vin de Saint-Quentin appartenant audit Herbert. L'évêque ou ses ayant-cause enverra son domestique avec celui de Renier de Saint-Quentin quérir, recevoir et garder ladite dîme et paiera sa quote-part de la dépense. Odon se charge de faire avoir le consentement de ceux qui doivent le donner. An 1221, au mois de mars. — *Cartul.* fol. 65 r°.

160. — Avril 1222.

Nos Guido, de Nigella, et Johannes, de Cantumerula, abbates, notum facimus omnibus presentes litteras inspecturis, quod Herbertus, frater Odonis, militis de *Boloiges,* et Gilo, filius ejusdem O., in presentia nostra constituti, laudaverunt venerabili patri Herveo, episcopo Treconsi, XL sextarios vini annui redditus, ad mensuram Fontis *Deneis,* percipiendos annuatim in tercia parte decime vini ejusdem ville, pertinente ad dictum Herbertum, quos prefatus Odo vendidit prefato episcopo, sicut in litteris venerabilium virorum Henrici, cantoris; Guiardi Sezennie, Guiardi Brene, archidiaconorum Trecensium; et Reneri de S. Quintino, super hoc confectis plenius continetur. Prefatus etiam Odo coram nobis se de profatis XL sextariis devestiens, Guidonem, canonicum Trecensem, de ipsis nomine episcopi investivit. In cujus rei testimonium fecimus presentes litteras sigillis nostri roborari. Anno gratie M° CC° XX° secundo, mense aprili. — *Origin.* liasse G-2833.

161. — 24 mai 1222.

Honorius, episcopus, servus servorum Dei.. Trecensi capitulo.. Cum sicut venerabilis frater noster Trecensis episcopus nobis exposuit consuetudines antiquas, et de suo ac predecessorum suorum assensu hactenus approbatas, teneamini firmiter observare, ac pravas et preter ipsius assensum inductas de novo maxime abolere, auctoritate vobis presentium inhibemus, ne novas consuetudines vel statuta, eodem inconsulto episcopo, unde scandalizari debeat, inducatis, juste latas ab ipso interdicti sententias observantes, non obstante consuetudine contraria vel statuto.. Datum Laterani, IX° kal. junii pontificatus nostri anno quinto. — Bibliot. nation. *Moreau* 1181, p. 411.

162. — Mai 1222. — « Lettres par lesquelles Anséric, chanoine de cette église, et trésorier de celle de Langres, re-

connaît que ce chapitre lui a assigné pour sa prébende, tant qu'il sera chanoine, la seigneurie de Trouan avec ses dépendances, à charge toutefois d'une rente de 100 sous, payables moitié à Pâques, et moitié à Noël. Il se reconnaît obligé de paraître dans la justice du chapitre pour y répondre sur les plaintes qu'on y formerait contre lui, dans les cas où il lui arriverait de surcharger par des exactions injustes les hommes que le chapitre a en cet endroit. An 1222, au mois de mai. »
— *Cartul.* fol. 60 v°.

165. — 1222.

Viris venerabilibus et discretis J., decano Barrensi, et Laticensi archidiacono ecclesie Lingonensis, B., decanus, totumque capitulum Beati Stephani Trecensis, in Domino salutem. Notum vobis fieri volumus quod, vanna Trecensis, super quam magister Herbertus, procurator pauperum Domus Dei Beati Stephani Trecensis, auctoritate Apostolica a capitulo Trecensi coram vobis trahitur in causam, molendinis nostris et usibus necessariis fere totius ville Trecensis deservit, nec est in potestate predicti Herberti, quod illam vannam a statu suo retrorsum immutet. Hoc enim fieret in prejudicium et dampnum nostrum et totius ville. Hoc eciam pro certo sciatis quod, si capitulum Trecense more consueto vellet curare et aggerem multitudinis arenose ab introitu alvei sui removere, villa Trecensis moderacius et predictum capitulum aquam haberet abundancius.—
Ier *Cartul. de l'Hôtel-Dieu-le-Comte,* fol. 73.

164. — 1222.

Theobaldus, Campanie et Brie comes palatinus, venerabilibus viris et discretis J., decano Barrensi, et Laticensi, archidiacono Lingonensi, salutem in Domino. Sciatis quod illa vanna Trecensis super quam capitulum Sancti Petri Trecensis trahit in causam coram vobis auctoritate Apostolica magistrum Herbertum, procuratorem pauperum domus Dei Beati Stephani Trecensis, est mea, et in dominio et potestate mea sita, et in justicia mea; neque eciam dicto capitulo Sancti Petri aliquando super dicta vanna justiciam denegavi. Si eciam adjudicata esset capitulo pro aliquo defectu dicti magistri Herberti, non vellem quod michi posset aliquid prejudicium fieri, sed ad eam tanquam ad meam me tenerem. Mando itaque vobis et precor, quatenus in causa illa supersedeatis, et ad meam curiam remittatis causam illam. Ego autem jamdicto capitulo Sancti Petri et omni conquerenti de illa vanna paratus sum plenam justiciam exhibere. Datum Peancii. Traditum me ipso, anno gracie M° CC° XX° II°. — I*er Cartul. de l'Hôtel-Dieu-le-Comte*, fol. 73.

165. — 1222.

Viris venerabilibus et discretis J., decano Barrensi, et Laticensi archidiacono, prepositi et burgenses Trecenses in Domino salutem. Notum vobis facimus, quod immutacio vanne, de qua trahitur in causam coram vobis magister Herbertus a capitulo Trecensi, non est ejus possibilitatis. Quippe vanna illa deservit ville Trecensis ad abluendas carnes, quibus tota villa vescitur, et ad abiciendas immundicias ipsius ville, et, quod majus est, ad prestandum municionem, et securitatem contra ignis incendium, adeo quod, cum anno preterito villa Trecensis in maxima parte combureretur, residuum ville combustum esset, nisi aqua defluens ab illa vanna per medium ville subsidium prestitisset. Preterea vanna illa deservit officinis palacii comitis Trecensis, ita quod valde intolerabiles fierent, nisi vanna illa remedium preberet. Et quid erit de hoc, quod vanna illa longevi temporis pretextu se tuetur? Sicut enim plurimi testantur, plus quam quadraginta annis retroactis Henricus pie recordacionis, comes Trecencis, ad laudem et consensum tocius ville Trecensis illam construxit. Quid ergo super hoc sit agendum oculis vestre devocionis inspiciendum relinquitur. Hoc autem sciatis, quod in prejudicium et dampnum ville vannam illam a statu, in quo longo tempore permansit, et comes et villa nullatenus sustineret immutari. Item sciatis quod, si capitulum Trecense alveum aque sue more consueto vellet curare, haberet aquam in habundanciam. — I*er Cartul. de l'Hôtel-Dieu-le-Comte*, fol. 74.

166. — Décembre 1222.

Herveus, Dei gratia Trecensis episcopus, omnibus presentes litteras inspecturis in Domino salutem. Noverit universitas vestra, quod, cum fratres Scolarium Beate Marie in Insula Trecensi, quoddam fundassent oratorium intra fines parrochie Sancti Dionisii, que ad capitulum Trecense noscitur pertinere, et in eodem vellent divina celebrare, capitulo Trecensi necnon et curato dicte ecclesie contradicentibus : tandem ab utraque parte compromissum est in bonos et prudentes viros Henricum cantorem, M. Robertum de Vineto, et Jacobum Senonensem, canonicos Trecenses, qui Deum habentes pre oculis, de prudentum virorum consilio ordinaverunt in hunc modum : Henricus cantor, M. Robertus de Vineto, et Jacobus Senonensis, canonici Trecenses, omnibus presentes litteras inspecturis in Domino salutem. Universitati vestre notum facimus, quod, cum fratres Scolarium Beate Marie in Insula Trecensi quoddam fundassent oratorium intra fines parrochie Sancti Dionisii, que ad capitulum Trecense noscitur pertinere, et in eodem vellent divina celebrare, capitulo Trecensi necnon et curato dicte ecclesie contradicentibus, tandem ab utraque parte compromissum est in eos, quod super his ordinationi nostre starent, qui de prudentum consilio ita ordinavimus : quod fratres predicti, de prediis de quibus capitulum Trecense decimam, terragium, censum vel qualemcumque consuetudinem percipere consuevit, ubicumque sita sint, intra fines decimationis dicti capituli vel alibi, solvent dicto capitulo decimam, terragium, censum vel qualemcumque consuetudinem, quocumque titulo ad eosdem eadem predia devenerint, nec a prestatione predictorum per se vel per aliquam interpositam personam, privilegium, seu immunitatem aliquam impetrari facient, vel impetrabunt, et etiam si impetrata fuerint eis non utentur contra capitulum pretaxatum. Adjecimus etiam, quod predicti fratres venient processionaliter ad processiones nostras solemnes, et intererunt sepulture canonicorum nostrorum, quos in ecclesia nostra contigerit sepeliri. Et si Trecis vel alibi obierint, tenebuntur sacerdotes, quotquot inter predictos fratres in predicta domo fuerint, pro defunctis celebrare. Ordinavimus insuper, quod idem fratres in perpetuum presbytero Sancti Dyonisii annuatim solvent XXX solidos, videlicet, X solidos in festo sancti Remigii, X solidos in Pascha, X solidos in Nativitate B. Johannis Baptiste, salvo eidem sacerdoti jure parrochiali, videlicet, quod in annualibus festis parrochianos dicte ecclesie ad divina non admittent, benedictiones insuper nuptiales vel perarum, vel reconciliationem puerperarum predicti sacerdotis non facient, extremas etiam unctiones infirmis ejusdem parrochie non impendent, nisi de predicti sacerdotis voluntate. Si autem aliqui parrochianorum predicto ecclesie apud predictos fratres sibi sepulturam eligere voluerint, libere hoc facere poterunt, salvo dicto sacerdoti jure legatorum, priusquam etiam defuncti corpus ad predictos fratres deferatur, dictus sacerdos in ecclesia sua si voluerit presente funere celebrabit. Missa vero ab eodem in eadem ecclesia percantata, predicti fratres defuncti corpus ad domum suam sine contradictione quacumque deferre poterunt, quibus si quid pro anima defuncti oblatum fuerit vel collatum, nichil inde percipiet sacerdos pretaxatus. Ordinavimus insuper, quod predicti fratres in oratorio suo divina solempniter celebrent, campanas si voluerint et cemeterium proprium habeant. Quod ut ratum habeatur in perpetuum et firmum presentes litteras sigilli nostri munimine focimus roborari. Actum anno Domini M° CC° XX° secundo, mense decembri. In cujus rei testimonium, ad petitionem partium, presentes litteras sigilli nostri munimine roboravimus. Datum Trecis, anno Domini M° CC° XX° secundo, mense decembri. *Cartul.* fol. 78 r°. — *Copie*, liasse G-1015.

167. — Décembre 1222. — « Lettres par lesquelles le prieur et couvent du Val-des-Ecoliers, et le prieur de Notre-Dame-en-l'Ile, souscrivent la susdite sentence arbitrale (n. 166). An 1222 au mois de décembre. — *Cartul.* fol. 79 r°.

168. — 28 avril 1223. — Thibaut IV, comte de Champagne, confirme l'accord entre les chapitres de Saint-Pierre et de Saint-Etienne rapporté plus haut (n. 154). « Actum anno Domini M° CC° XX° tercio, die veneris proxima post Pascha, mense aprili. » — *Origin.* liasse G-3349. — Le sceau pendait à des fils de soie rose et verte.

169. — Avril 1224. — « Lettres par lesquelles Henri, archidiacre de l'église de Troyes, en reconnaissance de ce que le chapitre lui a assigné la seigneurie de Vannes et ses dépendances pour sa prébende, tant qu'il sera chanoine, à la charge seulement d'en rendre annuellement au chapitre 100 sous à la Toussaint et 100 sous à Pâques ; et de rendre les bâtiments qui sont en bon état, comme il les a reçus. Ledit Henri lègue à cette église une somme de 20 livres à prendre sur ses biens meubles ; et tout ce qu'il acquerra dans l'étendue de ladite terre. An 1224, au mois d'avril. » — *Cartul.* fol. 60 r°.

170. — 4 février 1225. — « Honorius, episcopus, servus servorum Dei, decano Trecensi et capitulo.. » le pape leur ordonne « non obstante indulgentia quadam concessa ecclesie Trecensi a Sancta Sede, ut Valerianum, clericum Romanum, in canonicum et fratrem recipiant. Datum Laterani, pridie non. februarii.. anno IX°. » — *Cartul.* fol. 80 r°. — Bibliot. nation. *Moreau* 1183, p. 110.

171. — 21 mai 1225. — « Honorius, episcopus, servus servorum Dei.. episcopo Trecensi » Par ces lettres le pape, sur les représentations à lui faites par l'évêque de Troyes [Robert] que le chapitre avait reçu déjà deux clercs sur deux mandats Apostoliques, et qu'il en avait admis un troisième en faveur d'Hu., sous-diacre du pape, quoiqu'il n'eût pas le pouvoir, attendu qu'il n'y avait pas de prébende vacante, le pape déclare que dorénavant ce chapitre ne sera plus tenu de recevoir aucun chanoine sur de pareils mandats, à moins qu'il n'y soit fait mention expresse de la présente bulle. « Datum Laterani, XII kal. junii pontificatus nostri anno nono. — *Cartul.* fol. 61 r°.

172. — 2 juillet 1225.

Magister Hugo, officialis Trecensis, omnibus ad quos presens scriptum pervenerit salutem in Domino. Noverint universi, quod, cum causa verteretur coram nobis inter viros venerabiles M., decanum, et capitulum Trecense ex una parte, et priorem de *Ortelon* ex altera, super decimis quarumdam terrarum, apud Insulas juxta Ramerucum sitarum, infra decimationem ipsorum capituli et decani, ut dicebant: tandem lite super hiis legitime contestata, testibus productis et receptis, eorumque depositionibus publicatis, rationibus et allegationibus partium auditis et plenius intellectis, juris ordine per omnia servato, habito super hiis prudentum virorum consilio, cum nobis constaret, tam per testes quam per rationes, dictos decanum et capitulum suam intentionem sufficienter probasse, decimas dictarum terrarum per sententiam diffinitivam adjudicavimus decano et capitulo memoratis, reservata eisdem questione expensarum factarum occasione litis supradicte. Actum anno gratie M° CC° XX° V° die mercurii post festum BB. apostolorum Petri et Pauli. — *Cartul.* fol. 67 v°. — *Origin.* liasse G-2889.

173. — Août 1225.

Ego Theobaldus, Campanie et Brie comes palatinus, omnibus ad quos presens scriptum pervenerit notum facio, quod, cum discordia verteretur inter me ex una parte, et venerabiles viros Milonem, decanum, capitulumque Trecensem ex altera, super eo quod dicebam Guidonem de Subtus Muro et Elysabeth, uxorem ejus, esse homines meos, et ipsi M., decanus, capitulumque Trecense dicerent esse suos, et dicti Guido et Elysabeth, uxor ejus, pendente hujusmodi discordia, Senonis fugissent : tandem, de assensu et voluntate mea, et dictorum M., decani, capitulique Trecensis dicta discordia fuit pacificata in hunc modum : quod ego quitavi predictis M., decano, capituloque Trecensi quicquid juris habebam vel habere poteram tam in ipso Guidone quam in Elysabeth supradicta, ita quod dicti Guido, et Elysabeth, uxor ejus, ab omni exercitu et expeditione, justitia, tallia et exactione liberi erunt et immunes quoad me et meos successores, meosque ballivos ac meorum successorum, quamdiu vixerint idem Guido et Elysabeth, uxor ejus; sed liberorum, qui ab ipsis Guidone et dicta Elysabeth exierunt vel exibunt, una medietas erit mea, et altera medietas predicti capituli Trecensis, ita quod dicti liberi eque participabuntur omnes in rebus dictorum Guidonis et Elysabeth, uxoris sue, post decessum eorum. Quod ut firmum ac stabile cunctis temporibus permaneat, presentes litteras sigilli mei munimine feci roborari. Actum anno gratie M° CC° XX° quinto, mense augusto. — *Cartul.* fol. 65 r°. — *Origin. scellé*, liasse G-2621.

174. — Août 1225.

Ego Odo *Ragos*, conestabularius Burgundie, notum facio omnibus presentes litteras inspecturis, quod ego pignori obligavi capitulo Trecensi pro C libris pruviniensium fortium quicquid habeo in admodiationibus Capelle Sancti Petri et ville Sancti Saviniani, et quicquid pertinet ad admodiationes illas, que vulgo vierie appellantur. Dedi etiam eidem capitulo et ecclesie Trecensi in elemosinam fructus et proventus qui de admodiationibus illis et rebus ad admodiationes pertinentibus medio tempore levabuntur, quousque gageria sit redempta. Condictum est autem quod quandocumque voluero redimam gageriam istam, dummodo solvam prefato capitulo prefatas C libras. Dedi etiam fidem meam quod dictam gageriam, sicut dictum est, et dictam elemosinam ratam et gratam habebo, et ab omnibus gratam et ratam haberi faciam ab uxore mea, de cujus hereditate est, a domino seu dominis feodi, et ab omnibus quorum desideratur laudatio et consensus. Et si hoc quod promitto non possem adimplere, teneor infra XV dies postquam requisitus fuero a canonicis et capitulo Trecensi per fidem meam tenere prisonam Trecis, et satisfacere eis de omnibus dampnis et dependitis propter hoc. Et faciam capitulum habere super omnibus hiis litteras sigillo officialis Trecensis sigillatas. In cujus rei testimonium feci presentes litteras sigillo meo sigillari anno Domini M° CC° XXV°, mense augusto. — *Cartul.* fol. 67 r°. — *Origin.* liasse G-2858.

175. — Août 1225. — « Lettres de l'official de Troyes notifiant l'acte précédent (n. 174). » — *Cartul.* fol. 66 v°.

176. — Septembre 1225.

Robertus, Dei gratia Trecensis episcopus, omnibus presentes litteras inspecturis in Domino salutem. Noverint universi, quod, cum inter nos et venerabilem virum H., cantorem Trecensem, super jurisdictione clericorum chori, necnon licentia petenda a volente Trecis de Theologia legere, et etiam super mentilibus et forcipibus puerorum in prima tonsura, dissentio suborta fuisset: tandem de bonorum consilio, taliter inter nos compositio intervenit, videlicet, quod penes cantorem, salva tamen appellatione ad nos facienda, et excepto quod excommunicare vel suspendere non poterit, verumtamen extra chorum ejiciciendi eos, vel alias puniendi in ipso choro, prout consuevit, sibi potestate retenta clericorum chori, justitia remanebit, canonicis Beate Marie, in quibus jus hujusmodi sibi non recognoscimus, duntaxat exceptis. Actum anno Verbi Incarnati M° CC° XX° V°, mense septembri. — Camusat, *Promptuar.* fol. 191 r°.

177. — Octobre 1225.

In nomine Sancte et Individue Trinitatis, ego Odo, abbas, totusque conventus ecclesie Sancte Columbe Senonensis, notum facimus omnibus presentes litteras inspecturis, quod, cum controversia esset inter nos ex una parte, et venerabiles viros decanum et capitulum Trecénse ex altera, super eo quod petebant a nobis decimas sibi reddi de terris sitis infra decimationem eorum de Reigniaco et de Bocenaio, quas, post quamdam compositionem inter nos et ipsos olim factam, acquisivimus usque in hodiernum diem, scilicet, de terra defuncte Hermintrudis, sita juxta Petrum Amicum, III jornatas; a Garino de Ruissello, juxta Petrum Amicum, II jornatas; a defuncto Hermando, juxta essarta, III jornatas; a Godero de *Bocenai*, juxta Petrum Amicum, II jornatas; a filiis defuncte Helvydis de *Bocenai*, ante portam prioratus, IIII jornatas; a Rosero de *Reigni* ante dictam portam, II jornatas; a Guiardo de *Richeborc*, ante portam, III jornatas; ab eodem Guiardo et fratribus suis, prope prioratum, II jornatas; apud Spinam Fabri, juxta vineam et ultra viam, III jornatas; in hasta Sancte Columbe ab Ernaudo, converso, VI jornatas; item ab eodem Ernaudo et Garino et Radulfo fratribus, juxta vineam, IV jornatas; item ab Ernaudo, Ymberto Bove de Roseriis et de Wilemeto, aliquantulum prope vineam et ultra viam, VI jornatas; et a Suzanna et Arnulpho de Ruisello, et defuncto Wilemeto, prope viam, VI jornatas; ibidem ab Ernaudo, converso, VIII jornatas, ultra aquam; a Garino et Radulpho fratribus, Arnulpho et Guiardo, X jornatas : tandem pro bono pacis nobis decimas predictarum terrarum, quas in predicto finagio possidemus et propriis sumptibus excolimus, quitaverunt, ita tamen quod preter IX sextarios bladi, quos eis pridem debemus per aliam compositionem, nos ipsis per istam, annuatim ad festum sancti Remigii solvere tenemur I sextarium frumenti, et I sextarium sigali, et I sextarium avene, ad mensuram illius loci. In cujus rei testimonium presentes litteras sigillis nostris fecimus roborari. Anno gratie M° CC° XX° quinto, mense octobri. — *Cartul.* fol. 70 r°. — *Origin.* Les sceaux étaient sur double tresse plate en soie rose.

178. — Octobre 1225. — « In nomine Sancte et Individue Trinitatis, ego Milo, decanus, totumque capitulum Trecense. » Cette charte est identique (*mutatis mutandis*) à la charte précédente, dont elle est la contre-partie. — Archiv. de l'Yonne, *origin.* F. Sainte-Colombe, liasse 6.

179. — Décembre 1225.

Nos Bartholomeus, decanus S. Stephani, et magister Hugo, officialis Trecensis, omnibus presentes litteras inspecturis in Domino salutem. Noverit universitas vestra, quod Hugo de Ramerruco, prepositus domini Erardi, filius bone memorie Alberici, quondam prepositi de Ramerruco, in presentia nostra constitutus, dedit in perpetuam elemosinam capitulo Beati Petri Trecensis VIII solidos censuales cum duabus gallinis, qui debebantur ei annuatim apud *Montingon,* quorum medietas reddenda est annuatim ad crastinum Natalis Domini, et altera medietas ad festum Nativitatis sancti Johannis Baptiste. Debet autem idem Hugo facere venire omnes illos qui debent censum illum, et facere creantare quod de cetero reddent dicto capitulo dictis terminis dictum censum et dictas gallinas. Debet etiam facere laudari hanc elemosinam ab omnibus quorum necessarius est consensus, et debitam garanteiam portare capitulo memorato, et de omnibus hiis fideliter observandis dedit prefatus Hugo corparaliter fidem suam, per ipsam promittens quod omnes contradictores et rebelles pro posse compescet. Actum anno Domni M° CC° XX° quinto, mense decembri. — *Cartul.* fol. 57 r°. — *Origin.* liasse G-3077.

180. — 1225. — « Lettres par lesquelles Hugues, official de Troyes, certifie que Pierre, appelé communément Lempereur, et Jaquée, sa femme, ont vendu à ce chapitre un arpent et demi de pré à Sancey ; plus une pièce de courtil sise à la Vouise (apud *Gaisiam*) ; item 4 sous de droit cens sur trois maisons sises à Croncés (apud *Cronciaux*) devant l'église Saint-Gilles ; item 6 sous de droit cens sur leur grange de Croncés, leur pressoir et tout le pourpris qui en dépend ; item 10 bichets d'avoine de rente, assis sur plusieurs pièces de terre aux Noes, pour quoi le chapitre a payé auxdits vendeurs vingt livres de monnaie de Provins. An 1225. — *Cartul.* fol. 76 r°.

181. — Janvier 1225 (*v. st.*).

Magister Hugo, officialis Trecensis, omnibus presentes litteras inspecturis in Domino salutem. Noverit universitas vestra, quod Gilebertus Poncius in presentia mea constitutus vendidit decano et capitulo Trecensi V solidos consus, quos homines inferius exprimendi debebant et de rebus inferius exprimendis, annuatim ad festum sancti Remigii : *Bovez* de Pouteria IX denarios et obolum census de prato suo de *Chailloel; Constans* de Posterna IX denarios et obolum census de prato suo de *Chailloel;* Herbertus *li Vachiers* XVII denarios census de prato suo et terra sua de *Chailloel;* Johannes de Pampilona XII denarios census de terra sua de *Chailloel;* Tierricus *Saugete* VI denarios census de vinea sua de *Chailloel; Felisez li cordiers* III denarios census de dimidio arpento vinee sue apud *Webaudes;* Girardus Burgundus III denarios census de dimidio arpento vinee sue, site apud *Webaudes.* Recognovit autem prefatus Gilebertus quod precium venditionis receperat de omnibus hiis, scilicet, LX solidos pruviniensium. Idem et Gilebertus de predicis V solidis census se devestivit in manu mea, et ego, ad petitionem ipsius, investivi Gilonem, camerarium Trecensis ecclesie nomine predictorum decani et capituli. Preterea, dedit idem Gilebertus fidem suam quod hanc venditionem bona fide observabit, observari faciet, debitam garanteiam portabit et ab omnibus laudari faciet quorum desideratur laudatio vel consensus. Columbus etiam et Stephanus, filii dicti Gileberti, laudaverunt hanc donationem. Porro Huetus, magister fabrorum, filius defuncti Evrardi, et Marcus, filius domini Renaudi de *Vaigni*, obligaverunt se plegios super predictis omnibus observandis. Actum anno Domini M° CC° XX° quinto, mense januario. — *Cartul.* fol. 66 r°. — *Origin.* liasse G-2730.

182. — Janvier 1225 *(v. st.).* — « M., decanus, et Hugo, officialis Trecensis » notifient que « Garnerus, judeus, carnifex, vendidit Giloni de Pruvino, provisori operis ecclesie Trecensis, duas plateas domorum suarum de Macecreria in Burgo Episcopi, receptis pro pretio XXXII libris pruviniensium fortium.. Garnerus tenetur plateas a domibus et superedificio liberare infra dominicam primam instantis Quadragesime.. debitam garentiam portare debet de venditione.. se devestivit in manibus nostris de plateis istis, et nos investivimus Gilonem nomine ecclesie, ad opus fabrice Trecensis ecclesie.. Actum anno Domini M° CC° XX° quinto, mense januario. » — *Cartul.* fol. 68 r°. — *Origin. scellé*, liasse G-3463.

183. — 7 janvier 1226. — « Honorius, episcopus, servus servorum Dei. , decano, et capitulo Trecensi. » Le pape leur commande « ut, non obstante indulgentia quadam concessa ecclesie Trecensi a Sancta Sede, Valerianum Clericum Romanum, in canonicum et fratrem recipiatis.. Datum Reati VII id. januarii.. pontificatus anno X°. » — *Cartul.* fol. 80 r°. — *Moreau* 181, p. 295.

184. — Avril 1226.

Milo, decanus, totumque capitulum Trecense, omnibus presentes litteras inspecturis in Domino salutem. Noveritis nos constituisse in capitulo nostro generali, ut camerarius et partitores nostri foreneitates et alia debita, que nobis et ecclesie nostre a nostris concanonicis debentur, petant diligentius et requirant; et si forsan aliquis concanonicorum nostrorum, infra quindenam post monitionem sibi factam, dictis camerario et partitoribus de debito non satisfecerit, ex tunc cum ipso non erimus in capitulo, nec in choro, nec distributiones aliquas percipiet, quousque super debito satisfecerit competenter. Actum anno gratie M° CC° XX° sexto, mense aprili. — *Vidimus* de l'an 1371, liasse G-2573.

185. — Mai 1226.

Magister Hugo, officialis Trecensis, omnibus presentes litteras inspecturis in Domino salutem. Noverit universitas vestra, quod Drocho, frater Hugonis de Logia, in presentia nostra constitutus, quitavit omnino capitulo Trecensi VI denarios census, qui debentur de domo que fuit Quadrati, cordubanarii, que sita est retro ecclesiam Beati Johannis in Foro Trecensi. Datum anno Domini M° CC° XX° sexto, mense maio. — *Cartul.* fol. 81 v°. — *Origin.* liasse G-3542.

186. — Mai 1226. — « Hugo, officialis Trecensis » notifie que « Petrus *Seignez* de *Laval*, matricularius Sancti Stephani Trecensis, et Rosa, uxor ejus » ont vendu au chapitre de Troyes « totum terragium et quicquid juris habebant per se in campo quodam prope Capellam Galonis, qui dicitur campus *Bauderel*.. Actum anno gratie M° CC° XX° sexto, mense maio. » — *Origin*. liasse G-2858.

187. — Décembre 1227.

Ego Johannes, dominus Valeriaci, notum facio omnibus presentibus et futuris, quod ego, laude et voluntate Agnetis, uxoris mee, et filii mei Erardi, vendidi capitulo Trecensi pro quadringintis et viginti libris pruviniensium fortium, quas ab eisdem recepi, totam decimam meam de Villa *Meruel*, videlicet, duas partes in plano et tres partes in bosco, sextadecima parte minus illius decime, que est in bosco ; et tractum et dominium tocius decime supradicte ; et totum jus decime et terragii, que ad me pertinent vel pertinere poterunt in bosco de *Bateilli* ; et duodecim solidos censuales, quos habebam apud Villa *Meruel*, promittens capitulo supradicto, quod si filii domini Salonis de *Corjusenes* aliquid obtinuerint aut ceperint, ultra quam usque modo perceperunt de eo quod ego hucusque tenui in decima supradicta, ego illud dicto capitulo in denariis vel in redditibus equivalentibus restaurabo. Et si quis dictam decimam reclamaverit tanquam de feodo vel alio quoquo modo, et propter hoc capitulum dampnificaverit seu vexaverit quoquo modo, ego eis omnia dampna restituam et expensas, et faciam eos dictam decimam et censum supradictum pacifice possidere; obligans etiam me ipsum supponendum excommunicationi et terram meam interdicto per venerabiles patres dominum archiepiscopum Senonensem et dominum episcopum Trecensem, si non facerem quod promisi. In cujus rei testimonium presentem cartulam volui sigilli mei munimine roborari. Actum anno gratie M° CC° XX° septimo, mense decembri. — *Cartul.* fol. 34 v°. — *Origin.*

188. — 5 février 1228. — « Gregorius, episcopus, servus servorum Dei, dilectis filiis decano et capitulo ecclesie S. Stephani Trecensis. » Le pape approuve l'accord entre les chapitres de Saint-Pierre et de Saint-Etienne rapporté plus haut (n. 154). « Datum apud Urbem Veterem nonas februarii pontificatus nostri anno primo. » — *Copie* liasse G-3349.

189. — Avril 1228.

Ego Erardus de Brena, dominus Remeruci, et ego Philippa, uxor ejus, notum facimus presentibus et futuris nos vendidisse pro centum libris pruviniensium et quitasse imperpetuum venerabilibus viris decano et capitulo Trecensi quicquid habebamus in exequcione justitie in hominibus S. Petri apud *Troant*, in vico qui dicitur S. Petri, necnon et omnes homines cum familiis suis quos in eodem vico habebamus, que omnia tenebamus in feodum a domino Th., comite Campanie, cum omni jure quod in supradictis hominibus habebamus vel habere poteramus, dicto capitulo vendidimus et quitavimus, dicto precio mediante, cum LX sextariis avene, ad mensuram Remeruci, quod de capite mei Erardi et hereditate mea movebant, et que homines S. Petri de *Troant* nobis in granario nostro apud Remerucum annuatim reddere tenebantur, sicut patet per litteras mei Erardi, olim super hoc confectas et dicto capitulo traditas. In cujus rei testimonium presentes litteras dicto capitulo tradidimus, sigillorum nostrorum munimine roboratas. Actum anno gratie M° CC° XX° octavo, mense aprili. — *Cartul.* fol. 60 v°. — *Origin.* liasse G-3342.

190. — Avril 1228.

Ego Theobaldus, Campanie et Brie comes palatinus, notum facio presentibus et futuris, quod Erardus de Brena, dominus Rameruci, fidelis meus, in presentia mea constitutus, recognovit se vendidisse pro C libris pruviniensium et quitasse imperpetuum decano et capitulo Trecensi quicquid habebat in executione justitie in hominibus S. Petri apud *Troant..* (*ut supra*). Quam venditionem et quitacionem, ad instantiam prefati Erardi, laudavi, et presens scriptum appensione sigilli mei roboravi. Actum anno Domini M° CC° XX° octavo, mense aprili. — *Cartul.* fol. 60 v°. — *Origin.* liasse G-3342.

191. — 1231.

Ego Odo dictus *Ragot*, dominus de *Frollois*, constabularius Burgundie, notum facio omnibus presentes litteras inspecturis, quod ego de laude non coacta et voluntate Aalidis, uxoris mee, vendidi et quitavi imperpetuum decano et capitulo Trecensibus quicquid juris habebam vel habere poteram, ex parte uxoris mee predicte, ego vel heredes mei et sui, vel expectabam habere ratione escasure, ex parte uxoris mee, in admodiationibus de Sancto Saviniano et de Capella Sancti Petri, cum omni jure et causa et commodo pertinente ad admodiationes predictas. Et ego et uxor mea Aalidis plenarie et publice confitemur nos recepisse a decano et capitulo supradictis CC libras pruviniensium de venditione predicta. Venditionem autem istam ego, quam uxor mea, per fidem datam ab utroque nostrum promisimus quod eam firmiter observabimus et faciemus firmiter in posterum observari, neque per nos aut per quemcumque sustinebimus quod contra venditionem istam aliquo tempore veniamus vel veniri faciamus. Actum anno gratie M° CC° XXX° primo. — *Cartul.* fol. 66 r°. — *Origin.* liasse G-2858.

192. — Janvier 1231 (*v. st.*). — « P., officialis Trecensis » notifie que « nobilis mulier *Aaliz*, uxor nobilis viri Odonis, domini de *Frollois* et de Sancto Sepulcro » reconnaît que son mari a donné au chapitre de la cathédrale « Isabellim feminam ejusdem mariti sui, uxorem Petri de Fuegiis, filiam majorisse de Sancto Benedicto. — *Origin.* liasse G-2624.

193. — 1232. — « Clarembaudus, dominus de Cappis., tanquam dominus feodi, laudo venditionem admodiationum quas apud Capellam Sancti Petri et Sanctum Savinianum habebant Odo *Ragos* et *Aalis*, uxor ejus, quas vendiderunt et quitaverunt in perpetuum decano et capitulo Trecensibus.. laudavi et quitavi quicquid juris sive jure feodi, sive ex alia quacumque causa, ego vel heredes mei habere poteramus in eisdem (admodiationibus).. Actum anno gratie M° CC° XXX° secundo. » — *Origin.* liasse G-2858.

194. — Mars 1232 (*v. st.*). — « Theobaldus, Campanie et Brie comes palatinus » fait cette déclaration « ego de assensu et voluntate communie mee de Trecis donavi capitulo Trecensi Isabellem, filiam Margerie, que erat femina mea » le chapitre lui donne en échange « Helluydem, filiam Galteri de *Orviler*, ita quod erit de communia predicta. Actum anno Domini M° CC° XX° secundo, mense martio. » — *Origin.* liasse G-2624. Le sceau était sur double queue en parchemin.

195. — 21 juin 1233. — « Henricus, cantor Trecensis, et magister Stephanus de Pruvino, canonicus Remensis » notifient un différend entre « Theobaldum, Campanie et Brie comitem palatinum, ex una parte, et Milonem, decanum, et capitulum Trecense ex altera.. super intragio vinorum in civitatem Trecensem.. » Accord : « Capitulum et canonici Beati Petri Trecensis, et beneficiati in eadem ecclesia, et tres curati, scilicet, S. Remigii, S. Nicolii, et S. Dyonisii, vina deputata ad particiones cotidianas in dicta ecclesia, et vina propria singulorum libere, sine merello, sine pedagio et sine aliqua contradictione, jure clericali, secundum quod decet honestatem clericalem, introducent in civitatem Trecensem.. Actum anno gratie M° CC° XXX° tercio, mense junio, tercia die ante Nativitatem B. Johanais Baptiste. — *Origin.* liasse G-2645.

196. — Janvier 1234 (*v. st.*). — N[icholaus], miseratione divina Trecensis ecclesie minister humilis » notifie que « Adam de Riparia, domicellus, consanguineus magistri Petri de Claellis, canonici Trecensis, recognovit coram nobis, quod, cum Houdninus de *Chevileles*, et Fileta, sororia dicti H., homines sui essent de corpore per excambium terre quod fecerat cum dicto P., tandem vendidit eos idem A. dicto P. pro XX libris, sibi integre persolutis, et quicquid juris feodalis, et aliud jus quodcumque habebat et habere poterat in hominibus predictis. Et terram, quam idem A. tenet apud *Suiliaus*, tenebit idem A. in feodum a comite Campanie, ut melius garantire possit P. homines predictos.. Datum anno Domini M° CC° XXX° quarto, mense januario. — *Origin.* scellé, liasse G-2624.

197. — Mars 1234 (*v. st.*).

N[icholaus], miseratione divina Trecensis ecclesie minister humilis, salutem in Domino. Cum dilectissimi M., decanus, et capitulum Trecense, pridem acquisierant decimas in quibusdam terris et essartis, quas nobilis vir J. de *Valeri*, miles, et antecessores sui in parrochia de Moceio, et ibidem circa, de facto antea habuerunt, et dictum capitulum in possessione fuerit aliquandiu predictorum; attendentes quod terre pertinentes ad granchiam Girardi *Lomeleron*, majoris Trecensis, sint noviter essarte et ad agriculturam redacte, et quod dictum capitulum per prefatam acquisitionem in decimis terrarum illius granchie se asserunt jus habere : nos, ex officio nostro, de decimis novalium dicte granchie ita duximus ordinandum, videlicet, quod dictum capitulum decimas dictorum novalium ipsius granchie de cetero percipiat, et easdem decimas, quantum ad officium nostrum pertinet, eidem capitulo confirmamus. Datum anno M° CC° XXX° quarto, mense marcio. — *Origin.* liasse G-3092.

198. — 28 janvier 1237 *(v. st.).* — « R., decanus ; H., cantor ; et magister Theobaldus, canonici Trecenses, arbitri a capitulo Trecensi et canonicis altaris B. Marie electi » donnent le *vidimus* de la charte n. 36 « collatione facta de hoc transcripto ad autenticum.. Datum anno Domini M° CC° XXX° septimo, die mercurii ante Purificationem B. Virginis. » — *Origin.* liasse G-2573.

199. — Juillet 1239.

Ego Garnerius de Triangulo, dominus Marigniaci, notum facio omnibus presentes litteras inspecturis, quod ego vendidi viris venerabilibus.. decano, et capitulo Trecensi, quicquid juris habebam et habere poteram in molendino de Curva Ripa in blado et denariis et omnibus aliis modis et commodis pro LXXX libris pruviniensium de quibus teneo me pro pagato, ita quod nichil juris michi neque meis retinui in molendino predicto, quod movet de censiva capituli memorati. Quociens vicem contigerit rupturam fieri stagni, quod est prope molendinum, occasione generalis venditionis piscium dicti stagni, rup-

tura facta occasione hujusmodi ultra sex ebdomadas non durabit; et si plus duraverit, teneor reddere dicte ecclesie multuram pro parte mea pro rata temporis quo durabit, et quantocius fieri poterit reedificatio rupture dicti stagni in continenti teneor pro rata mea ponere in eadem. In cujus rei testimonium presentes litteras sigilli mei munimine roboravi. Actum anno Domini M° C° XXX° nono, mense julio.
Origin. liasse G-3293.

200. — Juillet 1239.

Nicholaus, miseratione divina Trecensis ecclesie minister humilis, omnibus presentes litteras inspecturis salutem in Domino. Cum ecclesia de Valantiniaco cum capella de Hampiniaco, que ad eamdem ecclesiam pertinet, ad cantoriam Trecensem pleno jure pertineret, nec proprium haberet curatum, nos saluti animarum parrochianorum ejusdem ecclesie et capelle predicte providere volentes, de unanimi assensu decani et capituli Trecensis et voluntate Henrici, cantoris ejusdem ecclesie, auctoritate statuti generalis concilii Lateranensis, de prefata ecclesia cum sua capella ordinavimus in hunc modum: cantor, qui pro tempore fuerit in ecclesia Trecensi, ad curam dicte ecclesie nobis et successoribus nostris personam ydoneam presentabit, quam nos et successores nostri recipere tenebimur sine aliqua difficultate; persona vero a nobis vel successoribus nostris in eadem ecclesia sic instituta infra octo dies venire tenebitur ad cantorem, ad prestandum eidem cantori juramentum fidelitatis de reddenda annua pensione XVI librarum pruviniensium, quam in ecclesia de Valantiniaco cum sua capella de Hampiniaco reddendam singulis annis Trecis imperpetuum cantoribus Trecensibus assignavimus, terminis subscriptis, videlicet, C solidos in festo S. Remigii, C solidos in Nativitate Domini, et VI libris in Pascha. Statuimus insuper et auctoritate episcopali ordinavimus, quod capella de Hampiniaco, que ad ecclesiam de Valantiniaco, ut diximus, ab antiquis temporibus pertinuit et adhuc pertinet, nullo modo possit ab ecclesia de Valantiniaco separari sine speciali et expresso consensu cantoris Trecensis, nec tunc, nisi salva pensione, quam cantori Trecensi in eadem ecclesia assignavimus imperpetuum percipiendam terminis supradictis. Sciendum preterea, quod nos cantorie Trecensis assignavimus imperpetuum pensiones, que ad mensam episcopalem a longe retroactis temporibus pertinuerunt, et mense episcopali sine aliqua contradictione persolute fuerunt, videlicet, LX solidos in ecclesia de Escarda : XX solidos in festo Omnium Sanctorum, XX solidos in Nativitate Domini, et XX solidos in Pascha; item in ecclesia de Junquereio VI libras : XXX solidos in festo beati Petri ad Vincula, XXX solidos in festo Omnium Sanctorum, XXX solidos in Nativitate Domini, et XXX solidos in Pascha; item in ecclesia de Boilliaco XL solidos, videlicet : in festo S. Laurentii X solidos, in festo Omnium

Sanctorum X solidos, in Pascha X solidos, et in Penthecoste X solidos. Supradictas autem pensiones curati predictarum ecclesiarum terminis supradictis cantori Trecensi vel ejus mandato solvere tenebuntur per juramentum suum. Statuimus insuper, quod de Escarda et de Junquereio et de Boilliaco curati infra quindecim dies, a die qua a nobis vel successoribus nostris de cura ecclesiarum suarum investiti fuerint, ad cantorem veniant, nisi legitimo sint impedimento detenti, eique juramentum prestent de reddendis pensionibus memoratis terminis prescriptis; quas si non redderent terminis predictis, ex tunc tanquam rei perjurii ecclesiis suis scirent se privatos; et quod ecclesia de Valantiniaco cum capella sua ad eumdem cantorem pleno jure pertinebat, ordinavimus et statuimus quod eadem ecclesia de Valantiniaco cum capella sua de Hampiniaco nobis tantum et successoribus nostris et cantoribus Trecensibus sit subjecta, ita quod nec archidiaconus nec decanus ejusdem loci aliquam in ea habeant jurisdictionem vel procurationem. Actum anno Domini M° CC° XXX° nono, mense julio. — *Origin.*

201. — Février 1239 (*v. st.*).

Omnibus presentes litteras inspecturis frater G., Sigilleriarum dictus abbas, totusque ejusdem loci conventus, salutem in Domino. Universitati vestre innotescat, quod nos VI sextarios bladi, tres videlicet siguli et totidem molture annui redditus, quos singulis annis percipiebamus in molendino de Curva Ripa, capitulo Trecensi ad perpetuam hereditatem vendidimus; pro qua venditione XV libras pruviniensium fortium recepimus ab eodem capitulo. In cujus rei testimonium et munimen presentes litteras sigillo nostro duximus roborandas. Actum anno Domini M° CC° XXX° nono, mense februarii.— *Origin.* liasse G-3293.

202. — 22 décembre 1242.

Innocentius, episcopus, servus servorum Dei venerabili fratri.. episcopo, et dilectis filiis capitulo Trecensi salutem et Apostolicam benedictionem. Ea que judicio vel concordia terminantur firma debent et illibata persistere, et ne in recidive contentionis scrupulum relabantur Apostolico convenit presidio communiri. Ex parte siquidem vestra fuit propositum coram nobis, quod orta olim inter bone memorie H., episcopum, et capitulum Trecense ex parte una, et.. decanum, et capitulum Sancti Stephani Trecensis ex altera, super quibusdam annuis pensionibus, processiobibus Rogationum tempore faciendis, ac rebus aliis materia questionis : tandem, mediantibus bonis viris, amicabilis inter partes compositio intervenit, quam petiistis Apostolico munimine roborari. Nos igitur vestris justis petitionibus grato concurrentes assensu, compositionem ipsam, sicut sine pravitate provide facta est et ab utraque parte sponte recepta et hactenus pacifice observata est, auatoritate Apostolica confirmamus et presentis scripti patrocinio communimus. Nulli ergo (*ut supra* n. 37). Datum Laterani XI kal. januarii pontificatus nostri anno primo. — *Origin.* liasse G-23.

203. — Janvier 1242 (*v. st.*).

Omnibus presentes litteras inspecturis N[icholaus], divina miseratione Trecensis ecclesie minister humilis, salutem in Domino. Noverint universi, quod, cum parrochialis ecclesia de Barbona vacaret, que adeo populosa erat et diffusa quod per unum presbiterum curatum non poterat commode deserviri, propter quod periculum animarum de die in diem imminebat : nos volentes imminenti periculo obviare, et animarum saluti, prout tenemur ex officio nostro, providere; attendentes etiam quod super hiis non poterat apponi salubre consilium, nisi fieret divisio ecclesie memorate, que adeo pinguis erat et in tantum redditibus habundabat quod ex eis poterat duobus presbyteris commode provideri, fratrem Durandum, priorem de Choisello cum nuntiis capituli Trecensis, ad quod collatio dicte parrochie dinoscitur pertinere, destinavimus apud Faiellum Magnum et Parvum Faiellum, ad inquirendum valorem reddituum, quos presbiter haberet annuatim et posset ex dictis duabus villis percipere, si de novo institueretur curatus presbiter in eisdem. Qui frater Durandus, inquisita de dictis redditibus veritate, nobis per suas litteras intimavit, quod presbiter qui

institueretur ibidem bene haberet XX libras annui
redditus, secundum estimationem factam reddituum
predictorum et proventuum, qui eidem ex parro-
chianis suis provenirent. Unde nos, de bonorum
virorum consilio, dictam ecclesiam de Barbona,
consencientibus venerabilibus viris et dilectis in
Xpisto filiis.. decano, et capitulo Trecensibus, ad
quos jus patronatus dicte ecclesie pertinebat, in duas
divisimus in hunc modum : quod apud Faiellum
Magnum ex nunc erit curatus presbitor, cui sub
erunt parrochiani de Faiello Parvo et ei obedient tanquam proprio sacerdoti ; et tam illi de Parvo Faiello
quam illi de Magno Faiello eidem presbitero integre
reddent et persolvent jura sua parrochialia et alios
redditus, quos annuatim presbitero de Barbona ratione presbiteratus solvere tenebantur, cum hiis que
in augmentatione reddituum, ut proprium haberent
presbiterum, concesserunt, videlicet, IV sextariis
vini qui annuatim ad opus ecclesie debebantur; tercia parte unius quarterii vinee ad fabricam ecclesie
deputate ; uno quarterio vinee quod Radulfus de
Chemino promisit se daturum ; et dimidio quarterio
vinee quod Hermerus de Monasterio promisit se daturum in augmentatione facienda ; et VI denariis
annui redditus quos Adelina uxor *Quoquantorge* promisit se daturam ; item mulieres de Faiello Magno,
que in festis annalibus solummodo obolum offere-
bant, de cetero offerent in quolibet festo annali
unum denarium ; item pro fornera panis, que non
valebat nisi panem et dimidium in furno bannali de

Faiello Magno, de cetero duo panes integri persolventur. Quo omnia promiserunt parrochiani de Faiello Magno se facturos, prout dictus prior nobis per suas litteras intimavit. Apud Barbonam vero erit alius presbiter curatus, qui totum residuum reddituum integre percipiet et habebit. Nos autem volumus et concedimus, quod dicti decanus et capitulum Trecense dictas duas ecclesias habeant et possideant in eadem libertate in qua dictam ecclesiam de Barbona possidebant ante divisionem predictam. In cujus rei memoriam presentes litteras fecimus sigilli nostri munimine roborari. Actum anno Domini M° CC° XL° secundo, mense januarii. — *Origin.* liasse G-2709.

204. — Juin 1244.

Omnibus presentes litteras inspecturis R., decanus, capitulumque Trecense, salutem in Domino. Noverint universi, quod, cum venerabilis in Xpisto pater Nicholaus, Dei gratia Trecensis episcopus, quamdam costumam, que vulgariter dicitur manus mortua, quam ab hominibus episcopatus recipere consueverat, hominibus et feminis suis de civitate Trecensi et de majoriis suis de Ponte Sancte Marie, de Poilliaco, de *Torviller*, et de Lanis, pro utilitate episcopatus in perpetuum vendiderit : nos dictam venditionem ratam habuimus et habemus, et eam tanquam ad nos pertinet approbamus. In cujus rei testimonium presentes litteras fecimus sigilli nostri munimine roborari. Actum anno Domini M° CC° XL° quarto. — *Origin.* liasse G-2621.

205. — 23 février 1245.

Innocentius, episcopus, servus servorum Dei, dilectis filiis.. decano, et capitulo Trecensi, salutem et Apostolicam benedictionem. Devotionis vestre precibus inclinati, auctoritate vobis presentium indulgemus, ut cum generale terre fuerit interdictum, clausis januis, interdictis et excommunicatis exclusis, summissa voce, non pulsatis companis, divina possitis officia celebrare, dummodo causam non dederitis interdicto, nec id vobis contingat specialiter interdici. Nulli ergo omnino hominum liceat hanc paginam nostre concessionis infringere vel (*ut supra* n. 27). Datum Lugduni, VII kal. martii pontificatus nostri anno secundo. — *Origin.* liasse G-2573. Le sceau pendait à des fils de soie rouge et jaune.

206. — 1246.

Omnibus presentes litteras inspecturis Nicolaus, Trecensis ecclesie minister humilis, salutem. Noverint universi, quod, cum discordia esset inter dilectum Girardum, quondam cantorem, et Girardum, quondam succentorem Trecensem, super collatione scholarum Trecensium : tandem nobis et aliis viris mediantibus, compositum fuit inter ipsos in hunc modum, quod dictus succentor sua propria voluntate, quicquid juris habebat in collatione earumdem scholarum, exceptis scholis cantus et scribarum, quittavit dicto cantori et successoribus suis in futurum ; dictus vero cantor, quia succentoria tenues habebat redditus, dicto succentori dedit imperpetuum et concessit LX solidos, quos annuatim in ecclesia de Escardia percipere consuevit, ab ipso succentore et successoribus suis percipiendos imperpetuum, et habendos singulis annis, et terminis subscriptis, videlicet, XX solidos in festo Omnium Sanctorum, XX solidos in Nativitate Domini, et XX solidos in Pascha. Supradictam vero pensionem LX solidorum curatus ecclesie de Escardia supradictis terminis dicto succentori Trecensi, vel ejus mandato, solvere tenebitur per juramentum suum. Statuimus insuper, quod curatus de Escardia infra quindecim dies a die qua a nobis vel successoribus nostris de cura ecclesie sue investitus fuerit ad succentorem veniat, nisi legitimo sit impedimento detentus, eique juramentum prestet de reddenda pensione predicta. In cujus rei testimonium presentibus litteris sigillum nostrum duximus apponendum. Actum anno Domini M° CC° XL° sexto. — *Origin.* liasse G-2810. — Nicolas, évêque de Troyes, confirme cette même charte en 1268, juin. — *Origin.* Ibid.

207. — 4 mai 1247. — « Innocentius, episcopus, servus servorum Dei, venerabilibus fratribus ..Bituricensis, ..Remensis ..Rothomagensis, archiepiscopis, et eorum suffraganeis.. Ex parte vestra fuit.. » Le pape promulgue une décision rendue le 24 avril 1247 par P., évêque d'Albano, pour interpréter la constitution du concile de Lyon qui prescrit la levée d'un impôt sur le clergé pour venir en aide à l'empire

latin de Constantinople. « Datum Lugduni, IIII non. maii pontificatus nostri anno quarto. » — *Origin.* liasse G-2614.

208. — 1ᵉʳ octobre 1249.

Innocentius, episcopus, servus servorum Dei, dilectis filiis ..decano, et capitulo ecclesie Trecensis, salutem et Apostolicam benedictionem. Devotionis vestre meretur honestas, ut petitionibus vestris, quantum cum Deo possumus, favorabiliter annuamus : hinc est, quod nos, vestre devotionis supplicationibus inclinati, ut nullus infra metas ecclesiarum parrochialium, in quibus jus patronatus habetis, absque vestro et rectorum ecclesiarum ipsarum licentia et assensu, oratoria, capellas, ecclesias, seu monasteria de novo edificari valeat, vobis auctoritate presentium indulgemus. Nulli ergo omnino hominum liceat hanc paginam nostre concessionis (*ut supra* n. 37). Datum Lugdunum, kal. octobris pontificatus nostri anno septimo. — *Origin.* liasse G-2577. La bulle était sur fils de soie rouge et jaune.

209. — 3 juillet 1252. — « Innocentius, episcopus, servus servorum Dei, dilectis ..decano, et capitulo Trecensi. » Le pape renouvelle l'indult qu'il avait accordé au chapitre le 23 février 1245 (Cfr. n. 205). « Datum Perusii V non. julii pontificatus nostri anno decimo. — *Origin.* liasse G-2573.

210. — 2 mars 1256. — « Alexander, episcopus, servus servorum Dei, episcopo Trecensi. » Le pape accorde à l'évêque de Troyes la faculté de nommer aux premières prébendes vacantes à la cathédrale « duos clericos idoneos, et in sacris, dum velint residere, et in ecclesia Trecensi personaliter et continue deservire, non obstante statuto ipsius ecclesie de certo canonicorum numero. Datum Laterani, VI non. martii pontificatus nostri anno secundo. » — Bibliot. nation. *Moreau* 1204, p. 280.

211. — Janvier 1258 (*v. st.*). — « Magister Erardus, dominus Lisigniarum, canonicus Antissiodorensis, filius et heres bone memorie Guillermi, quondam domini Lisigniarum, et Felicis recordationis Margarete, quondam uxoris ejusdem Guillermi, et magister Theobaldus Fabrarius, canonicus Trecensis, executores testamenti predicte Margarete » notifient que Marguerite a légué à l'église Saint-Pierre pour son anniversaire annuel « XL solidos forenses annui et perpetui redditus.. » ces 40 sous seront pris tous les ans « apud Villam Bertini, in redditibus dicte ville.. Datum anno Domini Mº CCº Lº octavo, mense januario. » — *Origin*. — *Vidimus* de cet acte par « Renier de La Bele, bailliz de Troies, de Miaux et de Provins.. L'an de grace 1289 le mardi après la feste de la Magdeleine. » — *Origin*.

212. — 31 janvier 1252.

Urbanus, episcopus, servus servorum Dei, venerabili fratri ..episcopo, et dilectis filiis ..decano, et capitulo Trecensi, salutem et Apostolicam benedictionem. Nobis in eminenti Sedis Apostolice specula divina providentia constitutis, dum circumspicimus undique circa statum ecclesiarum omnium, quarum curam gerimus generalem, juxta officii nostri debitum sollicite vigilantes, inter alias, ad quas interdum consideratione descendimus speciali, Trecensis ecclesia, quasi prior et specialior intuenda nostris occurrit aspectibus, nostrisque ingeritur affectibus pre ceteris diligenda : de cujus quidem honore innati amoris stimulo vehementius excitamur. Hinc est quod nos, paci et quieti vestre paterna volentes sollicitudine providere, ac personas et ecclesiam vestram prerogativa honorare favoris et gratie specialis, auctoritate vobis presentium indulgemus ne quis legatus Apostolice Sedis, vel delegatus aut subdelegatus ab eo conservator, seu etiam executor, prefatam ecclesiam, vel quamvis aliam in civitate Trecensi vel ejus suburbiis constitutam, per litteras Sedis ejusdem vel legatorum ejus, non facientes plenam et expressam de indulto hujusmodi mentionem, ecclesiastico supponere valeat interdicto. Nos enim ex tunc irritum decernimus et inane si quid contra presens indultum cujusquam fuerit temeritate presumptum. Nulli ergo omnino hominum liceat hanc paginam nostre concessionis (*ut supra* n. 37). Datum Viterbii, II kal. februarii pontificatus nostri anno primo. — *Origin.* liasse G-2577. La bulle était sur lils de soie rouge et jaune.

243. — 2 janvier 1268 (*v. st.*).

Anno Domini M° CC° LX° octavo statutum fuit et ordinatum in nostro capitulo generali, die mercurii post Circumcisionem Domini continuata a die lune precedenti, cum ecclesia nostra in servitio pati videatur defectum, quod viri venerabiles magister Dionisius, decanus ecclesie nostre, et Joannes, cantor dicto ecclesie, et magister Matheus, canonicus noster, servitium ecclesie nostre ordinabunt, prout eis videbitur expedire : ratum et gratum plenius habituri quicquid factum fuerit per eosdem super dicto servitio, ac etiam ordinatum. In cujus rei testimonium presens statutum sigilli nostri munimine duximus roborandum. Datum anno et die predictis. (*Extrait d'un ancien livre de Montier-la-Celle*. Voir *Annales de Troyes de l'an 484 à l'an 1344*, p. 59, chez M. Socard, libraire à Troyes.)

214. — Juillet 1284. « Hec est ordinacio de servicio in choro faciendo. » Ce règlement a pour but principal de renouveler et de compléter l'ancien réglement de la pointe *(quod alias statutum fuit)* ; il fixe les amendes infligées aux divers officiers du chœur qui manquent totalement ou en partie à leur office.

1. « Septimanarius » qui manque à quelque point de son office pendant Matines « solvet II denarios pro unoquoque defectu ; in horis diei solvet I d.; pro defectu vero Misse solvet IV d'.

2. » Item vicarius chorarius.. pro unoquoque defectu in Matutinis, I d.; similiter in Missis, Vesperis et officiis mortuorum.

3. » Item succentor.. pro unoquoque defectu amittet I d.

4. » Item diaconus et subdiaconus.. pro unoquoque defectu unusquisque solvet II d.

5. » Septimanarius diebus dominicis et aliis festis IX lectionum.. pro unoquoque defectu solvet IV d.; pro defectu Aque benedicte et Processione pro unoquoque solvet VI d.; pro defectu Misse, VIII d.

6. » Canonici in Minoribus Ordinibus constituti faciant per se, vel per alios ad hoc ydoneos, officium puerorum de choro,

prout est in dicta ecclesia consuetum, alioquin solvent marrenciam II denariorum diebus privatis, diebus vero IX lectionum solvent IV d.; in festis annalibus et duplicibus solvent VI d. pro unoquoque defectu.

7. » Item dyachonus et subdyachonus.. diebus dominicis et in festis IX lectionum, pro unoquoque defectu in officio suo solvet unusquisque eorum XII d.

8. » Item in festis duplicibus presbiter septimanarius qui marrenciam fecerit in primis et secundis Vesperis, pro unoquoque defectu solvet XII d.; pro marrencia Matutinarum XII d.; pro marrencia Misse V s.; pro marrencia aliarum Horarum, pro unaquaque III d.

9. » Item subdyachoni canonici qui regunt chorum vel ministrant ad altare, si marrenciam fecerint in primis vel secundis Vesperis, in Matutinis et Missa, pro unoquoque defectu solvet quilibet XII d.

10. » Item dyaconus et subdiaconus.. in Missis festorum duplicium, pro unoquoque defectu solvet unusquisque II s.; in festis annualibus pro defectu in Processionibus XII d.; pro defectu Epistole IV s.; pro defectu Evangelii V s.; pro defectu Misse VII s. » Suit le règlement de la pointe pour les vicaires, les chapelains et les clercs.

11. « In festis vero annualibus omnes de choro, tam canonici quam alii, rasis de novo coronis et barbis intrent chorum in primis Vesperis, alioquin quilibet canonicorum solvet IV d.; alii inferiores unusquisque I d. »

« Actum in capitulo generali quod fuit anno Domini M° CC° LXXX° primo, mense julio. » — *Vieille copie.*

215. — 5 mai 1283.

In Dei nomine, amen, anno Nativitatis ejusdem M° CC° LXXX° tercio, die mercurii post octabas translacionis S. Nicolai mensis maii, indictionis X, presentis instrumenti serie clareat universis, quod, cum vir venerabilis et discretus magister Dyonisius, decanus ecclesie Trecensis, coram rever. patre domino J., Dei gratia Trecensi episcopo, pro se et capitulo Trecensi, non animo recedendi ab appellationibus suis ad Sedem Apostolicam super provisione magistro Lamberto, officiali, a dicto rever. patre facta, legitime interpositis, proposuisset infra scripta, scilicet, quod ministri dicti domini episcopi, pendentibus legitimis eorum appellationibus ab ipsis decano et capitulo, subtraxerant sine rationabili causa vinum et nebulas que habere debent in bursa dicti episcopi in Cena Domini; item quamdam nonam, quam debet idem episcopus ipsis decano et capitulo die Pasche post prandium, videlicet, pomorum, vini et nebularum; et XL solidos, quos eodem die Pasche recipere et habere de bursa dicti domini episcopi, quotiescumque absens est die Pasche predicta; item C solidos turonensium, in quibus dictus dominus episcopus tenetur eisdem pro archidiaconatu Trecensi sic solvendis, videlicet, ad Nativitatem Domini L solidos, et in Pascha alios L solidos; item et C alios solidos eis debitos, sitos super terra do *Macé*, pro anniversario domini Johannis de Thoreta, de duobus annis preteritis quibus dictus dominus terram tenuerat antedictam; item panem et vinum anniversarii Garnerii, episcopi quondam Trecensis; item panem et vinum anniversarii episcopi Nicolai, et plurima alia que percipere consueverant in bursa episcopi; item a dicto decano X libras sibi debitas in bursa episcopi die Pasche ; et a quampluribus archidiaconis dicte ecclesie portiones suas emendarum curie, sibi in Quadragesima debitarum ; verum et quamplurima alia, que dicti decanus et capitulum in eadem bursa episcopi certis diebus et terminis percipere consueverant, subtraxerunt. Qui, quanquam essent super hoc pluries requisiti, ipsis decano et capitulo satisfacere minime curaverunt : quare Jacobus de *Baaçon*, canonicus Trecensis, nuntius et procurator decani et capituli predictorum, non animo recedendi a dictis appellationibus ad dictam Sedem, ut dicebat legitime interjectis, sed eisdem potius inherendo in presentia mei notarii et infra scriptorum testium, ea omnia a dicto decano proposita et narrata ratificavit, et significavit domino episcopo, suo et procuratorio nomine dictorum decani ac capituli ac pro ipsis quod super predictis non erat in aliquo satisfactum, licet dominus episcopus ad premissa omnia et singula suo juramento teneatur astrictus. Propter quod dictus procurator humiliter petiit a domino episcopo, ut ipse super premissis satisfaceret vel satisfieri faceret, prout per juramentum suum tenebatur. Ad que omnia magister Matheus de Morguivalle pro dicto domino episcopo et in ejus presentia, ipso non contradicente, respondit quod ipsi decanus et capitulum ea omnia in scriptis redigerent, et redactis, ea domino episcopo presentarent, et ipse dominus episcopus, habito super hiis una cum sociis suis peritis consilio, exinde faceret quod deberet ; verum idem episcopus

dixit quod ipse ministris suis preceperat quod ipsi super dictis exhibendis restitutionibus facerent quod deberent. Actum apud Aquis, Trecensis diocesis, presentibus : domino Aimereto, curato dicte ville ; dominis Guillermo, et Renaudo de Brena, capellanis dicti domini episcopi ; et pluribus aliis ad hec audienda vocatis testibus et rogatis, anno, mense, die et indictione predictis. — Et ego Nicolaus de Fonte, auctoritate sacrosancte Romane ecclesie publicus notarius, ac clericus sacre regalis Sicilie majestatis, quia predictis requisitioni, significationi et responsioni presens fui, ea in formam redegi publicam et signo meo usitato signavi rogatus. N. *avec paraphe.*
— *Origin.* liasse G-2551.

216. — 1270, 1273, 1285. — Varia statuta capitularia de forma nominandi seu presentandi per canonicos ad beneficia que a capitulo Trecensi dependent, quorum statutorum summam subjicit Camusat in *Promptuarii Auctario* :

Canonici presbiteri, diaconi et subdiaconi sunt inscribendi in tabula ad beneficia conferenda, secundum eorum ordinem : videlicet, primo presbiteri, secundo diaconi, et ultimo subdiaconi. Septimana canonici incipit a die dominica in ortu solis, et durat usque ad ortum solis alterius dominice proxime sequentis. Canonicus septimanarius tenetur per se, vel per procuratorem habentem ad hoc speciale mandatum, nominare seu presentare in capitulo personam idoneam, infra quindecim dies a tempore quo notitia mortis defuncti devenit ad capitulum, et si in predictis defecerit, totum jus devolvitur ad capitulum. Nominati seu presentati per septimanarium debent examinari per capitulum, et si non sint sufficientes, septimanarius privatur suo jure pro hac vice, et devolvitur ad capitulum. Septimanarius solum potest nominare seu presentare ad beneficia vacantia per mortem, et si aliter vacaverint, jus et potestas pertinet ad capitulum. — (Fol. 23 v°).

217. — XIII°-XIV° s. — DE QUIBUSDAM INSTITUTIS CAPITULARIBUS.

I. *Secuntur redditus quos debet decano et capitulo ecclesie Trecensis episcopus Trecensis, et alia onera que debet facere in dicta ecclesia Trecensi.*

Primo, pro festo Assumptionis beate Marie XX solidos, et est de recepta celerarii.

2. Item pro festo Omnium Sanctorum XX solidos, qui distribuuntur canonicis presentibus in dicto festo.

3. Item pro archidiaconatu in Nativitate Domini L solidos. Item eadem de causa in Paschate L solidos et vadunt cellario.

4. Item ab eodem pro festo beato Helene XX solidos.

5. Item ab eodem pro festo beate Mastidie III solidos VI denarios.

6. Item ab eodem super redditibus de Primofacto pro anniversario episcopi Nicolai X libras.

7. Item ab eodem pro decimo foro XX solidos. Istos recusat solvere absque rationabili causa, et per defectum et negligentiam decani et capituli, quare apponent remedium.

8. Item debet in festivitate Natalis Domini facere officium in ecclesia Trecensi ; et dare ad manducandum in vigilia et in festo canonicis, vicariis, et aliis de choro, in dicto festo presentibus, et qui interesse voluerint in dicto prandio. Et si episcopus presens non fuerit, et dictum officium et prandium non fecerit, debet in dicto festo Nativitatis XL solidos, qui distribuuntur canonicis in dicto festo presentibus. Et est sciendum quod quatuor canonici altaris Beate Marie a distributione dictorum XL solidorum excluduntur.

9. Item debet in festo Pasche eadem facere.

10. Item debet in festo Pentechostes eadem facere.

11. Item in festo Apostolorum Petri et Pauli eadem facere.

12. Item debet in certis anniversariis episcoporum canonicis, matriculariis laicis, ac etiam duobus matriculariis presbyteris, et quatuor canonicis altaris Beate Marie, ac claustrario et succentori, qui presentes fuerint in anniversariis dictorum episcoporum, distribuere cuilibet istorum panem et vinum, videlicet cuilibet unum magnum panem, qui equipollet duobus panibus prebendalibus cum dimidio, tres pintas vini, vel duos solidos parisiensium bone et fortis monete. Anniversaria vero et nomina dic-

torum episcoporum sunt hec : In (1) Vigilia Purificationis beate Marie pro domino Henrico, Trecensi episcopo ; item in Carniprivio, scilicet tertia feria post dominicam in Quinquagesima, pro domino Bartholomeo Trecensi episcopo ; item in die sanctarum Felicitatis et Perpetue pro domino Manasse, Trecensi episcopo ; item in Septimana Penosa, scilicet mercurii post Ramos Palmarum, pro domino Garnero, Trecensi episcopo ; item in octavis Pasche, scilicet lune de Quasimodo, pro domino Nicolao, Trecensi episcopo ; item ultima die junii, pro domino Herveo, Trecensi episcopo ; item die sancti Bartholomei, pro domino Henrico de Pictavia ; item in vigilia sancti Michaelis, pro domino Matheo, Trecensi episcopo.

13. Item debet dominus episcopus totum luminare in ecclesia Trecensi tam de die quam de nocte ; et in Nativitate Domini ad matutinas unam torchiam ; et unam aliam in festo Apparitionis, quando cantatur evangelium ; item unam aliam torchiam in Adventu, videlicet, in jejuniis Quatuor Temporum, quando cantatur evangelium *Missus est*. Et est sciendum quod in eadem ecclesia Trecensi sunt XII festivitates annuales, et in quolibet festo debent poni ante majus altare in XIII candelabris, ibidem ordinatis, XIII cerei ponderis LII librarum cere,

---

(1) Le ms. n'étant pas clair en cet endroit nous donnons l'énumération suivante d'après le *Liber obituum*, cité par Camusat, *Promptuar.* fol. 148 v°.

quiquidem tredecim cerei debent fieri secundum ordinationem antiquitus observatam.

14. Item debet in festis duplicibus VIII cereos ante dictum altare, ponderis VIII librarum.

15. Item debet ordinarie V cereos tam de die quam de nocte, qui ardere debent continue, videlicet, III in choro, II ante majus altare ; alter ante Sanctam Helenam ; alius ante Salvatorem ; et alius in capella Beate Marie, ponderis quilibet unius libre.

16. Item debet in festo Purificationis beate Marie decano, et cuilibet archidiacono, in dicto festo presenti, unum cereum de dimidia libra ; cuilibet canonico unum cereum de uno quarterio libre ; aliis vicariis et beneficiatis in choro existentibus, servientibus ecclesie, et gentibus canonicorum in hospitiis suis commanentibus cuilibet unum cereum, talis videlicet, quod de libra cere debent fieri octo cerei.

17. Item debet in festo sancti Michaelis totum cotidianum canonicis, vicariis, beneficiatis, in dicto festo presentibus.

18. Item debet die jovis in Cena Domini post evangelium et sermonem et ablutionem pedum factam canonicis et omnibus aliis de choro, dare ad bibendum de vino albo semel, et de vino rubeo bis, videlicet, canonicis de vino de Belna ; et debet vinum ad lavandum altaria.

19. Item in eadem die debet nebulas distribuere canonicis et aliis de choro post potum, ibidem presentibus ; gentes episcopi et claustrarius ministrant.

20. Item debet in festo Pasche dare ad bibendum post nonam canonicis et aliis ut supra in die jovis, et cuilibet canonico de pomis et aliis etiam.

21. Item debet ministrare vinum ad majus altare una cum pane ad cantandum, ac etiam in missa de mortuis.

22. Item debet ignem costus per totum annum, una cum igne in ecclesia et choro ministrare.

23. Item debet omnes cordas cum quibus campane pulsantur tradere ac etiam ministrare. Matricularii autem laici, quia matricularie sunt de collatione episcopi, debent facere pulsari campanas horis debitis.

24. Item debet tres sermones in anno, videlicet, prima dominica Adventus, prima dominica Quadragesime, et in quarta dominica Quadragesime.

25. Item debet decano XX libras de annuo redditu.

26. Item per compositionem inter episcopum et archidiaconos ecclesie Trecensis de novo factam ea que sequuntur: magno archidiacono L libras; archidiacono Sezennie XXX l.; archidiacono Sancte Margarete XX l.; archidiacono Brene XX l.; archidiacono Arceyarum XX l. Et sciendum est quod ante dictam compositionem dicti archidiaconi, percipiebant in emolumentis emendarum factarum in curia Trecensi, vel coram episcopo vel gentibus suis, terciam porcionem, videlicet terciam partem, quare provideant dicti archidiaconi de bene custodiendo jura dicti archidiaconatus.

27. Item sunt in ecclesia Trecensi duo matricularii presbiteri, et sunt de collatione episcopi, et debent custodire thesaurum ecclesie, periculo eorumdem. *Liber villosus* (inceptus anno 1349), fol. 10 r°
et v°, reg. G-1254.

II. *De capitulo et prebendis ecclesie Trecensis.*

28. Item sunt in ecclesia Trecensi XL prebende, adjuncto priore de Sancto Georgio, qui percipit in ecclesia Trecensi unum grossum, prout unus canonicus, et debet scribi in tabula inter presbiteros ad septimanam presbiteri faciendam, et si sit presens in choro cum facit septimanam suam recepit distributiones chotidianas prout unus canonicus, in dicta septimana tantummodo, et in omni alio tempore est exclusus.

29. Item est sciendum quod de dictis XL prebendis sunt IIII sacerdotales, et oportet necessario quod tenentes dictas prebendas teneantur infra annum, a tempore receptionis computandum, ad sacerdotium promoveri, alioquin non habent vocem in capitulo, nec possunt ad beneficia vacantia, que pertinent ad decanum et capitulum personas aliquas presentare, quousque ordinati fuerint ad sacerdotium antedictum.

30. Item sunt in ecclesia predicta IV canonici altaris Beate Marie, qui continuam residentiam debent facere, ac etiam jurare in receptione eorum deservire continue choro et altari; et percipiunt in distributionibus cothidianis mediatatem distributio-

num unius canonici, ita quod IV canonici dicti altaris valent duos canonicos, in his videlicet que distribuuntur in choro. In aliis distributionibus que fiunt extra chorum nichil percipiunt. Collatio istarum prebendarum pertinet ad episcopum ; sed dicti quatuor canonici sunt de jurisdictione decani et capituli

31. Item est in ecclesia Trecensi subcentor, que subcentoria est de collatione cantoris, et debet dictus subcentor continuam residentiam facere, et computatur in numero vicariorum et percipit prout unus vicarius.

32. Item sunt in ecclesia Trecensi XX vicarii, et non debent plus poni absque subcentore predicto qui facit numerum XXI vicariorum.

33. De divino autem servicio faciendo in ecclesia Trecensi per canonicos, seu vicarios, fiat prout in antiqua regula continetur.

34. Episcopus nullam jurisdictionem habet in canonicos, quia canonici sunt de jurisdictione decani et capituli immediate, nec tenentur coram episcopo seu gentibus suis de aliquo respondere. Item decanus et capitulum ecclesie Trecensis sunt exempti totaliter a jurisdictione et visitacione episcopi, tam a fundacione ecclesie predicte quam de consuetudine notaria et approbata, ac a tanto tempore observatis quam de contrario aliqua memoria non existit.

35. Item est sciendum quod quadraginta prebende, videlicet grossi fructus dictarum prebenda-

rum, lucrantur per canonicos in crastinum festi Pasche quolibet anno, supposito quod canonici sint absentes. Sed si absentes canonici residentiam non fecerint per medietatem unius anni integre, dicti canonici qui dictam residentiam non fecerint tenentur solvere centum solidos celerario ecclesie, totiens quotiens defecerint in dicta residentia facienda. Et si defecerint per unam diem de dicta residentia facienda nichilominus debent solvere dictos centum solidos. Et vocatur ista servitus seu hujusmodi redibentia forancitas. Illi autem qui residentiam fecerint per medietatem unius anni integre, dictos centum solidos solvere non tenentur. Partitio autem dictorum grossorum fructuum seu prebendarum fit de quinque annis in quinque annis. De modo autem partitionis et qualiter camerarii particulares ordinantur fiat prout in pelle capituli continetur. — *Liber villosus* (inceptus anno 1349), fol. 10 v° et 11 r°, reg. G-1254.

217. — Vers 1167. — « Alexander, episcopus, servus servorum Dei (Henrico) Trecensi episcopo. » Le pape exhorte l'évêque de Troyes à donner « preposituram, quam Villelmus tenuit in ecclesia Trecensi.. magistro Herberto qui.. « quia (Thome) Cantuariensi archiepiscopo exsulanti adheserit propter indignationem principis fuerit spoliatus. » — Giles, *Epistolæ S. Thomæ* II, 105.

218. — 1170.

In nomine Sancte et Individue Trinitatis, ego Rodulfus, prior de Karitate, notum facio et presentibus et futuris, quod prior Sancti Sepulchri, laudante capitulo suo, et me, et capitulo de Karitate assentiente, dedit Trecensibus Beati Petri domum Rainaldi de Pruvino, que sua erat, libere imperpetuum possidendam ; ita tamen quod comes Henricus dedit ecclesie Sancti Sepulchri X solidos in annuis redditibus propter hoc et XXX libras ad presens pro illa speciali munificentia sua. Et ne hoc vel temporis vetustate, vel alicujus hominis perversitate aut mutaretur aut deperiret, litteris nostris et sigillo nostro confirmamus. Hujus rei testes sunt: Manasses de Villemauro, archidiaconus Trecensis ; Manasses de Pojeio ; Aycius de Planceio ; de laicis : Willermus, marescalus ; Petrus Bristaudus ; Hertaudus, camerarius. Actum est hoc Trecis anno ab Incarnatione Domini M° C° septuagesimo (Voir n. 24). *Cartul.* fol. 55 r°. — *Origin.* liasse G-3709.

219. — 1181.

In nomine Sancte et Individue Trinitatis. Placuit omnium presentium futurorumque noticie commendari negotium subscriptum. Canonici Deilocenses grangiam habent terras habentem in parrochia de *Moyré* et parrochia Fontisvenne ; que parrochie cum decimis suis ad capitulum Beati Petri Trecensis pertinent. Cum ergo Trecenses et Deilocenses diu super decimis grangie disceptassent, tandem sic inter eos pacificatum est : pro omnibus terris quas in subscripto Dominice Incarnationis anno, jam dicta grangia suas vel alienas excolebat in decimatura predictarum ecclesiarum, et pro omni decima quam ab ea ibi canonici Trecenses exigebant, grangia sepedicta modium et dimidium bladi persolvet annuatim, Trecas, in granario Beati Petri, ad communem mensuram tocius civitatis, videlicet, quartam partem frumenti, quartam siliginis, mediam avene. Quod ne valeat oblivione deleri, cyrographum factum est; cujus pars, quam Deilocenses habent, sigillo capituli Beati Petri; pars, quam Trecenses habent, sigillo abbatis Deiloci signata est. Actum publice, in capitulo Trecensi, anno Incarnati Verbi M° C° LXXXI°. — Archiv. de l'Yonne, *cyrographe origin*. F. Dilo H-595, n. 3.

220. — 29 juillet 1195. - - « Celestinus, episcopus, servus servorum Dei, capitulo Trecensi, » le pape approuve « institutionem quam de assensu Bartholomei, Trecensis episcopi, in ecclesia vestra de forensibus canonicis, si per anni dimidium non servierint, de fructibus prebende sue XX solidos tantum et non amplius consequentur; vinum autem vinearum canonicorum de cetero decedentium inter canonicos mansionarios dividetur.. *Nos institutionem ratam habentes, autoritate Apostolica confirmamus. Datum Laterani, IV kalendas augusti pontificatus nostri anno quinto.* — *Origin*.

221. — 24 mai. 1221. — « Honorius, episcopus, servus servorum Dei . archiepiscopo Senonensi.. Venerabilis frater noster Trecensis episcopus nobis humiliter supplicavit, ut cum Trecense capitulum in contemptum episcopi sui multotiens cessare consuevisset a divinis, super hoc ei paterna providere sollicitudine dignaremur.. inherentes igitur statuto generalis concilii, per quod provisum est episcopis in hac

parte, fraternitati tuæ per Apostolica scripta mandamus, quatinus si prefatum capitulum, maxime in contemptum sui episcopi, cessaverint a divinis, eodem nichilominus, si voluerit, in ecclesia cathedrali celebrante, tu, ad querelas ipsius, auctoritate nostra, capitulum per censuram ecclesiasticam, cognita veritate, castiges, quod de cetero similiter non attemptent.. Datum Laterani, IX kalendas junii pontificatus nostri anno nono. — Bibliot. nation. *Moreau* 1181, p. 410.

222. — 29 novembre 1225. — « Honorius, episcopus, servus servorum Dei ..episcopo Trecensi » le pape permet à l'évêque « tenendi thesaurariam et archidiaconatum infra balleucam Trecensem; necnon antiquum jus seu consuetudinem faciendi justitium seu exercendi justitiam ecclesiasticam in ecclesia et infra balleucam Trecensem; necnon jurisdictionem in abbatiam que Gratia Nostre Domine vulgariter appellatur; et in domo Dei Brenensi, sicut ea obtines canonice, tibi et successoribus tuis auctoritate Apostolica confirmamus.. Datum Reati, IIII kalendas decembris pontificatus nostri anno decimo. — Bibliot. nation. *Moreau*, 1183, p. 292.

223. — 1243.

Omnibus presentes litteras inspecturis Nicolaus, officialis Trecensis in Domino salutem. Cum dies martis in crastinum beati Bartholomei assignata esset coram nobis domino Johanni, presbitero de Vasconia, contra magistrum Petrum de Claellis super minuta decima et parte oblationum ecclesie de Vasconia, quas idem magister ab eodem presbitero petebat nomine capituli Trecensis; tandem, lite super hiis contestata, et litteris judicis Parisiensis coram nobis exhibitis, recognovit tandem dictus presbiter quod capitulum Trecense habet tertiam partem in duabus partibus minute decime de Vasconia; et tertiam partem in festis annalibus oblationum similiter, prout credit idem presbyter et vidit in dicto instrumento plenius contineri : nos igitur diffiniendo precipimus dicto presbitero, ut dictam tertiam partem decime minute et tertiam partem oblationum reddat de cetero capitulo Trecensi. Actum anno Domini M° CC° XL° tertio, in crastino beati Bartholomei, apostoli. — *Copie*, liasse G-3700.

224. — 1243. — « Nicholaus, officialis Trecensis » notifie que le chapitre de Saint-Pierre « concessit domino Johanni, presbytero de Vasconia partem suam quam habet idem capitulum in minuta decima et in oblationibus ejusdem, quandiu idem Johannes erit presbiter parochialis ibidem, pro XV solidis reddendis annuatim dicto capitulo, die synodi apud Trecas.. Actum anno Domini M° CC° XL° tertio, in crastino beati Bartholomei, apostoli. — *Copie*, liasse G-3700.

225. — 9 septembre 1263. — « Urbanus, servus servorum Dei, venerabili fratri ..episcopo Trecensi. » Le pape Urbain IV fonde son anniversaire à Saint-Pierre de Troyes, à Saint-Etienne, à Notre-Dame-aux-Nonnains et à Notre-Dame-des-Prés ; à cet effet le pape assigne 100 marcs d'argent à chacune de ces églises. — (Cette bulle se trouve à sa date dans nos *Chartes de Notre-Dame-aux-Nonnains*.

226. — Janvier 1286 (*v. st.*). « Mabile, dame de Nanteuil » ratifie l'anniversaire de sa mère « dame Marguerite » fondé par testament à Saint-Pierre et « l'asignement de quarente solz seur les rentes de Vileberlain par bonne mémoire feu Erars, mes freres, jadis evesques d'Aucuerre, et feu maistres Thiebauz li Fautriers, jadis chenoignes de Troies executeurs dou devant dit testament.. L'an de grace 1286, le mois de janvier. » — *Origin.*

227. — Octobre 1302. — « Lettres par lesquelles l'évêque Guichard, après l'examen fait de ses prétentions, et les informations convenables en pareil cas, renonce au droit qu'il prétendait avoir de prendre la portion canonique dans ce qui était légué à cette église par Denis, doyen de ladite église, et déclare que le chapitre a droit de jouir seul des legs faits à cette église. » — *Cartul.* fol. 72 v°.

228. — 15 avril 1302.

Universis presentes litteras inspecturis P., decanus, capitulumque Trecense, salutem in Domino. Notum facimus quod nos, ad honorem Dei et pro servicio in ecclesia nostra Trecensi decencius faciendo, in nostro capitulo generali anno Domini M° CCC° tercio, die lune in crastino octabarum Pasche, ordinavimus ea que sequuntur. Imprimis per decanum et capitulum instituentur XII vicarii in ecclesia. Item per decanum, cantorem et archidiaconos in ecclesia residentes instituentur VI alii vicarii qui vulgaliter vicarii cantoris appellantur; et sic erunt in universo decem et octo. Item predictorum decem et octo vicariorum erit equalis condicio in percipiendo denarios vicarie tam ex redditibus assignatis a dicto cantore quam ex propriis redditibus capituli, percipiet enim quilibet dictorum vicariorum a Pascate et usque ad festum Omnium Sanctorum quolibet die V denarios et a festo Sanctorum Omnium usque ad Pascha quolibet die sex denarios; et in festis annalibus, duplicibus, et in festis IX lectionum habentibus IX propria responsa, et diebus dominicis in quibus sit dicta quilibet percipiet unum denarium cum sua vicaria. Tenebuntur autem dicti vicarii ecclesio servire modo qui sequitur.. (suit le règlement connu sous le nom de : *Regula* vicariorum ecclesio Trecensis de servicio in choro faciendo. — *Origin.* liasse G-2573.

229. — 18 juillet 1304.

Universis presentes litteras inspecturis G[uichardus], miseratione divina Trecensis episcopus, salutem in Domino. Noveritis quod nos, volentes et affectantes animo nostro salubriter providere, donamus et concedimus donatione irrevocabili facta inter vivos viris venerabilibus et discretis decano et capitulo Trecensis ecclesie ac ipsi ecclesie omnes et singulos census, redditus, et proventus, in litteris sigillo curie nostre Trecensis presentibus hic annexis contentos, et omnia alia et singula que exinde obvenire poterunt in futurum, que omnia vir venerabilis Jacobus de *Baaçon*, archidiaconus Sezanie in ecclesia Trecensi, nobis dedit et in perpetuum concessit, que dictus archidiaconus emerat a Theobaldo de Foresta, armigero, et domicella Maria, ejus uxore, moventia de feodo episcopatus Trecensis immediate, in villa, finagio et territorio de Pouileio tenendis et percipiendis ex nunc in perpetuum, secundum quod in predictis litteris exprimitur. Quorum omnium valor distribuetur in missa de Sancto Spiritu quam dicti venerabiles celebrari facere annis singulis quandiu vixerimus promiserunt, et post decessum nostrum anniversarium nostrum celebrabunt annis singulis cum distributionibus consuetis. Que omnia venerabilibus admortizamus nichil juris aut proprietatis nobis vel nostris successoribus retinentes. In cujus rei testimonium... Datum anno Domini M° CCC° IV°, die sabbati ante festum beate Marie Magdalene. — *Origin.* liasse G-3173.

230. — 5 août 1304.

Universis presentes litteras inspecturis, G[uichardus], miseratione divina Trecensis episcopus, salutem in Domino. Notum facimus quod, cum inter nos ex parte una, et venerabiles viros decanum et capitulum nostre Trecensis ecclesie ex altera, super pluribus et diversis articulis infrascriptis controversia moveretur, tandem veritate super predictis diligenter inquisita et comperta, de jure eorum plenius informati, communicato bonorum et juris peritorum consilio, concordavimus cum eis in modum qui sequitur. In primis, consideratis privilegiis a nostris antecessoribus decano et capitulo nostre Trecensis ecclesie concessis, cum usu longevo inde subsecuto, fatemur ecclesiam de Barbona, curatum ipsius, et domum presbyteralem loci ejusdem cum adjacentibus, totaliter fore exemptos a jurisdictione nostra ordinaria, tam super pertinentibus ad curam, quam aliis quibuscumque, hoc salvo, quod idem curatus nostra et nostri officialis mandata tenetur exequi, ut alias extitit consuetum. Et quia domum dicti curati de Barbona contra ipsius voluntatem intravimus in ea pernoctando, equum ipsius curati per familiares nostros captum et usque nunc a nobis retentum, item saisitionem bonorum dicti curati quam tunc fecimus, hec decano et capitulo per nostri pilei traditionem emendavimus, et ad eorum arbitrium parati sumus satisfacere de emenda. Equum vel ejus valorem in manu dicti capituli restituere promittimus infra octo dies precise, verum de injuria dicto curato per nostros familiares illata, nobis mandantibus vel saltem ratum habentibus ut dicitur, hoc negamus ; sed ex nunc volumus et expresse consentimus, quod per duos viros idoneos de plano veritas diligenter inquiratur, qua comperta, parati sumus et promittimus ex nunc id in quo culpabiles poterimus reperiri emendare dicto capitulo. Item, attenta consuetudine antiqua nostre Trecensis ecclesie, que est juri et rationi consona, fatemur quod cappellania seu aliquod altare statim quod per nos alicui confertur in eadem ecclesia, eo in corporalem possessionem inducto, statim debet poni in choro. Item, dicti capellani, prout etiam ex testamentis plurium fundatorum jurisque peritorum didicimus, residentiam personalem per juramentum in eadem ecclesia teneantur facere, cum continuo servitio chori et altaris, specialiter in matutinis, missis, vesperis et processionibus, et ad hec facienda tenemur eos per nos, vel, nobis agentibus in remotis, per officialem seu vicarium nostrum, prout requisiti fuerint et ad quod eos obligamus, precise compellere tam per saisitionem fructuum suorum, quam etiam per penas alias, dictosque fructus sic saisitos retinebimus quousque suam contumaciam plene purgaverint, et officium ad quod tenentur libere duxerint exequendum, retenta nobis potestate dispensandi cum aliquibus, si dispensatio nobis competere possit consuetudine vel de jure, quia predictorum capellanorum quidam nec fuerunt in choro positi, nec ecclesie deserviunt, ut tenentur, sed vagabundi existunt huc et illuc, promittimus bona fide quod usque ad mensem ipsos ad ecclesiam redire, ibique deservire precise compellemus per saisitionem suorum fructuum, et ulterius quantum de jure poterimus. Item, violentiam quam quidam monachus tenens nostro nomine prioratum de Sancto Memorio fecit in justitia et molendinis dicti capituli, nostri ac dicti prioratus nomine, et quem postquam predictum forefactum ad notitiam nostram pervenit, in nostro servitio retinuimus et adhuc retinemus, licet dictam violentiam ratam nunquam habuimus nec hebemus, quia tamen nostro nomine et dicti prioratus facta dicitur, incontinenti locum resaisiri faciemus, salvo jure cujuslibet, et si capitulum jus suum velit prosequi parati sumus per nos vel eos a quibus dictam domum tenemus, causam defendere ut jus erit.

Item, de marrenis quos accepimus in foresta *Doche* pro refectione molendinorum de Sancto Memorio malefecimus, et promittimus bona fide valorem ipsius restituere, ad estimationem magistri Johannis *Blesi*, infra quindenam post estimationem, ad convertendum in aliquos usus pios, prout nobis et capitulo videbitur faciendum. Item, de obligatione XL millium librarum turonensium et earum solutione, quas fecimus in manu domine regine, absque consensu et conscientia nostri capituli, quia revera predicta non potuimus nec debuimus facere eo modo quo fecimus, promittimus bona fide ecclesiam nostram super his servare indempnem. Item, bona fide promittimus quod novies viginti et undecim libras, pro valore et estimatione cujusdam crucis auree, in ecclesia nostra Trecensi amisse ob negligentiam nostrorum matriculariorum, solvemus dicto capitulo infra octo dies in pecunia numerata, computato hoc quod archidiaconus Sezanie jam habet penes se. Item, domum presbyteralem ecclesie de Songniaco disruptam, et ex facto nostro, promittimus, bona fide, in statum pristinum reducere et reduci facere propriis sumptibus, et incipere infra instans festum Assumptionis Beate Marie Virginis, et deinceps continuare usque ad operis consummationem. Item, de jure nostre Trecensis ecclesie et consuetudine plenius informati, fatemur, quod quatuor matricularii nostri laici in ecclesia predicta quilibet in sua septimana jacere debet, et omnes quatuor in simul in anniversariis episcoporum in quibus donaria extenduntur, et in festis duplicibus et annualibus, et nos bona fide promittimus, quod ex nunc eos ad hoc compellemus, et si negligentes in hoc fuerint, per privationem sui beneficii vel alias puniemus. Item, de compositione et emenda quam capitulo Sancti Stephani Trecensis, cum quo super juribus ecclesie nostre litigabamus, fecimus absque consensu capituli nostri, promittimus et pro certo quod per curiam Romanam et alias procurabimus dictum negotium ad suum statum ita reduci, ut ex hoc non possit nostre ecclesie prejudicium generari in futurum, et quantum in nobis est revocamus. Item, super eo quod fructus ecclesiarum vacantium, per nos vel ministros nostros, percepimus, ut dicitur, contra generalem consuetudinem diocesis. Item, quod ad sumptus mortuorum ecclesias jam aliis collatas fecimus deservire, talia faciendi jus non habuimus nec habemus, promittimus nos hec in posterum non facturos, et si compareant aliqui a quibus nos aliquid ob hanc causam recepimus, vel nostri ministri receperint, veniant ad nos et indubitanter absque difficultate aliqua restituemus eisdem. Item, quicquid capitulo tam de anniversariis denariorum, panis et vini, quam de rebus aliis debemus, promittimus nos soluturos et in futurum diebus et horis statutis solvere. Item, placet nobis quod tres franchi servientes capituli in suis ecclesiis parrochialibus ecclesiastica percipiant et libere percipere valeant sacramenta. Item, de jure decani et capituli super plenius informati jurisdictione quatuor canonicorum altaris Beate Marie in ecclesia Trecensi, ipsam jurisdictionem dictorum canonicorum confitemur ad dictos decanum et capitulum pleno jure pertinere. Et hec omnia et singula, prout superius sunt expressa, in presentia Stephani de Allemente, clerici, publici notarii; necnon et domini Guillelmi de Columberio, legum professoris; M. Bartholomei de Ranavalle, sigilliferi nostre Trecensis ecclesie; et Guillelmi de Columberio, presbyteri, capellani nostri, testium ad hec vocatorum, volumus, concessimus et promisimus, ac etiam promittimus nos facturos, et imperpetuum et inviolabiliter servaturos, ac in futurum per nos vel per alium contra non venturos. In quorum omnium et singulorum testimonium et munimen sigillum nostrum, una cum signo et subscriptione dicti publici notarii, presentibus litteris duximus apponendum. Actum et concordatum in pleno capitulo dicte nostre Trecensis ecclesie, anno Domini M° CCC° IIII°, die mercurii ante festum beati Laurentii. — *Origin.* liasse G-2601.

231. — 17 avril 1368.

In capitulo generali celebrato in crastino dominice qua cantatum fuit *Quasimodo* anno M° CCC° LX° VIII°, super dubio moto in capitulo ad sciendum quando grossi fructus prebendarum Trecensium lucrari debent: habita deliberatione super hoc, inventum fuit et est ordinatum, quod quilibet canonicus Trecensis in ortu solis diei Resurrectionis Dominice lucrabitur grossos fructus prebende sue Trecensis pro messibus prope sequentibus anno quolibet. Capitulantibus : domino decano ; majore, Sancte Margarete, Brene, et Arceyarum archidiaconis ; Joanne Boreti, Aymerico Helie, Jacobo Cognati, Guillelmo Audeberti, Nicolao Scoti, Petro de Arbosio juniore, Guillelmo de Creneyo, Joanne Gueraudi, Joanne de Cameraco, Joanne Biseti, Guillelmo Mauberti, et Petro de Rameruco canonicis Trecensibus. In dicto generali capitulo ordinatum fuit et statutum, quod quilibet canonicus Trecensis in civitate Trecensi decedens, solvat fabrice ecclesie, pro pallio super suum corpus ponendo in ejus obsequio VI florenos auri de Florencia, boni auri et justi ponderis vel valorem ipsorum, et quilibet canonicus dignitatem in dicta ecclesia obtinens, solvet VIII florenos auri de Florencia dicti ponderis vel valorem, in casu quod alias in suo testamento ordinatum non fuerit ; sed si ornatio facta non sufficeret usque ad predictam summam executores, vel heredes, perficient dictam summam de bonis executionis defuncti canonici, si bona ad hec sufficienter se extenderent. Attamen licebit cuilibet habere pallium proprium secundum suam voluntatem, proviso quod pallium sit consimilis valoris, vel majoris, et non minoris valoris pretii suprascripti, et mediantibus prescriptis ecclesie videlicet fabrica tenebitur cuilibet canonico tradere pallium sufficiens ad ponendum super corpus suum in obsequio suo. — *Reg.* G-1273, fol. 49 r°.

232. — 8 août 1369.

Anno M°CCC°LXIX°, die mercurii, octava augusti.

Ordinacio facta in et super distributionibus cothidianis lucrandis, quas percipiunt canonici Trecenses residentiam facientes in dicta ecclesia, videlicet, in matutinis, missis, processionibus, stationibus et balsamis.

Primo in festis annalibus quilibet canonicus percipit XXXII denarios, videlicet, in matutinis XVIII d., in missis VI d., in processione IIII d., et in vesperis IIII d.

2. In festis duplicibus XX d., videlicet, in matutinis XII d., in missa IIII d., et in vesperis IIII d.

3. In festis X d., videlicet, in matutinis VI d., in missa II d., et in vesperis II d.

4. In diebus dominicis XII d., videlicet, in matutinis VI d., et in missa II d., et in processione II d., et in vesperis II d. Et si festum duplex dictis diebus dominicis evenerit, distribucio cothidiana dimittetur.

5. In diebus privatis VIII d., videlicet, in matutinis IIII d., in missa II d., et in vesperis II d.

6. Item per totum Adventum X d., videlicet, in matutinis VI d., in missa II d., et in vesperis II d.

7. Item de Septuagesima usque ad Pascha.

8. In processionibus Sancti Martini de Areis, in Rogationibus, Beate Marie Magdalene, Sancti Stephani, Sancti Lupi, et Beate Marie ad Moniales pro-

qualibet processione quilibet canonicus percipiet VI d. turonensium, existens personaliter in eisdem; infirmi, flebotomati et absentes pro negociis ecclesie tantum percipient et computabuntur.

9. In processione Monasterii Celle in Rogationibus cuilibet canonico existenti XII d. et ut supra.

10. In processione Omnium Defunctorum, videlicet, in crastino Omnium Sanctorum, et in die Ascensionis Domini quilibet canonicus percipiet IIII d. existens ut supra.

11. In processionibus Mortuorum illi qui presentes interfuerunt lucrabuntur, absentes etiam pro negociis ecclesie, et infirmi.

12. Item in stacionibus factis in ecclesia cuilibet canonico presenti ibidem II d.

13. Item ad Fontes in quatuor diebus, videlicet, die Resurrectionis, et lune, martis, et mercurii, cuilibet canonico qui presens interfuerit II d.

14. In distributione facta pro capitulis generalibus percipient qui in compotis intererunt, infirmi, et absentes pro negociis ecclesie, pro quibus distribuuntur anno quolibet XX s. cuilibet canonico, videlicet in Pascha V s. t., in capitulo apostolorum Petri et Pauli X s. t., et in Circumcisione Domini V s. t.

15. De pastu festorum annualium, quem debet dominus episcopus Trecensis canonicis, videlicet, in Resurrectione Domini XL s.; in Penthecoste XL s.; in festo BB. Petri et Pauli XL s.; in Assumptione B. Marie XX s.; in festo Omnium Sanctorum XX s.; in Nativitate Domini XL s., percipiunt canonici pre-

sentes, infirmi, etiam et absentes pro negociis ecclesie, canonici vero altaris B. Marie in ista ecclesia nichil percipiunt.

16. Et est advertendum quod, si dominus episcopus invitaverit totum collegium in aliquo festo predictorum, videlicet, in vigilia dicti festi et in die festi ad prandium, immunis erit a prestatione pecunie occasione dicti festi debite.

17. Item in anniversariis episcoporum in quibus in domo episcopi solet recipi panis et vinum, panis ille debet continere duos panes prebendales cum dimidio boni frumenti; et in vino debent distribui cuilibet III pinte boni et sufficientis vini.

18. Item de vino in Cena Domini ter bibere existentibus in capitulo, videlicet, in prima vice vinum rubeum bonum, secunda vice album, et tercia vice vinum rubeum optimum cum nebulis.

19. Item in die Pasche post prandium, ludo facto cum pila, inter nonam et vesperas, ter bibere, ut supra, cum pomis de Blandurello et nebulis.

20. Item de cereis debitis in festo Purificationis B. V. Marie dominus episcopus tenetur tradere in vigilia dicti festi cuilibet famulo vel ancille de familia canonicorum unum cereum de octo cereis in libra; canonicis vero in die festi prout est fieri consuetum et in Ordinario plenius continetur.

21. Item de distributione facienda pro antiphonis des *O O*, cuilibet canonico IIII d. pro quolibet *O*; nullus percipiet nisi presens fuerit.

22. Item de nonis inter Septuagesimam et Resur-

rectionem Domini in quibus consuetum est distribuere X s. pro qualibet nona, distribuentur presentibus in nona et non aliis. — *Origin.* sur papier, liasse G-1273 — reg. G-1273, fol. 62 r°.

224. — Juillet 1399. — *Salutum seu ordinacio super sedibus et locis inter dominos Trecensis ecclesie observandum.*

Decanus et capitulum Trecensis ecclesie universis et singulis quos infrascriptum tangit vel tangere poterit negotium, salutem in Eo qui neminem vult perire. Ne culpabilis ignorantia, ex inordinata confusione proveniens, tetra sui caligine lumini veritatis et pacis tranquilitati velamina sepius objiciens, hujus Trecensis capituli suppositorum mentales valeat oculos excecare, unde, quod absit, contingeret per devia procedere tenebrosa ; insuper, ne a rationis tramite et debite ordinacionis observantia facile exhorbitent, unde aliquos eorum contingat in labirinthum contentionis rigorose, alios in jurgia, dissentiones et scismata, reliquos vero in rancores, iracundias et odia prosilire, que penitus a consortio ecclesiastice viventium dignoscuntur extirpanda ; ut tandem inter eos quos eadem nutrit fides, eadem decorant orthodoxa fidei sacramenta, regnet tranquillitas, pax dominetur, unitas corda confederet, nexus animos conjungat amoris, et unusquisque qua vocatus est maneat mansione, eaque contentetur, presenti statuto seu ordinacione decernimus, et declaramus aliqua, que inter nos sub specie contrarietatis et repugnantie ferebantur, salva in omnibus reverentia, contrariarum juris vel facti aut consuetudine observantiarum ecclesiarum ceterarum : primo, videlicet, quod in choro, capitulo, et processionibus quilibet stet aut incedat loco sibi congruenti secundum exigentiam sue dignitatis vel ordinis, sic, scilicet, quod omnes dignitates locis prioribus, juxta morem hactenus inter eas observatum ; sacerdotes consequenter secundum ordinem sue promotionis ad gradum sacerdotii ; diaconi vero postea secundum suas antiquitates in eodem ordine sedes obtinebunt. Pro cujus articuli evidentia et declaratione majori est sciendum, quod in premissis sedium aut locorum collocationibus, absolute non attenditur ordo receptionum, nam si primo receptus ultimo ad ordinem sacerdotii sit promotus, inter sacerdotes ultimum locum obtinebit, et sic de diaconis est censendum. Itemque in choro cuilibet assignetur sedes determinata, qua utatur sive in ecclesia sint plures sive pauciores, ne aliter supervenientibus prejudicium aut impedimentum inferatur. Quod est, ut premittitur, observandum, nisi in premissis sedibus viri honesti, qui non sunt de gremio ecclesie, admittantur. Et idem premissus ordo servandus est ad beneficia conferenda. Premissa volumus perpetuis temporibus obtinere roboris firmitatem. Datum Trecis, in capitulo nostro generali, anno Domini M° CCC° XC° IX°, post festum beatorum apostolorum Petri et Pauli, more solito inibi celebrato. — *Liber villosus*, reg. G-1254, fol 118 v°.

CHARTES

DE LA

COLLÉGIALE DE SAINT-URBAIN

1. — **1262.** — « Ou coffret signé de cette lettre A. XVII paires de lettres, faictes soubz le séel de la court l'official de Troyes, de l'achat fait par maistre Jehan Garcie et Thiébaut d'Acenay, procureurs et commis de par le pape Urbain quart, fondeur de la dicte eglise, à acheter rentes et possessions pour la fondation d'icelle de plusieurs maisons et héritages, assis à Troyes et autre part, qui de présent ne sont point en usage. Données dès l'an mil CC LXII et depuis. — *Inventaire de* 1399. (Voir l'*Introduction*).

2. — **20 mai 1262.** — « Unes bulles du pape Urbain, fondeur de la dicte église, données *anno primo*, adreçans aus religieuses abbesse et couvent de Nostre-Dame-aus-Nonnains de Troyes, par lesquelles il leur requiert que la maison paternelle, que pieça avoit donnée à leur monastère pour le remède des ames de ses parens et amis, elles veillent vendre à ses procureurs, et aussi autres maisons et places d'environ, s'aucunes en y ont, pour y faire et édifier la dicte esglise. Données l'an Mil CC. LXII. » — (Cette bulle se trouve à sa date dans nos *Chartes de Notre-Dame-aux-Nonnains*).

3. — **Septembre 1262.**

Universis presentes litteras inspecturis, officialis Trecensis salutem in Domino. Noveritis quod in nostra presentia constitutus Henricus dictus *Damerons*, civis Trecensis, recognovit et confessus est coram nobis se vendidisse et nomine venditionis imperpetuum quitavisse magistro Johanni Garsie, canonico ecclesie S. Stephani Trecensis, et Theobaldo dicto de Acenaio, civi Treconsi, procuratoribus, ut dicitur, domini pape, super hoc speciale mandatum habentibus, procuratorio nomine antedicto quandam domum quam se habere dicebat Trecis sitam, ut dicitur, juxta domum Godefridi dicti *Larchelier* ex parte una, et juxta domum magistri Roberti, aurifabri super Ruellam, ut dicitur, ex altera, tenendam, et imperpetuum possidendam a dictis procuratoribus procuratorio nomine antedicto, pro C et XXX libris pruviniensium, de quibus dictus Henricus se tenuit coram nobis pro bene pagato, exceptioni non numerate et non solute sibi pecunie omnino renuntiando; promittens per fidem suam corporaliter prestitam, quod contra hujusmodi venditionem et quittationem per se vel per alium non veniet in futurum; et quod nichil juris de cetero in dicta domo reclamabit, seu faciet per alium reclamari ; immo ipsis procuratoribus procuratorio nomine antedicto super dicta domo legitimam portabit garantiam erga omnes, renuntiando in hoc facto privilegio fori, exceptioni doli, et ne possit dicere se esse deceptum in venditione hujus modi ultra dimidium justi pretii, omnique juris auxilio canonici et civilis ; volens et concedens quod si contra premissa venerit vel aliquod premissorum, quod nos excommunicemus eumdem quocumque loco maneat vel exstat, se quantum ad hec jurisdictioni Trecensis curie supponendo. Noveritis etiam quod Coutelina, uxor dicti Henrici, in presentia clerici nostri jurati et ad hoc specialiter destinati, predictas venditionem et quittationem laudavit et approbavit; ac renuntiavit omnibus exceptiobus supradictis et beneficio dotis seu donationis propter nuptias ; ac promisit per fidem suam quod contra predictas venditionem et quittationem per se vel per alium non veniet in futurum; et voluit et concessit quod si contra veniret quod nos excommunicaremus eamdem, quocumque loco maneat, vel consistat, et se quantum ad hoc jurisdictioni Trecensis curie supponit prout dictus clericus asseruit coram nobis. In cujus rei testimonium presentibus litteris sigillum Trecensis curie duximus apponendum. Datum anno Domini M° CC° LX° secundo, mense septembri. Nota Petri de Sancta Margareta.

4. — Septembre 1262. — « Officialis Trecensis » il notifie que « magister Robertus, aurifaber, civis Trecensis .. vendidisse et nomine venditionis imperpetuum quitavisse magistro Johanni Garsie, canonico Trecensi, et Theobaldo dicto Acenaio, civi Trecensi, procuratoribus, ut dicitur, domini pape .. quamdam domum .. Trecis sitam .. versus domum que fuit defuncti Philippi dicti *Gingiebre* super Ruellam ex una parte, et juxta domum Petri dicti Sarraceni ex altera .. pro C et XVII libris pruviniensium » payées comptant. « Datum anno Domini M° CC° LX° secundo, mense septembri. Nota Petri de Sancta Margareta. » — *Origin.*

5. — Septembre 1262. — « Officialis Trecensis » il notifie que « Bertholomeus dictus Aurifaber, civis Trecensis .. vendidisse et nomine venditionis imperpetuum quitavisse magistro Johanni Garsie, canonico Trecensi, et Theobaldo dicto de Acenaio, civi Trecensi, procuratoribus domini pape .. quamdam

domum Trecis sitam in Magno Vico Trecensi.. pro LXV libris pruviniensium » payées comptant. « Datum anno Domini M° CC° LX° secundo, mense septembri. Nota Petri de Sancta Margareta. » — *Origin.*

6. — Septembre 1262. — « Officialis Trecensis » il notifie que « Agneleta, Omanioneta, Oddo, et Agneleta parva, liberi Petri Goulerii, civis Trecensis.. vendidisse.. magistro Johanni Garsie, canonico Trecensi, et Theobaldo dicto de Acenaio, civi Trecensi, procuratoribus domini Pape.. quamdam domum.. Trecis sitam in Magno vico, juxta domum Godefridi dicti *Larchelier* ex una parte, et domum Petri dicti Sarraceni ex altera.. pro L libris pruviniensium » payées comptant. « Datum anno Domini M° CC° LX° secundo, mense septembri. Nota Petri de Sancta Margarita. » — *Origin.*

7. — Septembre 1262. — « Officialis Trecensis » il notifie que « Coletus dictus Coquina Regine, et Katerina, ejus uxor ..vendidisse et nomine venditionis imperpetuum quitavisse magistro Johanni Garsie, canonico Trecensi, et Theobaldo de Acenaio, civi Trecensi, procuratoribus domini pape.. quicquid juris habebant vel habere poterant in quadam domo quam ad vitam eorum tenebant.. a religiosis sanctimonialibus Beate Marie Trecensis, sitam Trecis juxta domum Godefridi dicti *Larchelier* ex una parte, et juxta domum liberorum Petri dicti *Legoulier* ex altera, pro XLV libris pruviniensium » payées comptant. « Datum anno Domini M° CC° LX° secundo, mense septembri. Nota Petri de Sancta Margareta. » — *Origin.*

8. — Septembre 1262. — « Officialis Trecensis » il notifie que « Godefridus dictus *Larcheliers*, et Felisea, uxor ejus.. vendidisse.. magistro Johanni Garsie, canonico Trecensi, et Theobaldo dicto de Acenaio, civi Trecensi, procuratoribus domini pape.. quicquid juris habebant vel habere poterant

in duabus domibus quas ad vitam utrorum tenebant .. a religiosis sanctimonialibus Beate Marie Trecensis.. una sita est juxta domum liberorum Petri dicti *Legoulier*, pro LXXX libris pruviniensium » payées comptant. « Datum anno Domini M° CC° LX° secundo, mense septembri. Nota Petri de Sancta Margareta. » — *Origin.*

9. — Septembre 1262. — « Officialis Trecensis » il notifie que « Jacobus dictus de Villa Luporum, Milo dictus de *Thiefrain* et Johanetta, ejus uxor, Huiardus de *Auson*, cives Trecenses.. vendidisse et nomine venditionis imperpetuum quitavisse magistro Johanni Garsie, canonico S. Stephani Trecensis, et Theobaldo dicto de Acenaio, civi Trecensi, procuratoribus domini pape.. quamdam domum in Curia Beate Marie ad Moniales Trecenses, sitam juxta domum magistri Martini dicti de Logia, clerici, ex una parte, et juxta domum domini Jacobi dicti de *Dilon*, presbiteri, ex altera.. pro LXXX libris pruviniensium » payées comptant. « Datum anno Domini M° CC° LX° secundo, mense septembri. Nota Petri de Sancta Margareta. » — *Origin.*

10. — Septembre 1262. — « Officialis Trecensis » il notifie que « Johannes dictus *Blanc-Toupet*, et Ysabellis, uxor ejus, Galterus, frater dicte Ysabellis, et Luqueta, dicti Galteri soror.. vendidisse et nomine venditionis imperpetuum quitavisse magistro Johanni Garsie, canonico Trecensi, et Theobaldo dicto de Acenaio, civi Trecensi, procuratoribus domini pape.. quamdam domum, cum quadam platea dicte domui contigua.. Trecis sitam juxta domum Petri dicti *Sarrazin*.. pro C et XL libris pruviniensium » payées comptant. « Datum anno Domini M° CC° LX° secundo, mense septembri. » — *Origin.*

11. — Mars 1262 (*v. st.*). — « Officialis Trecensis » il notifie que « Michael dictus Rasus, et Felisia, uxor ipsius Rasi.. vendidisse et nomine venditionis imperpetuum quita-

visse magistro Johanni Garsie, canonico Trecensi, et Theobaldo dicto de Aconaio, civi Trecensi, procuratoribus ut dicitur de capella Urbani, Dei gratia summi Pontificis, XXV solidos annui redditus.. super domo defuncti Guillelmi de *Chartres*, pro XII libris et dimidia pruviniensium fortium » payées comptant. « Datum anno Domini M° CC° LX° secundo, mense martio. — *Origin. scellé.*

12. — Avril 1263. — « Officialis Trecensis » il notifie que « domina Petronilla de Juliaco, filia domini Guidonis de S. Benedicto, militis ..vendidisse et nomine venditionis imperpetuum quitavisse magistro Martino, hostiario et procuratori domini Pape, nomine ecclesie B. Urbani, pape et martyris, quam dominus papa de novo construi facit in solo paterne domus apud Trecas, quoddam stallum situm Trecis ante Lobiam Trecensem, in loco ubi venditur omasa, pro XL libris pruviniensium fortium » payées comptant. « Datum anno Domini M° CC° LX° tertio, mense aprilis. — *Origin.*

13. — Septembre 1263. — « Officialis Trecensis » il notifie que « Petrus Sarracenus, et Blancha, uxor ejus, cives Trecenses.. vendidisse et nomine venditionis imperpetuum quitavisse sanctissimo in Xpisto patri ac domino Urbano, sancte Romane ecclesie summo Pontifici, et ejus successoribus duas domos quas se habere dicebant apud Trecas.. una est in Magno Vico juxta domum defuncti Vilani *Buci* ante furnum ad concellariam ; altera vero inter domum magistri Roberti, aurifabri ..et domum que fuit Guillermi de Cornoto.. pro CC et XL libris turonensium » payées comptant. « Actum anno Domini M° CC° LX° tertio, mense septembri. — *Origin.*

14. — 13 janvier 1264.

Urbanus, episcopus, servus servorum Dei, dilectis filiis abbati Arremarensi, Trecensis diocesis, et decano ecclesie S. Stephani Trecensis, salutem et Apostolicam benedictionem. Cum dilectus filius frater Johannes, abbas monasterii Virziliacensis, Eduensis diocesis, ad Romanam ecclesiam nullo medio pertinentis, ordinis sancti Benedicti, apud Sedem Apostolicam constitutus, sua bona et spontanea voluntate dederit, vendiderit et ad perpetuitatem concesserit dilecto filio magistro Michaeli de Tholosa, sancte Romane ecclesie vicecancellario, recipienti de mandato nostro vice ac nomine nostro venditionem hujusmodi, domum seu grangiam ad dictum monasterium pertinentem, sitam in diocesi Trecensi, que vulgaliter dicitur Malus Nidus, cum domibus, vineis, terris, pratis, silvis, nemoribus, pascuis, aquis, montibus, planitiis et cum omnibus juribus, rationibus, usibus, utilitatibus et pertinentiis suis ad opus ecclesie nostre, quam in civitate Trecensi ad honorem B. Urbani, pape et martyris, construi facimus, prout in instrumento publico super hoc confecto plenius continetur. Nosque venditionem hujusmodi per nostras sub certa forma litteras duximus confirmandam, discretioni vestre per Apostolica scripta mandamus, quatinus vos vel alter vestrum dilectos filios magistrum Johannem Garsie, canonicum Trecensem, capellanum, vel magistrum

Martinum, ostiarum, nostros, pro nobis in possessionem dicte domus seu grangie per vos vel alium seu alios inducentes, et defendentes inductos, faciatis eos pacifica ipsius domus seu grangie, suorumque jurium et pertinentiarum possessione gaudere; contradictores per censuram ecclesiasticam, appellatione postposita, compescendo, invocato ad hoc, si opus fuerit, auxilio brachii secularis, non obstante si personis aliquibus a Sede Apostolica sit indultum quod interdici, suspendi vel excommunicari non possint per litteras Apostolicas plenam et expressam ac de verbo ad verbum non facientes de indulto hujusmodi mentionem. Datum apud Urbemveterem, idus januarii pontificatus nostri anno tertio. — (Extrait d'une commission datée « die martis ante Purificationem B. Virginis M° CC° LX° quarto. » *Origin.*)

15. — 30 avril 1264. — « Officialis Trecensis » il notifie que « magister Felix, domini pape capellanus, canonicus Autissidorensis.. vendidisse et nomine venditionis imperpetuum quittavisse pro ecclesia S. Urbani et nomine ipsius, magistro Martino, ejusdem domini pape procuratori, domum suam quam habebat in Burgo S. Dyonisii, retro ecclesiam, sicut se comportat a parte burgi predicti usque ad pavimentum posterius subtus murum domini episcopi Trecensis, pro C libris turonensium » payées comptant. « Datum ultima die mensis aprilis, anno Domini M° CC° LX° quarto, in vigilia apostololorum Philippi et Jacobi. » — *Origin.*

16. — Mai 1264. — « Officialis Trecensis » il notifie que « Huiardus *Bouchins*, et Agnes, uxor ejus, cives Trecenses

..vendidisse et nomine venditionis quitavisse imperpetuum viro venerabili et discreto magistro Johanni Garsie, canonico, Theobaldo de Acenaio, civi Trecensi, et magistro Martino, domini pape hostiario, procuratoribus sanctissimi in Xpisto patris domini Urbani, divina providentia summi Pontificis.. ad opus ecclesie S. Urbani Trecensis et ministrorum ejusdem ecclesie, quam idem dominus summus Pontifex Trecis edificari facit.. pro pretio LXXX et III librarum bonorum et legalium pruvinensium fortium » payées comptant « quamdam domum sitam Trecis in Vico Medio juxta domum Isabellis *Larchelière* ex una parte, et juxta appenditium liberorum Johannis, olearii, ex altera.. Datum anno Domini Mº CCº LXº quarto, mense mayo. » — *Origin. scellé.*

17. — Mai 1264. — « Officialis Trecensis » il notifie que « Theobaldus de Roseriis, canonicus S. Stephani Trecensis ..vendidisse et nomine venditionis quitasse imperpetuum viro venerabili et discreto magistro Johanni Garsie, canonico, Theobaldo de Acenaio, civi Trecensi, et magistro Martino, domini pape hostiario (*ut supra* n. 16), pro pretio D librarum bonorum et legalium pruvinensium fortium » payées comptant « mediedatem halarum sitarum Trecis, in quibus mercatores de Douasco consueverunt vendere pannos per nundinas Trecenses » ces halles tiennent aux halles « in quibus mercatores de Pruvino consueverunt vendere pannos radiatos; que halo site sunt juxta vicum qui dicitur Corderia ex una parte, et juxta Templum ex altera.. Datum anno Domini Mº CCº LXº quarto, mense maio. » — *Origin.*

18. — « Officialis Trecensis » il notifie que « Petrus dictus Salnerius, et Aalaidis, uxor ejus, cives Trecenses ..vendidisse et nomine venditionis quitavisse imperpetuum » à Jean Garsie, Thibant d'Acenay, Martin (*ut supra* n. 16), « pro pretio DCCC librarum turonensium » payées comptant « 1º quamdam domum suam lapideam sitam in Salneria juxta

domum Domus Dei Comitis.. et juxta domum Michaelis Rasi ;
2° quoddam cellarium cum domo contigua in vico defuncti
Jacobi de Valrege, subtus domum Bartholomei de *Gandeluz ;*
3° quatuor libras turonensium, unam libram piperis, unam
libram cere, unam falcam, unam *pele,* et unam *cevière* annui
redditus super quadam domo sita in Foro Trecensi juxta
domum Michaelis Rasi.. et juxta domum Petri Marescalli..
Datum anno Domini M° CC° LX° quarto. » — *Origin.*

19. — Mai 1264. — « Officialis Trecensis » il notifie
que « Theobaldus de Acenaio, et Juliana, uxor ejus.. vendidisse et nomine venditionis quitavisse imperpetuum Johanni
Garsie.. et magistro Martino (*ut supra* n. 16) pro pretio CCC
librarum bonorum et legalium pruvinensium fortium » payées
comptant « quaindam domum sitam in Salneria Trecensi »
chargée « a quatuor denariis censualibus, qui debentur ecclesie monasterii Celle Trecensis, que domus sita est juxta
domum Marie, filie defuncti Petri.. et juxta domum Milonis
de Pougeio.. Datum anno Domini M° CC° LX° quarto, mense
mayo. » — *Origin.*

20. — Mai 1264. — « Unes lettres coment Jean Fromont, et Jehanne, sa femme, ont vendu à maistre Jehan
Garsie, Thibaut d'Acenay, et maistre Martin, huissier, procureurs de N. S. P. le pape Urbain quart.. parmy le pris de
quatre cents marcs d'estrelins (treze sols et quatre estrelins
pour marc), et parmy cent livres de bons tournois.. la moitié des hales de Provins à Troyes, es quelles les marchands
dou dit Provins vendoient leurs draps royés ; et la moitié des
hales de Douay, es quelles les marchands dudit Douay vendent leurs draps, ainsin comme elles se comportent dès la
rue de la Corderie jusques à la maison de la chevalerie du
Temple, franches, excepté de 22 deniers de censive envers
l'église Nostre-Dame de Troyes. Item une maison assize à
Troyes, laquelle fut feu Jaques de Giffaumont, tenant à la

maison Marion Cornet d'une part, et d'autre part à la voie par où l'on va du marché de Troyes à l'église Saint-Pantaléon. Item la moitié de 25 sols de cens portant lods et vantes.. L'an 1264, ou mois de may. » — (Cahier intitulé : *Extrait du Cartulaire de l'église de Saint-Urbain*, n. 12).

21. — Mai 1264. — « Officialis Trecensis » il notifie que « Jacobus dictus Alemannus, draperius, et Ysabellis, ejus uxor.. vendidisse et nomine venditionis quitasse imperpetuum Johanni Garsie.. Theobaldo de Acenayo.. magistro Martino (*ut supra* n. 16) pro pretio CCC librarum bonorum et legalium pruvinensium fortium » payées comptant « quamdam domum sitam in Draperia Trecensi juxta domum Jacobi *le Bergaut*.. et juxta domum abbatis et conventus de Altovillari ; et etiam aliam domum in vico Templi juxta domum Garneri de Divione.. et juxta domum Johannis de Lingonis.. Datum anno Domini M° CC° LX° quarto, mense mayo. » — *Origin.*

22. — Mai 1263. — « Officialis Trecensis » il notifie que « Theobaldus de Acenaio, et Juliana, uxor ejus, cives Trecenses.. vendidisse et nomine venditionis quitavisse imperpetuum.. Johanni Garsie, et Martino, domini pape hostiario, procuratoribus una cum ipso Theobaldo sanctissimi in Xpisto patris domini Urbani (*ut supra* n. 16) pro pretio C librarum bonorum et legalium pruviniensium fortium » payées comptant « XII denarios annui census.. percipiendos super quadam domo sita in Draperia Trecensi juxta domum jacobi *le Bergaut*.. et domum abbatis et conventus de Altovillari..; et unum obolum annui census super quadam domo sita in Vico Templi juxta domum Garneri de Divione ..et domum Johannis de Lingonis..; et II denarios censuales, quos Theobaldus et Juliana habebant super quadam parte cujusdam domus sitæ ante curiam B. Marie ad Moniales Trecenses juxta domum predicti Martini, que domus fuit defuncti domini Jacobi

Dislon, quondam presbiteri.. Datum anno Domini M° CC° LX° quarto, mense mayo. — *Origin. scellé.*

23. — Mai 1264. — « Officialis Trecensis » il notifie que « Johannes de Claravalle, carnifex, et Maria, ejus uxor, cives Trecenses ..vendidisse et nomine venditionis quittavisse imperpetuum.. Johanni Garsie.. Theobaldo de Acensio.. magistro Martino (*ut supra* n. 16) pro pretio C et XX librarum bonorum et legalium pruviniensium fortium » payées comptant « omnem partem, omne jus, commodum, et auctionem quam habebant in tholoneo Trecensi, scilicet in tholoneo bestiarum, in quo tholoneo habent abbas et conventus Monasterii Celle Trecensis XX solidos et quinque primos dies in quibuslibet nundinis Trecensibus; item, priorissa et conventus de Foissiaco XX solidos; item, abbatissa et conventus S. Marie Trecensis quinque mercata quolibet anno, scilicet mercatum die veneris et die sabbati ante festum Assumptionis B. Marie Virginis, et tria mercata ante Nativitatem B. Marie, Purificationem B. Marie, Annunciationem Dominicam, residuum vero tholonei, excepto vicecomitatu, dicti Johannes et Maria suum firmiter asserebant.. Datum anno Domini M° CC° LX° quarto, mense maio. » — *Origin.*

24. — Mai 1264. — « Officialis Trecensis » il notifie que « Johannes de Claravalle, carnifex, et Maria, uxor ejus, cives Trecenses . vendidisse et nomine venditionis quitavisse imperpetuum Johanni Garsie.. Theobaldo de Acenayo.. magistro Martino (*ut supra* n. 16) pro pretio C et XX librarum bonorum et legalium pruviniensium fortium » payées comptant « unum modium frumenti boni et legalis ad valorem minagii, ad mensuram Trecensem » à prendre tous les ans « octo diebus post Nativitatem Domini in granario S. Urbani Trecensis. » Pour ce muid de froment les vendeurs « assignaverunt terras liberas super *la granche de Fontaines les*

Montaulain.. Datum anno Domini M° CC° LX° quarto, mense maio. » — *Origin*.

25. — Mai 1264. — « Officialis Trecensis » il notifie que « Droco de Logia, miles, et domina Helvidis, ejus uxor.. vendidisse et nomine venditionis quitasse imperpetuum viro venerabili et discreto Johanni Garsie, canonico, Theobaldo de Acenaio, civi Trecensi, et magistro Martino (*ut supra* n. 16) pro pretio CCC LX et IV librarum pruviniensium fortium » payées comptant « XV libras, III solidos, VII denarios et obolum annui et perpetui census, portantes laudes et ventas.. et VI libras annui et perpetui redditus.. Actum anno Domini M° CC° LX° quarto, mense junio. — *Origin*.

26. — Mai 1264. — « Officialis Trecensis » il notifie que « Stephanus Loerii, et Maria de Campo Gillardi, uxor ejus, cives Trecenses.. vendidisse et nomine venditionis concessisse imperpetuum Johanni Garsie.. Theobaldo de Acenayo.. et magistro Martino (*ut supra* n. 16) pro pretio XIV librarum pruviniensium fortium » payées comptant « unum sextarium et tres boissellos frumenti boni et legalis, ad valorem minagii ad mensuram Trecensem, nomine census portantis laudes et ventas.. assignatum super terris in Ruella de Chichereio, qua itur ad ecclesiam B. Marie de Prato.. Datum anno Domini M° CC° LX° quarto, mense maio. — *Origin*.

27. — Mai 1264. — « Officialis Trecensis » il notifie que « Guiotus de Viaspera, armiger, et Margareta, ejus uxor.. vendidisse et nomine venditionis quittavisse magistro Johanni Garsie, magistro Martino, et Theobaldo de Acenaio procuratoribus fabrice ecclesie B. Urbani Trecensis, XXVII solidos et V denarios pruviniensium censuales, de franco alodio, liberos.. portantes laudes et ventas; et omnes alios census quos habent.. in civitate et suburbio Trecensi.. pro L libris pruviniensium » payées comptant. Ces censives sont « ratione domorum et viridarii Trecis in vico qui dicitur vicus *des Buchettes*; et ratione prati apud molindinos Omondi.. Datum anno Domini M° CC° LX° quarto, mense mail. — *Origin. scellé.*

28. — Juin 1264. — « Theobaldus, Dei gratia, rex Navarre, Campanie et Brie comes palatinus » fait cette notification : « quod nos vendidimus et nomine ac titulo venditionis concessimus et quittamus in perpetuum magistro Johanni Garsie, canonico Trecensi, Theobaldo de Acenaio, civi Trecensi, et magistro Martino, domini pape hostiario, procuratori sanctissimi patris domini Urbani.. constituto ad emendum videlicet et recipiendum possessiones et redditus ad opus canonicorum ecclesie Sancti Urbani Trecensis, quam ecclesiam idem dominus summus Pontifex Trecis edificari facit.. pro pretio videlicet M et CCC librarum bonorum et legalium turonensium » payées comptant « domum novam, sitam in loco qui dicitur *Oriant* juxta Hospitale, cum omnibus granchiis, terris, pratis.. que domus cum dictis suis pertinentiis trecenta arpenta dinoscitur continere; quam domum emimus a Bernardo de Montecucco et Margarola, ejus uxore, civibus Trecensibus. » Le comte promet aux chanoines « domum garentire quittam et liberam, atque defendere in manu mortua erga omnes, retenta nobis tamen justitia et custodia.. Datum anno Domini M° CC° LX° quarto, mense junio. » — *Origin.* — *L'inventaire* de 1399 porte : « vendicion de la maison neuve ou lieu d'Oriant, à présent appelée la grange de la Loge l'Apostole. »

29. — Juin 1264. — « Officialis Trecensis » il notifie que « dominus Johannes, thesaurarius, et dominus Guido, frater ejus, canonicus Laudunensis, vendidisse et nomine venditionis quitavisse imperpetuum Johanni Garsie.. Theobaldo de Acenayo.. et Martino (*ut supra* n. 16) pro pretio nongentorum et quinquaginta librarum bonorum et legalium pruviniensium fortium » payés comptant « quicquid habebant in tota decima bladi de Rumiliaco et omne jus quod habent in dicta decima intra grangiam et extra grangiam; quam decimam tenebant de retrofeodo a domino Hugone de Rumiliaco, milite » se portent garants de cette vente: « dominus Hugo; reverendus ejus frater, armiger, dominus Guillermus de Rumiliaco ; et Ancelinus, frater ejusdem Guillermi.. » Sur ces dîmes « percipere debet singulis annis Guido, rector ecclesie de Rumiliaco, III sextarios sigali ad mensuram de Triangulo.. et debentur singulis annis circiter IV sextarios frumenti, ad dictam mensuram, pro pane distribuendo die Resurrectionis Domini in dicta ecclesia de Rumiliaco.. Datum anno Domini M° CC° LX° quarto, mense junio. » — *Origin.* — Vieille copie.

30. — Juin 1264. — « Officialis Trecensis » il notifie que « Girardus *li Berrichiers*, civis Trecensis.. vendidisse et nomine venditionis quitavisse imperpetuum viro venerabili et discreto magistro Johanni Garsie, canonico, Theobaldo de Acenaio, civi Trecensi, magistro Martino, domini pape hostiaro (*ut supra* n. 16) pro pretio XVI librarum pruviniensium fortium » payées comptant « tres solidos et tres obolos annui et perpetui census portantis laudes et ventas, super quadam domo sita in Vico Medio, quam domum Huiardus *Bouchins* vendidit procuratoribus antedictis.. Datum anno Domini M° CC° LX° quarto, mense junio. » — *Origin.*

31. — Juin 1264. — « Officialis Trecensis » il notifie que « Simon de Meriaco, miles, et domina Ysabellis, ejus uxor.. vendidisse et nomine venditionis quitasse imperpetuum Johanni Garsie.. Theobaldo de Acenayo.. Martino (*ut supra* n. 16) pro pretio CC et LXXX librarum bonorum et legalium pruviniensium fortium » payées comptant « quamdam domum suam, cum cellario, caveis, ..sitam Trecis juxta domum Rolandi *Bonsigneur*.. et juxta domum Garneri *Tor-*

pin.. Datum anno Domini M° CC° LX° quarto, mense junio. »
— *Origin. scellé.*

52. — Juin 1264. — « Officialis Trecensis » il notifie que « Renaldus, canonicus Trecensis.. vendidisse et nomine venditionis imperpetuum quitavisse Johanni Garsie.. Theobaldo de Acenayo.. Martino (*ut supra* n. 16) pro pretio C et L librarum bonorum et legalium pruviniensium fortium » payées comptant « quamdam domum suam sitam in Foro Trecensi juxta Domum Dei Sancti Bernardi.. et juxta domum *La Chaurée.* » Cette maison est chargée « a quinque solidis annui redditus, qui debentur Domui Dei Sancti Bernardi.. Jacobus de Senonis, quondam prepositus domini Trecensis episcopi, se constituit fideijussorem pro dicto Renaldo.. Datum Trecis anno Domini M° CC° LX° quarto, mense junio. »
— *Origin.*

53. — Juin 1264. — « Officialis Trecensis » il notifie que « dominus Johannes de Insulis, miles ; domina Agnes, ejus uxor ; Jaquetus de Vendopera, Margareta, ejus uxor ; Jacquinus de Insulis, clericus ; Adelina, ejus uxor ; et Felisea, relicta Petri Munerii.. vendidisse et nomine venditionis quitavisse imperpetuum Johanni Garsie.. Theobaldo de Acenayo.. Martino (*ut supra* n. 16) pro pretio XLVIII librarum bonorum et legalium pruviniensium fortium » payées comptant « XXX denarios annui census, portantes laudes et ventas.. in duabus domibus contiguis que fuerunt defuncti Johannis Bergerii, sitis in Vico Medio.. una est sita juxta Ruellam per quam itur ab ecclesia Sancti Johannis ad vicum Templi ; alia domus sita est juxta predictam domum et protenditur a dicto Vico Medio usque ad vicum Beate Marie.. Datum anno Domini M° CC° LX° quarto. — *Origin. scellé.*

54. — Juin 1264. — « Officialis Trecensis » il notifie que « Scherus de Fontanis, armiger.. vendidisse et nomine venditionis quitasse imperpetuum Johanni Garsie.. Theobaldo de Acenaio.. Martino (*ut supra* n. 16) pro pretio XX librarum bonorum et legalium pruviniensium fortium » payées comptant « XXXV solidos annui et perpetui redditus.. in theloneo animalium Trecensium, quos tenebat de retrofeodo a Johanne de Rigniaco, armigero.. Datum anno Domini M° CC° LX° quarto, mense junio. » — *Origin.*

35. — Juin 1264. — « Officialis Trecensis » il notifie que « Guillermus dictus de Virduno, et Margareta, ejus uxor .. vendidisse et nomine venditionis imperpetuum quitavisse Johanni Garsie.. Theobaldo de Acenayo.. Martino (*ut supra* n. 16) pro L solidis pruviniensium » payées comptant « XL denarios pruviniensium annui et perpetui redditus.. Trecis, super domo sita in Medio Vico juxta domum Isabellis dicte *Archelière*.. et domum Clareti dicti *Fichaut*.. Datum anno Domini M° CC° LX° quarto, mense junio. » — *Origin.*

36. — Juin 1264. — « Officialis Trecensis » il notifie que « Guiotus, filius defuncti Johannis Bergeri, civis Trecensis.. vendidisse et nomine venditionis quitasse imperpetuum Johanni Garsie.. Theobaldo de Acenaio.. magistro Martino (*ut supra* n. 16) pro pretio CC et LX librarum bonorum et legalium pruviniensium fortium » payées comptant « duas domos quas habebat contiguas Trecis juxta domum defuncti Petri de Latigniaco.. et juxta domum defuncti Johannis Bergeri, sicut predicte due domus se comportant ante et retro a Vico Medio usque ad vicum Beate Marie.. Datum anno Domini M° CC° LX° quarto, mense junio. » — *Origin.* scellé.

37. — Juin 1264. — « Officialis Trecensis » il notifie que « Juliotus de Sezannia, gener Bernardi de Montecuco, et Emelina, uxor ejus .. vendidisse et nomine venditionis quitavisse imperpetuum Johanni Garsie.. Theobaldo de Acenaio..

Martino (*ut supra* n. 46) pro pretio LXXX librarum bonorum et legalium pruvinensium fortium » payées comptant « medietatem cujusdam prati, siti in praeria de Ponte S. Marie, excepto feno anni presentis, quod pratum dicitur pratum *de la Gravière*, et ad quod pratum pertitur venerabilis vir Johannes, decanus S. Quiriaci de Pruvino; propter quod pratum debentur tres obofi annui census nobili viro domino de Barbereio.. Actum anno Domini M° CC° LX° quarto, mense junio. » — *Origin.*

38. — Juin 1264. — « Officialis Trecensis » il notifie que « dominus Droco de Logia, miles, et domina Helvidis, uxor ejus .. vendidisse et nomine venditionis quitavisse imperpetuum Johanni Garsie.. Theobaldo de Acenaio.. Martino (*ut supra* n. 46) pro pretio CCC et LXIIII librarum pruviniensium » payées comptant « XV l. III s. VII d. I o. annui et perpetui census portantis laudes et ventas ; et VI libras redditus perpetui super quibusdam cedulis.. Actum anno Domini M° CC° LX° quarto, mense junii. » — *Origin.*

39. — Juin 1264. — Officialis Trecensis » il notifie que « Petrus dictus Rasus.. vendidisse et nomine venditionis imperpetuum quitavisse Johanni Garsie.. Theobaldo de Acenayo.. Martino (*ut supra* n. 46) pro pretio C et LXXX librarum pruviniensium fortium » payées comptant « domum suam juxta domum domini Girardi de *Bezençon*, militis, a vico S. Johannis ad vicum Templi, francam.. Actum anno Domini M° CC° LX° quarto, mense junio. » — *Origin.*

40 — 12 septembre 1264 — 8 novembre 1273.

Universis presentes litteras inspecturis, Ancherus, miseratione divina tituli Sancte Praxedis sacrosancte Romane ecclesie presbiter cardinalis, salutem in Domino sempiternam. Noveritis quod nos anno Domini M° CC° LXX° tertio, die martis ante festum B. Martini hyemalis litteras inferius annotatas vidimus in hec verba :

Universis.. magister Johannes Garsie, canonicus, et Theobaldus de Acenayo, civis Trecensis, salutem in Domino. Noverint universi, nos recepisse et habuisse de pecunia Beati Urbani Trecensis, pro emendis possessionibus et redditibus ad opus ejusdem ecclesie, et pro fabrica facienda, decem milia marcharum sterlingorum bonorum et computabilium, tresdecim solidis et quatuor sterlingorum pro marcha computatis, per manus venerabilium et discretorum virorum magistri Felisii, thesaurarii, et domini Symonis, cananici ecclesie supradicte. Quam sterlingorum summa nos recepisse ab eis confitemur et nobis integre numeratam esse. In cujus rei testimonium, sigilla nostra duximus presentibus apponenda. Actum anno Domini M° CC° LX° quarto, prima die veneris post festum Nativitatis beate Virginis.

In cujus rei testimonium, presenti transcripto sigillum nostrum duximus apponendum. Datum apud Trecas, anno Domini M° CC° LXX° tertio, die mercurii ante festum beati Martini hyemalis. — *Origin.*

41. — **Novembre 1264.** — « Unes lettres, sous les seaulx d'abbé et couvent de Monstier-la-Celle, de certaines acquisitions faictes pour l'église, en leurs censives, depuiz la fondacion d'icelle jusques à la Toussains à compter de la

date d'icelle. Données l'an mil CC LXIIII, novembre. » — *Invent.* de 1399.

42. — 1264. — « Unes petites lettres de quittance, soubz le séel de frère Felix, ministre de Monstier-la-Celle, comment il confesse avoir reçu des commis à acheter rentes pour la fondacion de l'église C et XX livres pour les lots et ventes de plusieurs acquets faiz en leur censive. Données l'an mil CC LXIIII. » — *Invent.* de 1399.

43. — Décembre 1264. — « Officialis Trecensis » il notifie que « nobilis vir Egidius, miles, dominus de Barbereio et domina Johanna, uxor ejus., vendidisse et nomine venditionis quitasse imperpetuum Johanni Garsie.. Theobaldo de Acenayo.. et Martino bone memorie domini Urbani, quondam pape quarti, procuratoribus (*ut supra* n. 16) pro pretio XXXV librarum bonorum et legalium proviniensium fortium » payées comptant « III obolos annui et perpetui census portabilis laudes et ventas.. in medietate prati quam dicti procuratores emerunt a Julioto de Sezannia; quod pratum situm est in praeria de Ponte S. Marie et continet circiter triginta duas falcatas prati et nominatur *la Gravière*.. Datum anno Domini M° CC° LX° quarto, mense decembri. » — *Origin.*

44. — 1264. — « Deux lettres, soubz le séel de la court l'official de Troies : l'une de XL s. VI d. de menuz cens portans los et ventes ; et l'autre de XXVIII autres deniers de menus cens, achetez, parmi le prix de LXIII livres, de messire Hugues de Putemonoie, chevalier, et sa femme, à prendre chacun an à la Saint-Remy sur plusieurs personnes, maisons et autres héritages, assiz tant ou bourc Saint-Jaques, emprès Sainte-Savine, en la paroisse de Saint-Aventin, et en la Tannerie, comme autre part. Données l'an mil CC LXIIII. » — *Invent.* de 1399.

45. — 1264. — « Une lettre, soubz le séel de la court l'official de Troyes, de l'achat de XVII s. VI d. de menuz cens, achetez, parmi le prix de X livres, de Guiot de Viaspre, escuier, et sa femme, c'est assavoir XII d. sur une pièce de pré assis aus molins aus Mons que tenoit Colot, fils de feu Girard d'Isles; et le demeurant à prendre sur plusieurs maisons assises en la rue des Buchettes. Données l'an mil CC LXIIII. » *Invent.* de 1399.

46. — 1264. — « Une lettre, soubz le séel de la court l'official de Troyes, de l'achat fait parmi le prix C XX livres, de messire Girart de Besançon, chevalier, et sa femme, d'une maison ainsi comme elle se comporte des la rue Saint-Jehan jusques à la rue du Temple. Donnée l'an mil CC LXIIII. » — *Invent.* de 1399.

47. — 1264. — « Une lettre, soubz les seaulx de abbesse et couvent de la Piété lez Rameru, de la vendicion par elles faites, parmi le prix de CXL livres, de la terre, et hommes, et femmes, et autres droits quelles avoient es villes et finages de Chamay, et de Enreu, et illec environ. Donnée l'an mil CC LXIIII. Messires Gaultier de Chappes approuve, l'an mil CC XLIIII, la donation de ces biens, faite par sa femme à la Piété; et en l'an mil CC XCVIII, Andreaux, chevaliers, sires de Saint Fale, amortit aus dictes religieuses de la Piété tout ce que elles avoient à Chamay mouvent de son fié. » — *Invent.* de 1399.

48. — 1264. — « Une lettre soubz le séel de la court l'official de Troyes, faisant mencion de l'achat de XIII muiz d'avoine à prendre sur la grange des dismes à Romilly. Données l'an mil CC LXIIII. » — *Invent.* de 1399.

49. — 1264. — « Deux lettres, l'une soubz le séel de la court l'official de Troyes, et l'autre soubz le séel de la court l'official de Senz, faisant mencion de l'achat de la tierce partie du terrage que l'église prent ou finage d'Origny, ou lieu dit Glanne-pendue. Données l'an mil CC LXIIII. » — *Invent.* de 1399.

50. — 1264. — « Une lettre, soubz le séel de la court l'official de Troyes, faisant mencion de l'achat fait, parmi le prix de CXXX livres, pour l'église, de VI l. X s. VI d. de censives portans los et ventes, vendez par Guillaume de Dompmartin, escuier, et sa femme, à prendre sur certains estaux assis en la Poisonnière de Troyes. Données l'an M CC LXIIII. » — *Invent.* de 1399.

51. — 1264. — « Une lettre, soubz le séel de la court l'official de Troyes, de l'achat fait, parmi le prix de CXX livres, de Jehan Garnier de Dijon, et sa femme, d'une maison assise en la rue du Temple tenant à la maison Jehan le Marrenier, d'une part, et la maison de Saint-Urbain qui fut Lallement, d'autre part. Donnée l'an mil CC LXIIII. » — *Invent.* de 1399.

52. — Janvier 1264 *(v. st.)*. — « Girardus dictus de Ancheto, et Guido de Alneto, canonici et camerarii S. Stephani Trecensis » déclarent avoir reçu de « Johanne Garsie, concanico nostro; Theobaldo de Acenaio, cive Trecensi ; et magistro Martino, procuratoribus fabrice ecclesie S. Urbani Trecensis, XX l. turonensium pro laudibus et ventis domus dicte de *Gifaumont*, ecclesie S. Urbani vendite.. Datum anno Domini Mº CCº LXº quarto, mense januario. » — *Origin.*, *avec les deux sceaux.*

53. — 24 septembre 1265.

Clemens, episcopus, servus servorum Dei, dilectis filiis decano, et canonicis ecclesie Sancti Urbani Trecensis, tam presentibus quam futuris canonice substituendis, in perpetuum. Etsi universe orbis ecclesie Apostolice Sedis, que disponente Domino super ipsas ordinarie potestatis obtinet principatum, subesse noscantur, aliquas tamen interdum de sue authoritatis plenitudine Sedes eadem specialiter sibi subdit, sic eas a cujuslibet alterius jurisdictione prorsus eripiens, ut nullum nisi solum Romanum Pontificem superiorem et Dominum recognoscant, constituendo ipsas quodam singulari privilegio liberas penitus et exemptas. Unde felicis recordationis Urbanus Papa, predecessor noster, ad ecclesiam Sancti Urbani Trecensis, que in fundo sive solo sue paterne domus est ecclesie Romane constructa sumptibus et dotata, specialem gerens affectum, et volens ut sicut ipsius predecessoris erga eam in dilectione abundabat gratia, sic exhuberaret in opere circa ipsam, providit singularibus illam privilegiis plenisque libertatibus insignire, ut cum magis Apostolico suffulta favore fuerit, ea amplius circa prefatam Sedem devotione concrescat. Verum idem predecessor morte preventus, quod super hoc in affectu gerebat perducere non potuit ad effectum. Quapropter, dilecti in Domino filii, nos hujusmodi ejusdem predecessoris propositum attendentes, ac aliqua de iis que preordinaverat exequentes, predictam Sancti Urbani secularem ecclesiam in jus et proprietatem beati Petri et predicte Sedis assumimus, et presentis scripti privilegio communimus, ab omni jurisdictione, potestate ac dominio tam episcopi Trecensis, et archiepiscopi Senonensis, qui pro tempore fuerint, quam cujuslibet alterius prelati ceu ecclesiastice persone, illam totaliter et perpetuo eximentes : ita quod nec idem episcopus et archiepiscopus, nec quevis alia persona ecclesiastica eam utpote prorsus exemptam, vel personas, seu canonicos ipsius ecclesie, sive clericos ejus qui continue in divinis officiis servierent in eadem, aut servientes personarum et canonicorum predicte ecclesie, qui tanquam ipsorum familiares domestici eorum obsequiis morabuntur, interdicere, suspendere, vel excommunicare valeat, seu quomodocumque alias in prefatam ecclesiam, et predictos vel eorum aliquem, potestatem vel jurisdictionem aliquam exercere : et si contra forte presumptum fuerit, sit omnino vanum, irritum et inane. Porro, ut numerus personarum in eadem ecclesia Domino famulantum ipsius facultatibus proinde coaptetur, duodenarium canonicorum numerum cum decano, cantore, thesaurario, quos in hujusmodi numero computari volumus in ecclesia predicta presentium authoritate statuimus, et quod collatio prebendarum, thesaurarie et cantorie in ea pertineat ad decanum, precipientes ut ecclesia ipsa predicto numero sit contenta, et districtius inhibentes ne aliquis in illa ultra numerum ipsum in canonicum admittatur absque speciali licentia Sedis ejusdem, faciente plenam et expressam de statuto et inhibitione hujusmodi mentionem. Nos enim irritum et inane decernimus, si secus a quequam fuerit attemptatum. Statuimus etiam ut decanus predicte ecclesie ab ejus canonicis eligatur, et presentetur ipsius electio Romano Pontifici confirmanda per eum : sed nichilominus interim ante suam confirmationem, si concorditer electus fuerit, in spiritualibus et temporalibus, ne forte incurrat in his ecclesia ipsa dispendium, administret : sic tamen ut de rebus illius nichil penitus alienet. Verumtamen infra sex mensium spatium, postquam electus fuerit a canonicis, confirmatio electionis ejusmodi ab eodem Romano Pontifice postuletur. Quod si forte neglectum fuerit, ex tunc eisdem canonicis eligendi alium idoneum in decanum libera sit facultas. Decanus autem, postquam confirmatus fuerit, successive ad omnes Ordines statutis temporibus teneatur facere se promoveri, et ad continuam residentiam in eadem ecclesia faciendam, super quibus ipse in confirmatione sua prestet coram dicto Romano Pontifice, vel coram illo cui dictus Romanus Pontifex hoc, vel confirmationem hujusmodi commiserit, corporaliter juramentum, et nichilominus postquam redibit ad dictam ecclesiam, electionis sue confirmatione obtenta, super confirmatione sua et prestatione hujusmodi juramenti litteras testimoniales ipsius Romani Pontificis, vel illius cui dictus Romanus Pontifex confirmationem electionis sue commisorit, capitulo ecclesie predicte reportet. Liceat autem sibi duobus mensibus, annis singulis, extra dictam ecclesiam pro suis negotiis moram facere, et si eum pro negotiis ejusdem ecclesie de licentia ipsius capituli interdum abesse contigerit, propter hoc absens minime reputetur. Ordinamus quoque ut tu, fili decane, et successores tui circa spiritualia predicte ecclesie, et habeatis plenam curam, et in illius personas, canonicos, clericos et ministros ac eorum servientes, sive clerici fuerint sive laici, tanquam vobis subditos spiritualem jurisdictionem, ita quod in eos censuram ecclesiasticam valeatis libere exercere, et nullus alius jurisdictionem et censuram hujusmodi sibi in predictos quomodolibet vendicare presumat. Sane a vobis et successoribus vestris eligatur unus prepositus sive camerarius annuatim, qui omnium temporalium ejusdem ecclesie curam gerat, ac redditus et proventus ipsius colligi faciat et conservet distribuendo proportionaliter per eum inter canonicos et personas ecclesie memorate, ita quod decanus duas, thesaurarius vero et cantor, videlicet uterque eorum, unam et dimidiam ex reditibus et proventibus hujusmodi percipient portiones. Et ne predicata ecclesi debitis obsequiis defraudetur, volumus et statuimus quod portio ex hujusmodi reditibus et proventibus assignetur tantum illis canonicis et personis, qui personalem residentiam fecerint, et interfuerint horis canonicis in ecclesia memorata, ea servata forma quod in singulis horis hujusmodi juxta taxationem predictorum decani et capituli certum quid ex predicta portione presentibus assignetur. Absentes vero persone et canonici et presentes etiam, nisi pro tempore quo interfuerint horis predictis, portionem non recipiant supradictam, nisi forte absentes tali detineantur debilitate vel infirmitate, quod non possint in dicta ecclesia commode deservire, aut alia juxta causa et legitima excusentur. Sed et absentes de licentia predictorum decani et capituli apud Sedem Apostolicam pro negociis ipsius ecclesie, aut si in peregrinatione fuerint, vel in scholis, tunc ac si essent presentes, integre suam percipiant portionem. Hujusmodi autem prepositus sive camerarius rationem administrationis sue reddat in presentia dictorum decani et capituli bis in anno. Et si facultates predicte ecclesie adeo excreverint, quod singule portiones summam annuam quinquaginta librarum Turonensium, qua singulos canonicos dicte ecclesie annuatim volumus esse contentos, possint excedere, illud quod superfuerit de hujusmodi summa fideliter conservetur in possessiones pro predicta ecclesia, vel alias utilitates ipsius ecclesie, per dictos decanum et capitulum totaliter convertendas. Ad hec liceat vobis Xpisma, et Oleum Sanctum, Consecrationes altarium predicte ecclesie, Ordinationes quoque clericorum vestrorum, qui ad Ordines fuerint promovendi, petere ac recipere a quocumque malueritis catholico episcopo, gratiam et communionem Apostolice Sedis habente, qui nostra fretus auctoritate, vobis quod postulatis impendat. Quod si forte a Trecensi episcopo, qui erit pro tempore hoc, postulaveritis, et receperitis, nichil omnino juris propter hoc seu jurisdictionis, dominii, aut potestatis, idem episcopus vel ecclesia Trecensis in vobis sibi vindicet vel aquirat, nec ex eo materiam vel occasionem seu causam prescribendi aliquam contra vos possit sumere vel habere. Statuimus insuper ut in ipsa Sancti Urbani ecclesia fiat quotidie in Missarum solemniis commemoratio de predicto predecessore, ipsius suppresso nomine; et pro Romano Pontifice, proterquam in precipuis festivitatibus, oratio specialis; necnon pro Romanis Pontificibus defunctis Missa ibi semel ad minus in hebdomada colebretur. Ad indicium autem hujusmodi percepte a Sede Apostolica libertatis, memorata ecclesia Sancti Urbani unum obolum aureum in festo Omnium Sanctorum persolvat nobis nostrisque successoribus annuatim. Decernimus ergo ut nulli omnino hominum liceat predictam ecclesiam temere perturbare, aut ejus possessiones aufferre, vel ablatas retinere, minuere, seu quibuslibet vexationibus fatigare; sed ea omnia integra conserventur, eorum pro quorum gubernatione et sustentatione concessa sunt usibus ommimodis profutura, prefate Sedis authoritate in omnibus semper salva. Si qua igitur in futurum ecclesiastica secularisve persona hanc nostre exemptionis, reservationis, constitutionis, ordinationis, prohibitionis, et concessionis paginam sciens contra eam temere venire temptaverit, secundo tertiove commonita, nisi reatum suum congrua satisfactione correxerit, potestatis honorisque sui careat dignitate, reamque se divino judicio existere de perpetrata iniquitate cognoscat, et a sacratissimo Corpore et Sanguine Dei et Domini Redemptoris nostri Jhu Xpisti aliena fiat, atque in extremo examine districte subjaceat ultioni ; cunctis autem eidem ecclesie jura servantibus sit pax Domini nostri Jhu Xpisti, quatenus et hic fructum bone actionis percipiant, et apud districtum judicem premia eterne pacis inveniant. Amen. Amen. Amen. *Cercle concentrique, au milieu* : SCS Petrus, SCS Paulus, Clemens PP, IIII. *Légende :* Oculi mei semper ad Dominum. *Monogramme :* Bene valete. Ego Clemens, catholice Ecclesie episcopus, suscripsi ; † ego Stephanus, Pronestinus episcopus ; † ego Fr. Joannes, Portuensis et Sancte Rufine episcopus ; † ego Radulphus, Albanensis episcopus ; † ego Henricus, Ostiensis et Velletrensis episcopus ; † ego Ancherus, titulo Sancte Praxedis presbyter cardinalis ; † ego Guillelmus, titulo Sancti Marci presbyter cardinalis ; † ego Fr. Ambaldus, basilice XII Apostolorum presbyter cardinalis ; † ego Ottavianus, Sancte Marie in via lata diaconus cardinalis ; † ego Joannes, Sancti Nicolai in Carcere Tulliano diaconus cardinalis ; † ego Jacobus, Sancte Marie in Cosmedin diaconus cardinalis ; † ego Gothfridus, Sancti Georgii ad Velum Aureum diaconus cardinalis ; † Ego Ubertus, Sancti Eustachii diaconus cardinalis ; † ego Jordanus, Sanctorum Cosme et Damiani diaconus cardinalis. Datum Perusii, per manum magistri Michaelis, sancte Romane ecclesie vicecancellarii, VIII kalendas octobris, indictione VIIII, Incarnationis Dominice anno M° CC° LX° V°, pontificatus vero domini Clementis pape quarti anno primo. — Archiv. de l'Aube, *Original*. On trouve aussi le *transumptum* de cette bulle : 1° datum per copiam ex ordinacione curie Dierum Trecensium sub sigillo prepositure Trecensis, anno Domini M° CCC° XC° VIII°, die 17ᵃ mensis septembris ; 2° *Vidimus* donné par l'official de Troyes le 16 août 1421, à la prière de Nicolas de Lintelles, doyen de Saint-Urbain, ibid. — *Nota*. Toutes les bulles accordées à la collégiale du vivant du cardinal Ancher portent au dos : *Dno Anchero* ou *Dnus Ancherus*.

54. — 30 septembre 1265.

Clemens, episcopus, servus servorum Dei, dilecto filio A[nchero], tituli S. Praxedis presbytero cardinali, salutem et Apostolicam benedictionem. Felicis recordationis Urbanus papa, predecessor noster, ad sanctum Urbanum gerens specialis devotionis affectum, in ipsius sancti honore quamdam ecclesiam in civitate Trecensi, in fundo sive solo sue paterne domus, ecclesie Romane sumptibus construi fecit pariter et dotavit, volens quod tu, post ipsius obitum, personatus et prebendas ipsius ecclesie S. Urbani conferres personis ydoneis, quoad viveres, juxta tue bone placitum voluntatis; verum, eodem predecessore morte prevento, confecte super hoc littere Apostolice non fuerunt. Nos itaque volentes, ut ejusdem predecessoris voluntas in hac parte totaliter observetur, tuis supplicationibus inclinati, ut personatus et prebendas predicte ecclesie S. Urbani, quotiens vacaverint, possis quoad vixeris conferre personis ydoneis, et tibi auctoritate presentium indulgemus, non obstante quod statuisse dicimur, ut collatio prebendarum, thesaurarie, et cantorie prefate ecclesie S. Urbani ad ipsum decanum pertineat, ad quem, post tuum obitum, illarum collationem juxta statutum hujusmodi volumus pertinere. Nulli ergo omnino hominum hanc paginam concessionis nostre infringere vel ei ausu temerario contraire. Si quis autem hoc attemptare presumpserit indignationem omnipotentis Dei et BB. Petri et Pauli, apostolorum ejus, se noverit incursurum. Datum Perusii, II kal. octobris pontificatus nostri anno primo. — *Origin*. Le sceau était sur des fils de soie rouge et jaune.

55. — 30 septembre 1265.

Clemens, episcopus, servus servorum Dei, karissimo in Xpisto filio illustri regi Navarro salutem et Apostolicam benedictionem. Corde hilari meditantes quod pietatis operibus per Dei gratiam multipliciter es intentus, firmam et securam gerimus de tua serenitate fiduciam, ut quibuslibet tue terre ecclesiis et personis ecclesiasticis, sed illis precipue quas ad Romanam ecclesiam percipis immediate spectare, obtentu ipsius Ecclesie matris tue nostrique intuitu precaminis, benignus et benevolus opportuno tempore habearis. Sane felicis recordationis Urbanus papa predecessor noster ad ecclesiam Sancti Urbani Trecensis, que in fundo seu solo suo paterne domus ecclesie Romane sumptibus constructa est et dotata, specialem dum viveret gerens affectum et volens ut sicut sua circa eam abundabat affectio, sic exhuberaret effectus operis erga illam, providit circa vite sue dies ultimos singularibus ipsam privilegiis, plenisque libertatibus insignire, ut quo magis Apostolico favore suffulta existeret, eo amplius circa prefatam Sedem speciali devotione concresceret et ferveret. Verum idem predecessor morte preventus quod super hoc gessit in animo perducere non potuit ad effectum. Nos itaque tandem suum in hac parte propositum attendentes, ac aliqua de iis, que idem super hoc preordinaverat, excerpentes, predictam Sancti Urbani ecclesiam in jus et proprietatem Beati Petri et predicte Sedis assumpsimus, eamque ab omni jurisdictione, potestate, et dominio tam diocesani quam metropolitani loci, quam cujuslibet alterius prelati, seu ecclesiastice persone totaliter et perpetuo duximus eximendam. Hinc est, fili carissime, quod nos dictam Sancti Urbani ecclesiam cupientes statum tranquillum et pacificum, divina propitiante clementia, tuoque cooperante potentia, obtinere, magnitudinem tuam affectuose rogandam duximus et monendam, in remissionem tibi peccaminum suadentes, generalim ad supradictam ecclesiam Sancti Urbani, pro divina et Apostolice Sedis, ac ejusdem

Sancti reverentia, oculum benignitatis dirigens, ipsam et personas ejus efficaciter commendatas habeas, et jura ejusdem ecclesie manuteneas et deffendas, ita quod predicta ecclesia Sancti Urbani, te protegente, possit in statum optate prosperitatis dirigi, et a lesionis incursu cujuslibet, Deo propitio, preservari; ac nos, qui hujusmodi preces tibi ex intimo cordis affectu dirigimus, excellentie tue proinde speciales gratias referamus. Datum Perusii, II kalendas octobris pontificatus nostri anno primo. — *Origin. scellé* sur cordes de chanvre.

56. — 21 octobre 1265. — « Clemens, episcopus, servus servorum Dei, universis Xpisti fidelibus.. Loca sanctorum omnium pia et prescripta devotione sunt a Xpisti fidelibus veneranda.. Cupientes igitur ut ecclesia S. Urbani Trecensis, quam felicis recordationis Urbanus papa, predecessor noster, in solo seu fundo patrimonii sui, de bonis ecclesie Romane fecit construi pariter et dotavit, congruis honoribus frequentaretur, omnibus vere penitentibus et confessis qui ecclesiam ipsam in die in quo majus altare ipsius ecclesie dedicabitur venerabiliter visitaverint, de omnipotentis Dei misericordia et BB. Petri et Pauli, apostolorum ejus, auctoritate confisi XL dies de injunctis sibi penitentiis misericorditer relaxamus.. Datum Perusii, XII kal. novembris pontificatus nostri anno primo. » — *Origin. scellé* sur fils de soie rouge et jaune.

57. — 28 octobre 1265. — « Clemens, episcopus, servus servorum Dei, universis Xpisti fidelibus.. Is de cujus munere venit.. Cupientes igitur ut ecclesia S. Urbani Trecensis (*ut supra* n. 56) in festo ipsius sancti venerabiliter visitaverint.. unum annum et XL dies de injunctis sibi penitentiis,

singulis misericorditer relaxamus. Datum Perusii, V kal. novembris pontificatus nostri anno primo. » — *Origin.*

58. — Compte de 1264-1266

Recepta post mortem domini Manasseri

X^m marcas argenti ex una parte. Et fuit excambita quelibet marca pro LVIII s., exceptis tribus millibus et centum marchis, quarum quelibet marcha fuit excambita . . . . . LVIII s. VI d.
Summa omnium predictarum marcharum
XXIX^{m}LXVII l. X s.
De ista summa retinuerunt mercatores III^{m}VII^c l. turonensium, quibus deductis de dicta summa marcharum, remanet XXV^{m}III^{c}LXXVII l. X s.
Et huic summe adjunctis VIII^c l. que remanserunt de recepta domini Manasseri et fuerunt deposite apud Sanctum Paulum, de quibus fit mentio in compoto domini Manasseri, et est totalis recepta post mortem domini Manasseri XXVI^{m}CLXXVII l. X s.
De hiis expensa fuerunt per manus dominorum Roberti et Stephani XI^{m}VI^{c}VII l.
quarum expensarum partes continentur in quaterno expensarum suarum (1).

Item expensa sunt per magistrum Johannem et Theobaldum de Acenayo in pertinentibus ad fabricam, ultra illud quod expensum fuit per dominum Robertum et Stephanum XII^{c}XLIIII l. XII s.

(1) Ce cahier est perdu.

Et ecce partes :

Michaeli de Remis, pro stangno	LXXIII l. XVI s.
Jacobo de Sezannia, pro plumbo	LX l.
Item eidem, pro plumbo	XX l.
Item Petro Humbaut de Remis, pro cupro	IX^{xx}XIIII l. XI s.
Item Petro de *Maalai*, pro cupro	LXX l.
Item eidem Petro, pro cupro	IIII^{xx}VI l. VII s.
Item Girardo de *Ronnay*, pro quodam ferineo	C s.
Item Jaqueto de Sezannia, pro plumbo	XXIX l. XV s.
Item eidem, pro plumbo	XX l.
Item eidem, pro plumbo	XL l.
Item eidem et socio ejus	XL l.
Fratri Rogero de *Perchoy*, pro marreno	XXIX l.
Mileto de Remis, pro stangno	IIII^{xx}VII l. X s.
Item pro argento brachii sancti Urbani	XXVI l. III s.
Item Jacobo de Sezannia, pro plumbo	C l.
Item Guillermo *le Fagoteur*, pro plumbo	IIII^{xx}X l.
Item pro locatione cujusdam granchie	XXX s.
Item *pour change de monoie*	XII l.
Item pro sedibus et nemore	CCLX l.

quas solvit dominus Robertus.

Item expensa fuerunt per magistrum Johannem et Theobaldum de Acenayo, ultra illud quod expensum fuit per dominum Robertum et Stephanum, in redditibus emendis et in pertinentibus ad redditus

XI^{m}V^{c}LXIIII l.

et ecce partes :

Theobaldo de Roseriis (supra n. 17	V^c l. C s.
Item Petro Raso (n. 39	IX^{xx} l.

Johanni *Fromont* (n. 20) XIIIe l.
Hugoni *Putemonoie* (n. 44) LXIII l.
Magistro Renardo (n. 32) CL l.
Theobaldo de Acenayo (n. 19) IIIe l.
Theobaldo de *Broies* IX^xL l.
Guioto *Bergier* (n. 36) II^cLX l.
Girardo *le Berruier* (n. 30) XVI l.
Domino Simoni de Mereyo (n. 81) II^cIIII^xxV l.
Domino Droconi de Logia (n. 25 et 38) III^cLXIIII l.
Jacobo *Lalemant* (n. 21) IIIe l.
Abbatisse de Pielate (n. 47) CXL l.
Item eidem XL s.
Johanni de Clarovalle, pro uno modio
    bladi (n. 24) CXX l.
Domino de Barbereyo (n. 43) XXXV l.
Garnero de *Dijon* (n. 51) XI^xx l.
Domino Johanni de Insulis (n. 33) XLVIII l.
Item eidem VII l.
Abbati Monasterii Celle (n. 41-42) CXXII l.
Bochino, fabro, pro domo (n. 16) IIII^xxIII l.
Bernardo de *Moncuc* IIII^cLXX l.
Guioto Faveri de Via Aspera (n. 45) X l.
Item Johanni de Claravalle, pro thelonco
    bestiarum (n. 23) CXX l.
Item domino Arceyarum C l.
Seier de Fontanis (n. 34) XX l.
Juliot de Sezannia (n. 37) IIII^xx l.
Item Theobaldo de Acenayo (n. 22) C l.
Thesaurario Laudunensi et fratri suo (n. 29) IX^cL l.
Petro *le Saunier* (n. 18) VIIIe l.

Guillelmo de Dompno Martino (n. 50)	CXXX l.
Camerariis Sancti Stephani (n. 52)	XX l.
Domino Gerardo de *Besençon* (n. 46)	III^cXX l.
Pro nova domo (n. 28)	XIIIIe l.
Priori de Malo Nido	CX l.
Magistro Ludovico	III^eIIII^{xx}X l.
Petro Baptizato	C s.
Guillelmo de *Verdun* (n. 35)	LII s.
Nicholao de Sancto Georgio, pro scriptura	LX s.
Domino Herberto, capellano Sancti Petri	XL s.
Johanni, clerico de Chableiis, pro domo empta pro magistro Martino	XX l.
De redditu de *Orviler* per magistrum Johannem Fabrum	XL l.
Priori de *Saint Come*, pro via de *Verzelay*	XL s.
Pro domibus reparandis emptis IX^{xx}XI l. XVIII s. VI d.	
Pro litteris sigillandis	VII s.
Pro mutuo *Effichaut* pro domo sua	C s.
Item pro litteris, scilicet pro litteris Jacobi de Divione	XV s.
Item Morello pro quatuor viis apud *Rumilley*	XLVII s. VI d.
Hugoni de *Vileanrieux* pro una querela	XL s.
Theobaldo de Acenayo pro laudibus et ventis et mortificatione census domus Garneri de Divione	LX l.
Item magistro Ludovico pro via Rome	IIII^{xx} l.
Et hec ante combustionem: post combustionem vero	
Magistro Johanni Fabro	IX^{xx}V l.
Item per magistrum Guillelmum, carpentarium	XXXII l.

Item magistro Ludovico pro segetibus falcandis XX l.
Item magistro Johanni Fabro C l.
Item eidem XL l.
Item eidem XL l.
Item eidem II⁰ l.
Item eidem et canonicis II⁰ l.
Residuum vero pecunie
   penes mercatores XIII°LXII l. XII s.
quas habuerunt canonici Sancti Urbani.
Item habuerunt canonici Sancti Urbani
   a magistro Johanne Garsio II°XVIII l. X s.
Item habuerunt canonici a Domo Dei Comitis LX l.
Item habuerunt a magistro Felicio L l.
Item habuerunt a magistro Martino XXV l.
Item habuerunt a Johanne Fromundi XXV l.
Item habuerunt ab eodem magistro Johanne, ultra compotum, XXII l. turonenses de venditione domus quam vendidit dominus Manasserus. Item recepit ab abbate Arremarense LX l. turonensium pro cupro.

Item impignoraverunt Crucem sanctam et calicem aureum pro CXIII l. et plus turonensium. Item pelves argenteos. Item vendiderunt cuppam ad portandam corpus Xpisti, et duos potos argenteos.

Origin. — Au dos : Dno Anchero cardinali. Recepta post mortem Manasseri.

59. — Avril 1265 (*v. st.*) — « Johannes dictus de Brueriis, decanus ecclesie S. Urbani Trecensis » notifie que la collégiale de Saint-Urbain choisit « dilectum concanonicum

nostrum magistrum Johannem dictum Fabrum » pour l'établir « procuratorem in omnibus et singulis causis et negotiis que et quas habemus et habituri sumus pro dicta ecclesia, coram quibuscumque judicibus, contra quascumque personas. Damus etiam eidem procuratori plenariam potestatem et mandatum speciale agendi pro nobis.. per presentes litteras sigillo nostro et sigillo abbatis monasterii S. Lupi Trecensis sigillatas. Datum anno Domini Mº CCº LXº quinto, mense aprili. » Tiré d'un *Vidimus* donné par « Philippus, rector ecclesie S. Martini Trecensis » subdélégué du doyen de Laon, défenseur Apostolique de Saint-Urbain. — *Origin.*

60. — 7 juin 1266. — « Philippus, rector ecclesie S. Martini Trecensis » subdélégué du doyen de Laon. « judicis sive conservatoris pro capitulo ecclesie B. Urbani Trecensis, a domino papa deputati » se transporte à l'abbaye de Notre-Dame-aux-Nonnains et « in pleno choro » il cite les religieuses à comparaître à son tribunal « in prioratu S. Johannis in Castro, ad diem sabbati post festum B. Barnabe, apostoli (12 juin), ut ipse quemdam stipium ferreum, quem deportasse vel deportari fecisse per violentiam ab ecclesia S. Urbani, cum lapidibus et collumpnis dicuntur, eidem capitulo redderent ; et injurias ab eisdem monialibus illatas eidem capitulo emendarent.. In dicto choro, anno Mº CCº LXº sexto, die lune ante festum sancti Barnabe. » Cette citation se trouve à sa date dans nos *Chartes de Notre-Dame-aux-Nonnains.*

61. — 1ᵉʳ octobre 1266. — « Bulles du pape Clément quart *Per execrabilem insolentiam*.. pour citer par devant l'arcediacre de Luxu et le doyen de S. Estienne plusieurs religieuses de Nostre-Dame et autres personnes leurs complices qui avoient fait plusieurs grans excès en la dicte eglise. — *Invent.* de 1399. Cette bulle se trouve à sa date dans nos *Chartes de Notre-Dame-aux-Nonnains.*

62. — 1ᵉʳ octobre 1266.

Clemens, episcopus, servus servorum Dei, archidiacono de Luxovio in ecclesia Bisuntina, et decano ecclesie S. Stephani Trecensis, capellanis nostris, salutem et Apostolicam benedictionem. Tanquam predilectam Sedis Apostolice sobolem habentes dilectos filios decanum et capitulum ecclesie S. Urbani Trecensis, ad Romanam ecclesiam nullo medio pertinentis, in paterne visceribus charitatis ecclesiam eorum exemptionis pleneque libertatis ex mera liberlitate duximus privilegio muniendam. Et ut semper de ipsis virtutum aromata sentiremus benignis meritis devotionem eorum curavimus exhortari, ut sub convertione laudabili et divinis laudibus insistentes apud eamdem ecclesiam sine dilatione convenirent in unum ; et utentes in Xpisti nomine universis libertatibus in privilegio predicto contentis, statuta et ordinationes in ipso expressa inviolabiliter observent, necnon divina officia devota mente celebrare curarent. Cum autem id cordi nobis existat, dictos decanum et capitulum duximus et hortandos, per iterata scripta mandantes ut juxta pium nostrum desiderium, quod in hac parte gerimus, ad laudem divini nominis et ecclesie memorate decorem, sollicitis premissa curarent studiis adimplere, juxta presentium continentiam litterarum. Quocirca, discretioni vestre per Apostolica scripta firmiter precipiendo mandamus, quatinus omnes illos qui prefatis decano et capitulo impedimentum prestiterint in premissis, ac eos qui causam impedimenti prestantibus impenderint ad hoc consilium, auxilium vel favorem, quod ab impedimento, auxilio vel favore hujusmodi omnino desistant, monitione premissa, per censuram ecclesiasticam, appellatione remota, vos.. compellere procuretis, nonobstantibus si aliquibus communiter vel divisim ab eadem Sede indultum existat, quod excommunicari vel interdici nequeant aut suspendi per litteras Apostolicas non facientes plenam et expressam de indulto hujusmodi mentionem, et qualibet alia prefate Sedis indulgentia de qua ejusque toto tenore de verbo ad verbum fieri debeat in nostris litteris mentio specialis, invocato ad hoc, si opus fuerit, auxilio brachii secularis. Datum Viterbii, kalendis octobris, pontificatus nostri anno secundo. — *Tirée de la notification originale de cette bulle* anno Domini M° CC° LX° sexto, die mercurii post festum B. Clementis. — *Origin.*

63. — 8 novembre 1266. — « Richardus de *Vaulgrenant*, archidiaconus de Luxovio et scolasticus in ecclesia Bisuntina » mande au doyen de Saint-Étienne de Troyes de citer les religieuses de Notre-Dame-aux-Nonnains, et leurs complices, à comparaître le 20 novembre dans l'église de Saint-Étienne pour rendre compte de leurs excès dans l'église de Saint-Urbain. — Cette pièce se trouve à sa date dans nos *Chartes de Notre-Dame-aux-Nonnains.*

64. — 23 novembre 1266. — « Stephanus, clericus, procurator abbatisse et monialium ecclesie B. Marie Trecensis » il déclare à l'archidiacre de Luxeuil et au doyen de Saint-

Étienne que les religieuses de Notre-Dame-aux-Nonnains récusent comme juge l'archidiacre de Luxeuil 1° parce qu'il est « de familia domini Ancheri, cardinalis, qui est patronus canonicorum S. Urbani, et nimis eis favens... ego dictus procurator Sedem Apostolicam in scriptis appello.. Die in festo B. Clementis. » Cette pièce se trouve à sa date dans nos *Chartes de Notre-Dame-aux-Nonnains*.

65. — 25 novembre 1266. — « Oda, abbatissa B. M. ad Moniales Trecenses, totusque conventus » déclarent en chapitre, devant l'abbé de Montiéramey, le prieur de Notre-Dame-en-l'Isle, le doyen de Saint-Étienne de Troyes, et l'archidiacre de Luxeuil, qu'elles consentiront l'arrangement qui sera réglé par eux, au sujet des différends avec Saint-Urbain, moyennant que cet arrangement sauvegarde de nombreux intérêts qu'elles énumèrent. « Anno Domini M° CC° LX° sexto, mense novembri, in festo B. Katerine. » — Cette pièce se trouve à sa date dans nos *Chartes de Notre-Dame-aux-Nonnains*.

66. — 9 janvier 1267.

Clemens, episcopus, servus servorum Dei, universis Xpisti fidelibus.. Quoniam, ut ait Apostolus, omnes letabimur ante tribunal Xpisti, recepturi prout in corpore gessimus sive bonum fuerit sive malum, oportet nos diem messionis extreme misericordie operibus prevenire ac eternorum intuitu seminare in terris quod redeunte Domino, cum multiplicato fructu recolligere debeamus in Celis, firmam spem, fiduciamque tenentes, quoniam *qui parce seminat parce et metet, et qui seminat in benedictionibus de benedictionibus et metet* vitam eternam.

Sane felicis recordationis Urbanus papa quartus, predecessor noster, quamdam in civitate Trecensi ad honorem beati Urbani pontificis et martyris fundari fecit ecclesiam, opere quamplurimum sumptuoso. Cum autem jamdicta ecclesia, propter ipsius predecessoris obitum, imperfecta remanserit et ob hoc ad consummationem ipsius fidelium subsidium sit non modicum opportunum, universitatem vestram rogamus, monemus et hortamur.. quatinus de bonis vobis a Deo collatis pias ad hoc elemosinas [...] ut opus hujusmodi valeat consummari. Nos de omnipotentis Dei misericordia, et BB. Petri et Pauli, apostolorum ejus, auctoritate confisi, omnibus vere penitentibus et confessis qui usque ad consummationem hujusmodi operis ad hoc manum porrexerint adjutricem centum dies de injuctis sibi penitentiis misericorditer relaxamus. Datum Viterbii, V idus januarii, pontificatus nostri anno secundo. — *Origin.*

67. — 9 janvier 1267. — « Clemens, episcopus, servus servorum Dei, universis Xpisti fidelibus.. Splendor paterne glorie. » Le pape accorde à ceux qui visiteront l'église Saint-Urbain « in festo ipsius Martyris, unum annum et quadraginta dies de injunctis sibi penitentiis » et à ceux qui visiteront l'église « septem diebus sequentibus festum ipsum immediate, totidem dies, annis singulis.. Datum Viterbii, V idus januarii, pontificatus nostri anno secundo. » *Origin.* scellé sur soie rouge et jaune.

68. — 26 janvier 1267.

Clemens, episcopus, servus servorum Dei, dilecto filio abbati Monasterii Aremarensis, Trecensis diocesis, salutem et Apostolicam benedictionem. Ex parte dilectorum filiorum decani et capituli ecclesie Sancti Urbani Trecensis, ad Romanam ecclesiam nullo medio pertinentis, fuit propositum coram nobis, quod licet Johannes Anglicus, civis Trecensis, crucesignatus, quondam magister fabrice ipsius ecclesie Sancti Urbani, de pecunia operi ejusdem fabrice deputata usque ad summam duorum millium et quingentarum librarum Turonensium receperit, Johannes dictis decano et capitulo de hujusmodi summa pecunie rationem reddere indebite contradicit. Cumque predicti decanus et capitulum eundem Johannem, super hoc, autoritate litterarum Sedis Apostolice, coram thesaurario ecclesie Sancti Johannis Laudunensis traxissent in causam, venerabilis frater noster Trecensis episcopus asserens quod crucesignatis regni Francie a Sede est indultum eadem, ut quamdiu parati fuerint coram ordinariis suis de se conquerentibus respondere, convenire non possint per litteras Sedis ipsius que de indulto hujusmodi plenam et expressam non fecerint mentionem, ad instantiam ipsius Johannis thesaurario predicto inhibuit ne in causa procederet memorata, sicque idem thesaurarius cause hujusmodi supersedit. Quare predicti decanus et capitulum nobis humiliter supplicarunt ut providere sibi super hoc paterna sollicitudine curaremus. Quocirca discretioni tue per Apostolica scripta mandamus quatinus si tibi de plano et sine strepitu judicii constiterit ita esse, predictum civem, quod eisdem decano et capitulo de predicta pecunia rationem reddat et nichilominus restituat eidem quod de predicta summa non constiterit in utilitatem predicte ecclesie Sancti Urbani legitime fuisse conversum, monitione premissa, per censuram ecclesiasticam, appellatione remota, compellas; non obstantibus indulto hujusmodi seu processu habito coram thesaurario dicto; dummodo coram eo non sit ad litis contestationem privilegium sive indulgentia dicte Sedis qua clericis et laicis civitatis Trecensis dicitur esse concessum, ut extra civitatem ipsam trahi non possint in causam per litteras Sedis, ipsiusque de indulgentia hujusmodi plenam et expressam non fecerint mentionem. Datum Viterbii, VII kal. februarii, pontificatus nostri anno secundo. *Au dos est écrit :* Contra Johannem Anglicum qui debet reddere rationem de II^m et V^c lib. — Abbas Arremarensis judex. — *Origin. scellé* sur cordes de chanvre.

69. — 31 janvier 1267.

Clemens, episcopus, servus servorum Dei, dilectis filiis decano et capitulo S. Urbani Trecesis ad Romanam ecclesiam nullo medio pertinentis, salutem et Apostolicam benedictionem. Personas et ecclesiam vestras tanto nec mirum potiori favore prosequimur quanto specialius Apostolice Sedi noscimini subjacere. Unde cum in eadem ecclesia dicatur esse statutum ut singulis diebus in missarum sollempniis inibi pro Romano pontifice oratio specialis et qualibet ebdomada pro Romanorum pontificum hujusmodi sollempnia celebrentur, nolentes ut tantum obsequium quavis occasione decrescat, devotioni vestre auctoritate presentium indulgemus ut generalis tempore interdicti liceat vobis, januis clausis, interdictis et excommunicatis exclusis, non pulsatis campanis, submissa voce, divina officia celebrare, dummodo causam non dederitis interdicto, nec id vobis contingat specialiter interdici.. Nulli ergo (*ut supra* n. 54). Datum Viterbii, II kal. februarii, pontificatus nostri anno secundo. — *Origin. scellé* sur fils de soie rouge et jaune.

70. — 2 février 1267.

Clemens, episcopus, servus servorum Dei, venerabili fratri episcopo Autissiodorensi salutem et Apostolicam benedictionem. Decens et debitum arbitramur ut dilectis filiis decano et capitulo S. Urbani Trecensis eo benignius favorem Apostolicum impendamus, quo ipsa ecclesia nobis et Apostolice Sedi specialius subesse dinoscitur, utpote per manum dicte Sedis erecta, etiam et dotata. Quare, dictorum decani et capituli supplicationibus inclinati, fraternitati tue per Apostolica scripta mandamus, quatinus apud eamdem ecclesiam ad opus canonicorum et clericorum ejusdem ecclesie, suorumque familiarium decedentium, cimetorium benedicas, jure ceterarum ecclesiarum in omnibus salvo, contradictores per censuram ecclesiasticam, appellatione postposita, compescendo, non obstante si aliquibus a Sede sit indultum quod interdici, suspendi, vel excommunicari non possint per litteras Apostolicas que de hoc plenam et expressam, seu de verbo ad verbum, non fecerint mentionem. Datum Viterbii, IIII nonas februarii, pontificatus nostri anno II. — *Origin.*

71. — 1267. — « Une lettre soubz le séel de la court l'official de Troies, de IIII d. de censives portant los et ventes que donna à l'église Adam Langlois à prendre sur certaine maison assise en Croncels aux Terrasses, que souloit nagaires avoir tenue Johan de Besançon, et aprésent la tient Perrin li Belleust à cause de sa femme. Donnée l'an mil CC LXVII.

72. — 15 juillet 1268. — « Bulle de Clément IV *Quamvis nos* contre les religieuses de Notre-Dame-aux-Nonnains qui ont empêché la bénédiction du cimetière de Saint-Urbain. — *Origin.* scellé. Cette bulle se trouve à sa date dans nos *Chartes de Notre-Dame-aux-Nonnains*.

73. — 12 octobre 1268. — « Les délégués Apostoliques notifient la bulle précédente, et citent les religieuses de Notre-Dame-aux-Nonnains à comparaître le lendemain de la Saint-Martin d'hiver (12 nov.) dans l'église de Saint-Etienne à Troyes. — *Vidimus* de 1272. Cette citation se trouve à sa date dans nos *Chartes de Notre-Dame-aux-Nonnains*.

74. — 26 octobre 1268.

Clemens, episcopus, servus servorum Dei, karissimo in Xpisto filio illustri regi Navare, salutem et Apostolicam benedictionem. Illustribus et presertim regia dignitate preditis illa vigere debet constantia firmitatis, ut quicquid ab eis consulte conceditur, perpetuis temporibus firmum ac stabile habeatur : sed tunc precipue quando ipsi ad ea percifienda suum pie inclinant animum, per que non solum humane laudis preconium eis provenit ; sed et nominis claritas ac benedictionis perpetue incrementum. Ex affectione siquidem pura, que inter te et felicis recordationis Urbanum papam, predecessorem nostrum, dum fuit sub nostre mortalitatis habitu, mutuo viguisse creditur, et devotione nimirum, quam ad Romanam ecclesiam teneris habere, processit, quod inductus Apostolicis precibus per litteras concessisti liberalitate regia et affabilitate benigna, ut in tuo feudo seu dominio ad opus ecclesio Sancti Urbani Trecensis, quam dictus predecessor in solo domus paterne fundari decrevit, et canonicorum ipsius ecclesie usque ad certam quantitatem possessiones et reditus emi possent. Cujus concessionis virtute, quod ad regiam redundabat famam et gloriam, jam aliquam partem redituum et possessionum hujusmodi se in dicto dominio acquisivisse gaudebant canonici memorati. Sed ecce, sicut mirantes audivimus, quamquam credere vix possumus, aurum tue intentionis piissime ac illius sinceritatis, quam ad dictum predecessorem tua sublimitas habuisse cernitur, obscuratum esse videtur, et color optimus nimis subito immutatus, dum nescitur cujus consilio, an proprio vel forsan alieno, hujusmodi benigne concessionis litteras regii preconii contentivas, quas Johannes Garsie, canonicus Trecensis olim procurator ipsius ecclesie, sibi nomine dictorum decani et capituli commendatas, tibi fraudulenter asseritur tradidisse, detines; immo, quod est gravius, interdum illas, que tamen a tot fide dignis inspecte creduntur, quod vix poterunt absorberi, cassasse ac lacerasse in excusationem detentionis hujusmodi, quod nunquam in cor tanti principis ascendere debuit, diceris protulisse bailivo tuo Trecensi domos, possessiones et bona, que in eodem dominio ex predicta concessione acquisita fuerant pro ipsa ecclesia, excepta quadam grangia nomine tuo faciente saisiri; sicque pia dispositio predecessoris ejusdem, qui dum vixit interne brachio caritatis te prosecutus extitit, circa eamdem ecclesiam habita, defraudatur, ac nobis, qui affectum ipsius predecessoris in hac parte habitum deducere cupimus, quantum ex alto conceditur ad effectum, gravis irrogatur injuria; Romana ecclesia, mater tua, de cujus bonis illa fundamentum accepit, offenditur; ac honori regio, saluti et fame non modicum derogatur. Rogamus itaque celsitudinem regiam et hortamur attente, paterno consilio suadentes, quatinus circa dictam ecclesiam Sancti Urbani tam pro divina reverentia, quam pro ipsius predecessoris memoria, et nostre persone intuitu, illum affectum benevolum, quem prius ad illam videbaris habere, continuans, profatis canonicis liberaliter litteras, si extant, restituas memoratas : alioquin novas illis similes priorisque tenoris regali dextera largiaris, domorum, redituum et bonorum omnium ipsius ecclesie, que taliter fecit baillivus ipse saisiri, faciendo saisinam penitus amoveri, et ecclesiam in eorum tranquilla possessione dimitti, ac permittendo possessiones et reditus usque ad quantitatem promissam ad opus ipsius ecclesie comparari : preces nostras et salubre consilium in hac parte taliter impleturus, quod pateat per effectum operis te velle vacare actibus virtuosis, nosque, qui te ex intimo cordis affectu diligimus, regali magnificentie speciales proinde gratias referamus. Alias autem cum non sit deferendum homini contra Deum, quantumcumque regiam honorare magnitudinem proponamus, conniventibus non poterimus pertransire oculis, quin subveniamus eidem ecclesie Sancti Urbani de condigno presidio Apostolice potestatis. Non ergo, fili karissime, nostrum provoces in hac parte animum, cum te inter ceteros mundi principes, sincera diligamus in Domino karitate. Datum Viterbii, VII° kalendas novembris pontificatus nostri anno IV. — Martène, *Thesaur. anecdot.*, t. II, col. 208-209.

75. — 1268. — « Une lettre sous les seaulx du prieur et couvent de Beau Roy sur Aube, de II s. de censive, par

eulx venduz à l'église, portant los et ventes, que ilz prenoient sur une maison assize à Troyes en la rue du Bourc Neuf. Donnée l'an mil CC LXVIII. » — *Invent.* de 1309.

76. — 15 mars 1268 (*v. st.*). — « Unes lettres de sentences d'escommeniement soubz les seaulx de l'arcediacre de Luxu et le doyen de Saint-Etienne contre les religieuses de Nostre-Dame et leurs complices. Données l'an mil CC LXVIII. » — *Invent.* de 1399. — Cette sentence se trouve à sa date dans nos *Chartes de Notre-Dame-aux-Nonnains.*

77. — 13 janvier 1270.

Nos Hugo, comes Brene, Trecensis diocesis, notum facimus.. quod nos venditionem granchie que fuit Bernardi de Montecuco, quondam civis Trecensis, et appenditiorum ipsius granchie, olim per quemcumque factam decano et capitulo ecclesie S. Urbani Trecensis, vel procuratoribus eorumdem, ratam et gratam habentes intuitu et obtentu felicis recordationis domini Urbani, pape quarti, qui eam fundavit, et ex ea dotavit Ecclesiam, ac reverendi patris domini Ancheri, tituli S. Praxedis, presbiteri cardinalis, nepotis ipsius domini Urbani, reverentia, nostro et successorum nostrorum nomine confirmamus, et quicquid juris habemus.. imperpetuum quittamus.. Datum Viterbii, X° kalend. februarii, indict. XIII°, anno Domini M° CC° LXX°, ecclesia Romana pastore vacante. — *Origin.*

78. — 1270-1272. — « II autres lettres, soubz le séel de la court l'official de Troies, faisant mencion de l'achat du demorant du terraige d'Origny, l'une donnée l'an mil CC LXX, et l'autre l'an mil CC LXXII. » — *Invent.* de 1399.

79. — Août 1273.

Henricus, Dei gratia rex Navarre, Campanie Brieque comes palatinus, omnibus hec visuris salutem in Domino sempiternam. Ad notitiam presentium et memoriam futurorum, sciant cuncti quod dominus Urbanus bone memorie pape quartus, natus de civitate Trecensi, in honorem beati Urbani, martyris, in ipsa civitate quamdam ecclesiam fundavit et erexit, certumque numerum canonicorum pro divinis officiis ibidem celebrandis statuit ac etiam ordinavit, et possessiones seu reditus pro dote ipsius ecclesie et pro reditibus assignandis canonicis ecclesie predicte emit, seu emi fecit et mandavit : sed quia quedam de illis reditibus et possessionibus site sunt in feudis, retrofeudis, seu allodiis nostris, censivis, justitiis ac aliis rebus undecumque moventibus, nec predicte possessiones acquiri ecclesie in perpetuum poterant seu ad usus ecclesie applicari, nisi super hoc noster intervenisset assensus : ideo reditus et possessiones predictas saisiri fecimus et saisitas detineri. Verumtamen licet predicte acquisitiones dictarum possessionum et reddituum in nostrum prejudicium non modicum verterentur, ducti consilio salutari, pro remedio anime nostre nostrorumque parentum, necnon etiam precibus inclinati sanctissimi patris D. Gregorii, summi Pontificis, ac venerabilis patris D. Ancheri, tituli Sancte Praxedis sacrosancte ecclesie Romane presbyteri cardinalis, nati de predicta civitate Trecensi et nepotis domini predicti Urbani, spiritualia etiam temporalibus preponentes, acquisitionibus factis predicte ecclesie de possessionibus seu reditibus situatis in feudis, retrofeudis, seu allodiis nostris, censivis, justitiis et aliis rebus undecumque moventibus, consentimus, et ipsas acquisitiones ratas et firmas habemus. Ita tamen quod predicte acquisitiones facte in feudis nostris et rebus aliis, ut predictum est, quantitatem CCC librarum turonensium annuatim in reditibus non excedant ; et si ipse acquisitiones non sufficiunt usque ad quantitatem predictam, volumus et consentimus quod in feudis, retrofeudis, et allodiis nostris, et justitiis, nomine predicte ecclesie emi possint possessiones et reditus usque ad quantitatem predictam : ita tamen quod feudum integrum nullatenus acquirant, promittentes per nos, successores heredesque nostros, ipsas in perpetuum ratas et firmas habere, necnon etiam in aliquo contra ipsas venire, seu etiam ipsarum quamlibet de cetero nullatenus contraire. Propter hoc autem predictus cardinalis, quantum in se est, nobis et successoribus nostris concessit et concedit collationem pro medietate prebendarum et dignitatum predicte ecclesie, cum eas vacare contigerit, ut nos et ipse ipsas vicissim conferamus, ita tamen quod nos primam collationem habeamus, et secundam predictus cardinalis, excepto decanatu qui ibidem per electionem ordinatur. Placuit etiam nobis et dicto ipsi domino cardinali et inter nos expresse actum extitit et etiam concordatum, quod post decessum ejusdem cardinalis, decanus qui pro tempore fuerit in prefata ecclesia Beati Urbani Trecensis, et successores sui, una nobiscum et successoribus nostris habeant pro medietate collationem prebendarum et dignitatum, et nos et successores nostri, et ipsi et successores eorum, dictas prebendas et dignitates vicissim conferamus, sicut de nobis nostrisque successoribus et dicto cardinali superius est expressum. Et in testimonium veritatis et rei geste, presentes litteras fieri fecimus, et sigilli nostri impressione muniri. Datum et actum in civitate Trecensi, anno Domini M° CC° LXX° III°, mense augusti. — D'après un *Vidimus* donné par « Robertus, abbas Arremarensis.. anno Domini M° CC° LXX° tercio... »

80. — 17 mars 1274.

Gregorius, episcopus, servus servorum Dei, dilecto nostro Anchero, Sancte Praxedis presbytero cardinali, salutem et Apostolicam benedictionem. In nostra proposuisti presentia constitutus, quod cum felicis recordationis Urbanus papa, predecessor noster, ad Sanctum Urbanum gerens specialis devotionis affectum, in ipsius Sancti honore quamdam ecclesiam in civitate Trecensi in fundo sive solo sue paterne domus ecclesie Romane sumptibus construi fecisset, pariter et dotasset, volens quod tu, post ipsius obitum, personatus et prebendas ejusdem ecclesie Sancti Urbani conferres personis idoneis quoad viveres, juxta tue beneplacitum voluntatis : tandem, quia dicto predecessore morte prevento, super hoc Apostolice littere confecte non fuerant, pie memorie Clemens papa, predecessor noster, intendens ut memorati predecessoris Urbani in hac parte voluntas totaliter servaretur, tibi quod quoad vixeris personatus et prebendas ecclesie memorate, quoties vacaverint, possis idoneis conferre personis per suas duxit litteras indulgendum, nonobstante quod idem predecessor Clemens statuisse dicebatur ut collatio prebendarum, thesaurarie, et cantorie prefate ecclesie Sancti Urbani ad decanum pertineret ejusdem, ad quem, post tuum obitum illarum collationem juxta statutum hujusmodi nominatus predecessor Clemens voluit pertinere. Sane postmodum, inter te atque karissimum in Xpisto filium nostrum Henricum, regem Navarre, illustrem Campanie Brieque comitem palatinum, super eo quod ipse rex dicebat quod alique de possessionibus sive reditibus ex quibus prefata Sancti Urbani ecclesia erat dotata in suis territoriis, feudis, seu alodiis consistebat, et quod hujusmodi possessiones sive reditus, ad opus ipsius ecclesie Sancti Urbani, preter dicti regis assensum in illius prejudicium fuerant acquisite, orta est materia questionis. Demum rex ipse voluit liberaliter et concessit, quod acquisitiones quecumque de possessionibus et reditibus memoratis et in territoriis, feudis, retrofeudis, seu allodiis antedictis, usque ad valorem annui reditus CCC librarum turonensium facte, aut etiam faciende, procedant libere ac suum omnino sortiantur effectum. Tu quoque postmodum, presentem ipsius ecclesie necessitatem et utilitatem inspiciens ac futuram, et ad promotionem utilitatis hujusmodi predicte ecclesie, regem ipsum suosque successores obligari desiderans, quantum in te extitit, concessisti, ut rex ipse suique successores qui fuerint pro tempore, prebendarum et dignitatum ejusdem ecclesie Sancti Urbani, excepto decanatu ipsius ecclesie, ubi decanum per electionem debere assumi statutum dicitur, pro medietate collationem futuris temporibus vicibus habeant alternatis. Collationem prebendarum et dignitatum hujusmodi tibi quandiu vixeris, et post te ipsius ecclesie decanis qui fuerint pro tempore, pro medietate reliqua remanente sicut in litteris inde confectis, dicti regis sigillo munitis, plenius continetur. Nos itaque, tuis supplicationibus inclinati, quod factum est in hac parte ratum habentes et firmum, illud ex certa scientia authoritate Apostolica confirmamus, et presentis scripti patrocinio communimus, dummodo, ipsa ecclesia feudis, retrofeudis, et aliis vicibus supradictis, quoad possessiones et alia premissa perpetuo sit libera et immunis. Nulli ergo hominum liceat hanc paginam confirmationis infringere, vel ei ausu temerario contraire. Si quis autem hoc attemptare presumpserit, indignationem omnipotentis Dei, et beatorum Petri et Pauli, apostolorum ejus, se noverit incursurum. Datum Lugduni, XVI kal. aprilis pontificatus nostri anno secundo. — *Origin.*

81. — **23 mars 1274**. — « Gregorius, episcopus, servus servorum Dei, decano S. Stephani Trecensis.. Sua nobis dilecti decanus et capitulum S. Urbani Trecensis, ad Romanam ecclesiam nullo medio pertinentis, petitione monstrarunt.. Parmi les excommuniés (n. 76) plusieurs demandent à être relevés de l'excommunication. Le chapitre de Saint-Urbain a demandé cette grâce au Saint-Siège « cum pro utilitate ipsius ecclesie S. Urbani, cum etiam pro salute querenda excommunicatorum ». Le pape mande d'absoudre parmi les coupables « omnes utriusque sexus volentes in hiis Ecclesie parere mandatis, exceptis clericis sive laicis qui principales fuerunt in predictis injectione manuum et aliis injuriis, quos mittas ad Sedem Apostolicam absolvendos, condigna satisfactione ab eis archiepiscopo Tyrensi, et decano et capitulo S. Urbani prius impensa.. Datum Lugduni, IX° kal. aprilis pontificatus nostri anno secundo. » — Cette bulle se trouve à sa date parmi nos *Chartes de Notre-Dame-aux-Nonnains.*

82. — **2 juillet 1274.**

G. de Sancto Laurentio, camerarius et capellanus domini pape, viris religiosis et honestis abbatibus monasteriorum de Rippatorio ac Arremarensi, ordinis sancti Benedicti, Trecensis diocesis, salutem in Domino. Cum jam dudum vobis litteris nostris dederimus in mandatis, ut, vocatis omnibus canonicis S. Urbani Trecensis, vice nostra nomineque nostro et venerabilis patris domini Ancheri, tituli Sancte Praxedis presbiteri cardinalis, audiretis rationes et computationes a dictis canonicis de hiis que receperint et habuerunt pro fabrica ecclesie supradicte: nos, dictusque dominus cardinalis, rationes et computationes ab ipsis vobis factas recepimus, quas sub sigillis vestris inclusas nobis duxistis per certum nuntium transmittendas, circa quod obedientiam vestram et discretionem in Domino merito commendamus; verum, quia dictis rationibus et computationibus a nobis dictoque domino cardinali auditis ac diligenter investigatis, ipsas confusas invenimus penitus et obscuras, eo videlicet quod dicti canonici immiscuerunt ea que receperunt de bonis et redditibus cum illis que receperunt pro fabrica ecclesie supradicte et posuerunt in ipsa; sed quia domini cardinalis et nostre intentionis existit, ut de eis solummodo que receperunt pro fabrica dicte ecclesie et posuerunt in ipsa, rationes reddantur, vobis iterato scribimus precipiendo mandantes, quatinus coram vobis ex parte nostra vocetis, et sub pena excommunicationis compellatis, magistros Johannem Fabrum, Guillermum *Caym*, Jacobum Phisicum, Galterum *Bursaut* archidiaconum Sancte Margarite in ecclesia Trecensi, canonicos dicto ecclesie, ut solummodo rationes et computationes reddant de duabus millibus et quingentis libris turonensium, quas receperunt a magistro Johanne Garsie et Theobaldo de Acenayo et a quibusdam aliis, de residuo decem millium marcharum argenti, quas receperunt Johannes et Theobaldus predicti pro fabrica ipsius ecclesie supradicte, que de camera domini pape processerunt ; ac etiam de quingentis libris turonensium a prefato domino cardinali pro fabrica ipsius ecclesie missis, quas recepisse dicuntur in pecunia numerata ; et rationes et computationes eorum sub sigillis vestris nobis dictoque domino cardinali fideliter rescribatis. Quod si facere noluerint, vel minus sufficienter rationes et computationes reddiderint, ipsos auctoritate nostra, ut de predictis sufficienter rationes et computationes reddant et plenarie satisfaciant, per censuram ecclesiasticam compellatis. Datum Lugduni, anno Domini M° CC° LXX° quarto, die lune post festum apostolorum Petri et Pauli, pontificatus domini Gregorii pape decimi anno tertio. — *Origin.*

83. — Août 1273.

Omnibus presentes litteras inspecturis frater Robertus, humilis abbas Monasterii Arremarensis, salutem in Domino. Noveritis quod dominus Henricus, Dei gratia illustris rex Navarre, et Brie comes palatinus, litteram confectam super concessione et approbatione possessionum quas ecclesia Sancti Urbani Trecensis acquisierat vel acquireret de cetero usque ad summam CCC librarum turonensium annui redditus in feodis, retrofeodis, censivis, justiciis et allodiis ejusdem regis, ac aliis quibuscumque rebus undecumque moventibus, prout in ipsa littera prefati domini regis sigillata sigillo plenius continetur, penes nos deposuit tali pacto seu lege : quod si dominus Papa a festo beati Remigii proxime venturo

usque ad unum annum vel antea per suas litteras
bullatas dicto domino regi, heredibus et successoribus ipsius conferendi medietatem prebendarum et
dignitatum in dicta ecclesia vacaturarum, excepto
decanatu, contulerit potestatem, et hoc nobis constiterit evidenter, quod nos dictam litteram confectam super concessione et approbatione predictis venerabili patri domino Anchero, tituli S. Praxedis
presbitero cardinali, vel ejus mandato, ex tunc red-
dendi et restituendi habeamus liberam facultatem,
ut voluit dictus dominus rex ; quod nos habeamus
et recipiamus possessionum predictarum presentis
anni fructus, scilicet anni Domini M^t CC^l LXX^i tercii,
et anni proxime sequentis usque ad festum beati
Remigii quod erit anno Domini M° CC° LXX° quarto,
et eos tradamus sub cautione ydonea dicto cardinali
vel ejus mandato sub tali conditione : quod si dominus Papa dicto domino regi contulerit potestatem
conferendi medietatem prebendarum, ut supra dictum est, remittetur cautio nobis facta, et fructus
ipsi penes dictum cardinalem vel ejus mandatum
libere remanebunt. Nos vero predictam litteram
a dicto domino rege in deposito recepimus cum fructibus possessionum predictarum sub pacto seu lege
et conditionibus supradictis, promittentes quod si
dominus Papa infra dictum terminum per suas litteras bullatas dicto domino regi et successororibus
ipsius regis conferendi medietatem predictarum prebendarum et dignitatum, excepto decanatu, contulerit potestatem, et hoc nobis constiterit evidenter,

nos dictam litteram confectam super concessione et approbatione predictis dicto domino cardinali vel ejus mandato ex tunc reddemus ac etiam restituemus. In cujus rei testimonium et munimen presentibus litteris sigillum nostrum duximus apponendum. Datum anno Domini M° CC° LXX° tercio, mense augusto. — *Origin.*

84. — **1274.** — « Unes lettres soubz le séel de l'abbé de Monstierarremé, comment il cognoist avoir reçu les lettres confirmatoires du pape Grégoire touchant la composetion faicte entre le roy de Navarre d'une part, et le cardinal Ancher d'autre. Données l'an mil CC LXXIIII. » — *Invent.* de 1399.

85. — **29 janvier 1274** (*v. st.*). — « Abbas Monasterii Arremarensis, judex sive executor a domino papa deputatus dilecto in Xpisto presbitero B. Marie Magdalene de Barro super Albam. » L'abbé de Montiéramé, chargé en vertu d'une commission apostolique (n. 14) de mettre les chanoines de Saint-Urbain en possession de la grange de Mauny, subdélègue le curé de Sainte-Madeleine, de Bar-sur-Aube, afin qu'il mette les chanoines susdits en possession d'une maison « sitam apud Borrum super Albam, in vico Courterie Equorum, ad domum seu grangiam de Malo Nido pertinentem.. Petrus dictus *Musaris* » de Bar-sur-Aube « minus juste et sine causa rationabili detinet » la maison de la rue de la Couterie.. commission d'évincer Pierre Musaris. » Datum die martis ante Purificationem B. Virginis anno Domini M° CC° LXX° quarto. » — *Origin.*

86. — **16 avril 1276.** — « Innocentius, episcopus, servus servorum Dei.. universis Xpisti fidelibus.. Loca sanctorum omnium (*ut supra* n. 56) omnibus vero penitentibus et confessis qui ecclesiam ipsam in die in quo majus altare ipsius ecclesie dedicabitur.. annum unum et XL dies de injunctis.. Datum Laterani, XVI kal. maii pontificatus anno primo. » — *Origin. scellé.*

87. — 16 avril 1276. — « Innocentius, episcopus, servus servorum Dei.. decano et capitulo S. Urbani Trecensis.. Splendor paterne glorie (*repetit bullam supra* n. 67). Datum Laterani, XVI kal. maii pontificatus nostri anno primo. » — *Origin. scellé.*

88. — 5 novembre 1276. — « Johannes, episcopus, servus servorum Dei, dilecto filio.. decano Laudunensi.. Quia nimis excresseret audacia plurimorum.. » Les chanoines de Saint-Urbain étant victimes de plusieurs injustices « discretioni tue per Apostolica scripta mandamus qualinus predictis decano et capitulo oportuno favoris assistens presidio, non permittas eos contra indulta privilegiorum Sedis Apostolice ab aliquibus molestari; molestatores hujusmodi per censuram ecclesiasticam, appellatione postposita, compescendo.. presentibus post triennium minime valituris. Datum Viterbii, nonas novembris pontificatus nostri anno primo. » — *Origin.* La bulle était sur cordes de chanvre.

89. — 7 décembre 1276. — « Johannes, episcopus, servus servorum Dei, dilecto filio.. cantori ecclesie de Chableio.. Quia nimis excresseret audacia plurimorum (*ut supra* n. 88). Ouvrir une enquête et faire restituer « dilecto filio nostro Anchero, tituli S. Praxedis presbytero cardinali, patrono S. Urbani Trecensis, omnia bona direpta, cum fructibus perceptis medio tempore.. Datum Viterbii, VII id. decembris pontificatus nostri anno primo. » — *Origin.*

90. — 31 mars 1277. — *Inventaire*.

Reverendissimo in Xpisto patri et specialissimo et singulari domino suo A[nchero], divina providentia tituli Sancte Praxedis presbitero cardinali, A. de Sarreio, decanus, totumque capitulum ecclesie Beati Urbani Trecensis ejus clerici humiles et devoti devotissimum manuum osculum cum omni reverentia et honore et orationes in Domino Jhu Xpisto Salvatore nostro. Noverit vestra reverendissima paternitas, quod nos anno Domini millesimo ducentesimo septuagesimo septimo, prima die mercurii post festum Resurrectionis Domini ostendimus et tradidimus venerabilibus viris D. decano et magistro Johanni Garsie canonico Trecensi, mandatum super hoc a vobis habentibus, ut dicebant, res que inferius nominantur et continentur. Statim nobis, pretextu dicti mandati, easdem res restituerunt, tradiderunt, et deliberaverunt, quo facto, nos prestitimus ad requisitionem eorum, tactis sacrosanctis Evangeliis, juramentum quod dictas res non alienaremus, nec pignori obligaremus, nec alia bona que dicta ecclesia ad presens habet vel habebit ex donatione vestra, vel alterius cujuslibet fidelium, vel ex quacumque alia causa in futurum, nisi casibus a jure permissis, et rogavimus dictos decanum et magistrum Joannem ut sigilla sua una cum sigillo nostro presentibus apponerent in testimonium premissorum ; et nos predicti decanus et magister Joannes ad requisitionem dictorum decani et capituli sigilla nostra una cum sigillo suo duximus presentibus litteris apponenda.

Hec sunt res de quibus superius habetur mentio et subsequenter integre et fideliter nominantur.

§ I. — *Hec sunt jocalia ecclesie Beati Urbani Trecensis a reverendissimo patre domino Anchero, tituli Sancte Praxedis presbitero cardinali, destinata et per manus viri discreti domini Ade, ejusdem ecclesie decani, ipsi ecclesie liberata, qui etiam decanus eadem tulit de Lugduno.*

Primo unam cuppam argenteam, deauratam, cum coopertorio et vaissello de corio bullito, et intus quamdam pissidam ad Eucharistiam recondendam de jaspe.

2. Item duo candelabra argentea *Marion* et *Robechon* nominata.

3. Item duo candelabra magna argentea.

4. Item quoddam scrinium de ligno rubeum, ferratum de letunno seu cupro aurato.

5. Item quoddam vaissellum cristallinum cum pede et coopertorio de argento deauratis, cum quibusdam reliquiis intra repositis.

6. Item duos bacinos argenteos.

7. Item duas ampullas argenteas.

8. Item unum thuribulum argenteum.

9. Item quamdam pissidam eburneam.

10. Item unam crucem auream cum pede argenteo deaurato.

11. Item unum scrinium de corio bullito, in quo sunt tria privilegia exemptionum ipsius ecclesie continentia.

12. Item dua paria litterarum regis Navarre, et alia sex paria litterarum.

13. Item unam touaillam cum acu operatam.

14. Item ducentas libras Turonenses, ex debito regis Navarre, predicte ecclesie debitas, et a dicto decano per manus fratris Simonis de Valle receptas.

15. Unam capsam de cristallo cum pedibus argenteis.

16. Item dua auricularia cum touaillis.

17. Item unum calicem argenteum deauratum.

§ II. — *Item hec sunt jocalia penes canonicos ecclesie Beati Urbani Trecensis in scrinio quod habent in thesauro ecclesie Beati Stephani Trecensis reposita seu reperta, cujus claves habent magistri Feliseus et Jacobus.*

18. Primo parva crux aurea cum lapidibus preciosis et pellis cum pede argenteo.

19. Item bursa ad reponendum corporalia.

20. Item quedam touaillia rubea sirica.

21. Item unus calix lapidatus cum placena similiter lapidata.

22. Item unus parvus calix aureus cum patena similiter aurea.

23. Item unum altare portatile.

24. Item una situla argentea ad Aquam benedictam.

25. Item sigillum argenteum.
26. Item una stola cum manipulo denodata.
27. Item stola cum manipulo imaginatis de rubro et albo.
28. Item una capa chorialis valde cara cum imaginibus aureis levatis.
29. Item una stola cum manipulo cum immaginibus coronatis.
30. Item una stola cum manipulo cum immaginibus mistratis.
31. Item una stola cum avibus a parte sinistra et immaginibus a parte dextra.
32. Item tres cappe.
33. Item una casula, tunica et damatica crocei coloris.
34. Item tres cappe virides cum casula tunica et damatica ejusdem coloris.
35. Item tres cappe rubee cum casula, tunica et damatica ejusdem coloris.
36. Item duo panni sericei.
37. Item unum privilegium super exemptione ecclesie.
38. Item brachium beati Urbani.
39. Item due custodes regulate.
40. Item due touaille albe.
41. Item unum manipulum auro textum.
42. Item tres amitti.
43. Item due touaille parate ad cornu altaris.
44. Item unum scrinium cum litteris super exemptionibus reddituum confectis.

45. Item unum scrinium cum capite beati Danielis, et capite unius virginis de numero XI Millium Virginum.

46. Item tres albe parate.

47. Item casula cum tunica et damatica crocei coloris.

48. Item casula nigra cum tunica et damatica ejusdem coloris.

49. Item casula deaurata.

50. Item unum scrinium cum actis contra abbatissam et moniales Trecenses et magistrum Johannem Garsie (1).

51. Item tria paria cortinarum.

52. Item pannus quem rex Theobaldus dedit.

53. Item alter pannus quem Hanequinus, vester camerarius, dedit.

54. Item quatuor cortine stantes desuper sedes.

55. Item duas custodes et unam, a parte posteriori sericas, pro parte regulatas.

56. Item unum pannum sericum cum immaginibus leonum.

57. Item una touallia cum acu operata ac etiam perforata.

58. Item duodecim albe cum amictis : quarum quinque sunt parate, residue non.

59. Item tria paria stolarum cum manipulis.

60. Item duo antiphonaria in quatuor voluminibus.

(1) Il avait livré au comte de Champagne certaines lettres (Cfr. n. 74).

61. Item tria gradualia: duo nova et unum vetus.
62. Item duo salteria et unum vetus.
63. Item unum breviale pauci valoris et modice utilitatis in duabus partibus.
64. Item unum volumen Evangelicum, et aliud Apostolicum.
65. Item duo missalia.
66. Item unum martirologium.
67. Item unum legendarium per annum.
68. Item duo rocheti tantummodo.
69. Item unum cincinnerium.
70. Item sex candelabra : quatuor cuprea et duo ferrea.
71. Item unum magnum tapicetum gal[...] duo et unum alium parvum.

§ III. — *Item hec sunt que asportavit frater Johannes, de Lugduno.*

72. Unum thuribulum parvum argenteum.
73. Item duas touaillas sericas deauratas.
74. Item duas custodes.
75. Item unum manutergium.

Datum ut supra. — *Origin.* deux sceaux pendant à double queue en parchemin : celui du chapitre de Saint-Urbain, et celui du doyen de la cathédrale de Troyes; celui de Jean Garsie est détaché de la lemnisque.

91. — Juillet 1277. — « Officialis Trecensis » il notifie que « Clarellus Faber, civis Trecensis.. vendidisse decano

et capitulo ecclesio S. Urbani quamdam plateam Trecis in Vico Medio juxta plateam Custancii Lorell ex una parte, et juxta plateam Stephani de Luxovio ex altera » chargée de « IIII denariis censualibus reddendis monialibus B. Marie, et XXV solidis annui redditus reddendis Petro dictus de *Corcegré*, civi Trecensi.. pro XXV libris bonorum turonensium » payées comptant « Maria, filia Clarelli, hoc laudavit.. Actum anno Domini M° CC° LXX° septimo, mense julio. — *Origin.*

92. — 30 août 1277. — « Officialis Trecensis » il notifie que « Huetus, filius Stephani de Boilliaco, et Margareta ejus uxor.. vendidisse decano et capitulo S. Urbani II solidos censuales super magnis Halis Cathalaunensibus ad caput Draperie, per quam itur ab ecclesia S. Johannis ad vicum de Buchetis.. pro XL solidis turonensium » payés comptant. « Actum anno Domini M° CC° LXX° septimo, die lune post Decollationem beati Johannis Baptiste. » — *Origin.*

93. — « 1er février 1278. — Nicolaus, episcopus, servus servorum Dei dilectis filiis decano et capitulo ecclesie S. Urbani Trecensis, ad Romanam ecclesiam nullo medio pertinentis.. Personas et ecclesiam vestras (*repetit bullam* n. 69). — Datum Rome apud S. Petrum, kal. februarii pontificatus nostri anno primo. » — *Origin.*

94. — Octobre 1279. — « Officialis Trecensis » il notifie que « Galterus *li Chapeliers*, et uxor ejus » abandonnent « decano et capitulo S. Urbani quamdam plateam Trecis in Vico Medio.. Actum anno Domini M° CC° LXX° nono, mense octobri. » — *Origin.* — « J. Marg.. » greffier de l'Officialité.

95. — 27 août 1281 — 6 février 1281 (*v. st.*).

Universis presentes litteras inspecturis Johannes, miseratione divina Trecensis episcopus, salutem in

Domino. Noverint universi quod[mensis est elapsus a die qua litteras Apostolicas recepimus quarum tenor talis est :

Martinus, episcopus, servus servorum Dei, venerabili fratri episcopo Trecensi, salutem et Apostolicam benedictionem. Ex parte dilectorum decani et capituli ecclesie Sancti Urbani Trecensis, ad Romanam ecclesiam nullo medio pertinentis, fuit propositum coram nobis, quod, licet ecclesiam ipsam quam felicis recordationis Urbanus papa, predecessor noster, a fundamentis erexit in ea honorabile canonicorum collegium ordinando, exemptionis privilegio et aliis diversis indulgentiis sit per Sedem Apostolicam decorata, tamen apud eam cimiterium benedictum non habetur, quare predicti decanus et capitulum nobis humiliter supplicarunt ut circa eamdem ecclesiam in loco ipsius ecclesie mandaremus cimyterium benedici, sepulturam ipsius ecclesie fore liberam decernendo. Quocirca paternitati tue per Apostolica scripta mandamus quatinus, infra unum mensem post receptionem presentium, auctoritate nostra cimiterium ipsum, juxta predictam ecclesiam in loco ad hoc congruo, benedicas, sine juris prejudicio alieni ; et nichilominus postquam dictum cimiterium juxta presentis mandati nostri tenorem fuerit benedictum, sepulturam ecclesie predicte libram esse eadem auctoritate decernas, ut eorum devotioni et extreme voluntati qui se illic sepeliri deliberaverint nullus obsistat, salvis tamen justitia et quolibet alio jure illarum ecclesiarum a quibus mortuorum corpora assumentur. Alioquin venerabili fratri nostro episcopo Antissiodorensi nostris damus litteris in mandatis ut ipse ex tunc super hoc mandatum Apostolicum exequatur, contradictores per censuram Apostolicam, appellatione postposita, compescendo, non obstante si aliquibus a predicta Sede indultum existat quod excommunicari aut interdici nequeant vel suspendi.. Apud Urbem Veterem VI kalendas septembris pontificatus nostri anno I°. (*Origin. scellé.*)

In cujus rei testimonium sigillum nostrum presentibus duximus apponendum. Datum anno Domini M° CC° LXXX° I°, die veneris post festum Purificationis beate Marie Virginis. — *Origin.* sceau brisé sur lemnisques de parchemin.

96. — 27 août 1281. — 10 décembre 1282.

Universis presentes litteras inspecturis G[uillelmus], Dei gratia Antissiodorensis episcopus, salutem in Domino. Noverint nos anno Domini M° CC° LXXX° II°, die jovis post festum beati Nicholay hyemalis apud Sanctum Audoenum juxta Sanctum Dyonisium Parisiensis diocesis litteras summi pontificis recepisse sub hac forma :

Martinus, episcopus, servus servorum Dei, venerabili fratri episcopo Antissiodorensi, salutem et Apostolicam benedictionem. Ex parte dilectorum filiorum deceni et capituli Sancti Urbani Trecensis ad Romanam ecclesiam nullo medio pertinentis (*ut supra* n. 95 *usque* decernendo). Unde venerabili fratri nostro episcopo Trecensi nostris damus litteris in mandatis, ut ipse infra unum mensem post receptionem ipsarum litterarum auctoritate nostra cimiterium ipsum juxta dictam ecclesiam in loco proprio ad hoc congruo benedicat, sine juris prejudicio alieni, et nichilominus postquam dictum cimiterium (*ut supra usque* assumentur). Quocirca fraternitati tue per Apostolica scripta mandamus, quatinus, si dictus episcopus mandatum nostrum in hac parte neglexerit adimplere, tu illud ex tunc exequi non omittas contradictores per censuram ecclesiasticam, appellatione postposita, compescendo (*ut supra*). Apud Urbem Veterem, VI kalendas septembris, pontificatus nostri anno primo. — *Origin. scellé* sur cordes de chanvre.

In cujus rei testimonium sigillum nostrum presentibus duximus apponendum. Datum anno et die predictis. — *Origin.*

97. — 6 octobre 1281. — « Officialis Trecensis » il notifie que « Girardus dictus Berruyerius, civis Trecensis, vendidit quibusdam procuratoribus ecclesie S. Urbani Trecensis, ad opus ecclesie predicte, pro certa pecunie quantitate, de qua eidem Girardo extitit satisfactum, III solidos et III obolos annui et perpetui census, portantis laudes et ventas.. super quadam domo Trecis in Vico Medio; quam domum Huyardus dictus *Bouchins* vendidit ut dicitur procuratoribus antedictis.. Actum anno Domini M° CC° LXXXI, die lune ante festum beati Dyonisii. » — *Origin. scellé.* — « Richardus » greffier de l'Officialité.

98. — 11 août 1282. — « Officialis Trecensis » il notifie que « Philippus, filius Nicholai de Clauso » cède à titre d'échange « Ade, decano, et capitulo S. Urbani duas partes medietatis Hale de Ypra.. Actum anno Domini M° CC° LXXX° secundo, die martis post festum B. Laurentii. — *Copie* tirée du Cartul. fol. 62.

99. — 24 août. — « Officialis Autissiodorensis » il notifie que « Stephanus de Chableyo, et Juliana, uxor ejus.. vendidisse decano et capitulo S. Urbani.. pro pretio LX librarum pruvinensium » payées comptant « terciam partem Hale de Ypra ante Magnam Macecrariam.. Actum anno Domini M° CC° LXXX° secundo, in die festi S. Bartholomei. » — *Copie* tirée du Cartul. fol. 62.

100. — 23 novembre 1282. — « Officialis Trecensis » il notifie que « Maria Margueronna, et Jaquetus dictus de Leodio, fratres, liberi defunctorum Stephani de Leodio et Blanche Golerie, quondam uxor dicti Stephani, cives Trecenses » abandonnent « decano et capitulo S. Urbani » tout ce qu'ils ont « juris, actionis, proprietatis, saisine » sur les biens vendus à la collégiale par Petrus Baptizatus » et sur les biens vendus autrefois par Blanche, leur mère, « Reginaldo, canonico Trecensi, defuncto.. pro precio XXX librarum turonensium » payées comptant. « Actum anno Domini M° CC° LXXX° secundo, die lune in festo S. Clementis. » — *Origin.*

101. — Février 1282 (*v. st.*). — « Officialis Trecensis » il notifie que « Johannes Nicholai, custos nundinarum Campanie, et Catharina, uxor ejus » donnent à Saint-Urbain « titulo eschangii, IV libras et X solidos turonensium redditus annui, et V solidos census portantis laudes et ventas in domo sita ante Cambia » pour une maison appartenant à Saint-Urbain « que domus sita est subtus Domum Ligneam.. Actum anno Domini M° CC° LXXX° secundo, mense februario. » — *Origin.*

102. — Mars 1282 (*v. st.*). — « Hermina priorissa, Isabellis de Sancto Fidolo cantrix, Gila thesauraria, Aelipdis de Longavilla subpriorissa, Agnes de Cantualaude infirmaria, Amelina de Flavigniaco eleemosinaria, Aelipdis de *Baaçon* quondam priorissa B. Marie ad Moniales Trecenses.. sede abbatiali vacante » et les religieuses ne pouvant élire une abbesse parce qu'elles sont excommuniées « et nunciate ut dicitur excommunicate, pro manifesta offensa, scilicet, pro injuriis, dampnis, gravaminibus et excessionibus decano et capitulo S. Urbani et eorum ecclesie illatis (n. 60 et 61) »; et pour les même faits « condampnate per executores domini Pape ad restitutionem predictorum dampnorum injuriarum et excessum » à payer « C marchas argenti predictis decano et capitulo S. Urbani » par provision, en attendant un arrangement définitif : elles promettent de payer cette somme et de fournir des cautions valables. « Datum et actum anno Domini M° CC° LXXX° secundo, mense marcio. » — Cette pièce se trouve à sa date parmi nos *Chartes de Notre-Dame-aux-Nonnains.*

103. — Mars 1282 (*v. st.*). — « Officialis Trecensis » il notifie l'acte de caution fourni à Saint-Urbain par Notre-Dame-aux-Nonnains (cfr. *supra* n. 102). Theobaldus de Fayaco, tannator, filius defuncti Johannis *Friquant*; Perrinetus dictus *li Noirs* de Fayaco, tannator, filius defuncti Johannis de Pontibus; Jaquetus de Seleriis, filius defuncti *Chevalier* de Alba Terra, gener Blanche de *Courcegré*; Coutelinus, talementarius, filius defuncti Couteleti de Champigneio; Lambertus de Seleriis, cordubernarius, filius defuncti Johannis Majoris, commorantis Trecis; et Isabellis de Monte Albano, relicta Johannis Garneri.. Quilibet in solidum promiserunt reddere et solvere predictas C marchas argenti ad restitutio-

nem dompnorum, injuriarum et excessuum decano et capitulo
S. Urbani illatorum.. sub conventionibus infrascriptis, videlicet, quod abbatissa in dicto monasterio creata, infra annum
tractatu habito » entre Saint-Urbain et Notre-Dame-aux-Nonnains « de pace reformanda super hiis que una pars ab altera
petere potest ; si pax fuerit infra dictum annum inter partes
reformata » les cautions « erunt a dicta obligatione penitus
liberati.. magister Galterus, archidiaconus S. Margarete in
ecclesia Trecensi, et Petrus de Onjione, curatus ecclesie
S. Remigii Trecensis » sont nommés par les parties « ut dicitur ad moderandum dictam pecunie quantitatem C marcharum argenti » s'il y a lieu, « et ad pronunciandum per
quam partem steterit quominus pax inter ipsas partes fuerit
reformata. Datum et actum : anno Domini M° CC° LXXX° II°,
mense marcio. » — *Origin.*

104. — 21 mars 1282 (*v. st.*). — « Decanus ecclesie
S. Stephani, delegatus a domino Papa datus ad absolutiones
impetrandas malefactoribus ecclesie S. Urbani Trecensis, et
impedientibus Tyrensis archiepiscopi ne cimiterium ecclesie
S. Urbani benedicatur.. » il accorde, moyennant les promes-
ses de satisfaction rapportées plus haut (n. 102-103) l'ab-
solution de l'excommunication aux religieuses de Notre-
Dame-aux-Nonnains et à leurs complices. « Datum anno
Domini M° CC° LXXX° secundo, die mercurii post dominicam
qua cantatur *Oculi mei.* — Cette pièce se trouve à sa date
parmi nos *Chartes de Notre-Dame-aux-Nonnains.*

105. — 26 juin 1283 — ... 1283.

Universis presens transcriptum inspecturis Ancherus, miseratione divina tituli Sancte Praxedis
presbiter cardinalis, salutem in Domino sempiternam. Noveritis quod nos anno Domini M° CC° LXXX°

tercio, indictione XI°, die sexta.. litteras inferius annotatas, sigilli domini Ade, decani capituli, domini G., archidiaconi Sancte Margarete in ecclesia Trecensi, magistri Jacobi Parvi, magistri Johannis dicti Fabri, et Johannis de Trecis, canonicorum ecclesie S. Urbani Trecensis ut prima facie apparebat sigillatas, non cancellatas, non abolitas, nec in aliqua parte sui viciatas vidimus in hec verba :

Reverendo in Xpisto patri ac domino Auchero, Dei gratia tituli S. Praxedis presbitero cardinali, Adam, decanus, totumque capitulum sue secularis ecclesie S. Urbani Trecensis, ad Romanam ecclesiam nullo medio pertinentis, subjectionem et reverentiam debitam.. Paternitati vestre notificamus, nos, salubri ductos consilio, zeloque devotionis inductos, ad honorem ecclesie vestre nostroque prefate unanimiter statuisse seu statuta fecisse sub forma que sequitur : In nomine Domini, amen. Nos Adam, decanus, totumque capitulum secularis ecclesie S. Urbani Trecensis, ad Romanam ecclesiam nullo medio pertinentis, attendentes quod, licet in ecclesia predicta sit [nunc] duodecim canonicorum numerus institutus, decens existere quod ad cultum divini nominis ampliandum, capellanorum, clericorum, matriculariorum ceterorumque servitorum officio, sive sint clerici sive laici, prefata venerabilis ecclesia decoretur ad fidelium animos excitandos. Et ne procedente tempore subrepat inter nos propter hoc, aut inter nos et alios, materia questionis eo jure et modo quo melius possumus statuimus et ordinamus, et nos bona fide promittimus inviolabiliter observaturos in posterum nostrosque successores.. Deo adjuvante.. quod reverendus in Xpisto pater dominus Ancherus, tituli S. Praxedis presbiter cardinalis, quem patrem prefate ecclesie recognoscimus et patronum, in eadem ecclesia instituat officium aliquod aut officia aliqua de premissis, sive sit capellania, sive sit matricularia, sive portaria seu quocumque alio nomine censeatur, sive sit clerico sive laico conferenda ; ad ipsum dominum cardinalem, quandiu vixerit, collatio libere pertineat cujuslibet officii et beneficii de premissis quod constituendum duxerit aut fundandum ; et post ejus obitum ad solum decanum, qui pro tempore fuerit decanus ecclesie supradicte. Si vero quevis alia persona ecclesiastica vel secularis fundaverit in eadem ecclesia vel instituerit officium vel beneficium aut aliquod ex premissis, officii et beneficii noviter instituti collatio quandiu fundator vixerit ad ipsum pertineat fundatorem, et post ejus obitum ad decanum, qui pro tempore fuerit, et capitulum ecclesie supradicte. In cujus rei testimonium, ad rei perpetuam firmitatem, nos prefati decanus et capitulum sigilla nostra propria una cum sigillo capituli nostri presentibus duximus appendenda. Datum et actum apud Trecas anno Domini M° CC° octuagesimo tercio, sabbato post festum B. Johannis Baptiste. Quapropter paternitatem vestram suppliciter obsecramus quatinus, ut statuta prefata plenum robur obtineant, pium eisdem vestrum prebeatis assensum, eadem confirmando eademque similiter statuendo. Ut autem nos omnes in premissis statutis et supplicatione presenti vestra noscat paternitas convenisse, sigilla nostra propria una cum sigillo capituli nostri presentibus duximus apponenda. Datum et actum apud Trecas anno Domini M° CC° octuagesimo tercio, sabbato post festum B. Johannis Baptiste.

Quod autem vidimus hoc testamur, et in hujus rei testimonium [presentes litteras fieri] fecimus et sigilli nostri munimine roborari. Datum et actum in Urbe Veteri, anno et die predictis, pontificatus vero domini Martini pape quarti anno tercio. — *Origin.*

106. — 10 janvier 1284.

Universis presentes litteras inspecturis, Ancherus, miseratione divina, tituli Sancte Praxedis presbyter cardinalis, salutem in Domino sempiternam. Nos ad ampliationem honoris ecclesie secularis Sancti Urbani Trecensis, ad Romanam ecclesiam nullo medio pertinentis, in solo nostre paterne domus per sanctissimum patrem felicis recordationis dominum Urbanum papam quartum, quondam avunculum nostrum carissimum, fundate, cujus factum in ipsius constructione quanto citius potuimus fuimus prosecuti, et in posterum, juvante Domino, perfecturi, quibus devotione et affectione solita attentissime vigilantes ut numerum canonicorum XII in eadem ecclesia institutum, ceterorumque etiam servitorum decoretur officio, statuimus matricularium unam in eadem ecclesia, cujus matricularius qui pro tempore fuerit, quem laïcum futurum statuimus, ad illud officium tenetur quod sibi huic prima vice decanus et capitulum prefate ecclesie duxerint prefigendum. Statuimus etiam quod dictus matricularius X libras turonensium de camera nostra recipiat annuatim, donec X libras annui redditus ad usum matricularie prefate duximus assignandas, seu ut loquimur vulgatius assidendas. Quod si predictos redditus divino munere pullulare contingat, augmentum ipsum a prefata matricularia non recedat. Ceterum collationem matricularie prefate quam nobis quoad vixerimus retinemus, post obitum nostrum ad solum decanum prefate ecclesie, qui pro tempore fuerit, volumus pertinere. Datum et actum in Urbe Veteri, anno domini M° CC° LXXXIV°, indictione XII, die lune post Epiphaniam, pontificatus domini Martini IV, anno tercio. — *Origin. scellé* en cire rouge sur doubles tresses en soie grenat.

107. — 1284. — « Unes lettres de recepisse, soubz le séel de l'official de Troyes, comment Jehan de Clermont recongnoist avoir receu en garde et dépôts XXV peres de lettres tant bulles comme autres, plus à plain déclarées en ycelles, appartenant à la dicte église. Données l'an mil CC IIII^{xx} IIII. » — *Invent.* de 1399.

108. — Février 1286 *(v. st.).* — « Lettres touchans la fondacion et dotation de l'autel S. Nicolas, fondé d'ancienneté en la chapelle à présent appelée la chapelle Sainte-Croix, c'est assavoir II lettres pareilles : l'une séellée des grans seaulx de l'abbé de S. Loup « Hoydoinus », du déan de

Saint-Pere « Dyonisius de Campo Guidonis », du déan « Stephanus de Luxovio » et soubz-déan « Guido de Alneti » de Saint-Estienne de Troyes ; et l'autre séellée des petits seaulx des doyens de Saint-Pere et dudit abbé de Saint-Loup, faisant mencion comment Guyot de Maraye et Aalips, sa femme, donnèrent en augmentation du dit autel une maison et une vigne qu'ils avoient à Flay, et I quartier d'autre vigne audit Flay, en estimacion de X l.; par telle condicion que le chappellain sera tenu de dire chacun jour messe du Saint-Espérit durant leurs vies, et après leur trespassement de Requiem, et ils seront enterrés dans l'église. Données l'an mil CC IIII^{xx} VI, ou mois de février. » — *Origin.* — *Invent.* de 1399.

109. — 31 janvier 1289. — « Nicolaus, episcopus, servus servorum Dei, universis Xpisti fidelibus.. Loca sanctorum omnium (*repetit bullam* n. 56) in die quo majus altare ipsius ecclesie dedicabitur venerabiliter visitaverint.. annum unum et XL dies de injunctis sibi penitentiis misericorditer relaxamus.. Datum Rome, apud S. Petrum, II kal. februarii pontificatus nostri anno primo. » — *Origin. scellé* sur soie rouge et jaune.

110. — 1er février 1289. — « Nicolaus, episcopus, servus servorum Dei, decano et capitulo S. Urbani Trecensis.. Personas et ecclesiam vestram (*repetit bullam* n. 69). Datum Rome, apud S. Petrum, kalendas februarii pontificatus nostri anno primo. » — *Origin.*

111. — 1er avril 1289.

Nicolaus, episcopus, servus servorum Dei, dilecto filio officiali Parisiensi salutem et Apostolicam benedictionem. Conquesti sunt nobis Capitulum ecclesie

S. Urbani Trecensis, ad Romanam ecclesiam nullo medio pertinentis, quod Robertus, rector ecclesie de Chableio, et alii clerici testamenti executores quondam Ade, decani ejusdem ecclesie, quasdam pecuniarum summas, vini et bladi quantitatem, et alias res detineant.. ideoque discretioni tue per Apostolica scripta mandamus, quatinus, partibus convocatis, audias causam, et appellatione remota, debito fine decidas ; facientes quod decreveritis per censuram ecclesiasticam firmiter observari. Testes autem qui fuerint nominati, si se gratia, odio, vel timore subtraxerint, censura simili, appellatione cessante, compellas veritati testimonium perhibere. Datum Rome, apud S. Mariam Majorem, kal. aprilis pontificatus nostri anno secundo. — *Origin. scellé* sur cordes de chanvre.

112. — Octobre 1289. — « Une chartra, scellée de deux seaulx en las de soye et cire vert, de Philippe, roy de Navarre, et de la royne touchant l'amortissement de XL livres de rente sur plusieurs maisons assises à Troyes. Donnée l'an M CC LXXX IX ou mois d'octobre. » — *Invent.* de 1399.

113. — 13 décembre 1289. — « Nicolaus, episcopus, servus servorum Dei, archidiacono de Lineio in ecclesia Tullensi.. Cum multiplicata sit adeo iniquitas superborum » sur les plaintes du doyen et des chanoines de Saint-Urbain « discretioni tue per Apostolica scripta mandamus quatinus eisdem presidio efficacis deffensionis assistens, non permittas eos contra indulta privilegiorum Sedis Apostolice ab aliquibus indebite molestari.. Presentibus post quinquennium minime valituris. Datum Rome, apud S. Mariam Majorem,

idibus decembris pontificatus nostri anno secundo. » — *Origin.*

114. — Mars 1289 (*v. st.*). — 21 juillet 1290. — « H. de Faucogneio, archidiaconus de Lineio in ecclesia Tullensi, deputatus a domino Papa conservator privilegiorum ecclesie S. Urbani Trecensis » notifie la délégation Apostolique rapportée ci-dessus (n. 113). « Datum anno Domini M° CC° LXXX° nono, mense marcio. » — Presbiter B. Marie Trecensis » subdélégué par « H. de Faucogneio » notifie qu'il a fait les trois monitions canoniques à l'abbesse de Notre-Dame-aux-Nonnains pour l'amener à restituer à la collégiale de Saint-Urbain « quedam hostia cujusdam halo site Trecis, que vocatur Hala de Ypra.. dicta abbatissa minus juste nuper spoliaverat dicta hostia per violentiam asportando seu asportari faciendo. » L'abbesse reconnaît qu'elle est l'auteur du fait incriminé ; mais elle refuse de restituer prétendant « quod habebat bonas rationes. » Elle est assignée à comparaître au tribunal de « H. de Faucogneio, die lune ante festum B. Marie Magdalene. Datum anno Domini M° CC° XC°, die lune post octavas BB. apostolorum Petri et Pauli. » — « Stephanus dictus de *Molans*, cononicus Tullensis, vices gerens archidiaconi de Lineyo.. » notifie que « presentibus Renaudo de Columbereio, procuratore S. Urbani (sede vacante), et Simoneto de Valle Rodionis, procuratore dicte abbatisse, die jovis ante festum B. Marie Magdalene et die veneris » après avoir entendu les raisons fournies par l'abbesse de Notre-Dame-aux-Nonnains, il maintient les monitions, et condamne l'abbesse à restitution envers Saint-Urbain, et aux frais du procès qui seront fixés par « H. de Faucogneio.. Datum et actum anno Domini M° CC° XC°, die veneris predicto. » — *Origin.*

115. — 24 novembre 1290. — « Decanatu vacante » Jean de Gisors, chanoine de Senlis, et collecteur du Pape pour les subsides accordés au roi de France, estime le revenu de la collégiale Saint-Urbain à 320 livres tournois de rente annuelle. « Anno domini M° CC° XC°, die veneris post festum beati Clementis. » — *Origin.*

116. — Mars 1291. — « Une chartre du roi Phelippe, et de la royne sa femme, royne de Navare et contesse de Champaigne, séelée de leurs séaulx en laz de soye et cire vert, comment le doyen et autres de l'église qui y tiennent personnage puissent mettre par an franchement en la ville de Troyes chacun II tonneaux de vin, et chacun chanoine I tonneau, qui valent en tout XXX queues ; et yceulz vins faire mener en leurs propres maisons sans aucune redevance paier. Données l'an mil CC XCI, ou mois de mars. » — *Invent.* de 1399. — *Vidimus scellé.* donné par Guillaume de Muissy, bailly, en 1292, joudi après la Saint-Barnabé.

117. — Juillet 1291. — « Une lettre, soubz le séel l'official de Troyes, de L s. de rente que donna à l'église feu Henry Larmurier, et Marie, sa femme (cives Trecenses) à prendre sur une grange assise à Sacey. Données l'an mil CC XCI. » — *Origin.* — *Invent.* de 1399.

118. — 1295. — I arrest des grans jours de Troyes, séelé de III séaulx en cire vert, comment les possessions et les héritages appartenans à l'église saisis par les gens du roy, ensemble tous les arrérages par eux levez et perceuz seroient rendues à la dicte église. Donné l'an mil CC IIII^{xx} XV. » — *Invent.* de 1399.

119. — Septembre 1299. — V[alterus], decanus Trecensis, et frater O., abbas Sancti Lupi Trecensis », ils notifient qu'en leur présence « Adelina, dicta Castellana, de Fontisvena, soror domini Stephani de Portu, thesaurarii Sancti Urbani Trecensis.. ob remedium animæ suæ et parentum suorum

contulisse cuidam capellanie, ab eadem fundate in ecclesia
Sancti Urbani in honorem B. Johannis Baptiste, tria stalla
carnificum que habebat in macelleria Trecensi, que olim fuerat defuncti magistri Stephani, quondam decani Sancti Stephani Trecensis ; item partem cujusdam furni banalis de
Veiz, siti juxta vadum dicte ville » la fondatrice demande
que le chapelain « solvere singulis annis teneatur XX solidos
turonensium Sancto Urbano, scilicet X solidos pro admorti-
satione dictorum stallorum, quorum laudes et vente, si vendi
dicta stalla contigerit, ad dictam ecclesiam pertineant ; et X solidos pro missa Sancti Spiritus, seu pro anniversario dicte
Adeline in eadem ecclesia singulis annis celebrando. Voluit
autem quod collatio dicte capellanie pertineat ad decanum
ecclesie memorate, prius tamen collatione sibi salva. Voluit
item quod capellanus, ibidem institutus, deservire teneatur
personaliter, per proprium juramentum, dicto altari et choro
dicte ecclesie, nisi fuerit propria infirmitate corporis vel alio
impedimento detentus.. Datum anno Domini M° CC° XC° IX°,
mense septembri. » — *Origin.*

120. — Septembre 1299. — « R., decanus, totumque
capitulum S. Urbani Trecensis » acceptent la fondation faite
par Adeline Chatelaine (n. 119), et en récompense ils lui ac-
cordent un anniversaire. « Datum anno Domini M° CC° XC°
nono, mense septembri. » — *Origin.*

121. — 1299.

Universis Xpisti fidelibus presentes litteras inspecturis. Nos frater Egidius, miseratione divina patriarcha Grandensis ; et frater Egidius Bituricensis,
frater Henricus Jadrensis, Martinus Bracarensis,
archiepiscopi ; ac Rodoricus Mindoniensis, frater
Jacobus Calcedonie, frater Nicolaus Turibolensis,

Georgius Sardensis, frater Maurus Ameliensis, Nicolaus Capritanensis, frater Monaldus Civitatis Castellane, Johannes Olenensis, Thomas Coronensis, et Johannes Aniciensis, episcopi, salutem in Deo qui est omnium vero salus... Omnibus vere petinentibus et confessis qui.. subscriptis festivitatibus, videlicet, ipsius sancti Urbani, Nativitatis Domini nostri Jhesu Xpisti, Trinitatis, Resurrectionis, Ascensionis Domini, et Pentecostes; Nativitatis, Purificationis, et Assumptionis beate Marie virginis gloriose ; singulorum Apostolorum ; commemoratione Omnium Sanctorum, Johannis baptiste et evangeliste, Stephani, Laurentii et Vincentii martirum, Nicolai et Martini confessorum, beate Marie Magdalene, sanctarumque Catarine, Margarete, Cecilie, Lucie, Agathe et Agnetis, virginum; et in consecratione majoris altaris ecclesie supradicte ; et in festo sacramenti Corporis et Sanguinis Domini nostri Jesu Xpisti ; ac per octo dies festivitates ipsas immediate sequentes devote accesserint annuatim, vel qui ad fabricam, luminaria.. manus porrexerint adjutrices.. seu etiam in extremis laborantes quicquam predicte ecclesie legaverint.. [*unusquisque concedit XL dies*] de injunctis sibi penitentiis misericorditer in Domino relaxamus, modo diocesani voluntas ad id accedat et consensus.. [Anno Domini] millesimo ducentesimo nonagesimo [non]o. — *Origin.* (perdu par l'humidité) avec les 14 sceaux bien conservés. — *Invent.* de 1399.

122. — 1306. — « Une lettre, soubz le seél de Guichard, jadis évesque de Troies, de l'amortissement du pré que l'église a à Saint-Lié, partant au curé du lieu, que donna à l'église Jacques de Villarcel. Données l'an mil CCC VI. » *Invent.* de 1399.

123. — 1307. — « Une petite lettre, séellée du séel de Guichard, évesque de Troyes, comment les sacremens de confirmation qu'il fist en l'église à aucuns de ses subgiez ne faict préjudice à l'exemption de ladicte église. Données l'an mil CCC VII. » — *Invent.* de 1399.

124. — 1312. — « Une quittance de LX l. t., soubz le séel de Guillaume Arremars, clerc du roy de Navarre, pour convertir en l'amortissement de XV l. de rentes pour la fondacion de l'autel de Saint-Linart, par Estiennes le Diablat et Helvis sa femme. Données l'an mil CCC XII. » — *Invent.* de 1399.

125. — 1ᵉʳ septembre 1320. — « Unes lettres touchans la fondacion de l'autel Saint-Linart, soubz le séel de maistre Jehan de Drou, premier chappellain de l'autel Saint-Linart, fondé par Estiennes le Diablat et Helvis sa femme ; le fils d'Estiennes et de Helvis laisse au chappellain à prendre tous les ans sur les XV livres de rentes assises sur la maison de la Coupe XX s. de rente pour l'anniversaire des diz mariés, inhumez en ladite église. Données l'an mil CCC XX. » — *Origin.* — *Invent.* de 1399.

126. — 1327. — « Une chartre du roy Charles, séellée en las de soye et cire vert, qui octroye à l'église que l'en puisse mener yceulx vins (*voir* n. 118) et mettre franchement, comme dit est, ou cellier ou en la maison commune de l'église. Données l'an mil CCC XXVII. — *Invent.* de 1399.

127. — 1328. — « Unes lettres de confirmacion du roy Phelippe, séellée en laz de soye et cire vert, de l'amortissement de la fondacion de l'autel de la Magdeluine, fondé en ladicte église. Données l'an mil CCC XXVIII. Et *nota* qu'il n'y a par devers l'église autres lettres touchant ladicte fondacion. » — *Invent.* de 1399.

128. — 5 octobre 1328. — « Unes lettres touchans la fondacion des deux chappellains à la chappelle Nostre-Dame, séellées des seaulx de messire Regnault de Colombé, déan de ceste église et fondeur de la dicte chapelle, et des sceaulx du chapitre de la dicte église. « Regnaudus de Columberio, decanus ecclesie S. Urbani.. recolentes qualiter bone memorie dominus Ancherus, olim sancte Romane ecclesie presbiter cardinalis, nepos quondam inclite recordationis domini Urbani pape, fundatoris ejusdem ecclesie S. Urbani, voluit et ordinavit quod ad altare B. Marie in eadem ecclesia institueretur unus perpetuus capellanus, qui cotidie unam missam celebraret ibidem, qui de suo proprio, anno quolibet, perciperet XX libras turonensium, donec alibi XX libras annui et perpetui redditus sufficienter assedisset ; cujus altaris collatio ad decanum dicte ecclesie pertineret.. cardinalis, morte preventus, quod inchoaverat minime adimplevit » il avait seulement laissé « duo stalla carnificum ». Renaud, pour compléter cette fondation et pour accomplir les intentions d'Ancher, et aussi pour le repos de l'âme de ses propres parents et particulièrement de son oncle « Stephani de Luxovio, quondam decani S. Stephani Trecensis » donne « XVI libras turonensium annui et perpetui redditus ; item duas vineas apud Chableyas. » En sorte que « ad servicium dicto altari B. Virginis instituantur et ponantur duo perpetui capellani, qui cotidie omnes horas ejusdem gloriose Virginis coram ipso altari, et unam missam ad dictum altare decantabunt.. Actum in nostro capitulo generali, celebrato in ipsa ecclesia, anno Domini

M° CCC° XX° octavo, in crastino anniversarii bone memorie domini Urbani pape, fundatoris nostri. » — *Origin.* — *Invent.* de 1399.

129. — 1332. — « Lettres touchans la fondacion de la chapelle Sainte-Marguerite fondée à l'autel Saint-Nicolas, appelée à présent la chappelle Sainte-Croix, c'est assavoir unes lettres seellées du seel de Dreues, sires de Chappes, de l'amortissement touchant la grange de Tronchoy emprès Rosson, esquelles sont encorporées les lettres de l'acquisicion des héritages appartenant à la dicte grange, acquis et laissez à l'église par messire Jacques de la Noe et Marguerite sa femme. Données l'an mil CCC XXXII. » — *Invent.* de 1399.

130. — 1338. — « Une chartre du roy Phelippe, seellée en las de soye et cire vert, de l'amortissement des rentes appartenant aus chappellains de la chapelle Nostre-Dame, à eux baillées par messire Regnault de Colombé, troisième déen de ceste église, leur fondeur; et aussi de certaines rentes que l'église tient pour certains anniversaires fondez par lui. Données l'an mil CCC XXXVIII. — *Invent.* de 1399.

131. — 1340. — « Une chartre du roy Phelippe, en laz de soye et cire vert, de l'amortissement des rentes de la fondacion de l'autel Saint-Pere et Saint-Pol. Données l'an mil CCC XL. » — *Invent.* de 1399.

132. — Août 1343. — « Une chartre du roy Philippe, seellée en laz de soye et cire vert, de l'amortissement du courtil assis aus Molins Aus Mons. Données l'an mil CCC XLIII, ou mois d'aoust. » — *Invent.* de 1399.

133. — 1350. — « Unes lettres de l'évesque Jehan [V d'Auxois] de Troyes comment il donne licence à touz arceprestres, déans ruraulx, curez, chappellains et autres ses subgiez de souffrir et laisser faire publier en leurs églises les indulgences de ladicte eglise. Données l'an mil CCC L. » — *Invent.* de 1399.

134. — 22 août 1351.

Johannes, miseracione divina Trecensis episcopus, universis et singulis curatis seu rectoribus parrochialium ecclesiarum nostre diocesis salutem. Cum bone memorie ac recordacionis pie Summus Pontifex Urbanus quartus, ad apicem summi apostolatus assumptus, fundari fecerit et construi in solo sive fundo sue paterne domus ecclesiam S. Urbani Trecensis, quam morte preventus ad consummacionem operis juxta votum perducere non potuit; propter quod ut dictum opus valeat consummari nonnulli Romani Pontifices, ipsius Urbani successores, et alii prelati benefactoribus fabrice ipsius ecclesie copiosas indulgentias concesserunt, prout in litteris autenticis ipsius ecclesie continetur, quas indulgencias per alias nostras litteras (n. 133) in nostris civitate et diocesi per vos mandavimus publicari. Verum quia nonnulli vestrum in predicta publicacione facienda se reddiderunt negligentes et remissos, propter quod ex parte dilectorum nostrorum decani et capituli dicte ecclesie nobis fuit humiliter supplicatum sibi et fabrice ecclesie super hoc de competenti remedio providere : hinc est quod nos, attendentes prefatam publicacionem dictarum litterarum esse nostris subditis et Xpisti fidelibus proficuam ad salutem, et civitatem nostram ex constructione dicte ecclesie quamplurimum decoratam, et quod ex consummacione et perfectione ipsius operis plus poterit decorari, ad ipsam ecclesiam et ad ipsas indulgencias affectionem gerentes, nolentesque quod ipsi subdiditi nostri propter deffectum publicacionis tante indulgentie non cognite deffraudentur, prefatis decano et capitulo ex uberiori gracia concessimus et tenore presencium concedimus, ut ipsi per certum nuncium et fidelem, ab eisdem deputatum, predictas indulgencias in ecclesiis vestris, horis ad hoc competentibus, faciant publicari, absque eo quod idem nuncius valeat proponere verbum Dei. Quare vobis precipiendo mandamus et mandando precipimus, quatinus cum prefatatus nuncius lator presencium, per litteras dictorum decani et capituli ad hoc deputatus, ad vos et ecclesias vestras devenerit, ipsum benigne recipiatis et graciose tractetis, permittentes eumdem in vestris ecclesiis predictas indulgencias publicare, nichilominus salutaribus monitis et graciosis vestros subditos inducentes ad hoc ut ad opus fabrice dicte ecclesie manus suas velint porrigere adjutrices, taliter quod per sua bona opera caritativa circa hoc exhibita dictarum indulgenciarum fieri participes mereantur et inde gaudia consequi sempiterna. Et nos eciam subditis nostris ad opus ipsius fabrice manum adjutricem porrigentibus, vere penitentibus et confessis, XL dies de injunctis sibi penitenciis misericorditer relaxamus; volumus tamen nuncium nostro Trecensis ecclesie anteferri..

Datum sub sigillo nostro, anno Domini M°CCC° quinquagesimo primo, die lune in octabis Assumpcionis B. Marie Virginis. — Tirée d'un *transumptum* fait par « Johannes Bartholomei de Amancia, clericus Trecensis diocesis, publicus apostolica et imperiali auctoritate notarius, curieque Trecensis tabellio.. Anno Domini M° CCC° quinquagesimo primo, die tercia decima mensis septembris. — *Copie origin.* avec le seing manuel du tabellion.

135. — 13 avril 1353. — « Innocentius, episcopus, servus servorum Dei, universis Xpisti fidelibus.. Loca sanctorum (*repetit bullam* n. 110) in die in quo majus altare ipsius ecclesie dedicabitur venerabiliter visitaverint.. annum unum et XL dies de injunctis sibi penitentiis misericorditer relaxamus.. Datum Laterani, XVI kal. maii pontificatus nostri anno primo. » — *Origin.*

136. — 6 février 1355 (*v. st.*). — « Officialis Trecensis » il notifie qu'en sa présence ont comparu « Petro de Virduno, clerico, et donna Isabelli de Virduno, ejus sorore, civibus Trecensibus » et qu'ils attestent « quod, cum ipsi habentes non modicum affectum ad ecclesiam S. Urbani » ils ont demandé « aliquam capellam seu plateam in ipsa ecclesia pro ipsis, eorumque liberis, ac uxoribus et maritis dictorum liberorum, suisque heredibus et successoribus inhumandis » et qu'ils ont obtenu à cet effet « capellam S. Nicholai in dicta ecclesia » ils se proposent « ad altare dicte capelle S. Nicholai fundare unam sive duas capellanias ; et pro dotatione, ut in dictis capellaniis misse (1) ob remedium animarum dicti Petri, et defuncte Johanne ejus uxoris, et Ysabellis predicte, ac Stephani dicti *Pevrier*, dicte Ysabellis

(1) C'est la *Messe Pérard.*

nepotis, quem dicta Ysabellis vult participem esse in hac parte, parentumque et benefactorum suorum, celebrentur ; dederunt, assignaverunt, et ex nunc prout melius potuerunt absque spe revocandi perpetuo concesserunt, videlicet, dictus Petrus de Virduno XIIII libratas terre vel circiter annui et perpetui redditus Trecis, et dicuntur censive de Roseriis, que portant laudes et ventas, que anno quolibet solvi et recipi consueverunt tam in festo Nativitatis B. Johannis Baptiste quam in festo B. Remigii in capite octobris, quas libratas sunt de franco allodio ; et dicta Ysabellis XX libratas terre annui et perpetui redditus super minagio Trecensi sub pactis et conditionibus infrascriptis : 1° quod nullus in dicta capella S. Nicholai, nisi de voluntate dictorum Petri et Ysabellis, seu eorum heredum, de cetero inhumabitur » ; 2° obligation pour le chapelain ou les chapelains de la nouvelle fondation « infra annum a tempore collationis sibi facte ad sacros presbyteratus Ordines se facere promoveri, et residentiam in dictis beneficiis facere personalem, ac officiis divinis in choro dicte ecclesie interesse ; 3° vita dictorum Petri et Ysabellis durante, dicti Petrus et Ysabellis alternatim presentationem capellanie habebunt, si vero due sint capellanie, alter ipsorum alterius dictarum capellaniarum, et alter alterius presentationem habebunt » après leur mort « dicte capellanie seu dictarum capellaniarum collatio ad venerabiles decanum et capitulum conjunctim et non aliter libere pertinebit.. Quia soror Agnes de Roseriis, monialis B. Marie ad Moniales Trecenses, super dictis XIIII libratis dicti Petri habet VI libratas terre annui redditus ad vitam suam. » Pierre de Verdun fournira jusqu'à la mort d'Agnès de Rosières, pour la chapellenie « VI libratas terre annui redditus.. Guillelmus, Hugotus, Perrinus, frater Johannes prior de Anglurella, et Guido canonicus Trecensis, dicti Petri filii, presentes, nec non Johannes de Vallechareeye pro Coleta ejus uxore, et Perrardus Garneri pro Juliana ejus uxore, dicti Petri de Virduno filiabus, premissa consenserunt, ratificaverunt.. Acta sunt hec Trecis in domo habitationis dicti Petri de Virduno.. presentibus : Johanne Galteri; Stephano, curato de S. Saturnino, presbiteris ; Petro dicto *Bierne* ; Guillelmo de Brillicuria ; Johanne Monachi, clericis. Nicholaus Cochardi de Fonte Maconis, notarius curieque Trecensis tabellio. Actum anno Domini M° CCC° LV° secundum morem ecclesie Gallicane, indict. IX°, mensis februarii die sexta. » — *Origin.*

137. — 1356. — « Lettres de l'évesque Henry de Troyes, de XL. jours de indulgences, par lui octroiez à ceulz qui viennent et sont à la dite église à l'eure que l'en chante la *Messe Pérart*. Données l'an mil CCC LVI. » — *Invent.* de 1399.

138. — 1358. — « Unes lettres, sous le grant séel de Isabiau, duchesse d'Athènes, contesse de Brene et d'Amghien, comment elle oste l'empeschement qui été mis par son bailli de Rameru en la justice de la grange de la Loge l'Apostole, à la charge d'un anniversaire. Données l'an mil CCC LVIII. » — *Invent.* de 1399.

139. — Novembre 1361. — « Une chartre du roy Jehan, séellée en laz de soye et cire vert, pour amortir à l'église, sanz finance, XX l. t. de rente pour cause des X mars d'argent prestez par le Chapitre d'icelle à messire Jehan de Chalon, pour lors lieutenant du roy ès parties de Champaigne. Données l'an mil CCC LXI. ou mois de novembre. » — *Invent.* de 1399.

140. — 1362. — « Une chartre du roy Jehan, séellée en laz de soye et cire vert, de l'amortissement de XII setiers et mine de froment, et de L s. t. de rente pour trois messes la sepmaine, de la fondation de la *Messe Pérart*. Données l'an mil CCC LXII. » — *Invent.* de 1399.

141. — 1363. — « Unes lettres, seellées en cire vermeille du séel de messire Aymé de Janville, seigneur de Méry, des dictes rentes de froment et d'argent (n. 140) en tant comme il le touche. Données l'an mil CCC LXIII. » — *Invent.* de 1399.

142. — 7 avril 1363. — « Une chartre de Marguerite, contesse de Flandres et de Bourgoigne, seellée en laz de soye et cire vert, de l'amortissement de certaines vignes, maison et prez assis à Maissy. Données le VII° jour d'avril l'an mil CCC LXIII. » — *Invent.* de 1399.

143. — 1364. — « Une chartre de Marguerite, contesse de Flandres, seellée en laz de soye et cire vert, de l'amortissement de la grange de Verrières. Données l'an mil CCC LXIIII. » — *Invent.* de 1399.

144 — Novembre 1368. — « Une chartre du roy Charles, seellée en laz de soye et cire vert, de l'amortissement de XX l. de rente que l'église prent sur le minage de Troyes. Données l'an mil CCC LXVIII, ou mois de novembre. » — *Invent.* de 1399.

145. — 1370. — « C'est le compte de la recepte et despenses pour la reédification des maisons de l'esglise Sainct-Urbain de Troies, assises en la rue Nostre-Dame, ès places ou furent les hales de Provins, qui avoient esté arses, encommencées à reédifier l'an CCC LXX. » — *Reg.* 10-G811.

146. — 1371. — « Une chartre de Marguerite, contesse de Flandres seellée en laz de soye et cire vert, de l'amortissement de III setiers de froment sur le finage d'Isle, donnez à l'église par feu Jehan Le Reix (*Rasus*), bourgois de Troyes. Données l'an mil CCC LXXI. » — *Invent.* de 1399.

147. — 7 juillet 1374. — « Une charte du roy Charles, séellée en laz de soye et cire vert, de l'amortissement de XXV livrées de rente touchans la fondacion de l'autel des IIII Saints [S. Laurent, S. Marc, S. Sulpice, et S. Antoine]. Données l'an mil CCC LXXI, ou mois de juillet. » — *Invent.* de 1399.

149. — 24 janvier 1375.

Gregorius, episcopus, servus servorum Dei, dilectis filiis decano et capitulo ecclesie Sancti Urbani Trecensis ad Romanam ecclesiam nullo medio pertinentis, salutem et Apostolicam benedictionem. Vestre devotionis sinceritas promeretur ut vos et ecclesiam vestram paterno prosequentes affectu, petitiones vestras, quantum cum Deo possumus, ad exauditionis gratiam admittamus ; tenorem igitur cujusdam privilegii felicis recordationis Clementis pape quarti, predecessoris nostri, ejusdem predecessoris et bone memorie nonnullorum episcoporum, presbiterorum et diaconorum sancte Romane ecclesie cardinalium, qui tunc erant, subscriptionibus et signis consuetis in talibus roborati, quod incipit vetustate consumi, et quod inspici et examinari fecimus diligenter de verbo ad verbum, ad vestre supplicationis instantiam presentibus, absque signis et subscriptionibus predictis, annotari fecimus, quod tale est :

« Clemens, episcopus.. Et si universe (cfr. n. 53). » Nos itaque vestris supplicationibus inclinati, hujusmodi privilegium auctoritate Apostolica innovamus, et presentis scripti patrocinio communimus, per hoc autem nullum jus alicui de novo acquiri volumus, sed antiquum tantummodo conservari. Nulli autem omnino hominum *ut supra* n. 54). Datum Avenioni, VIIII kalendas februarii pontificatus nostri anno quinto. — *Origin.*

150. — 3 février 1375.

Gregorius, episcopus, servus servorum Dei, dilectis filiis Sancti Remigii Remensis, et Sancti Germani Antissiodorensis, ac Sancte Genovefe Parisiensis monasteriorum abbatibus, salutem et Apostolicam benedictionem. Licet ex suscepti cura regiminis universis Xpisti fidelibus debitores effecti, eos diligere, ipsorumque indempnitatibus, quantum nobis est possibile, consulere teneamur, quosdam tamen et presertim viros ecclesiasticos Romano ecclesie immediate subjectos affectu amplectimur speciali, circa quos eo diligentius sollicitudinis persolvimus debitum, quo nostro pectori noscuntur sincerius inherere. Sane petitio pro parte dilectorum filiorum decani et capituli ecclesie Sancti Urbani Trecensis, eidem Romane ecclesie immediate subjecte, nobis nuper exhibita continebat, quod licet ipsi decanus et capitulum ac ecclesia ab omni jurisdictione, dominio et potestate venerabilium fratrum nostrorum archiepiscopi Senonensis loci metropolitani, ac episcopi Trecensis, et aliorum quorumcumque ordinariorum per speciale privilegium eis per felicis recor dationis Clementem papam quartum, predecessorem nostrum, concessum, cui non est in aliquo derogatum, quod quidem privilegium nuper duximus innovandum, sint prorsus exempti, et eidem Sedi immediate subjecti : tamen nonnulli qui gloriantur cum male fecerint prefatos decanum et capitulum et ecclesiam contra tenorem hujusmodi privilegii multipliciter molestare presumunt. Quare dicti decanus et capitulum nobis humiliter supplicarunt, ut providere ipsis super hoc paterna diligentia curaremus : Nos igitur adversus molestatores hujusmodi illo volentes eisdem decano et capitulo remedio subvenire, per quod ipsorum compescatur temeritas, et aliis aditus committendi similia precludatur, discretioni vestre per Apostolica scripta mandamus, quatenus vos, vel duo, aut unus vestrum, per vos vel alium, seu alios etiamsi sint extra loca in quibus deputati estis conservatores et judices, prefatis decano et capitulo efficacis defensionis presidio assistentes, non permittatis eosdem contra tenorem dicti privilegii ab aliquibus indebite molestari, vel eis gravamina seu damna aut injurias irrogari, facturi dictis decano et capitulo, cum ab eis vel procuratoribus suis aut eorum aliquo fueritis requisiti, de quibuslibet injuriis, molestiis atque damnis contra tenorem dicti privilegii, presentibus et futuris in illis videlicet, que judicialem requirunt indaginem, summarie et de plano ac sine strepitu et figura judicii, justitie complementum, molestatores et injuriatores hujusmodi necnon contradictores quoslibet et rebelles cujuscumque status, ordinis et conditionis extiterint, quandocumque et quotiescumque expedierit, per censuram ecclesiasticam auctoritate nostra, appellatione postposita, compescendo, invocato ad hoc, si opus fuerit, auxilio brachii secularis, non obstantibus tam litteris felicis recordationis Bonifacii pape octavi, predecessoris nostri, in quibus cavetur ne quis extra suam civitatem et diecesim, nisi in certis exceptis casibus, et in illis, ultra unam dietam a fine sue diecesis ad judicium evocetur : seu ne judices et conservatores a Sede deputati predicta extra civitatem et diocesim in quibus deputati fuerint contra quoscumque procedere : seu alii vel aliis vices suas committere, aut aliquos ultra unam dietam a fine diecesis eorumdem trahere presumant, dummodo ultra duas dietas aliquis auctoritate presentium non trahatur : seu quod de aliis quam de manifestis injuriis et violentiis et aliis que judicialem indaginem exigunt, penis in eos si secus egerint, et in id procurantes adjectis, conservatores se nullatenus intromittant ; quam aliis quibuscumque constitutionibus a predecessoribus nostris Romanis Pontificibus, tam de judicibus delegatis et conservatoribus, quam personis ultra certum numerum ad judicium non vocandis ; aut aliis editis que vestre possint in hac parte jurisdictioni aut potestati ejusque libero exercitio quomodolibet obviare, seu si aliquibus communiter vel divisim a predicta sit Sede indultum quod excommunicari, suspendi, vel interdici, seu extra vel ultra certa loca ad judicium evocari non possint per litteras Apostolicas non facientes plenam et expressam ac de verbo ad verbum de indulto hujusmodi, et earum personis et locis, ordinibus, et nominibus propriis mentionem ; et qualibet alia dicte Sedis indulgentia generali vel speciali cujuscumque tenoris existat, per quam presentibus non expressam vel totaliter non insertam vestre jurisdictionis explicatio in hac parte valeat quomodolibet impediri, et de qua cujusque toto tenore de verbo ad verbum in nostris litteris habenda sit mentio specialis. Ceterum volumus et Apostolica auctoritate decernimus quod quilibet vestrum prosequi valeat articulum etiam per alium incohatum, quamvis idem incohans, nullo fuerit impedimento canonico prepeditus, quodque a data presentium sit vobis et uniquique vestrum in premissis omnibus et eorum singulis, ceptis et non ceptis, presentibus et futuris, perpetua potestas et jurisdictio attributa ; ut eo vigore eaque firmitate possitis in premissis omnibus ceptis et non ceptis, presentibus et futuris, et pro predictis procedere, ac si predicta omnia et singula coram vobis cepta fuissent, et jurisdictio vestra, et cujuslibet vestrum in predictis omnibus et singulis per citationem vel modum alium perpetua legitimum extitisset constitutione predicta super conservatoribus et alia quacumque in contrarium edita non obstante. Datum Avenioni, tertio nonas februarii pontificatus nostri anno quinto. — *Origin*. « Et *nota* que l'exécutoire perpetuelle ja pièça octroyée par le pape Grégoire XI°, le 3 février 1375, dont en la rigle est faicte mention, fut arse en Avignon où elle fut portée avecques autres lettres par le chantre de la dicte esglise pour le procès qui estoit pendant à court entre ladite église d'une part, et l'esglise de S. Etienne d'autre part, à cause de messire Jehan le Champenois, chanoine desdites II esglises, et pour ce fut lors refaite et octroyee par le pape Gregoire XIme, à la requeste de maistre Jehan Blanchet, secrétaire du Roy nostre sire. » — *Invent.* de 1399.

151. — 1376. — « Une lettre de Marguerite, contesse de Flandres, seellée de cire vermeille en double queue, touchant l'amortissement de la grange de Verrières. Donnée l'an mil CCC LXXVI. » — *Invent.* de 1399.

152. — 1388. — « Une chartre de Mons. le duc de Bourgoigne, seellée en laz de soye et cire vert, de l'amortissement de VI sextiers de froment de rente qui se prennent sur la grange de la Planche-lez-Troyes, assise en sa justice, pour tant comme il le touche à cause de sa chastellerie d'Isles. Donnees l'an mil CCC LXXX VIII. — *Invent.* de 1399.

153. — 13 mai 1389. — « Unes bulles du pape Clément VIIme, faisant mencion du procès qui a esté pendant à court de Romme et de l'accord sur ce faict, à cause de la juridiction de ceulx qui sont chanoines et bénéficiez des deux églises S. Urbain et S. Estienne. Donnees Avenioni, III° ydus maii anno XI^{mo}. » — *Invent.* de 1399. — *Origin.* La bulle est sur fils de soie rouge et jaune.

154. — 1389. — « Lettres de l'évesque Pierre de Troyes, qui a dédié la dicte église, faisant mencion de la dédicace et

de C jours de indulgences le jour d'icelle dédicace ; et XL
jours chacun jour des octaves, par luy octroyées à touz ceulx
qui visiteront ladicte église et feront bien à la fabrique d'icelle. Données l'an MCCCLXXXIX » — *Incent.* de 1389.

155. — 7 mars 1395. — « Une conservatoire du pape
Benedict XIIIe adreçans aus abbez de S. Remy de Rheims,
de S. Germain d'Aucuerre et de Ste Genevielve de Paris
qui dure X ans. Données non. marcii anno primo. »

156. — Juin 1409. — « Une grant chartre du roy Charles, séellée en laz de soye et cire vert, touchants les amortissements de plusieurs rentes et acquets fais pour l'esglise depuis
l'an mil CCCLXXVII que leurs autres amortissements avoient
été fais jusques au jour de la date de ceste présente chartre
donnée l'an mil CCCC IX, ou mois de juing. »   *Incent.*
de 1399.

157. — 26 août 1468.

Inventaire des poilles, vestemens, ornemens, livres,
reliques, joyaux, calices, paremens, et de toutes
aultres choses appartenens à l'esglise Saint-
Urbain de Troyes touchant le fait de la marri-
glerye de la ditte esglise, baillez en garde a
messire Jehan Noel, prestre, et Pierre Voye,
clerc, marriglyers de la ditte esglise, commis
et instituez de par messeigneurs Doyan et Chappitre de la ditte esglise le XXVIe jour du mois
d'aoust l'an de grace mil quatre cent soixante
et huit.

§ I. — *Et premiers, poilles.*

Premièrement fut trouvé en revestiere de la dicte
esglise ung grant escrin ferré à louage couvescle, et

dedans le dict escrin estoit ung très belle poille d'or ou quel est le couronnement de Nostre-Dame et des XII appostres, et le met on dessus le grant autel aux festes annuelles.

2. Item ung poille a ondes d'or dont le champ est de brodure d'or et de veluot vert et vermeil semé de losanges de plusieurs armes.

3. Item ung poille estroit de pareil ouvrage pour parer dessus les chaires de costé l'autel, les quels poilles portent enveloppement.

4. Item ung poille semé de florettes et de diverses bestes appelé les Simasses.

5. Item ung poille d'or dont le champ est de soye tieulée, semé de diverses bestes et florettes d'or, ou quel a une cousture d'or au long par le milieu.

6. Item ung aultre poille d'or semé des diverses bestes d'or, en champ pers blanc et vert et tieullé doublé de toile perse.

7. Item une frange en laquelle a plusieurs escussiaux pour mettre devant le grant autel aux festes annuelles.

8. Item quatre poilles de soye de diverses couleurs, semez de paons et d'aultres bestes, de florettes et de plusieurs feuillages.

9. Item ung drap linge de soye blanche, ou il y a en chacun bout trois bandes d'or, lequel on met devant le drap d'or a la messe aux festes annuelles.

10. Item deux poilles paraux, semés de crucifix dont les champs furent d'or et de présent sont d'estains.

11. Item ung aultre poille, semé de crucifis, de la gessine Notre-Dame et des Trois-Roys, dont la champ fut de soye ardant et de présent d'estainct.

12. Item ung aultre poille de soye, semé de l'Annunciation Notre-Dame, dont le champ est vert et ardent.

13. Item un autre poille de soye dont le champ est vert, semé de rondiaux où il y a des aigles.

14. Item ung poille de soye tieullée et violette, semée de rondeaulx en façon de meurs.

15. Item un poille de soye jaune, semée de lions blans.

16. Item deux poilles a tous les jours, semés de griffons, de fleurs de lis et de diverses bestes.

17. Item deux franges, l'une à mettre aux festes doubles et l'autre de tous les jours.

18. Item deux aultres poilles de toile noire, semés de fleurs de liz jaunes, de quoy on pare le grant autel quant on fait anniversaire solennel.

19. Item ung petit drap de toile noire a mettre sur le letterey, tout autour de petites franges vermeilles.

20. Item deux poilles de toille noire a mettre sur les trépassez.

21. Item ung aultre viel poille royé qui est sur l'autel de *Requiem*.

22. Item ung aultre poille de toile noire qui est toujours sur le grant autel.

23. Item quatre poilles de toile paincte de diverses couleurs, a mettre sur les fons et a parer les

aultez des festes de chacune chapelle de la dicte esglise.

24. Item ung grant drap ou quel a ou milieu ung roudiau ou est l'ymage de saint Urbain et de deux prophètes.

25. Item trois poilles viefs, dont les deux sont semez de fleurs de liz, aigles et lyons, et l'aultre de trois arbres et de diverses bestes ; et ung des fleurs de liz a esté brulé.

26. Item deux aultres poilles paraux, chacun semé de quatre rondeaux a deux lions.

§ II. — *Autres paremens.*

27. Premiers, ung sinseignier appelé paradis, que l'on porte par la ville dessus *Corpus Domini* à la grant procession le jour du Sacrement, painct des armes de pape Urbain, de France, et de Champaigne, avec quatre pièces frangées pour les gouttières, ymaginées de painture au sepulchre, tout de toille, et doublé de toille vermeille, garny d'ung baston qui porte le freste a tout l'orbevoiste dessus, et de deux plommées aux deux haulx bouts, et de quatre crantes aux quatre cornes qui soustiennent le dit freste, et de quatre pièces quarrées a petiz crochés pour tenir le ciel dessus et de quatre gros clos de fer, ensemble quatre bastons rons pour porter le dit sinseignier.

28. Item ung beart de bois paint a porter *Corpus Domini*, lequel est en chappitre.

29. Item une bannière de sandail où est l'ymage

de saint Urbain armoisée des armes de pape Urbain, France, Champaigne et Navarre, que on a accoustumé de porter à la procession depuis Pasques jusques à la Penthecouste aux festes annuelles, ensemble le plommiau de cuivre dorey et le baston de bois dorey.

30. Item deux pièces de custodes avec les deux petites du dossier pour le grant austel a chacun jour, a bandes de sandail jaune et vermeil frangées par dessoubz de diverses couleurs.

31. Item deux pièces de custodes avec les deux petites du dossier de toille blanche ouvrées, pour mectre entour le grant autel en Karesme, frangées par dessoubz de diverses couleurs.

32. Item deux pièces de custodes avec les deux petites du dossier de toille blanche ouvrées, pour mectre autour le grant autel en Karesme, frangées par dessoubz.

33. Item une petite courtine quarrée de sandail ou toile noire a mectre en karesme devant ledit dossier pour tirer ou milieu du grant autel quant on veult lever *Corpus Domini*.

34. Item une courtine noire fournie d'anuels et verges devant la pissine.

35. Item une aultre pièce de toille blanche ouvrée pour boucher en karesme l'ymage de sainct Urbain qui est dessus le grant autel.

36. Item une aultre pièce de toille blanche ouvrée pour boucher en karesme le crucifix de dessus le *Jube*.

37. Item une grant courtine de toille blanche ouvrée a mettre du travers du cueur en Karesme devant le dit grant autel.

38. Item ung poille blanc ouvré de soye blanche ou il y a ou milieu ung crucifiement en ung rondel, plusieurs testes et aultres beaux ouvrages, pour mectre devant le grant autel en Karesme, doublé de toille blanche.

39. Item ung drap blanc tout ouvré a mettre sur ledit grant autel en karesme.

40. Item une bannière de sandail, persemée de fleurs de lis vermeilles, à porter à la procession tous les jours depuis Pasques jusques à la Penthecouste, ensemble le plommiau de cuivre dorey et le baston de bois argenté.

41. Item deux autres vielz plommaux de cuivre dorey et un vielz baston de bois argenté.

42. Item deux pièces de custodes avec les deux petites du dossier pour le grant autel, qui sont de samit vermeil, pers et vert, frangé par dessoubz de soye vermeille, perse, vert et blanche, pour les festes annuelles.

§ III. — *Chappes*.

43. Premiers, la chappe de Monsieur le doyan, qui est de samit vermeil renforcé, ou il y a un grant ymage et deux anges, semée de plusieurs liepars, tout de brodure d'or, doublée de toille perse. ensemble le rochet de toille pour l'enveloper.

44. Item une chappe que doit vestir le chantre,

de soye vermeille, diapprée d'or, semée d'oyseaux, doublé de toille perse, aians deux pans et ung rondeau.

45. Item une chappe à tenir cuer avec le chantre aux festes annuelles, de soye vermeille renforcée, semée d'arbres a feuilles et d'oiselles de brodeure, doublée de toille verte.

46. Item une aultre chappe du trésorier, de soye cendrée, semée de pans d'or de la dite couleur, doublée de toile verde.

47. Item une chappe appelée argentée, doublée de toile perse.

48. Item deux chappes pareilles, vermeilles à ouvrage deschaquiers de ladite couleur, doublée de toile parse.

49. Item deux chappes pareilles de soye verde, semées de griffons, de pans et de pommes de pin, doublées de toille perse.

50. Item une chappe de soye semée de vignettes, ainsi appelée, doublée de toile verde.

51. Item une chape sur le brun, semée de lions, de pommes de pin et plusieurs aultres bestes, doublé de toille vert à aler à la fumée aux festes années.

52. Item une chappe blanche semée d'oysiaux et roses de soye jaune et vermeille doublé de toille perse, aux festes de IX leccons vierges.

53. Item quatre chappes blanches, les deux meilleures pour les festes de IX leccons, doublés de toille perse; de quoy l'une des quatre est brulée.

54. Item une chappe blanche neufve de boucacin doublé de toile perse.

55. Item quatre chappes pareilles de soye vermeille renforcée, doublée de toile perse.

56. Item deux chappes pareilles de soye verde renforcée, doublée de toille perse, aux festes doubles.

57. Item une autre chappe de soye verde virdeant, doublé de toille perse, et est celle de quoy on tient cueur aux appostres.

58. Item trois chappes et pareilles de soye jaune renforcée doublée de toille perse, aux festes doubles confesseurs.

59. Item une aultre chappe vert semée d'oyseaux et de plusieurs autres feuilleures, doublée de toille vert, et est celle à la fumée aux bons jours.

60. Item trois chappes pareilles appelées les manteaux à tenir cueur à tous les jours.

61. Item une chappe semée de chiennes, oyselles, à tenir cueur aux festes de-IX leçons, donblée de toille noire.

62. Item trois chappes pareilles de veluet noir à escusson des armes Francoys de la Garmoise, doublée de toille rouge.

63. Item une chappe de futainne noire doublé de toille appartenant aux anniversaires, à tenir cueur aux jours fériaux.

64. Item l'an mil IIIIe LXVI dixième jour de juing fut trouvé en un escrin dessoubz le jubé sur autel Fourin la somme de XXXIII napes d'autel tant vieilles que neufves.

65. Item en aubes trouvées dessoubz le *jubé*, non parées, XIX tant vieilles que neufves, excepté une que on a despecée pour refaire les aultres.

66. Item en amis XXVI tant vielz que neufz.

67. Item XV sachés a calice.

68. Item toailles a essuyer les mains XI au lavoir.

§ IV. — *Chasubles, aulbes, estolles et manipules.*

69. — Premiers une grant chasuble de soye vermeille, doublée de soye jaune, semée de brodure d'ymages d'or et de diverses bestes, laquelle vest monsieur le doyan aux festes annuelles ; ensemble ung rochet de toile pour l'enveloper.

70. Item une aulbe de lin appartenant à la dite chasuble fournie de veluel rouge sur les poignés, semée de plusieurs feuilles, parée de deux paremens devant et derrière de soye vermeille, et y a en chacun parement les ymages de Dieu et des XII appostres de brodure d'or.

71. Item une estolle et un manipulum paraux de drap de soie ouvrés d'or à frange de soye, appartenant à la chasuble et aulbe dessus dite.

72. Item une aultre aulbe de toille de lin appartenant à la dite chasuble parée de deux paremens sur soye vermeille, et y a en chacun parement troys ymages de brodure d'or et de soye, c'est assavoir en l'ung Dieu, saint Pierre et saint Pol, et en l'autre Notre-Dame, sainte Katerine et sainte Marguerite, et oyselez de brodeure, garniz de deux pougnetz de soye perse fournie de brodure.

73. Item une chasuble de soye blanche semée de rondeaux d'oiseaux, de bestes et de feuilleures d'or, fournie de tunique et dalmatique et aulbes de chanve parées de parement devant et derrière, estolles manipulans d'ouvrage pareil à ladite chasuble, tous doublés de toile noire, ensemble les rochés de toille pour les envelopper, lesquelx vestemens on vest aux festes de Notre-Dame.

74. Item une chasuble de soye blanche à rondeaux, chacun rondiau semé de deux oyseaux de brodure d'or, doublée de sandail vermeil, garnie d'aulbe de lin parée de deux paremens devant et darrière, pougnets, estolles et manipulum dudit ouvrage, tous doublés de sandail vermeil et la met on à Perrard, aux festes de Notre-Dame une fois ou deux en l'an.

75. Item une tunique et dalmatique de soye vermeille semée d'oiseaux et de plusieurs aultres ouvrages d'or fournies d'aulbes de chanve, à paremens, estolles, manipulons et colerés, tout dudit ouvrage, doublé de toille noire, ensemble les rochés pour les envelopper, lesquelx vestent le dyacre et le soubzdyacre aux festes annuelles.

76. Item une chasuble de soye perse semée de couronnes, d'escuraux et papillons et de chiens, ouvré d'or, doublé de toile perse, garnie d'aulbe à paremens, estolle et manipulum dudit ouvrage et de pougnetz en ladite aulbe, et icelle chasuble est à porter le corps Notre-Seigneur à la Feste-Dieu.

77. Item une chasuble, tunique et dalmatique de

soye verde renforcée, doublé de toille perse, ensemble trois estolles et trois manipulons doublés de toille perse de plusieurs couleurs avec deux collerés de sandail jacesne, semez de croisectes et de roses, et est au service des Apostres.

78. Item trois aulbes de chanve à paremens et pongnets de ouvrage comme de poins appartenant aux dessus dits.

79. Item une chasuble de soye perse semée de vignettes, paons, et sers volans tant d'or comme de soye, ensemble l'estolle du pareil ouvrage et ainsi l'aulbe à paremens pareils avec un manipulum de soye rouge semé d'oiselés blans et d'aultres ouvrages tout doublé de toille, et icelle chasuble est à porter le corps de Notre-Seigneur à la Feste-Dieu.

80. Item une chasuble tunique et dalmatique de soye verde virdeant, deux estolles et trois manipulons de soye vert semé de triples de soye rouge et verde, et deux collerés à ouvrage comme de point. Tout doublé de perse toille et sont de diverses couleurs.

81. Item une chasuble, tunique et dalmatique de satin vermeil dont la chasuble est doublé de toille perse et le demorant sangle, ensemble trois aulbes à paremens, trois estolles à paremens et trois manipulons doublés de toile avec deux colerés d'ouvrage d'or vielz sur soye vermeille doublé de toile noire, et le prant on aux festes doubles des martyrs.

82. Item une chasuble, tunique et dalmatique de satin jaune renforcé. Tous doublées de toille

perse de nouvel, appartenant aux festes doubles de confesseurs.

83. Item une chasuble de soye blanche ouvrée de bel ouvrage à un large orfroy doublé de toille perse, ensemble la tunique, dalmatique de bouquassin blanc, doublés de toille rouge, les estolles et manipulons et collerés du pareil de la chasuble. Ensemble une aulbe de chanve fournie de paremens du pareil ouvrage, et le prant on aux festes doubles des vierges.

84. Item une chasuble de satin violet renforcée sangle, toute doublée de toille perse.

85. Item une chasuble de soye perse vielle, doublée de toille jaune.

86. Item une chasuble de soye sandrée virdeant, vielle, doublée de toille verde, et le prant on en karesme.

87. Item une chasuble blanche figurée de pans et aultres bestes dont les piedz et les testes sont d'or doublé de toille verde, et l'estolle et le manipulum du pareil.

88. Item une chasuble, tunique et dalmatique de futainne blanche à paremens vielz de soye devant et derrière, dont la chasuble est renouvelée de futainne blanche, appartenant aux festes de neuf leçons vierges, ensemble trois aulbes parées devant et derrière, grivolées de blanc, de pers et de rouge, et les prant on aussi aux festes doubles.

89. Item deux aulbes de chanve à paremens figu-

rées de blanc et de rouge appartenant aux vestements des susdits.

90. Item deux estolles de soye l'une blanche l'autre grivolée, ung manipulum de futainne et ung colet de soye d'ouvrage de diverses couleurs et crénelé, et sont dessus l'escrin aux calices.

91. Item une chasuble, tunique et dalmatique de divers ouvrages, semées de chiennes, oysellos et marguerites, ensemble trois aulbes à paremens, deux estolles, trois manipulons et deux collerés dudit ouvrage, tout doublé de toille tainte, aux festes de IX leçons des sains.

92. Item une chasuble de futainne blanche royée doublé de toille noire, pour les jours fériaux.

93. Item deux collerés de ladite futainne doublé de toille blanche, et valent guères.

95. Item une chasuble, tunique et dalmatique de veluet noir armoyées chacune de deux escussons, ensemble trois aulbes de chanve à paremens, deux estolles, deux manipulons, deux collerés dudit drap, tout doublé de toille rouge, au gros anniversaire.

95. Item une chasuble de soye jaune vielle, doublée de toille noire, avec trois estolles et trois manipulons de futainne blanche, doublé de toille perse, et deux colerés bien vielx de plusieurs ouvrages, au jour du saint commun ou férial.

96. Item trois estolles, trois manipulons, deux colerés de soye vielle noire semées d'estoilles jaunes, doublés de toile noire.

§ V. — *Joyaux.*

97. Premièrement ung calice d'argent a tout sa patainne dorez, pesant deux marcs, V onces et trois gros.

98. Item une petite cuillerete d'argent à mettre l'eau ou calice.

Item ung calice appelé calice Perrard doré a tout sa patène non dorée, figuré d'ung crucifix ou pied dudit calice, et en la patainne ung Dieu en jugement, pesant...

99. Item ung aultre calice d'argent a tout sa patainne, non dorez, appelé le calice Saint Lyonard.

100. Item une petite croix avec le pied tout d'argent, à porter par le soubz-dyacre sur le grant autel, pesant...

101. Item deux ancensiers d'argent, pesant XI marcs et une unce.

102. Item deux chandeliers d'argent, à porter les cierges par les enfants aux festes années.

103. Item une grand croix toute d'argent, à porter à la procession.

104. Item une aultre vielle croix de bois, couverte de leton et d'argent, à porter aux malades.

105. Item le calice de la chapelle Notre-Dame a tout sa patainne dorez, d'ouvrage de feuille de chasno et de glans ou pied dudit calice, lequel n'est pas à la charge des marrigliers combien qu'ilz l'aient en garde.

106. Item deux potés d'argent renforciz, à mectre l'eaue et le vin pour servir le prestre en cueur.

107. Item le baston du chantre.

108. Item une paix de bois toute couverte d'argent par dessus, à un crucifiement d'argent au milieu.

109. Item deux platiaux de cuivre d'ouvrage de Lymoges et une petite nacelle dudit ouvrage, à mectre l'encens.

110. Item une couppe de cuivre dorée ou l'on met le Corps Jesus-Christ à aler commenier hors de l'esglise, avec une petite boitette de cuivre qui est dedans ladite couppe ou l'en met *Corpus Domini* dessus le grant autel.

111. Item ung petit ancel de cuivre à porter l'eaue benoiste par les enfans aux dymenches, ensemble une petite clochecte de métail.

112. Item un ancel tout neuf, pesant...

113. Item ung aultre petit anciau de cuivre tout despecié.

114. Item une petite chassete de bois ou sont les unctions pour baptiser et enulier, en l'aulmaire de l'autel de *Requiem*.

115. Item le chief saint Daniel envaisselé en ung vaissel de cuivre doré autour duquel a six ymages de prophètes qui sont d'argent.

116. Item plusieurs aultres reliques qui sont en la garde de la bonne femme des dites reliques.

§ VI. — *Aultres aournemens à parer le grant autel et aultre part.*

117. Premiers ung tabliau de bois de deux pièces à charnières, ou quel est painte en l'une des parties l'ymage sainte Véronice et en l'aultre Notre-Dame, ensemble le cuissinet que l'on met dedens pour garder lesdits ymages, duquel on pare le grant autel aux festes annuelles.

118. Item ung aultre tabliau de bois de trois pièces à charnières de fer, doré d'or par dedens, ou quel est painct en la pièce du milieu ung crucifiement, et es aultres deux saint Urbain et saint Nicolas, pour parer le grant autel aux festes doubles et aux dymenches et aux IX leçons.

119. Item deux tabliaux de pierre noire appelée *jaspis* en fasson de marbre, enchassez en bois et bordés autour et dessus de leton doré, ouvré de glan et de feuilles de chasne, pour parer le grant autel aux festes annuelles.

120. Item un texte de leton ou quel a de l'un des costés ung crucifiement et de l'aultre costé saint Urbain, garny d'un coffret de bois à le mectre ; ensemble petis lodiers de toille pour le garder.

121. Item deux aultres textes de leton doré parez, dont en l'ung est l'ymage de Dieu et en l'aultre de Notre-Dame.

122. Item quatre aultres petits textes de bois paraulx, couvers de soye perse ouvrée d'or et d'aultre soye.

123. Item ung petit coffret de bois, à mectre l'encens.

124. Item un pomme de cuivre dorée, pertuisée à l'entour, garnye de sa pierre pour reschauffer les mains du prebtre en yvers.

125. Item ung coussinet de plume couvert de l'ung des costés de veluet brun décoloré, semé de Dieu en jugement et de quatre évangelistes, pour parer le grant autel aux festes annuelles.

126. Item deux autres coussinets de plume paraulx, couvers de l'ung des costés de veluet royé et eschaqueté ou il y a ou milieu de chacun ung escusson de brodure semé de deux papegaux, et de l'aultre costé de toille noire.

127. Item deux aultres petis cousinés qui ne sont pas de soye, figurez de pars, de rouge et de blanc, con met sur l'autel aux dymenches et à IX leçons.

128. Item ung aultre coussinet de bourre, long et estroit, à mectre dessoubz le messier, couvert d'ung costé et d'aultre de toile perse.

129. Item quatre quarriaux paraulx de laine ampliz de bourre, pour parer le siége du doyan aux festes années.

130. Item deux formiers à parer la forme du cueur, l'ung pour les festes années, d'environ VI aulnes de long et une aulne de large, semé de plusieurs escussons, et l'autre pour chacun jour de l'année, perse, semé de fleurs lis, d'environ trois aulnes de long et trois quartiers de large.

§ VII. — *Item fut trouvé tant ou cueur que ou revestière plusieurs livres.*

131. Premierement a esté trouvé ung messier neuf à l'usage de Troyes au grant autel.

132. Item ung messier à l'autel de Perrard ; et à l'autel de Prime ung aultre.

133. Item ung messier couvert de rouge.

134. Item ung evangelier et ung epistolier.

135. Item deux antiphoniés antiers en quatre volumes, avec deux psaultiers à l'usage de Troyes et deux aultres psaultiers moyens pour Karesme.

136. Item une bible en deux volumes, et deux légendaires.

137. Item ung grez tout neuf en quatre volumes séant atouchant de l'aigle sur un petit banc.

138. Item aultres quatre greez vielz, deux sans proses et deux portant leurs proses.

139. Item ung petit grez en quoy les enfans apprennent.

140. Item quatre processionnaires couvers de blanc, de quoy l'ung est à clos et plus grosse que les aultres.

141. Item deux colectoires l'ung neuf et l'autre vielz.

142. Item ung aultre petit livre couvert de rouge ou sont les heures Notre-Dame à trois temps, et plusieurs colectes et vigiles et commandises.

143. Item un rigle, martologe ou les enfans lisent à Prime.

144. Item une aultre rigle ou sont escripz les anniversaires.

145. Item ung ordinaire à l'usage de Troyes.

146. Item ung aultre livre blanc con appelle les vigiles blanches et commandises et la bénédiction des fous.

147. Item ung aultre petit livre blanc ou sont plusieurs colectes des dimenches et des festes, et l'ennuliement aux malades tout derrière, et la letanie deux foiz.

148. Item ung aultre petit livre blanc que le chantre tient ou cueur aux festes annuelz.

149. Item ung aultre livre blanc à clos ou sont les respons de vespres, appelé Girard.

150. Item ung breviaire enschénés devant le siége du doyan.

151. Item ung psautier glosé.

152. Item deux petis livres enschénés l'ung devant le trésorier et l'autre devant le chantre.

153. Item ung cayé de parchemin ou sont tous les *Venite* de Matines, et est ès petites aulmaires emprès le chandelier d'argent.

154. Item ung aultre petit livre enchesné et y a au commencement *Et minus expertes confessores.. de modo audiendi confessiones.*

155. Item ung aultre gros livre enchesné, appelé une Somme.

156. Item ung aultre petit livre enchesné, du Sacrement, *Guillelmus Parisiensis.*

157. Item ung'aultre petit livre enchesné, appelé la Somme de maistre Jehan Belets.

158. Item le grant chandelier, et deux aultres grans, et deux petiz.

159. Item les fers à dire l'Evangile.

160. Item une pesle de fer à trois pieds à ce chauffer au grand-autel.

161. Item ung lavoir ou revestière, pesant..

162. Item ung ciel de toile perse, à parer en la chapelle de Prime au grand vendredi benoist.

163. Item une petite table des ans de Notre-Seigneur, et de Notre-Dame, et de cette esglise, et plusieurs aultres festes qui sont, que on met au cierge benois, à Pasque jusques à la Penthecouste.

Anno Domini M°CCCC°LX°VIII° die XXVI mensis augusti dominus Johannes *Noel*, presbyter, et Petrus *Voie*, clericus, matricularii ecclesie Sancti Urbani Trecensis, commissi et instituti per dominos decanum et capitulum dicte ecclesie, in mei Francisci Becelli, clerici publici, auctoritate Apostolica notarii, curieque Trecensis tabellionis presencia recognoverunt et confessi fuerunt se habere in custodiam bona, vestimenta, ornamenta, libros, reliquias, jocalia, calices, paramenta et alia bona contenta et descripta in hoc presenti inventario, que quidem bona predicti matricularii et eorum quilibet in solidum promisit bene et fideliter custodire in suis periculo et fortuna, necnon prefatis dominis, et ad ipsorum dominorum beneplacitum et voluntatem, reddere et restituere, de quibus honesti viri Claudius *Voye* et Stephanus *Ladvocat*, mercatores Trecis commorantes, pro predictis matricularis se constituerunt fideijussores, quilibet usque ad summam centum librarum turonensium, teste signo meo manuali hic apposito, anno et die predictis.

Signé : F. BECEL, avec paraphe. — *Origin.*

158. — 16 septembre 1454. — Exploit de « Jehan du Val, sergent à cheval du roy et du bailliage de Troyes », obtenu à la requête des doyen et chapitre de Saint-Urbain « pour la conservacion et deffense de l'immunité des enfants d'aube, appelez communément chantonnez ou enfans de cuer ne d'aucuns ayans et portans ou qui peulent avoir et porter les draps, bénéficiers ou autres de ladicte église, alans aus escoles grans et subaternes audit Troyes » sans payer d'autre droit « fors seulement le salere du maistre » à l'encontre de « M° Jehan le Breton, licencié en lois, demourant à Troyes, naguaires grand maistre, fermier, admodiateur, ou gouverneur de certain droit appelé le droit de grant maitrise des escoles de Troyes, qui se prend chacun an sur les enfans alans à l'escole pour apprendre; « pour gage de cette redevance « Jean le Breton avait prins ou faict prendre à l'escole deux livres appelez doctrinaux, appartenans l'un à Jehan Rolet, et l'autre à Jehan Charlet, enfans d'aubes, chastonnez d'illec église.. Le dimanche XVI° jour du mois de septembre MCCCCLIV. » *Origin.* avec le seing manuel de Jean du Val.

159. — XVI° s. — MEMORIALE

sit omnibus et singulis reverendis in sacra pagina professoribus enarrare in eorum predicationibus salutiferis faciendis in ecclesia collegiata S. Urbani Trecensis ea que scribuntur in presenti scripto :

Videlicet, quod defunctus bone memorie Urbanus nomine papa quartus, ortus et natus fuit in preclara presenti civitate Trecensi in loco, ubi de presenti edificata est presens ecclesia; qui quidem locus fuit et erat domus paterna dicti domini Urbani pape quarti. In quo quidem loco, ipso existente in supremo gradu episcopatus tocius Ecclesie catholice, in honorem Dei Patris Omnipotentis, Beatissime Marie Virginis, Domini nostri Jhesu Xpisti matris, ac etiam B. Urbani, martyris, pape, primi nomine, ad perpetuam rei memoriam sumptibus suis ac Romane ecclesie, dotando multis privilegiis, reliquiarum pignoribus, et indulgenciis inferius declarandis, edificare precepit ac fecit. Quam quidem ecclesiam veneracione dignam cives Trecenses habuerunt et habent, eo quod habent et habuerunt predictum dominum Urbanum papam quartum, eorum patrem, temporibus suis tocius Ecclesie catholice dominatum tenentem, eorundem concivem et fratrem.

Item, ut eadem ecclesia S. Urbani Trecensis ab omnibus Xpisti fidelibus cum majori caritate et Dei dilectione frequentaretur, placuit quampluribus Romanis pontificibus, patriarchis, archiepiscopis, episcopis dare et concedere, de gracia speciali, omnibus Xpisti fidelibus, vere contritis confessis et penitentibus, predictam S. Urbani ecclesiam devote visitantibus et eidem ecclesie de bonis suis largientibus pro qualibet die III annos CCC et X dies indulgenciarum unacum participacione omnium bonorum que fiunt et fient in dicta ecclesia a dominis decano et capitulo ejusdem ecclesie predictis benefactoribus concessa.

Summa indulgentiarum cothidianarum pro quolibet anno dictis benefactoribus concessarum est M CCCC et V annorum.

Item, eisdem dominis Romanis pontificibus, patriarchis.. placuit concedere et dare de eorumdem gracia speciali omnibus Xpisti fidelibus vere penitentibus, contritis et confessis, ultra predictas indulgencias, dictam S. Urbani ecclesiam visitantibus in festo sancti Urbani martyris, et per octabas dicti festi XIX annos et CLXXX dies indulgenciarum.

Insuper, placuit dicto domino Urbano pape quarto et quamplurimis Summis Pontificibus dare et concedere omnibus vere penitentibus, contritis et confessis, qui in dicta ecclesia S. Urbani intererunt in officiis die festo Sancti Sacramenti et per octabas ejusdem festi, X et VII annos, LX et XV dies indulgenciarum ; quod quidem festum statuit dictus bone memorie Urbanus papa quartus.

Summa indulgenciarum concessarum visitantibus dictam ecclesiam in qualibet XLIV festivitatum in tabula indulgenciarum hujus ecclesie scripturum, ac per octabas ipsarum festivitatum immediate sequentium est V millium et XL dierum.

Summa totalis pro predictis quadraginta quatuor festivitalibus et pro octo diebus ipsas festivitates sequentibus est DCVII annorum, CC et V dierum.

Sumina indugenciarum concessarum visitantibus predictam ecclesiam et fabrice ipsius ecclesie benefactoribus in festo dedicacionis predicte ecclesie et per octabas ipsius festi est CCCLXXX dierum.

Summa totalis omnium summarum predictarum quam possunt quolibet anno consequi predicti benefactores et visitantes dictam ecclesiam ascendit ad II millia L annos CC et IX dies indulgenciarum.

Placeat insuper dictis reverendis magistris recommandare confratres confraternitatum dicte ecclesie, videlicet, Annunciacionis Dominice, Corporis Xpisti, beate Anne matris beate Marie Virginis, beati Johannis Evangeliste, et beatorum Decem Millium martyrum, quarum confraternitatum omne emolumentum est pro fabrica hujus ecclesie.

Eciam memorie habeant dicti reverendi magistri in suis predicacionibus dicere qualiter in dicta S. Urbani ecclesia, quolibet die, post decantacionem Matutinarum cujuslibet diei, missa vulgariter appellata *la messe Perrart* per vicarios dicte ecclesie celebratur, que decantatur alta voce per vicarios ipsius ecclesie in qua quidem missa, ultra predictas indulgencias superius declaratas, omnibus eam devote audientibus pro quolibet die CXX dies indulgenciarum conceduntur.

Item, quolibet die sabbati omnibus Xpisti fidelibus salutationem beate Marie Virginis devote audientibus antiphonam de *Salve Regina*, que decantatur, in fine Vesperorum dicte ecclesie, XL dies indulgenciarum conceduntur, ultra predictas indulgentias superius declaratas

Item, placeat predictis reverendis magistris declarare munera preciosa sacratissimarum reliquiarum in eadem ecclesia existencium a reverendo in Xpisto patre domino Anchero, tituli S. Praxedis sancte Sedis Apostolice presbitero cardinali, nepote dicti bone memorie domini Urbani pape quarti, sub plumbo transmissarum.

Et primo, de sancta inconsutili Tunica domini nostri Jhesu Xpisti.

2. De sancto ipsius Sudario.

3. De sacrosancta Corona spine, ejus sanctissime capiti dum pateretur imposita.

4. De sanctissimo ipsius Clavo.

5. De ligno salutifere vivifice Crucis.

6. De sancto Lapide super quo ipse oravit, et sanctissimi Sepulcri ejusdem.

7. De vestibus preciosis B. Virginis Marie.

8. De reliquiis B. Johannis Baptiste, BB. apostolorum Petri, Andree, Thome, Bartholomei, ac Barnabe.

9. Brachium B. Urbani, pape et martyris.

10. Partem capitis beati prothomartiris Stephani, et lapidis quo fuit lapidatus.

11. Caput S. Danielis, prophete.

12. Partem capitum SS. Simeonis Justi, et Roberti, et coste S. Bernardi.

13. Quedam ossa et alias multas SS. Fabiani et Sebastiani, Gervasii, Mauricii et Panthaleonis martirum, ac Gregorii confessoris, et Quadraginta Militum preciosas reliquias.

14. Preciosos capillos beatissime Marie Magdalene cum aliis sui corporis reliquiis.

15. XI millium martirum.
16. Capillos preciosos Clare.
17. Dentem B. Brigide.
18. Partem digiti Anne prophetisse, filie Fanuelis.
19. Sanctisimarum virginum Agnetis, Katherine, Margarete, Anastasie, Pontenciane, Constanciane, Emerenciane, Arcemie XI Millium Virginum, ac beatissimarum Anne et Elizabeth preciosas et copiosas reliquias.

Et alia multa plurimorum sanctorum apostolorum, martyrum, confessorum atque virginum pignora gloriosa, que longe essent per singula in presenti scripto, propter eorum multitudinem, comprehendi ; sed nomina eorum scripta sunt in celis quorum consorcio his in terris perfruimur. — *Origin.*

160. — 26 mars 1595. — *Procès-berbal de réception du pain de Pâques à Romilly.*

L'an mil cinq cens quatre vingtz quinze, le vingt sixième mars, jour et feste de Pasques communiaulx, au devent de l'église Sainct-Martin de Romilly-sur-Senne, entre le second et dernier coup de son des cloches et thimpanes de la grende messe parossiale dudict lieu,

Comparut par devent nous Nicolas Jornot, lieutenant soubz le juge en garde de la justice et seigneurye dudict Romilly, haute et puissante dame Madame Charlotte de Lantages, dame dudict lieu.

Meez, Estrevy... par Jehan Gruyer, son procureur fiscal, en personne, lequel nous dict que ces prédécesseurs, syeurs dudict Romilly, que Dieu absolve, auroient obtenu du Sainct Siége papal de Romme, pour récompense des bons et agréables services qu'ilz auroinct faictz, les droictz, profflctz, revenus et émolument des dismes des bleds assis au dedans de leurs dicte seigneurye dudict Romilly, ses appartenances et déppendances; depuis lequel temps ilz auroinct fondé, donné et assigné, tant à leurs successeurs, héritiers, syeurs et dame dudict Romilly, que à tous les manans et habitant dudict lieu, leurs justiciables à tous cas personnelz, civilz et criminelz, une grende quantité de pains blanc de rente annuelle et perpétuelle à prendre et percevoir par chascung an, sur lesdictz droitz de dismes, aulx jours et feste de Pasques communiaulx, sçavoir : à chascung nobles, leurs femmes, familles, serviteurs dhomesticques et aulx clercs, huit pains blancs ; et aulx non nobles, non clercs, leurs femmes, famille et serviteurs dhomesticques, à chascung d'eulx quatre pains blanc : le tout fleur de froment, prébende de Troyes en Champagne, du poix de quarente deulx onces pour pain ; moytié desquelz dismes ilz auroinct donné, et faict part d'un quartier de ladicte moytié, au prieur du prioré de l'église dudict Romilly, et l'aultre quart de ladicte moytié, aulx vénérables doyen et chagnoynes Sainct-Urbain de Troyes ; et l'aultre moytié dudict dismage, appelé le Vaul-Tibout, lesdictz syeurs l'ont détenu par devers eulx ; à charge que ledict syeur prieur sera tenu, ou ses fermiers pour luy, rendre, payer et livrer par chascung an aulx syeurs, manans et habitans dudict Romilly, pour sa portion seullement, deulx pains blanc aux nobles et clercs, comme dict est, pour chascugnes personnes et aulx non nobles et non clercs ung pain ; comme au semblable lesdictz vénérables pareille redepvances que ledict syeur prieur pour leurs quart de droict de dismes, avec rendre et livrer deulx grands septiers de bled soigle par an à toujours à l'église et fabricque dudict Romilly, fourny et livré, aulx jours de Pasques, le vin qui convient à la réception du Saint Sacrement de l'hostel ausditz habitans ; et les aultres quatre pains blanc pour les nobles et clercs, et aulx non nobles et clercs deux pains, comme est cydevent rédigé par escript, à prendre sur l'autre moytié dudict dismage de Vaul-Tibout, duquel lesdictz syeurs et dame dudict Romilly font bail judiciairement de la levée desditz dismes au plus offrent, à charge de payer et livrer pour et en leurs acquict ladicte moytié de rente de pains par le fermier dernier encherisseur, comme il est porté par le bail, et par an ; lesquelz syeurs et les vénérables prieurs, doyen, chagnoines Sainct Urbain, ou leurs fermiers pour eulx, sontz tenu, aultant que à ung chascung d'eulx, toucher et porter et livrer lesdictes rentes de pain ausditz jour de Pasques au dedans de ladicte église dudict Romilly, pour, après la visitation faictes par les justiciers dudict Romilly, estre délivré ausdictz syeurs et habitants dudict lieu, à tour de roolle, à la manière acoustumée, à peine d'amende et confiscation desdictz pains non suffisant de poix et prebende dudict Troyes.

Et pour faire ladicte visitation desdictz pains, ladicte dame et sindic de la communauté dudict Romilly en l'an présent, nous disent avoir faict adjorner à leurs requeste à comparoir pardevent nous pied à pied, heure susdict, Jehan Gruyer l'esnel, procureur pour ledict syeur prieur, Jehan Vacher, Claude Marchant, et Jehan Gruyer le jeune, fermiers de la part desdictz dismes pour lesdictz vénérables Sainct Urbain, et Jehan Febre, Jacquin Millard aussy fermiers du dismage dudict Vaul-Tibout pour ladicte dame, par Charpy, sergent en ladicte justice, comme il nous est apparu par son rapport, à laquelle assignation lesdictz fermiers sontz aparus en personne : Auquelz ladicte dame a interpélé de leurs part de convenir et nommer boulangers pour faire ladicte visitation, offrent de sa part en convenir et dénommer ; à faulte de quoy faire nous a requis en dénommer par justice ; tous lesquelz convenus et dénommés des personnes de Estienne et Jehan les Flizotz, boullangers, aussy ad ce présens ; desquelz, ès présences desdictes partyes et desdictz habitans, avons pris et receu le serment, qui ontz promis que, faveur ny amytié qu'en aient à aulcunes personnes, ilz visiteront en nous présences lesdictz pains, s'ilz sont à fleur de froment et de poix.

Ce fait nous, juges susdict, sommes transporté avec lesdictz dénommés et les partyes, et ès présences desdictz habitantz, au dedanz de ladicte église en la chapelle Sainct Syphorian, en laquelle avons trouvé la part desdictes rentes de pains audict syeur prieur; et d'illec sommes transporté en la chapelle Nostre Dame, en laquelle avons trouvé la part desdictes rentes de pain desditz vénérables doyen, chagnoynes Sainct-Urbain; et d'illec au dedans de la neuf de ladicte églize, en laquelle avons trouvé la moytié de ladicte rente de pains dudict Vaul-Tibout, pour la part des fermiers dudict climat. Après que lesdictz Flizet dénommés ontz visité lesdictes rentes de pains, et qu'ilz nous ontz dict et reporté qu'ilz estoient de fleur de froment et du poix de quarante doulx onces pour pain; sur la requeste desditz fermiers, pour lesdictz prieurs, vénérables de Sainct Urbain dudict Troyes, et dudict Vaul-Tibout, leur avons permis et permettons de distribuer lesdictes rentes de pains chascung d'eulx, en ce qu'ilz sont tenus, pour leurs part et portions, ausdictz syeurs et habitantz dudict Romilly, à tour de roole; et commendement à toutz les recepvoir amyablement, et en bonne dévotion ladicte rente, et de s'en comporter modestement, rendant grâces à Dieu, nostre créateur de ses biens, à peine de troys escus ung thiers d'amande et de prison sur ung chascung contrevenent, applicquable moytié à ladicte église, et l'aultre moytié aux pauvres, et d'avoir en recommendation les âmes des déffunct qui ontz fondé ladicte rente.

Dont et de quoy avons ausdites partyes octroyé acte, se requérant, de nostre présent procès-verbal;

pour leurs servir et valloir en temps et lieu comme de raison, que leurs avons octroyé par ces présentes.

Faict les an et jours que dessus.

Signé : L. JORNOT ; JORPEL.

Origin. sur papier, conservé aux Archives communales de Romilly-sur-Seine. — Cfr. D'Arbois de Jubainville, *Voyage paléogr. dans le dép. de l'Aube*, p. 168.

161. — 7 avril 1645. — « Déclaration des nobles, non nobles, clercz, fames, famille, enfans, etc., que fournyt et présente Françoys Gruyer et Philbert Genet, à présent marigliers de l'eglise de Romilly-sur-Seine, pour l'absence d'un syndic, à M° Nicolas Gebinal, demorant audit Romilly, soubz-fermier de MM. les vénérables de l'eglise collégiale de Saint-Urbain de Troyes, suivant l'arrest donné par Messrs du parlement à Paris, pour faire et distribuer le pain blanc, de fleur de froment, du poids de quarente et deux onces pour chascuns pains, qui est deux pains blancs, qui se doit distribuer le jour des Pasques prochain audits habitants, entre le second et le troisième pouxe des cloches de la grand'messe parociale dudit Romilly, après qu'il aura esté pesé et ballencé par un maitre boulanger, et le tout à la manière accoutumée.. » Cfr. *supra* n. 29 et 160. — *Origin.*

162. — Juin 1264.

Omnibus presentes litteras inspecturis, officialis Trecensis salutem in Domino.

Noverint universi, quod, in nostra presentia constituti, venerabiles viri dominus Johannes, thesaurarius, et dominus Guido, frater ejus, canonicus

Laudunensis, recognoverunt coram nobis et confessi sunt sponte, provide, sine vi et dolo se, ex certa eorum scientia, vendidisse, et nomine venditionis concessisse, et quittasse imperpetuum viro venerabili Theobaldo de Acenayo, civi Trecensi, et magistro Martino, domini pape hostiario, procuratoribus sanctissimi in Xpristo patris et domini Urbani, divina providentia summi pontificis, legitime constitutis ad emendum et recipiendum possessiones, redditus et proventus ad opus ecclesie Sancti Urbani Trecensis et ministrorum ejusdem ecclesie pro pretio nongentarum et quinquagenta librarum bonorum et legalium pruviniensium fortium, quam pecunie summam dicti domini Joannes et Guido recognoverunt et confessi sunt se habuisse et integre recepisse a prefatis procuratoribus in pecunia numerata, quicquid habebant et habere poterant in dicta decima bladi de Rumiliaco et omne ejus quod habebant et habere poterant in dicta decima, in grangia et extra grangiam, omnibus modis et commodis, quam decimam ipsi thesaurarius et Guido tenebant, ut dicebant, de retrofeodo a domino Hugone de Rumiliaco, milite ; et predictam decimam pro predicto pretio eisdem thesaurario et Guidoni ut dictum est soluto, nominatis emptoribus vendiderunt, ac nomine et vice ecclesie supradicte concesserunt, et imperpetuum quittaverunt tenendam, et imperpetuum possidendam a prefatis ecclesie et ministris ejus et eorum successoribus ac mandato eorumdem : promittentes dicti thesaurarius et Guido per fidem suam in manu nostra prestitam, quod contra hujusmodi venditionem et quittationem per se vel per alium non venient in futurum, nec aliquid juris in predicta decima de cetero reclamabunt. Immo super venditionem et quittationem hujusmodi jam dictis procuratoribus ecclesie, ministris ejus et eorum successoribus legitimam portabunt garantiam erga omnes ad usus et consuetudines Trecenses sub pena omnium dampnorum et expensarum, super quibus simplici verbo dictorum procuratorum vel unius eorum sine ulla alia probatione stare et credere promiserunt thesaurarius et Guido antedicti. Pro qua garantia portanda, ut dictum est, et pro premissis omnibus et singulis adimplendis, prenominatus dominus Hugo, Renaudus ejus frater, armiger, dominus Guillelmus de Rumiliaco, miles, et Anselmus, frater ejusdem Guillelmi, armiger, et Theobaldus de Brecis, armiger, in nostra presentia constituti, se erga dictos emptores, ecclesiam et ministros ejus, fide media, constituerunt fidejussores in solidum et principales redditores. Et sciendum est, quod in predicta parte dicte decime dictorum thesaurarii et Guidonis percipit et percipere debet singulis annis, ut asserunt dicti thesaurarius et Guido, rector parrochialis ecclesie de Rumiliaco tres sextarios sigali ad mensuram de Triangulo, et quod ratione predicte partis dicte decime, debentur, ut dicitur, singulis annis circiter quatuor sextarii frumenti ad dictam mensuram pro pane distribuendo die Resurrectionis Domini in dicta ecclesia de Rumiliaco. Et predictam venditionem, prout superius exprimi tur, prenominatus dominus Hugo, de cujus retrofeodo dicebat movere dictam decimam, laudavit voluit et approbavit, et promisit per jam dictam fidem suam se de cetero non contra venturum. Obligantes pro premissis omnibus et singulis firmiter observandis et plenarie adimplendis, tam dicti venditores, quam plegii, sepedictis procuratoribus nomine dicte ecclesie, et ipsi ecclesie et ministris ejus se et heredes suos, omnia bona sua et heredum suorum mobilia et immobilia presentia et futura, ubicumque fuerint inventa : volentes et concedentes tam venditores, quam plegii predicti quod si in dicta garantisia portanda, seu in premissis, vel aliquo premissorum adimplendis defecerint, supradicti procuratores nomine dicte ecclesie et ministri ejusdem vel eorum mandatum auctoritate sua propria sine meffacere tantum de bonis eorumdem venditorum et plegiorum possint capere, vendere et alienare ubicumque voluerint, et de dicta venditione tantum recipere, quod sibi ad plenum satisfiat de premissis. Quam venditionem seu alienationem, si fieri contingerit, prenominati venditores et plegii laudare et approbare promiserunt, quandocumque super hoc fuerint requisiti. Et renunciaverunt in hoc facto dicti venditores exceptioni doli atque rei dicto modo non geste, et ne possint dicere se esse deceptos ultra medietatem istius pecunie ; renunciantes insuper, tam venditores quam plegii predicti privilegio crucis et fori, omni consuetudini et statuto, omnique juris auxilio canonici et civilis, epistole divi Adriani, juri de principali prius conveniendo et omnibus que possent dici vel objici contra hoc instrumentum vel factum, et que sibi possent in hoc facto prodesse, et dictis procuratoribus ipsius ecclesie nomine et ipsi ecclesie et ministris ejus nocere. Et tam ipsi venditores, quam plegii sese quantum ad hec jurisdictioni curie Trecensis supposuerunt. In quorum omnium testimonium presentibus litteris sigillum curie Trecensis duximus apponendum. Datum anno Domini millesimo ducentesimo sexagesimo quarto, mense Junio. — *Sur le replis :* Facta est collatio. — *Origin.* Cabinet de M. Lenfant, à Romilly-sur-Seine. — Cette pièce a été imprimée d'après une copie défectueuse par M. d'Arbois de Jubainville, *Voyage paléogr. dans le départ. de l'Aube,* p. 164. — Cfr. *supra* n. 29.

165. — 26 janvier 1372 (*v. st.*).

A tous ceuls qui ces présentes lettres verront et orront Jehan le Bainsier, bailli Mgr le duc d'Orliens en ses terres de Champagne et de Brye, salut. Seur le débat ou descort meu et pandent par devant nous es assises de Pons sur Seine entre Oudinot de Romilly, escuier, Marinot le Vaillant, Jaque Corpel, Colin Vincent, Felisot Voisin, Jehan le Mortal, Jehan Guillot, Penot Jaquinet, Pierre la Varge, Guillemin LeFèvre, Colin Labourel, Jehan Guerry, Raoul, Estienne Ancelot, Charlot, Guillemin Donant, Felis Parisot, Guillot Testuot, Oudin, Lefevre, Guillemin Voisin, Renaut d'Aissoe, Huot Sans-terre, Jehan Guillaume, Girart Lemire, Perrinot, Bonnot, Jehan Quoquere, Huguenin le huchier, Jehan Marlau, Colin Bouvart, Jehan le charron, Thevenin Poucin, Colinet de l'audiance, Gilaut le Courliat, Estienne fis Perrot, Jacquinet, Perrin l'estulier, Guiot le couturier, Jaquinot le boulanger, Felisat, Perron, Pierre Hebert, Jehan d'Acre, et Gilaut Coffier comme habitans et faisans, si comme l'en dit, la plus grant et plus saine partie des habitants et communauté de la ville et paroisse de Romilly demandeurs, d'une part, et vénérables et discrettez personnes déan et chappitre de l'église Saint-Urbain de Troyes deffandeurs, d'autre part. Seur ce que les dis habitans disoient estre en seisine et possession de avoir et pranre au jour de Pasques commeniaus en l'esglise du dit Romilly, chascun an, seur la part et portion que les dis vénérables prennent et ont ès dismes de la dite ville et parroiche de Romilly et par la main d'eulx ou de leurs gens ou fermiers la quarte partie de certaine rente de pain de froment blanc, bureté. C'est assavoir que les habitans de la dicte ville et paroisse de Romilly religieux et nobles et leurs familles de leurs hostelz, ensamble tous les venans en leurs dis hostieux au dit jour, prennent et ont acoustumé de pranre un chascuns d'eulx deux pains de froment de tel pois que l'en ne peut ne doit l'en faire d'un sextiers de froment à la mesure de Troyes que XXV pains. Li clerc et leurs femmes desmeurant ès dis lieux prennent et ont accoustumé de pranre chascun d'eulx deux pains du pois dessusdit et leurs familles et les venans en leur ostieuz audit jour chascun un pain. Les autres habitans non nobles et non clercs demourant en la dite ville et parroiche de Romilly, leurs familles et les venans en leur dis ostieux au dit jour de Pasques, chascun un pain tel et de tel pois comme dit est, et que la quarte partie d'iceulx pains yceulx vénérables leur sont tenus et doivent paier comme dessus est dit. Les dis vénérables disent au contraire et que pour cause de la dicte rente de pains leur dicte part et portion quils ont et prennent es dismes de la dite ville et parroiche de Romilly doit et est chargiez de quatre petis sextiers de froment à la mesure de Traynel pour le pain du jour de Pasques tant seulement, si comme il tient apparoir par certaines lettres, chartes, tesmoings et instrumens qu'il ont sur ce. Accordé est de mettre congié et licence pour les pais entre les dites parties pour eschiver perilz, inconveniens et dommaiges qui advenir pourroient ou soudre pour ce en ceste manière, cest assavoir que en lieu des dis quatre petis sextiers de froment les dis habitans pranront et auront seur la dite part et porcion des dis dismes appartenans aus dis vénérables la dite quarte partie de rente des pains de froment, excepté que dores en avant les seurvenuz en leurs ostelz au dit jour de Pasques en sont forclos et regitez et n'y ont ne auront aucun droit ou porcion ; mais tant seulement doit estre et sera ycelle rente de pains baillée et distribuée chascun an au dit jour de Pasques aus vrais parrochiens, habitant et demourant en la dicte ville et parroisse de Romilly et qui par autant le dit jour de Pasque y auront demoine, comme dit est, par an et jour, et non à autres personnes quelconques ; et auxins excepté que dores en avant l'en fera d'un sextiers de froment à la dite mesure de Troyes trante pains. Et quant aus arrérages qui sont ou pouroient estre deuz aus dis habitans par les dis de Saint-Urbain à cause de la dite rente de pains pour tout le temps passée, yceulx de Saint-Urbain sont et demeurent quites, reservé tant seulement aus dis habitans leur droit d'en fere poursuite et demande, se bon leur samble, encontre mons' Jehan d'Ancy, et Colin Vincent pour certaines années qu'il ont tenu à fermes les dis dismes de Saint-Urbain à la charge de porcion de pains qui en devoient et povoient devoir aus dis habitans les dis de Saint-Urbain, parmi ce que VI des plus souffisans personnes de la dite ville et parroche de Romilly en leurs privez noms, c'est assavoir Marinot le Vaillant, Jacques Corpel, Guiart le Mué, Jehan de Vienne, Guillaume le Seine et Jehan Guillot prenront et tenront à ferme des dis de Saint-Urbain leur dite part et porcion des dis dismes de Romilly de ceste presente moison de l'an mil CCCLX et douze jucques à la fin de VI ans et VI despueillez continuellement ensemble, parmi la quantité de XX sextiers froment, à la mesure et valeur du minage de Troiez, tous frans et quittes aus dis de Saint-Urbain et rendus à Troyes en leurs greniers chascun an au jour de Nouel, ou avant se il se plaist aus dis fermiers, durant les dites VI années ; et avecque ce leur rendront et paieront pour cause de leurs dis dismes de la moison CCCLX douze, dont pour aucuns empeschemens et espovantemans fais par gens incogneus à leurs serviteurs et maisgnieez, par eulx envoyez au dit Romilly pour yceulx dismes cueillir et lever, norent aucun prouffit mais furent par dessus la quantité de VIII sextiers de froment à la dite mesure et valeur rendus franchement en leurs dis greniers pour les dites VI années, par égal porcion au dit terme de Noel. De la quelle ferme et des dis VIII sextiers paier par la manière que dessus est divisé yceulx VI personnes s'obligeront et chascun pour le tout, en bonnes lettres qui se feront soubz le séel de la prévosté de Troyes, et se partiront les partiez sans despens, et paieront yceulx habitans l'amende de l'appointement. Et nous, oy li dit accord, avons ycelles partiez condampnées et condampnons à le tenir et accomplir selon sa forme et teneur et à non contrevenir. En tesmoing de ce nous avons scellé ces lettres du scel et contrescel dudit bailliage. Donné en nos assises de Pons sur Seine, le XXVJ° jour de janvier l'an mil CCC soixante et douze. — *Origin.* Cabinet de M. Lenfant.

164. — Dès 1547, Jean Petit, curé de Romilly, attaqua, devant l'officialité de Troyes, le Parlement de Paris et le bailliage de Pont-sur-Seine, les fermiers des dîmes de Saint-Urbain à Romilly : il ne se contentait plus « des 3 septiers soigle, mesure de Treinel. » Par transaction du 2 juillet 1549, Nicolas Hennequin, doyen, et le chapitre de Saint-Urbain accordèrent « que le dit Petit, demandeur, et ses successeurs curez » prendraient tous les ans sur la portion des grosses dîmes appartenant au chapitre « la quantité de ung grand muyd de bled par quart, mesure du dit lieu de Romilly, qui est plus grande que celle de Treinel, en la grange des dismes de Romilly, compriens en ce les trois septiers prétendus par le dit curé. « Actum et datum Trecis die secunda mensis julii. Sic signatum : J. *Thibault*, J. *Dorey,* » Cette transaction est accompagnée de la procuration du curé de Romilly et de celle du chapitre de Saint-Urbain. — Cabinet de M. Lenfant.

165. — Le 7 septembre 1585, un arrêt du Parlement condamne les manants et habitants de Romilly à payer aux chanoines de Saint-Urbain « les dismes de grains et autres choses croissant au village du dict Romilly... sur lesquelles dismes les dicts demandeurs (les chanoines) seront tenuz par chascun an en faire convertir en pain la quantité de quatre septiers de bled pour estre distribuez au jour et feste de Pasques aux habitants du dict Romilly. » — *Origin.* — Cabinet de M. Lenfant.

166. — Le jour de Pâques 1597, les chanoines de Saint-Urbain ne payèrent pas la redevance des pains blancs ; de là un nouveau procès. Le jugement ne fut prononcé qu'en 1600. Les chanoines sont condamnés à « distribuer par an le jour de Pasques, entre les deux coups de cloches qui se sonneront pour la messe paroissiale de l'église de Romilly, aux habitants et paroissiens du dit lieu, scavoir aux nobles, leurs femmes, enfants, serviteurs et servantes ; et aux clercz et leurs femmes seulement, à chacune personne deux pains blancz fleur de froment, du poids de deux livres et demie et deux onces ; et aux enfants des clercs, leurs serviteurs et servantes, et autres personnes non nobles habitants du dit lieu, leurs serviteurs et servantes et domestiques à chacun un pain de pareille qualité et poids..après qu'ils auront été veuz et visitez par gens à ce cognoissans.. les arrérages à partir de 1597 modérez à la somme de 26 escuz.. et avant, faire droit aux 2 septiers de soigle par les dits habitants prétendus pour estre employé à l'entretennement de la lampe de l'église et le vin pour la communion des dits habitants au jour de Pasques.. » Il y a deux copies de ce jugement l'une est datée du 26 avril et l'autre du 26 août 1600. — Cabinet de M. Lenfant.

Les tables des noms de Personnes et de Lieux ont été faites avec un soin scrupuleux. Tout ce qu'il y a de bon dans ces tables est dû au labeur patient et intelligent de M. Léon Pigeotte, qui a mis généreusement à notre disposition son temps, ses forces et son dévouement pour ce travail ingrat, mais si utile.

TABLE DES NOMS DE PERSONNES

CONTENUS

DANS LES CARTULAIRES DE SAINT-PIERRE

ET DE SAINT-URBAIN DE TROYES

Aalaidis, uxor Petri dicti Salnarii, 239.
Aalipdis de *Baaçon*, priorissa Beate Marie ad Moniales Trecenses, 304.
Aalipdis de Longavilla, subpriorissa Beate Marie ad Moniales Trecenses, 304.
Aalips, épouse de Guyot de Maraye, 310.
Aalis, uxor Odonis dicti *Rogot*, domini de *Frollois* et de Sancto Sepulcro, 182, 183.
Aaliz (domina) de Castro Guitonis, 116, 117.
Aaliz, abbatissa Fontis Ebraudi, 141.
Adam, vicecomes Barrensis [super Sequanam ?], 20.
Adam de Brilicurte, canonicus S. Stephani Trecensis, XIII.
Adam de Riparia, domicellus, consanguineus magistri Petri de Claellis, 184.
Adam Langlois, 277.
Adam de Sarreio, decanus capituli Sancti Urbani Trecensis, 293, 294, 303, 306, 311.
Adelina dicta Castellana, de Fontisvena, soror domini Stephani de Portu, 313, 314.
Adelina, uxor Jacquini de Insulis, 246.
Adelina, uxor *Quoquanlorge*, 191.
Aderaldus (sanctus), archidiaconus Trecensis, IX, X.
Adhemarus de Virsiaco [canonicus Trecensis], XVI.
Aelays de Logia, (nobilis mulier), 131.
Agneleta, filia Petri Goulerii, 234.
Agneleta, parva, filia Petri Goulerii, 234.

Agnes, uxor Milonis comitis Barrensis [super Sequanam], 49.
Agnes, uxor Hulardi *Bouchins*, 238.
Agnes, uxor Petri domini de *Boy*, 148.
Agnes de Cantualaude, infirmaria Beate Marie ad Moniales Trecenses, 304.
Agnes, priorissa de Foisstaco, 142.
Agnes (domina), uxor Johannis de Insulis, 246.
Agnes, domina de Planceio, uxor Philippi, 146.
Agnes de Roseriis, monialis Beate Marie ad Moniales Trecenses, 322.
Agnes, uxor Drogonis de Sancto Leobaudo, 135.
Agnes, uxor Garneri, domini Trianguli, 405.
Agnes, uxor Johannis Valeriaci, 179.
Almeretus, curatus ville de Aquis, 202.
Airardus. Vide : Erardus.
Alanus, abbas de Arripatorio, 18.
Albericus, Hostiensis episcopus, Sedis Apostolice legatus, 14, 15, 17.
Albericus, prepositus de Rameruco, 174.
Albertus, sancte Romane ecclesie presbiter cardinalis, cancellarius, 44.
Albertus de burgo Sancti Dionisii Trecensis, 48.
Alexander [III], papa, XXII, 33, 34, 35, 40, 43, 44, 81, 84, 97, 128, 131, 132, 210.
Alexander [IV], papa, 195.
Almericus, sancte Romane ecclesie diaconus cardinalis et cancellarius, 12.
Alsace d'Hénin Lietard (Jean-Louis d'), marquis de Saint-Phal, XCIV.
Amatus, subdiaconus canonicus Trecensis, 49.
Ambaldus (Fr.) basilice XII Apostolorum presbiter cardinalis, 250.
Amelina, soror Garneri dicti *Boillaue*, 143.
Amelina, filia *Aalis* de Castro Guitonis, uxor Godefridi, militis, 117.
Amelina de Flavigniaco, eleemosinaria Beate Marie ad Moniales Trecenses, 304.
Ancherus, tituli Sancte Praxedis presbiter cardinalis, nepos Urbani IV, pape, LXXVII, LXXIX, LXXXI, LXXXII, LXXXV, XC, CXII, 248, 259, 260, 268, 272, 281, 283, 284, 287, 290, 291, 292, 293, 294, 305, 306, 307, 308, 317, 355.
Andreas, capellanus Marie, comitisse Trecensis, 59.
Andreas de Baldemento, 6.
Andraes, comes de Rameruco, 6, 8.
Andreaux, miles, dominus de *Saint Fale*, 251.
Anglebermer (Marie-Elisabeth d'), veuve de Jean-Louis d'Alsace d'Hénin Lietard, Marquis de Saint-Phal, XCIV.
Angenoust (d'). Vide : *Bernard*.

TABLE DES NOMS DE PERSONNES

Anne de Marisy, épouse de Bernard d'Angenoust, XCIII.
Ansellus *Gastable*, 23.
Ansellus, subdiaconus canonicus Trecensis, 2.
Ansellus [I] de Triagnello, 22, 31, 32, 35, 40, 44.
Anselmus, alias Ancelinus, frater Guillermi de Rumiliaco, 245, 363.
Anselmus, archidiaconus Trecensis, 6.
Anselmus, [canonicus Trecensis?], nepos Petri, 9.
Ansericus, canonicus Trecensis et thesaurarius ecclesie Lingonensis, 161.
Anthoine Guiot, LXI.
Aribertus, tituli Sancte Anastasie presbiter cardinalis, 26.
A[rnaudus I], abbas de Fonte Johannis, 114.
Arnaudus, procurator cardinalis Sabinensis, [canonicus Trecensis?], XVIII.
Arnaudus, alias Ernaudus, subdiaconus canonicus Trecensis, 49, 54, 57.
Arnulphus, 173, 174.
Arnulphus, filius *Aaliz de Castro Guitonis*, 116, 117.
Arnulphus, cantor in capitulo Trecensi, 2.
Artaldus, alias Ertaldus, vel Hertaudus, camerarius [comitis Trecensis], 32, 35, 40, 44, 211.
Artaudus, thesaurarius capituli Sancti Stephani Trecensis, 155.
Aymé de Janville, seigneur de Méry, 324.
Aymericus Helie, canonicus Trecensis, XVI, CIX, 223.
Aymo de Polengeyo, archidiaconus Brene et officialis Trecensis, XIV, XVIII, LXVI, LXVII.

Balduinus Noviomensis, decanus in capitulo Trecensi, 15.
Barrien de la Galissonnière, archidiaconus Trecensis, pro archidiaconatu S. Margarete. CXI.
Bartholomeus de *Gandelus*, 240.
Bartholomeus de Ranavalle, sigillifer ecclesie Trecensis, 222.
Bartholomeus, alias Haicius, episcopus Trecensis. Vide : Haicius de Planceio.
Bartholomeus, canonicus Trecensis, XVI.
B[artholomeus], decanus Sancti Stephani Trecensis, 135, 155, 158, 162, 174.
Bartholomeus, aurifaber, civis Trecensis, 233.
Bauduinus de *Aci*, 20.
Belere (F.), matricularius ecclesie S. Petri Trecensis, XIII.
Belin, chanoine, CV.
Benedictus XIII, antipapa, XL, 331.
Berlamus, presbiter et decanus, in capitulo Trecensi, 4.
Berlandus, sacerdos canonicus Trecensis, 2.
Bernard d'Angenoust, dominus de *Machy*, XCIV.

Bernardus, diaconus cardinalis Sanctorum Cosme et Damiani, 27.
Bernardus [sanctus], abbas de Claravalle, 21.
Bernardus de Montecucco, civis Trecensis, 244, 247, 266, 281.
Bernardus (magister), archidiaconus Trecensis, 31, 32.
Bernardus de burgo Sancti Dionysii Trecensi, 137.
Bertinus, cultellarius Trecensis, 152, 153.
Blancha de Courcegré, 304.
Blancha Goleria, uxor Stephani de Leodio, 303.
Blancha [de Navarre], relicta Theobaldi III, comitissa Campanie, alias comitissa Trecensis palatina, 106, 109, 119, 137, 148.
Blancha, uxor Petri Sarraceni, 236.
Bochardus, presbiter canonicus Trecensis, 4.
Bonifacius VIII, papa, 328.
Boso, sancte Romane ecclesie scriptor, 27.
Bossuet, episcopus Trecensis, XLVI.
Boucher (François), lieutenant général au Bailliage de Sens, LVII.
Boulanger, canonicus Trecensis, LXI. Vide : *Claude de Lirey*.
Bouthillier (Dyonisius), episcopus Trecensis, XLVI.
Boves de Pouteria, 176.
Bovo (dominus) de Sancto Sepulchro, miles, 10, 101.
Bovo frater Odonis de Vandapera, 58.
Briden (Claude), imprimeur à Troyes, CIII.
Burdinus, 8.
Burdinus, [canonicus Trecensis ?], 9.
Burdinus, presbiter canonicus Trecensis, 16, 17.

Carrel (Christophe), imprimeur à Troyes, C.
Catharina, uxor Johannis Nicolai, 303.
Caraphe (le cardinal) legatus in Gallia, XXIII, XXIV, XXX, XXXI.
Celestinus [III], papa, 73, 88, 92, 212.
Charles [IV dictus *le Bel*, rex Francorum], 316.
Charles [V], rex Francorum, 324, 325.
Charles [VI], rex Francorum, 331.
Charlotte de Lantages, dame de Romilly, 356-360.
Charpy, sergent en la justice de Romilly, 359.
Chasneau (Thomas), imprimeur à Troyes, C.
Chastelet (J.), canonicus capelle Beate Marie in ecclesia Trecensi, XIII.
Chevalier de Alba Terra, 304.
Clara de burgo Sancti Dionysii Trecensi, 106.
Clarellus Faber, civis Trecensis, 298.
Claremboldus, dominus de Capis, 57, 58, 100, 101, 133, 183.
Claretus dictus *Fichaut*, 247.
Claude de Lirey, alias *Boulanger*, presbiter canonicus Trecensis, LVIII-LXV.

Claude Marchant, 359.
Claudius *Voye*, mercator Trecensis, 351.
Clemens [III], papa, 96.
Clemens [IV], papa, LXXXI, LXXXIII, LXXXIV, LXXXV, LXXXVI, LXXXVII, 253, 259, 260, 261, 263, 269, 270, 272, 273, 274, 275, 276, 277, 278, 285, 325, 327.
Clemens [VII], papa, 330.
Clerc (P. le), docteur de la Sorbonne, LXXIV.
Closier. Vide : *Jean*.
Coiffart (Noël), lieutenant au bailliage de Troyes, XXIV.
Coleta, uxor Johannis de Vallecharceyo, filia Petri de Virduno, 322.
Coletus dictus Coquina Regine, 234.
Colinus, aurifaber, Trecensis, 152, 153.
Colot, fils de Girard d'Isles [Aumont], 251.
Columbus, alias Gileberti Poncii, 177.
Constantinus, levita canonicus Trecensis, 2, 4.
Constantius de Basseio, 144.
Constans de Posterna, 176.
Couteletus de Champigneio, 304.
Coutelinus, talementarius, filius Couteleti de Champigneio, 304.
Coutelina, uxor Henrici *Damerons*, 232.
Créqui (le Marquis de) dominus de *Saint-Phal*, XCIV.
Cusiantius Loreius, 299.

Dambertus [de Ternantis], 32.
Dambertus, archiepiscopus Senonensis, 6.
Dameron, uxor Milonis servi episcopi Trecensis, privigna Febelinarii, civis Treconsis, et ancilla capituli, 65, 66.
Daniel (beatus), 297.
Daniel, sacerdos Xpisti, scriptor, 32.
David, pater Petri, 23.
Dominicus de Janua, [canonicus Trecensis ?], XVIII.
Dorléans (Loys), avocat, LXXIV.
Dreues sires de Chappes, XCVI, 318.
Droco, constabularius [regis Francorum], 123.
Droco de Cantumerula, cantor ecclesie Trecensis, XVI.
Droco, domicellus, filius *Aelays* de Logia, 151, 152, 178.
Droco de Logia, miles, 243, 248, 266.
Droco, alias Drogo de Plauceio, canonicus Trecensis, 104, 112.
Droco, quondam canonicus ecclesie Trecensis, postea archidiaconus de *Ponlieu*, XIV.
Droco, nepos Droconis, et canonicus ecclesie Trecensis, XIV.
Druco, abbas Beati Lupi Trecensis, 115, 116.
Drogo Bristaldus, [de Pruvino], 21, 32, 35.
Drogo de Sancto Leobaudo, 135.

Drogo, archidiaconus Trecensis, 6.
Drogo, alias Droco, archidiaconus Trecensis, 49, 54, 57, 58.
Drogo, diaconus, canonicus Trecensis, 16, 17.
Drogo, subdiaconus, canonicus Trecensis, 54, 57.
Dulcis, serva, 22.
Durandus, prior de Choisello, 190.
Durannus de Insulis, 142.
Duval (A.), docteur de la Sorbonne, LXXIV.
Dyonisius de Campo Guidonis, decanus ecclesie Trecensis, 197, 200, 215, 310.
Dyonisius [canonicus Trecensis?], XVII.

E., prior de Flotlano, 114.
E. Mauberti, sigillifer curiæ officialitatis Trecensis et auditor testamentorum, LXVII.
Ebrardus *Berruier*, 85.
Ebrardus de Firmitate, 6.
Effichant, 267.
Egidius, miles, dominus de Barbereio, 250, 266.
Egidius, Bituricensis archiepiscopus, 314.
Egidius, patriarcha Grandensis, 314.
Elysabeth, uxor Guidonis de Subtus Muro, serva, 170.
Emelina, filia Guiardi de Logniaco, 134.
Emelina, uxor Guidonis de *Montefuil*, 48.
Emelina, filia Ebrardi *Berruier* et uxor Radulfi *Malfait*, ancilla episcopi Trecensis, 65, 66.
Emelina, uxor Julioti de Sezannia, 247.
Engerannus, subdiaconus, canonicus Trecensis, 17.
Engermerus, 8.
Engermerus, subdiaconus, canonicus Trecensis, 17.
Erardus [I], alias Airardus, comes Brenensis, 8, 20.
Erardus de Brena, dominus de Rameruco, 104, 125, 127, 130, 181.
Erardus, dominus Lisigniarum, filius Guillermi, canonicus et postea episcopus Antissiodorensis, 196, 214.
Erardus, filius Johannis, domini Valeriaci, 179.
Ermeniardis, uxor Herberti, 149.
Ernaudus, 173, 174.
Ernaudus, abbas de Bonavalle, 21.
Ertaldus. Vide : Artaldus.
Estienne le Feliset, boulanger à Romilly, 359, 360.
Estiennes le Diablat, 316.
Eudes dit Jocelin, 109.
Eugenius [III], papa, LXVIII, 17, 23, 26, 27, 81, 130.
Eugenius [IV], papa, XC.
Eutropius, frater sanctæ Mauræ, præpositus ecclesiæ Trecensis, VIII.

Everardus, serviens Hugonis, comitis Trecensis, filius Burdini, 8.
Evrardus, 106.
Evrardus, 177.
Evrardus, alias Ewbrardus, abbas de Sancto Lupo Trecensi, 15, 18, 23.

Falco, 22, 25.
Falco, filius Engermeri, serviens Hugonis, comitis Trecensis, 8.
Falco, alias Fulco, archidiaconus Trecensis, 14, 16, 17, 19.
Febelinarius, civis Trecensis, 65.
Felicius, (magister), 268.
Felisea, relicta Petri Munerii, 246.
Felisius, thesaurarius capituli Sancti Urbani Trecensis, 249.
Felizet Vide : *Estienne et François*.
Felises li cordiers, 176.
Felisia, uxor Michaelis Rasi, 235.
Felix (magister), capellanus domini pape, canonicus Antissidorensis, 238.
Felix, ministre de l'abbaye de Montier-la-Celle, 250.
Fileta, sororia Houduini de *Chevileles*, serva, 184.
Flamendus de Lauda, [canonicus Trecensis], xv.
Franciscus Becellus, clericus publicus, notarius et curie Trecensis tabellio, 350.
Franciscus *Poillevilain*, canonicus ecclesie Trecensis, xiv.
François (I), rex Francorum, LV.
François Gruyer, matricularius ecclesie de *Romilly*, 361.
Francoys de la Garmoise (les armes de), 338.
Fromundus, 8.
Frotmundus, subdiaconus canonicus Trecensis, 2.
Fulco, episcopus Belvacensis, XXXIX.
Fulco [canonicus Trecensis ?], 9.

G. *le Fautrat*, promotor causarum in curia officialitatis Trecensis, LXVI.
G. de Sancto Laurentio, camerarius et capellanus pape, 287.
G., precentor ecclesie Sononensis, 90.
Galcherius de Firmitate, 6.
Galcherius, abbas Mulismensis, 108.
G[alcherus], filius Milonis [III], comitis de Barro super Sequanam, 150.
Galcherus de Castris, 60.
Galcherus de Insulis [canonicus Trecensis], xvi.
Galcherus (dominus) de Jovigniaco, 125.
Galterius, archidiaconus Trecensis, 49, 54, 57.

Galterius, diaconus canonicus Trecensis et camerarius, 49.
Galterius, frater Jocelini presbiteri Sancti Nicetii Trecensis, laicus, 106.
Galterus, nepos Girardi de Barro, 114.
Galterus, frater Ysabellis uxoris Johannis dicti *Blanc-Toupet*, 235.
Galterus (II), comes Brenensis, 20.
Galterus *Bursaut*, canonicus Sancti Urbani Trecensis et archidiaconus Sancte Margarete, 288, 305, 306.
Galterus, de Capis, subdiaconus canonicus Trecensis et cancellarius comitis Campaniæ, 58, 95, 108, 110, 113, 117.
Galterius *li Chapeliers*, 299.
Galterus de Fusselo, diaconus canonicus Trecensis, 17.
Galterus de *Orviler*, 183.
Galterus de *Pogi*, nepos Manassei [de *Pougy*], episcopi Trecensis, imprimis archidiaconus Trecensis, deinde episcopus Nivernensis, 57, 63, 64, 89, 139.
Galterus, decanus Trecensis, 313.
Galterus, cantor in capitulo Trecensi, 31, 32.
Galterus, subdiaconus canonicus Trecensis, 17.
Galterus, prepositus capituli Sancti Stephani Trecensis, 77.
Galterus de *Valans*, 99.
Gamache (Ph. de), docteur de la Sorbonne, LXXIV.
Garinus Furnerius de Mariaco [marescallus vel filius marescalli Campaniæ?], 44, 60, 61, 107, 108, 109.
Garinus de *Meri*, 20.
Garinus de Ruissello, 173, 174.
Garinus, camerarius in capitulo Trecensi, 58.
Garnerius de Divione, 241, 266, 267.
Garnerius, abbas Sancti Benedicti Floriacensis, 115.
Garnerus, cognomento *Boiliaue*, miles, 142.
Garnerus de Gleyo, vicarius ecclesiæ S. Petri Trecensis, XIV.
Garnerus de Mariaco, cantor in capitulo Trianguli, frater Garini [Furnerii] de Mariaco, 107, 108, 109.
Garnerus de Pagano, servus, 99.
Garnerus *Torpin*, 245, 246.
Garnerus, subdiaconus canonicus Trecensis, 49.
Garnerus, Judeus, carnifex [Trecensis], 177.
Garnerus de Triangulo, frater Anselli [II], episcopus Trecensis, XXXV, 44, 77, 78, 88, 89, 91, 92, 93, 97, 98, 99, 102, 109, 116, 144, 146, 200, 205.
Grrnerus, dominus Trianguli [et de *Marigny*], sponsus Agnetis, 104, 105, 185.
Garnier, imprimeur à Troyes, CIII.
Garsias. Vide . Johannes.
Garsonnet (Simon), notarius apostolicus in ecclesia Trecensi, CXIII.
Gaufridus Fornerarius, alias Furnerius, 20, 21, 23.
Gaufridus (dominus) de Villa Harduini, marescallus Henrici [II], comitis Trecensis, 63, 64, 65, 69, 94.

TABLE DES NOMS DE PERSONNES

Gaultier de Chappes, 251.
Georgius (beatus), 3.
Georgius, Sardensis episcopus, 315.
Gerardus, diaconus cardinalis Sancte Marie in Via Lata, 27.
Gerardus Jeuberti, canonicus Trecensis, LVII.
Gruyer. Vide : *François et Jehan*.
Gibuinus, alias Guibuinus, cancellarius in capitulo Trecensi, postea cantor et archidiaconus, 16, 17, 19, 23.
Gila, thesauraria Beate Marie ad Moniales Trecenses, 304.
Gilbertus, archidiaconus Trecensis, 2.
Gildardus, levita canonicus Trecensis, 2.
Gilduinus, subdiaconus Trecensis, 2.
Gilebertus Poncius, 176, 177.
Gilo, servus, 59.
Gilo, filius Adonis de *Boiloiges*, 160.
Gilo de Pruvino, provisor operis ecclesie Trecensis, 177.
Gilo, camerarius capituli Trecensis, 176.
Girard d'Isles (Aumont), 251.
Girardus, sancte Romane ecclesie notarius, 33, 34.
Girardus dictus de Ancheto, canonicus et camerarius Sancti Stephani Trecensis, 252.
Girardus de Barro, canonicus Trecensis, 113, 114.
Girardus de Barro subdiaconus canonicus Trecensis, 58.
Girardus dictus Berruyerius, alias *li Berrichiers*, civis Trecensis, 245, 266, 302.
Girardus de *Besançon*, miles, 248, 251, 267.
Girardus Burgundus, 176.
Girardus Eventatus, 40.
Girardus *Lomeleron*, major Trecensis, 184.
Girardus de Orvillario, 99.
Girardus de *Ronnay*, 265.
G[irardus], abbas Sigilleriarum, 147, 188.
Girardus, archidiaconus Trecensis, 6.
Girardus (magister), archidiaconus Trecensis, 31, 32.
Girardus, camerarius capituli Trecensis, 118.
Girardus, cantor capituli Trecensis, 193.
Girardus, succentor capituli Trecensis, 193.
Girardus, levita canonicus Trecensis, 2, 4.
Girardus, subdiaconus canonicus Trecensis, 49, 54, 57.
Girardus, prepositus Trecensis, 136.
Giroldus, abbas Molismensis, 137.
Girulfus, [canonicus Trecensis ?], 9.
Girulfus, subdiaconus, canonicus Trecensis, 17.
Gisbertus, archidiaconus Trecensis, 4.
Gislebertus [canonicus Trecensis ?], 9.
Gislebertus, presbiter canonicus Trecensis, 17.
Godefridus, miles, gener *Aalis* de Castro Guitonis, 117.
Godefridus, dictus *Larchelier*, 232, 234.

Godefridus, episcopus Lingonensis, 18.
Goderus de *Bocenat*, 173.
Goffridus, filius Hottranni, 8
Gombausse (de la) [mulier Trecensis], xii.
Gosbertus, alias Gosfridus, dapifer Hugonis comitis Trecensis, 6, 8.
Goscelinus, archidiaconus Trecensis, 6.
Gothfridus Sancti Georgii ad Velum Aureum diaconus cardinalis, 259.
Gregorius [IX], papa, 180.
Gregorius [X], papa, LXXXIV, LXXXV, 282, 284, 287, 289, 291.
Gregorius [XI], papa, LXXXVII, 325, 326, 329.
Gregorius, diaconus cardinalis Sanctorum Sergii et Bachi, 12.
Gregorius, diaconus cardinalis Sancti Angeli, 27.
Gruco Moynet, sigillifer curiæ officialitatis Trecensis, LVIII-LXV.
Gualcherus, filius *Aalts* de Castro Guitonis, 116.
Guarnerius de Bassaio, 144.
Guarnerus, sacerdos canonicus Trecensis, 16, 17.
Guerricus, alias Guirricus, archidiaconus Trecensis et camerarius, 18, 19, 21, 23, 31, 32.
Guerricus, alias Wiricus, subdiaconus canonicus Trecensis, 16, 17.
Guiardus, prepositus, 20.
Guiardus de Ligniaco, 134.
Guiardus de *Pogi*, archidiaconus Trecensis, pro archidiaconatu Sezennie (?), 136, 145, 146, 150, 160, 161.
Guiardus de *Richebore*, 173, 174.
Guiardus Ruffus, servus, 59.
Guiardus, archidiaconus Trecensis, pro archidiaconatu Brenæ (?), 149, 150, 152, 158, 160, 161.
Guibertus de Barro, 35.
Guichardus, episcopus Trecensis, XLVII, 215, 216, 217, 316.
Guido, diaconus cardinalis Sancte Marie in Via Lata, 12.
Guido, diaconus cardinalis Sanctorum Cosme et Damiani, 12.
Guido, frater Girardi de Barro, 114.
Guido, frater Clarembaldi, domini de Capis, 58.
Guido, buticularius regis Francorum, 40, 123.
Guido de Alneto, camerarius et postea subdecanus Sancti Stephani Trecensis, 252, 310.
Guido, abbas Arremarensis, 19.
Guido de *Balchisi*, 23.
Guido de Capis, frater Galteri, cancellarii comitis Campaniæ, 117.
Guido de Donpetra, 39, 122.
Guido *Gasteblé*, 110.
Guido, canonicus Laudunensis, 244, 266, 361, 362, 363.
Guido de *Montefuil*, 48.
Guido, abbas de Nigella, 160.
Guido de Nivella, Trecensis, 153.
Guido (dominus) de Sancto Benedicto, miles, 236.

Guido [I], archiepiscopus Senonensis, 61, 62.
Guido [II], archiepiscopus Senonensis, LIII.
Guido de Subtus Muro, servus, 170.
Guido, alias Wido, archidiaconus Trecensis, 2, 4, 9.
Guido, archidiaconus Trecensis, 17.
Guido, canonicus Trecensis, 161.
Guido, canonicus Trecensis, filius Petri de Virduno, 322.
Guido, prepositus [comitis Trecensis], 23.
Guido, alias Wido de Wangeruco, alias de Wangionisrivo, 6, 8.
Guillaume Arremars, clericus, regis Navarræ, 316.
Guillaume Bruyer, præpositus et custos sigilli præpositure Trecensis, LXI.
Guillaume de Dompmartin, armiger, 252, 267.
Guillaume de Muissy, bailly [à Troyes ?], 313.
Guillaume Parvy, episcopus Trecensis, LIX-LXV.
Guillaume Rogier, notarius Trecensis, LXI, LXIV.
Guillelmus, titulo Sancti Marci, presbiter cardinalis, 259.
Guillelmus, carpentarius, 267.
Guillelmus, frater Ermeniardis, 149.
Guillelmus Audeberti, canonicus Trecensis, LXVI, 223.
Guillelmus, episcopus Antissiodorensis, 300.
Guillelmus de Brillicuria, clericus, 323.
Guillelmus, alias Willelmus [de Campania dictus *aux Blanches Mains*], imprimis prepositus ecclesie Trecensis, postea fuit episcopus Carnotensis, [archiepiscopus Senonensis], deinde archiepiscopus Rhemorum et Sancte Romane ecclesie titulo Sabine cardinalis, XXII, 29, 32, 46, 77, 99, 210.
Guillelmus de Carnoto, alias de *Chartres*, 236.
Guillelmus de Champigneyo, cantor Trecensis, XVII.
Guillelmus de Columberio, legum professor [Trecensis], 222.
Guillelmus de Columberio, presbiter, capellanus episcopi Trecensis, 222.
Guillelmus de Creneyo, canonicus Trecensis, et sigillifer curiæ officialitatis Trecensis, 222.
Guillelmus Dyaboli, [canonicus Trecensis], XV.
Guillelmus, domicellus, filius *Aclays* de Logia, 151, 152.
Guillelmus Mauberti, canonicus Trecensis, 223.
Guillelmus de Nogento, LXVI.
Guillelmus de Pruvino, [canonicus Trecensis ?], XVI.
Guillelmus, alias Guillermus (dominus) de Rumilliaco, armiger, 245, 263.
Guillelmus, alias Willelmus (magister), diaconus canonicus Trecensis, 31, 49, 54, 57.
Guillelmus, alias Willelmus, marescallus [comitis Trecensis ?], 32, 35, 37, 40, 44, 211.
Guillelmus, medicus, cancellarius [comitis Trecensis], 21, 23, 32, 35.
Guillelmus *Testarz*, diaconus canonicus Trecensis, 58, 115.

Guillelmus de Villiaco, archidiaconus Sancte Margarete, XVII.
Guillelmus, filius Petri de Virduno, 322.
Guillermus *Caym*, canonicus Sancti Urbani Trecensis, 288.
Guillermus de Dampetra, 20.
Guillermus *le Fagoteur*, 265.
Guillermus, dominus Lisigniarum, 196.
Guillermus, abbas de Sancto Martino Trecensi, 15, 19.
Guillermus, capellanus Johannis, episcopi Trecensis, 202.
Guillermus, dictus de Virduno, 247, 267.
Guillielmus, Prenestinus episcopus, 11.
Guiotus, filius Johannis Bergerii, 247, 266.
Guiotus Faverus de Viaspera, armiger, 243, 251, 266.
Gniterus de Mereio, 20.
Gniterus, abbas Beati Lupi Trecensis, 64.
Gunterius de Busseriis, 20.
Guy du Bois, canonicus S. Stephani Trecensis et thesaurarius S. Urbani Trecensis, LXXXIX.
Guy de Verdun, canonicus Trecensis et dominus de *Rosson*, XCVII.
Guyliot (Nicolas), notarius apostolicus in ecclesia Trecensi, CXIII.
Guyot de Maraye, 310.

H., abbas de Curia Dei, 114.
H. Doreti, promotor causarum in curia officialitatis Trecensis, LXVII.
H. de Faucogneto, archidiaconus de Lineio in ecclesia Tullensi, 312.
H. de Sancto Quintino, archidiaconus Trecensis, 112.
Hado de *Corlendum*, 20.
Hadricus, archiclavus vel thesaurarius ecclesie Trecensis, XXXIII.
Haicius de Planceio, alias Bartholomeus, imprimis subdiaconus canonicus Trecensis, deinde decanus capituli Trecensis simul cancellarius Henrici [I], comitis Trecensis, postea episcopus Trecensis, XL, 31, 32, 33, 34, 37, 44, 46, 47, 48, 49, 50, 53, 58, 59, 64, 66, 68, 70, 71, 72, 73, 74, 75, 76, 87, 91, 205, 211, 212.
Hanequinus, camerarius Ancheri, cardinalis, 297.
Hanricus de Vanna, canonicus Remensis, 133.
Hato, episcopus Trecensis, XXXIX, 12, 14, 15, 16, 17.
Hatos, [canonicus Trecensis ?], 9.
He., subdiaconus Romanus, canonicus Trecensis, 168.
Hélène, épouse de Chasneau (Thomas) imprimeur à Troyes, C.
Helisabeth, mater Milonis, comitis Barensis [super Sequanam], 19.
Helissendis, uxor Erardi de Brena, domini de Kameruco, 126.
Helissendis, domina Capparum, relicta Clarembaldi, domini de Cappis, 113.
H[elissendis] de *Joigny*, comitissa de Barro super Sequanam [relicta Milonis III], 150.

Halluydis, filia Galteri de *Orviller*, 183.
Helvidis, uxor Droconis, de Logia, 243, 248.
Helvis, femme de Estiennes le Diablat, 316.
Helvis de *Bocrnay*, 173.
Henjorannus, [canonicus Trecensis], 9.
Hennequin. Vide : *Nicolas et Odard*.
Henricus, frater Galteri et Renaudi de *Pougy*, 80, 90.
Henricus [de *Carinthie*], episcopus Trecensis, XL, 17, 19, 21, 23, 27, 28, 29, 31, 32, 34, 56, 98, 205, 210.
Henricus de Chiniglaco, 109, 110, 111.
Henricus *Damerons*, civis Trecensis, 231, 232.
Henricus [II], rex Francorum, XXIII.
Henricus, Jadrensis archiepiscopus, 314.
Henricus de Noa, decanus ecclesie Trecensis, XV.
Henricus, Ostiensis et Velletrensis episcopus, 259.
Henricus de Pictavia, episcopus Trecensis, 205, 323.
Henricus de Sancto Mauritio, succentor capituli Sancti Stephani Trecensis, 136.
Henricus, archidiaconus Trecensis, 150, 168.
Henricus, cantor in capitulo Trecensi, 145, 146, 149, 150, 155, 160, 161, 165, 172, 183, 185, 186.
Henricus (magister), officialis Trecensis, 134.
Henricus [I dictus Largitor], comes Trecensis palatinus, 19, 20, 22, 27, 28, 29, 30, 31, 34, 35, 36, 38, 39, 40, 44, 45, 59, 60, 84, 102, 121, 122, 164.
Henricus [II], comes Trecensis palatinus, 46, 58, 59, 61, 65, 69, 80
Henricus [III], comes palatinus Campaniæ et Briæ, rex Navarræ, LXXXIV, LXXXV, 282, 283, 289, 291, 295 (?).
Henry IV, rex Francorum, LXVIII, LXXII.
Henry Larmurier, civis Trecensis, XCV, 313.
Herbertus, 149, 150.
Herbertus (magister), 210.
Herbertus, frater Tome de Barro [super Sequanam], 20.
Herbertus, frater Odonis de *Bailoiges*, 160, 161.
Herbertus li *Vachiers*, 176.
Herbertus (dominus), capellanus Sancti Petri, 267.
Herbertus, alias Hubertus, archidiaconus Trecensis, 49, 54, 57, 58, 63.
Herbertus, decanus capituli Sancti Stephani Trecensis, 77.
Herbertus, procurator pauperum Domus Dei Sancti Stephani Trecensis, 162, 163, 164.
Herluison (Louis-Alexandre), [peintre] et sculpteur, C.
Hermandus, 173.
Hermeniart, uxor Rogeri, serva, 99.
Hermerus de Monasterio, 191.
Hermina, priorissa Beate Marie ad Moniales Trecenses, 304.
Hermintrudis, 173.

Hertaudus. Vide : Artaldus.
Hervous, episcopus Trecensis, LV, 120, 123, 124, 133, 135, 138, 140, 142, 143, 144, 145, 149, 150, 152, 155, 158, 160, 161, 105, 189, 205.
Hervous, decanus ecclesiae Parisiensi, 60.
Hilduinus, vicedominus Remensis, 31.
Hilduinus, diaconus canonicus Trecensis, 4.
Hilduinus, subdiaconus canonicus Trecensis, 16.
Hilduinus de Vendopero, 20, 21, 23.
Hogerus de *Ulci*, 23.
Honorius (III), papa, 143, 148, 150, 161, 168, 177, 212, 213.
Hottrannus, pater Goffridi, 8.
Hottrannus filius Goffridi, 8.
Houduinus de *Ohevileles*, servus, 184.
Hoydoinus, abbas Sancti Lupi Trecensis, 309, 313.
Hubaldus, Hostiensis episcopus, 43.
Hubertus, presbiter cardinalis, tituli Sancti Clementis, 11.
Hubertus, sacerdos canonicus Trecensis, 2, 4.
Huelus, magister fabrorum, filius Evrardi, 177.
Huetus, filius Stephani de Boilliaco, 299.
Hugo [IV], dominus Brecarum, sponsus Odae [de Vendopera], 133, 134.
Hugo, comes Brene, XCV, 281.
Hugo, episcopus Cathalaunensis, 6.
Hugo de Criciaco, 15.
Hugo, episcopus Hostiensis, 26.
Hugo de Logia, filius *Aelays* de Logia, clericus, 151, 152, 153, 154, 158, 178.
Hugo de *Mont Rampon*, 40.
Hugo *Nabur*, 57.
Hugo de Planceo, 39, 122.
Hugo de Rameruco, filius Alberici, prepositus domini Erardi, 174, 175.
Hugo de Rumilliaco, 21.
Hugo, dominus de Rumilliaco, [super Sequanam], miles, 245, 362, 363, 364.
Hugo, archidiaconus Trecensis, 4.
Hugo [canonicus Trecensis], XVI.
Hugo, sacerdos, decanus in capitulo Trecensi, 9.
Hugo, officialis Trecensis, 169, 174, 175, 176, 177, 178, 179.
Hugo, sacerdos canonicus Trecensis, 17.
Hugo, subdiaconus canonicus Trecensis, 2.
Hugo, subdiaconus canonicus Trecensis, 49, 54, 57.
Hugo, comes Trecensis, XXI, 4, 6, 7, 8, 9, 10, 25, 38, 83, 121.
Hugo de *Vileanrieux*, 267.
Hugotus, filius Petri de Virduno, 322.
Hugues Putemonoie, miles, 250, 266.
Huiardus de *Auson*, civis Trecensis, 235.
Huiardus *Bouchins*, civis Trecensis, 238, 245, 266, 302.

Huyard. Vide : Nicolaus.
Hyduinus de Vendopera, subdiaconus canonicus Trecensis, 58.

Innocentius [II], papa, LXVIII, 10, 11, 13.
Innocentius [III], papa, LV, 95, 96, 119, 123, 124, 128.
Innocentius [IV], papa 189, 193, 194, 195.
Innocentius [V], papa, 291, 292.
Innocentius [VI], papa, 321.
Isabelle, filia Ludovici [sancti], regis Francorum et uxor Theobaldi V, comitis Campaniæ et regis Navarræ, LXXXIII.
Isabellis, uxor Petri de Fuegiis, filia majorisse de Sancto Benedicto, serva, 182.
Isabellis, filia Margerie, serva, 183.
Isabellis dicta *Larchelière,* alias *Archelière,* 239, 247.
Isabellis de Monte Albano, relicta Johannis Garneri, 304.
Isabellis de Sancto Fidolo, cantrix Beate Marie ad Moniales Trecenses, 304.
Isabellis de Virduno, soror Petri Trecensis, LXXXIX, 321, 322.
Isabiau, duchesse d'Athènes, contesse de Brene et d'Amghien, CIX, 323.
Isabiau, filia Guarnerii de Basseio, serva, 144.
Isambert (N.), docteur de la Sorbonne, LXXIV.
Ismarus, Tusculanensis [episcopus], 26.
Iterius presbiter [de Barbona], 13.

J., decanus Barrensis, 162, 163.
J. major archidiaconus Trecensis, XV.
J. *Dorey,* [canonicus capituli S. Urbani Trecensis?], 370.
J. *Thibault,* [canonicus capituli S. Urbani Trecensis?], 370.
Jacellus, cancellarius capituli Trecensis, 2.
Jacobus, Sancte Marie in Cosmedin diaconus cardinalis, 259.
Jacobus, dictus Alemannus, draperius, 241, 252 (?), 266.
Jacobus de *Baacon,* canonicus Trecensis et archidiaconus Sezanie, XIV, 201, 216.
Jacobus *le Bergaut,* 241.
Jacobus, Calcedonie episcopus, 314.
Jacobus Cognati, canonicus Trecensis, 223.
Jacobus (dominus) dictus de *Dilon,* presbiter, 235, 241, 242.
Jacobus de Divione, 267.
Jacobus de Foissiaco, canonicus Trecensis, 135.
Jacobus, miles, filius *Aclays* de Logla, 161.
Jacobus Parvus, canonicus Sancti Urbani Trecensis, 306.
Jacobus Phisicus, canonicus Sancti Urbani Trecensis, 288.
Jacobus *Raguier,* episcopus Trecensis, XLVII.

Jacobus de Senonis, prepositus episcopi Trecensis, 246.
Jacobus Senonensis, canonicus Trecensis, 165.
Jacobus de Sezannia, 265.
Jacobus de Valrege, 240.
Jacobus, dictus de Villa Luporum, civis Trecensis, 235.
Jacques Dery, burgensis Trecensis, LXXXIX.
Jacques Guillemet, decanus capituli Trecensis, XXIII-XXXIII.
Jacques de la Noe, (messire), XCVI, 318.
Jacques de Villarcel, 316.
Jacquin Millard, 359.
Jacquinus de Insulis, clericus, 246.
Jaquée, uxor Petri dicti Lempereur, 175.
Jaques de Giffaumont, 240, 252.
Jaquetus, dictus de Leodia, filius Stephani civis Trecensis, 303.
Jaquetus de Seleriis, filius Chevalier de Alba Terra, 304.
Jaquetus de Sezannia, 265.
Jaquetus de Vendopera, 240.
Jean Artaud, procurator, in civitate Senonensi, LX, LXI.
Jean Baudes, tabellio curiæ officialitatis Trecensis, LXVII.
Jean Boinet, penitentiarius in curia officialitatis Trecensis, LXVII.
Jean Closier, decanus capituli S. Urbani Trecensis, XCIII.
Jean Collet, officialis Trecensis, LVIII-LXV.
Jean Fromont, 240, 266, 268.
Jean de Gisors, canonicus de Senlis, collector decimarum, CVIII, 312.
Jean Larmurier, XCIX.
Jean de Machy, armiger, XCIII.
Jean de Mesgrigny, dominus de Fontaines-les-Bar-sur-Aube et de Poilsy-sur-Seine, matricularius S. Urbani Trecensis, XC, XCI.
Jean Pavin, collector decimarum, CX.
Jean Petit, curé de Romilly, 369.
Jean Pressy, auditor testamentorum in curia officialitatis Trecensis, LXVII.
Jean du Tronchay, ecuyer, XCVI.
Jehan le Bainsier, bailli M. le duc d'Orliens en ses terres de Champagne et de Bryo, 365.
Jehan Belels (maistre), 350.
Jehan de Besançon, 277.
Jehan Blanchet, secrétaire du roy, 330.
Jehan le Breton (maistre), grant maistre de la grant maîtrise des escoles de Troyes, 351.
Jehan de Chalon, lieutenant du roy en Champaigne, 323.
Jehan le Champenois, canonicus ecclesiarum Sancti Stephani Trecensis et Sancti Urbani Trecensis, 330.
Jehan Charlet, enfant d'aube, in ecclesia Sancti Urbani Trecensis, 351.
Jehan de Clermont, 309.
Jehan Garnier de Dijon, 252.

Jehan de Drou, chappellain de l'autel Saint-Linart, in ecclesia Sancti Urbani Trecensis, 316.
Jehan Febre, 359.
Jehan le Felizet, boulanger à Romilly, 359, 360.
Jehan [II, dit le Bon], rex Francorum, 323.
Jehan Gruyer l'esnel, procureur fiscal à la seigneurye de Romilly, 357, 359.
Jehan Gruyer le jeune, 359.
Jehan de Mailly, decanus capituli Trecensis, XXXI.
Jehan le Marenier, 252.
Jehan le Reix, civis Trecensis, 324.
Jehan Rotet, enfant d'aube in ecclesia Sancti Urbani Trecensis, 351.
Jehan Vacher, 359.
Jehan du Val, sergent du roy et du bailliage de Troyes, 351.
Jehanne, femme de Jean Fromont, 240, 266.
Joannes, Sancti Nicolai in Carcere Tulliano, diaconus cardinalis, 259.
Joannes de Balneolis, LXVI.
Joannes de Brena, LXVII.
Joannes Cousteti, LXVII.
Joannes, Portuensis et Sancte Rufine episcopus, 259.
Joannes de Summofonte, sigillifer curie officialitatis Trecensis, LXVII.
Joannes, decanus [in capitulo Trecensi], 2.
Johannes, cantor ecclesie Trecensis, 197, 198.
Joannes, presbiter camerarius in capitulo Trecensi, 4.
Joannes de Veterivilla, registrator in curia officialitatis Trecensis, LXVII.
Jobertus (magister) de Ponte, Senonensis curie officialis, 115.
Jocelin de Villeret, matricularius et camerarius S. Urbani Trecensis, XC.
Jocelinus, filius Girardi de Orvillario, servus, 99.
Jocelinus, archidiaconus Trecensis, 145, 146.
Jocelinus, presbiter ecclesie Sancti Nicetii Trecensis, 105, 106.
Johanetta, uxor Milonis de *Thiefrain*, 235.
Johanna (domina), uxor Egidii domini de Barbereio, 250.
Johanna, uxor Philippi IV, rex Francorum et regina Navarræ, comitissa Campaniæ, 313.
Johanna, uxor Petri de Virduno, 321.
Johannes [XXI], papa, 292.
Johannes, presbiter cardinalis, 43.
Johannes, Sancte Marie in Cosmidin diaconus cardinalis et sancte Romane ecclesie cancellarius, 132, 133.
Johannes, S. R. E. diaconus cardinalis, XXXIX.
Johannes (frater), 298.
Johannes, olearius, 239.
Johannes, frater Roberti Crassi, 139.

Johannes de Abbatia, presbiter canonicus Trecensis, 54, 57, 58.
Johannes de Acquiano, archidiaconus Sancte Margarete, XVII, XVIII.
Johannes de Allemente (magister), canonicus Trecensis, collector decimarum, XIII, XIV, CVIII, CIX.
Johannes Bartholomei de Amancia, clericus, publicus apostolica et imperiali auctoritate notarius, curie Trecensis tabellio, 321.
Johannes Anglicus, civis Trecensis, magister fabrice Sancti Urbani, LXXIX, 274, 275.
Johannes, prior de Anglurella, filius Petri de Virduno, 322.
Johannes, Aniciensis episcopus, 315.
Johannes [IV], d'*Aubigny*, episcopus Trecensis, XXXV.
Johannes, episcopus Aurelianensis, 6.
Johannes [II] de Auxeyo, episcopus Trecensis, XVII.
Johannes [V] de Auxeyo, nepos Johannis [II] de Auxeyo, episcopus Trecensis, XVI, XVII, XXXV, LXXXII, 318, 319.
Johannes Bergerius, canonicus Sancti Stephani Trecensis, 136, 246, 247.
Johannes Biseti, canonicus Trecensis, 223.
Johannes dictus *Blanc-Toupet*, 235.
Johannes *Blesi* (magister), 220.
Johannes de Bonavalle [canonicus Trecensis], XVI.
Johannes Boreti, canonicus Trecensis et archidiaconus Sezanie, XV, 223.
Johannes [VI] de *Braque*, episcopus Trecensis, LXV, LXVI.
Johannes [I], comes Brenensis, 127.
Johannes Brideria, 106.
Johannes dictus de Brueriis, decanus ecclesie Sancti Urbani Trecensis, XV, XVI, XIX, 268.
Johannes de Cameraco, canonicus Trecensis, 223.
Johannes, abbas de Cantumerula, 160.
Johannes, clericus de Chablelis, 267.
Johannes de Claravalle, carnifex, civis Trecensis, 242, 266.
Johannes de Cocandrayo, canonicus Trecensis, et decanus Bizuntinensis, XVII.
Johannes Faber (magister), canonicus Sancti Urbani Trecensis, 267, 268, 269, 288, 306.
Johannes de *Conflans*, presbiter canonicus Trecensis, 49, 54, 57, 58.
Johannes *Colot*, XVIII.
Johannes de Firmitate, decanus Trecensis, XII.
Johannes *Friquant*, 304.
Johannes Galteri, presbiter, 323.
Johannes Garcia, alias Garsia, canonicus Sancti Stephani Trecensis, LXXVIII, LXXXIII, 231, 232, 233, 234, 235, 236, 237, 239, 240, 241, 242, 243, 244, 245, 246, 247, 248, 249, 250, 252, 264, 265, 268, 279, 288, 293, 297, 298.
Johannes Garneri, 304.

Johannes Garneri [canonicus Trecensis?], notarius publicus Pape, XVIII.
Johannes Gueraudi, canonicus Trecensis, et auditor testamentorum in curia officialitatis Trecensis, LXVI, 223.
Johannes *Herupel*, 23.
Johannes (dominus) de Insulis, miles, 246, 266.
Johannes Jobertus, [canonicus Trecensis], XII.
Johannes de Latiniaco, [civis Trecensis], 153.
Johannes (dominus), thesaurarius Laudunensis, 244, 266, 274, 361, 362, 363.
Johannes de Lingonis, 241.
Johannes [VII] *Lesguisé*, episcopus Trecensis, XLIX, LV, LVI, LVII.
Johannes, domicellus, filius *Aelays* de Logia, 151, 152.
Johannes de Longo Campo, curatus de Aubressello, et camerarius ecclesiæ Trecensis.
Johannes de Luxovio, cantor capituli Trecensis, XXXV.
Johannes Major, commorans Trecis, 304.
Johannes Monachi, clericus, 323.
Johannes de Montebeligardo, canonicus et officialis Trecensis, XV, XVIII.
Johannes Nicolai, custos nundinarum Campanie, 303.
Johannes *Noel*, presbiter matricularius ecclesie Sancti Urbani Trecensis, 331, 350.
Johannes, Olenensis episcopus, 315.
Johannes de Pampilona, 176.
Johannes, abbas Sancte Genovefe [Parisiensis], 79.
Johannes, abbas Sancti Victoris Parisiensis, 148.
Johannes de Pontibus, 304.
Johannes de *Possesse*, 54, 57.
Johannes, decanus Sancti Quiriaci de Pruvino, 248.
Johannes de Rigniaco, armiger, 247.
Johannes de Thoreta, 200.
Johannes [I], episcopus Trecensis, 200, 299.
Johannes, decanus capituli Trecensis, 69, 74, 75, 77, 78, 89, 91, 93, 99, 102, 106, 111.
Johannes, subdiaconus canonicus Trecensis, 49, 54, 57.
Johannes de Trecis, canonicus Sancti Urbani Trecensis, 306.
Johannes de Vallecharceyo, 322.
Johannes, dominus Valeriaci, miles, 179, 184.
Johannes, presbiter de Vasconia, 213, 214.
Johannes, abbas Virziliacensis, 237.
Johannes *Voine*, janitor curiæ officialitatis, LXVI.
Joliet, relicta ejus, XVIII.
Jordanus, sanctorum Cosme et Damiani diaconus cardinalis, 259.
Jordoinus, frater Odonis de Vandopera, 58.
Jornot (L.), 361.
Jorpel, 361.
Joscelinus, archidiaconus Trecensis, 4.

Josselennus, 20.
Juliana, uxor Theobaldi de Acenaio, 240, 241.
Juliana, uxor Stephani de Chableio, 303.
Juliana, uxor Perrardi Garneri, filia Petri de Virduno, 322.
Juliotus de Sezannia, gener Bernardi de Montecucco, 247, 250, 266.

Katerina, uxor Coleti dicti : Coquina Regine, 234.

Labbé, avocat, grand-maire de Saint-Urbain, vcı.
La Huproie (Antoine de), mercator Trecensis, xc.
Lambertus de Sellertis, cordubanarius, 304.
Lambertus, officialis Trecensis, 200.
Lambertus, prepositus Hugonis, comitis Trecensis, 8.
Laurencius, filius Hilduini de Vendopero, 20.
Laurent (François), cı.
Lebacle (Nicole), decanus capituli Trecensis, xxvıı, xxxı.
Legruyer (Jean), xxııı-xxxııı.
Leo X, papa, lıv.
Lesguisé. Vide : Johannes.
Lomenie (de) membre du Grand Conseil Royal, xxxııı.
Louis de Lorraine, cardinal cxı.
Lucas, presbiter cardinalis, tituli Sanctorum Johannis et Pauli, 12, 13.
Lucius [III], papa, 49, 50, 51, 52, 86, 87, 96.
Ludovicus [I dictus Pius], imperator et rex Francorum, vıı.
Ludovicus [VII], rex Francorum, lxvııı, 18, 28, 29, 32, 37, 120, 121, 123.
Ludovicus [IX sanctus], rex Francorum, lxxxııı.
Ludovicus XI, rex Francorum, cx.
Ludovicus *Raguier*, episcopus Trecensis, xlvı, cx.
Ludovicus (magister), prepositus segetibus collegiatæ S. Urbani Trecensis, lxxxı, 267, 268.
Luqueta, soror Ysabellis uxoris Johannis dicti *Blanc-Toupet*, 235.

Mabile, dame de Nanteuil, filia [Guillermi domini Lisigniarum] et Margaretæ, 214.
Macé-Gouauld, marchand à Troyes, c.
Manasserus (dominus) [qui præpositus fuit receptis et expensis ad construendam ecclesiam Sancti Urbani Trecensis, lxxvıı, lxxvııı, 264, 268.
Manasserus de Clauso, 151.

Manasses [I de Arcellis], episcopus Trecensis, VIII, IX, X.
Manasses de *Bucci*, diaconus canonicus Trecensis, 49, 54, 57.
Manasses de Clauso, 35.
Manasses, episcopus Lingonensis, 53, 57, 62.
Manasses [II] (de Pogeio), imprimis subdiaconus canonicus Trecensis, [deinde prepositus in capitulo S. Stephani Trecensis], postea episcopus Trecensis, XXI, XXIII, XXXI, XXXIII, XLVII, 31, 32, 34, 35, 37, 44, 45, 46, 47, 51, 52, 53, 56, 61, 62, 63, 64, 65, 69, 91, 205, 211.
Manasses, archiepiscopus Remensis, 6.
Manasses de *Rumilli*, archidiaconus Trecensis, 17, 18 (?).
Manasses, episcopus Suessionensis, 6.
Manasses, archidiaconus Trecensis, 15, 31, 32, 49, 54, 57.
Manasses, archidiaconus Trecensis, 9, 13, 15, 23.
Manasses, cantor capituli Trecensis, XXXIV, 102.
Manasses de Villemauro, archidiaconus Trecensis, 16, 17, 18 (?), 19, 34, 211.
Marbodus, episcopus Redonensis, 6
Marcus, filius domini Renaudi de *Vaigny*, 177.
Margereta (domina), 104.
Margareta, uxor Hueti, 299.
Margareta, uxor Guillermi, domini Lisigniarum, 196, 214.
Margareta, uxor Bernardi de Montecucco, 244.
Margareta, uxor Jaqueti de Vendopera, 246.
Margareta, uxor Guioti de Viaspera, 243.
Margareta, uxor Guillermi dicti de Virduno, 247.
Margeria, 183.
Marguerite, contesse de Flandres et de Bourgoigne, 324, 330.
Marguerite, femme de messire Jacques de la Noc, 318.
Marguerite, dame de Poulangis, épouse de Jacques de la Noue, XCVI.
Maria, filia Clare, serva, 106.
Maria, filia Clarelli, 299.
Maria, filia Petri, 240.
Maria, uxor Garneri dicti *Boitiaue*, 143.
Maria de Campo Gillardi, uxor Stephani Loerii, 243.
Maria, uxor Johannis de Claravalle carnificis, 242.
Maria (domicella), uxor Theobaldi de Foresta, 216.
Maria Margueronna, civis Trecensis, filia Stephani de Leodio, 303.
Maria, uxor Henrici [I], comitis Trecensis, et comitissa Trecensis, 46, 58, 60, 65.
Maria, filia Galteri de *Valans*, serva 99.
Maria de Vado, serva, 22.
Marie de la Bonne-Fontaine, domina de Machy, XCIII.
Marie, femme de Henry Larmurier, 313.
Marie de Pleurs, veuve Laurent (François), CI.
Marion Cornet, 241.

Marisy (de), seigneur de Cervot, CI.
Martin Marie, LVIII-LXV.
Martinus (magister), 267, 268.
Martinus (IV), papa, 300, 301, 308, 309.
Martinus, Bracarensis archiepiscopus, 314.
Martinus, hostiarius et procurator domini (Urbani IV), pape, 235, 238, 239, 240, 241, 242, 243, 244, 245, 246, 247, 248, 250, 252, 362.
Martinus (magister), dictus de Logia, clericus, 235.
Matheus, 35.
Matheus, camerarius regis Francorum, 123.
Matheus de Edua, canonicus altaris B. Marie in ecclesia B. Petri Trecensis, xv.
Matheus (magister) de Morguivalle, 201.
Matheus, precentor Senonensis, 31.
Matheus de *Toquin*, 21.
Matheus, episcopus Trecensis, 33, 37, 40, 50, 56, 81, 86, 91, 97, 120, 131, 205.
Matheus, prepositus episcopi Trecensis, 65.
Matheus, canonicus Trecensis, 198.
Mathildis, abbatissa Fontisebraldi, 75.
Maura (sancta), VIII.
Mauricius de Amancia, 144.
Mauricius (de *Sully*), episcopus Parisiensis, 55.
Maurus Ameliensis episcopus, 315.
Mauroy (Jacques), CIV.
Mesgrigny. Vide : *Jean*.
Michael, dictus Rasus, 235, 240.
Michael de Remis, 265.
Michael, archiepiscopus Senonensis, 94.
Michael de Tholosa, sancte Romane ecclesie vicecancellarius, 237, 239.
Milesendis, uxor Guiardi de Logniaco, 134.
Miletus de Remis, 265.
Milo, filius Mathei, servus, 65.
Milo [II], comes Barrensis (super Sequanam), 8, 19, 23.
Milo [III], comes de Barro, super Sequanam, 150.
Milo de Barro, subdiaconus canonicus Trecensis, 49, 58.
Milo de *Corlaversi*, miles, 20, 98.
Milo de Pougelo, 240.
Milo de Sancto Albino, subdiaconus canonicus Trecensis, 49.
Milo de Sancto Fidolo, 54, 57.
Milo, dictus de *Thiefrain*, civis Trecensis, 235.
Milo [II], alias Philippus de Pontibus, episcopus Trecensis. Vide : Philippus.
Milo [I], decanus capituli Trecensis, 112.
Milo [II], decanus capituli Trecensis, 169, 170, 174, 177, 178, 183, 184.

Milo, archidiaconus Trecensis, 107, 110, 113, 115.
Milo, subdiaconus canonicus Trecensis, 54, 57.
Monaldus, Civitatis Castellane episcopus, 315.
Moque (dominus), [canonicus Trecensis], XIII.
Morce, decanus capituli S. Urbani Trecensis, XCV.
Morellus, 267.
Morinus, servus, 59.
Metellus, vir Trecensis, 136.
Mulot, docteur de la Sorbonne, LXXIV.

N. Monachi, janitor curie episcopalis et custos carceris, LXVIII.
Nicholaus [III], papa, 299.
Nicholaus [IV], papa, 310, 311.
Nicholaus, prepositus [Milonis, comitis de Barro super Sequanam], 20.
Nicholaus, abbas Sancti Quintini Belvacensis, 54.
Nicholaus Cochardi de Fonte Maconis, notarius et curie Trecensis tabellio, 323.
Nicholaus de Sancto Georgio, 267.
Nicholaus, episcopus Trecensis, 183, 186, 190, 192, 193, 194, 200, 205.
Nicholaus, decanus capituli Trecensis, 137, 139, 140, 141, 142, 143, 144, 158.
Nicolas Boulanger, aurifaber Trecensis, CXI.
Nicolas Gebinal (maistre), demeurant à Romilly, 361.
Nicolas Hennequin, decanus capituli S. Urbani Trecensis, 369.
Nicolas Jornot, lieutenant soubs le juge en garde de la justice de Romilly, 356.
Nicolas Juilli, rector vel registrator in curia officialitatis Trecensis, LXVII.
Nicolas Lescot, auditor testamentorum in curia officialitatis Trecensis, LXVII.
Nicolas de Metz-Robert, canonicus capituli S. Urbani Trecensis, XCVIII.
Nicolaus, Capritanensis episcopus, 345.
Nicolaus de Clauso, 303.
Nicolaus de Fonte, auctoritate sacrosancte Romane notarius publicus, et clericus sacre regalis Sicilie majestatis, 201.
Nicolaus Huyardi, promotor causarum in curia officialitatis Trecensis et audienciarius, LXVII.
Nicolaus de Sancto Germano, [canonicus Trecensis], XVII.
Nicolaus Scoti, canonicus Trecensis, 223.
Nicolaus, succentor in capitulo Trecensi, 103.
Nicolaus, officialis Trecensis, 213, 214.
Nicolaus, Turibolensis episcopus, 314.
Nicole Guillemet, decanus capituli Trecensis, XXVII, XXXI.

Nivelle (Jean-Jacques), canonicus S. Urbani Trecensis, CXIII.
Nocherus, 33, 84.
Normannus, prepositus [ecclesiæ Trecensis], 4.

Obertus *Thodest* de Placentia, canonicus Trecensis, XVI, XVIII.
Octavianus, presbiter cardinalis Sancte Cecilie, 26, 27.
Oda, [serva Henrici I, comitis Trecensis], filia Odonis monetarii et uxor Simonis Bituricensis, 35.
Oda, abbatissa Beate Marie ad Moniales Trecenses, 272.
Oda, [de Vendopera], uxor Hugonis [IV], domini de Brecis, 133.
Odard Hennequin, decanus capituli S. Urbani Trecensis, LXXXVI.
Oddo, diaconus cardinalis Sancti Georgii ad Velum Aureum, 12, 27.
Oddo (magister), 59.
Oddo, filius Petri Goulerii, 234.
Odeardis, mater Philippi domini de Planceio, 147.
Odierna, filia Evrardi, serva, 106.
Odinus, filius Guiardi de Logniaco, 134.
Odo monetarius [et servus Henrici I, comitis Trecensis], 35.
Odo de Averleio, 39, 122.
Odo de *Boiloiges*, miles, 160, 161.
Odo de *Pugi*, 21, 90.
Odo *Ragoz*, dominus de *Frollois* et de Sancto Sepulcro, constabularius Burgundie, 171, 182, 183.
Odo, abbas Sancte Columbe Senonensis, 173.
Odo, Senonensis ecclesie decanus et archidiaconus Trecensis, 19, 33.
Odo, prepositus [Ecclesiæ Trecensis], 10, 15, 17, 18, 19, 21, 23.
Odo, archidiaconus Trecensis, 9, 13, 15.
Odo, archidiaconus Trecensis, 31, 49.
Odo, cantor capituli Trecensis, 4, 9.
Odo, subdiaconus canonicus Trecensis, 2.
Odo, subdiaconus canonicus Trecensis, 17.
Odo de Vandopera 57, 58.
Omanioneta, filia Petri Goulerii, 234.
Otrannus de Plaxeio, 23.
Otrannus, homo episcopi Trecensis, 21.
Ottaviannus, sancte Marie in via lata diaconus cardinalis, 259.
Oudardus de Latigniaco [canonicus Trecensis], XVI.
Oudiot de Romilly, escuyer, 365.
Oudot (Jean), imprimeur à Troyes, C.
Oudot (Nicolas), imprimeur à Troyes, XCIX.

P., episcopus e *Albano*, 194.

P. dictus *Lenfant*, [canonicus Trecensis], xvi.
P., decanus in capitulo Trecensi, 215.
Paganus de Tulo, alias de Tuso, 38, 84, 122.
Paquet (Jacques), graveur et faiseur d'images, c.
Paul III, papa, lxxxvi.
Perrardus Garneri, 322.
Perrin li Bellaust, 277.
Perrinetus de Gleyo, nepos Garneri, [canonicus Trecensis ?], xiv.
Perrinetus dictus *li Noirs* de Fayaco, tannator, filius Johannis de Pontibus, 304.
Perrinus, filius Petri de Virduno, 322.
Petronilla (domina) de Juliaco, filia domini Guidonis de Sancto Benedicto, 236.
Petrus (magister), 34.
Petrus, filius David, 23.
Petrus, nota [Campaniæ], 95.
Petrus, decanus Sancti Germani Altissiodorensis, 66.
Petrus Amicus, 173.
Petrus de Arbosio senior, penitentiarius in curia officialitatis Trecensis, lxvi.
Petrus de Arbosio junior, canonicus Trecensis, 223.
Petrus de Arbosio, decanus S. Stephani Trecensis, xvi, xviii.
Petrus [II d'*Arcis*], episcopus Trecensis, lxxxii, 330.
Petrus de Arceys, [officialis Trecensis], lxvi.
Petrus Baptizatus, 267, 303.
Petrus de *Bar*, 32.
Petrus Belocerius, [canonicus Trecensis], xvii.
Petrus dictus *Bierne*, clericus, 323.
Petrus, dominus de *Boy*, 147, 148.
Petrus Bristaudus, alias *Bursault*, [Trecensis], 21, 23, 32, 214.
Petrus, abbas de Cella, 19, 21.
Petrus de Cella, decanus capituli Trecensis, xv.
Petrus de Champlipto, [canonicus Trecensis ?], xvi.
Petrus (magister) de Claellis, canonicus Trecensis, 184, 213.
Petrus, dictus de *Corcegré*, civis Trecensis, 299.
Petrus (dominus) de Flaciaco, miles, 134, 135.
Petrus, filius domini Petri de Flaciaco, 134.
Petrus de Fuegiis, 182, 183.
Petrus de Gelenis, 23.
Petrus Goulerius, alias *Legoulier*, civis Trecensis, 234, 235.
Petrus de Greyo, lxvi.
Petrus de Latigniaco, 247.
Petrus de *Maalai*, 245.
Petrus Manducator [alias Comestor], clericus ecclesiæ Trecensis [et postea decanus capituli ejusdem ecclesiæ], 18, 23, 31.
Petrus Marescallus, 240.
Petrus de Molay, decanus capituli Trecensis, xiv.
Petrus Munerius, 246.

Petrus dictus *Musarie*, 291.
Petrus de Onjione curatus ecclesie Sancti Remigii Trecensis, 305.
Petrus, cancellarius Parisiensis, 79.
Petrus (magister), [dictus Cantor], cantor [in capitulo] Parisiensi, 55, 66.
Petrus Potator, diaconus canonicus Trecensis, 49, 54, 57, 58.
Petrus de Rameruco, canonicus Trecensis, promotor causarum in curia officialitatis Trecensis, LXVII, 223.
Petrus, dictus Rasus, 248, 265.
Petrus *Humbaut* de Remis, 265.
Petrus dictus Salnerius, civis Trecensis, 239, 266.
Petrus de Sancta Margareta, nota, 233, 234, 235.
Petrus, dictus Sarracenus, civis Trecensis, 233, 234, 235, 236.
Petrus *Seignes* de *Laval*, matricularius Sancti Stephani Trecensis, 179.
Petrus, archiepiscopus Senonensis, 105.
Petrus de Tornella, 23.
Petrus, archidiaconus Trecensis, 4, 6.
Petrus, decanus in capitulo Trecensi, 18, 23, 81.
Petrus, [canonicus Trecensis?], 9.
Petrus, levita canonicus Trecensis, 2, 4.
Petrus, diaconus canonicus Trecensis, 16.
Petrus, subdiaconus canonicus Trecensis, 16, 17.
Petrus, subdiaconus canonicus Trecensis, 17.
Petrus, abbas Sancti Martini Trecensis, 140.
Petrus, episcopus Tusculanensis, apostolice Sedis legatus, 44.
Petrus de Valentigniaco, miles, 100.
Petrus de Villanova, canonicus Trecensis et sigillifer, XVIII.
Petrus (?) de *Villiers*, episcopus Trecensis, LXVII.
Petrus de Virduno, clericus, civis Trecensis, LXXXIX, 321, 322, 323.
Petrus Voye. clericus matricularius Sancti Urbani Trecensis, 331, 330.
Phelippe [VI *de Valois*, *roi de France*], 317, 318.
Philibert Genet, matricularius ecclesiæ de *Romilly*, 361.
Philippa, uxor Erardi de Brena domini de Rameruco, 180.
Philippe [IV, rex Francorum], *roy de Navarre*, 311, 313.
[*Philippe de Valois*], duc d'*Orléans*, 365.
Philippus, filius Nicolai de Clauso, 303.
[Philippus dictus *le Hardi*]. duc de Bourgoigne, [sponsus Margaretæ, comitissæ de Flandria], 330.
Philippus (?), rex Francorum, 4, 6.
Philippus [II Augustus], rex Francorum, LXVIII, 120, 123, 124, 125.
Philippus, dictus *Gingiebre*, 233.
Philippus, dominus de Plancein, 147.
Philippus [de Pontibus], alias Milo II, episcopus Trecensis, XXXIX, 1, 2, 3, 4, 6, 8, 11.

Philippus, abbas Sancti Lupi Trecensis, 140, 152.
Philippus, rector ecclesie Sancti Martini Trecensis, 269.
Pierre François de Benoist, sacerdos de Avinione, protonotarius Apostolicus, CXIII.
Pierre, vulgo dictus *Lempereur*, 175.
Pierre de *Nachy*, dominus de *Nachy*, XCIII.
Pierre Martin, LXI.
Pierre de la Noe, LXXXIX.
Pierre de Ramerupt, promotor curie officialitatis Trecensis, LXVII.
Poncet de la Rivière, episcopus Trecensis, CXI.
Poncius, [canonicus Trecensis?], 9.
Pontius de Mareio, 6.
Pothier Remy, canonicus S. Urbani Trecensis, scriba, CXIII.
Prudentius (sanctus), episcopus Trecensis, VIII.

Quadratus, cordubanarius Trecensis, 153, 178.
Quoquanlorge, 191.

R., de Molinis, [canonicus Trecensis], XVI.
Radulfus, decanus capituli Trecensis, 185, 192.
Radulfus, Albanensis episcopus, 259.
Radulfus, constabularius regis Francorum Ludovici VII, 40.
Radulfus de Boilliaco, 142.
Radulfus de Chemino, 191.
Radulfus de Corlengiis, servus, 93.
Radulfus *Malfait*, 65, 66.
Radulfus, presbiter canonicus Trecensis, 31.
Radulfus, archiepiscopus Turonensis, 6.
Radulphus, 173, 174.
Raguier. Vide : Jacobus et Ludovicus.
Raherius de *Vetzui*, 21.
Rainaldus, camerarius regis Francorum Ludovici VII, 40.
Rainaldus de Pruvino, 34, 211.
Rainaldus, diaconus canonicus Trecensis, 31.
Rainerius de Brena, 18, 20.
Rainerius, diaconus canonicus Trecensis, 4.
Rameruco (magister... de), archidiaconus Arceyarum, XVI.
Raynaldus, prepositus [ecclesiæ Trecensis], et vicecomes Trecarum, 6, 8, 9.
Raynaldus, [canonicus Trecensis?], 9.
Reginaldus, canonicus Trecensis, 303.
Reimbaldus, frater Galcheri de Castris, 60.
Reinaldus, presbiter canonicus Trecensis, 58.
Remigius, succentor ecclesie Sancti Stephani [Trecensis], 80.

Remsendis, relicta Theobaldi Abrae, serva, 119.
Renaldus, alias Renardus, canonicus Trecensis, 346, 366.
Renardus, presbiter canonicus Trecensis, 49, 54, 57.
Renaud de Pougy, alias Renaudus de Pugeio, 80, 90.
Renaudus de Brena, capellanus Johannis, episcopi Trecensis, 202.
Renaudus de Columbereio, procurator et deinde decanus Sancti Urbani Trecensis, 312, 314, 317, 318.
Renaudus Diabolus, decanus capituli Sancti Urbani Trecensis et canonicus ecclesiæ Trecensis, xv, xviii.
Renaudus, presbiter canonicus Trecensis, 49, 54, 57, 58.
Renaudus, armiger frater Hugonis domini de Rumilliaco, 363.
Renaudus (dominus) de *Vaigni*, 177.
Renerius de Sancto Quentino, 160, 161.
Renier de la Bele, bailly de Troyes, Miaux, et Provins, 196.
Ricardus, dapifer [Milonis, comitis de Barro super Sequanam], 20.
Ricardus *Pepin*, abbas S. Martini in Areis, officialis Trecensis, LXVII.
Richardus, cardinalis, 6.
Richardus, scriba officialitatis Trecensis, 302.
Richardus de *Vaulgrenant*, archidiaconus de Luxovio in ecclesia Bisuntina, 269, 270, 271, 272, 281.
Robert de Saint Mards, miles, 140.
Robertus, 31.
Robertus (magister), aurifaber, 232, 233, 236.
Robertus, abbas Arremarensis, 284, 289, 291.
Robertus, rector ecclesie de Chableio, 311.
Robertus Crassus, 139.
Robertus de Frolosio, filius domini de Molineto, [canonicus Trecensis], xvi.
Robertus, abbas Hermiarum Parisiensis, 148.
Robertus, abbas Sancti Victoris [Parisiensis], 79.
Robertus, episcopus Trecensis, xxxv, xlvii, 168, 172.
Robertus, [canonicus Trecensis ?], 9.
Robertus, [præpositus expensis pro ecclesia Sancti Urbani Trecensis construenda], LXXVIII, LXXIX, 264, 265.
Robertus de Vineto, canonicus Trecensis, 165.
Rocelinus, subdiaconus canonicus Trecensis, 31.
Rodoricus, Mindoniensis episcopus, 314.
Rodulphus, prior de Karitate, 34, 210.
Royer (Jeanne), épouse de Oudot (Jean), imprimeur, c.
Rogerus, servus, 99.
Rogerus de *Perchoy*, 265.
Rolandus, presbiter cardinalis tituli Sancti Marci, 27.
Rolandus *Bonsigneur*, 245.
Rolendus, canonicus Trecensis, 136.
Romanus, diaconus cardinalis Sancte Marie in Porticu, 12.
Rosa, uxor Petri *Seignes* de *Laval*, 179.
Roserus de *Reigni*, 173.

Rouillard (Sébastien), avocat, LXXIV.

Salo (dominus) de *Corjurennes*, 179.
Salo, decanus ecclesie Senonensis, 90.
Seherus de Fontanis, 246, 266.
Sibilla, filia Johannis Briderie, serva, 106.
Simon, cardinalis tituli Sanctæ Ceciliæ, LXXXIII.
Simon, filius Gaufridi Furnerii, 20.
Simon Bituricensis, conjux Odæ, servæ et filiæ Odonis, monetarii, 35.
Simon de Meriaco, miles, 245, 266.
Simon Moreau, ecolatre S. Stephani Trecensis, XXXV.
Simon de Valle (frater), 295.
Simonetus de Valle Rodionis, procurator abbatissæ Sanctæ Mariæ ad Moniales Trecenses, 312.
Stephanus (IV, alias V), papa, VII.
Stephanus, cancellarius [comitis Henrici Trecensis], 37, 40, 44.
Stephanus, clericus, 271.
Stephanus, filius Gileberti Poncii, 177.
Stephanus de Allemente, clericus, notarius publicus [Trecensis], 222.
Stephanus de Boilliaco, 299.
Stephanus de Chableio, 303.
Stephanus, abbas Cluniacensis, XXXXI, 27.
Stephanus Gilleberti, subcollector apostolicus, LXV, LXVI, LXVII.
Stephanus Giraudi, presbiter canonicus Trecensis, 31.
Stephanus de *Givry*, episcopus Trecensis, XL, LV, LXVII.
Stephanus Grapini, officialis Trecensis, et auditor testamentorum, LXVII.
Stephanus *Ladvocat*, mercator Trecensis, 351.
Stephanus de Leodio, 303.
Stephanus Loerii, civis Trecensis, 243.
Stephanus de Logia, miles, filius *Aelays* de Logia, 152, 154, 158.
Stephanus Lupus, presbiter canonicus Trecensis, 18, 31.
Stephanus de Luxovio, decanus Sancti Stephani Trecensis, 299, 310, 314 (?), 317.
Stephanus dictus de *Molans*, canonicus Tullensis, 312.
Stephanus, dictus *Pevrier*, 321.
Stephanus de Portu, thesaurarius Sancti Urbani Trecensis, 313.
Stephanus, Prenestinus episcopus, 259.
Stephanus Pruvinensis (magister), 35.
Stephanus de Pruvino, canonicus Remensis, 183.
Stephanus, presbiter de Rameruco, 66, 68.
Stephanus, curatus de Sancto Saturnino, 323.
Stephanus, sacerdos canonicus Trecensis, 16, 17.
Stephanus (magister), subdiaconus canonicus Trecensis, 31, 32.

Stephanus, [præpositus expensis pro ecclesia Sancti Urbani Trecensis construenda], LXXVIII, LXXXI, 264, 265.
Suzanna, 173.
Symon Mangenet, notarius Trecensis, LXI-LXIV.
Symon de Silviniaco, alias de Sovigniaco, canonicus Trecensis, 138, 139.
Symon, canonicus capituli Sancti Urbani Trecensis, LXXVIII, 249.

Teburgis, serva, 22.
Tegerus, canonicus Trecensis ?, 9.
Tegerus, subdiaconus canonicus Trecensis, 14 (?), 16, 17.
Teobaldus de *Fresnei*, 58.
Teobaldus, nepos *Aaliz* de Castro Guitonis, 116.
Teobaudus, archidiaconus Trecensis, 9.
Teodericus, [canonicus Trecensis ?], 9.
Terricus, aurifaber Trecensis, 151, 152.
Tescelinus de *Clairy*, 40.
Theo, servus, 59.
Theobaldus, major, 139.
Theobaldus, dapifer Ludovici VII, regis Francorum, 40.
Theobaldus Abraam, 119.
Theobaldus de Acenaio, civis Trecensis, LXXVIII, 231, 232, 233, 234, 235, 236, 239, 240, 241, 242, 243, 244, 245, 246, 247, 248, 249, 250, 252, 264, 265, 266, 267, 288, 362.
Theobaldus de *Broies*, 266, 363.
Theobaldus [II], comes palatinus Trecensis, alias Campaniæ, 9, 11, 19, 20, 22.
Theobaldus [III], comes Campanie, palatinus, 93, 95, 100.
Theobaldus [IV] comes palatinus Campaniæ, [rex Navarræ], 148, 158, 163, 167, 169, 180, 181, 183.
Theobaldus [V], comes palatinus Campanie et Brie, rex Navarre, LXXXIII, LXXXIV, XCV, CVIII, 244, 261, 278, 295, 297.
Theobaldus, prior Cluniacensis, 28.
Theobaldus, dominus de Castro Guitonis, domicellus, 140.
Theobaldus de *Durtein*, 151, 153.
Theobaldus Fabrarius, canonicus Trecensis, frater Erardi episcopi Antissiodorensis, 196, 215.
Theobaldus de Fayaco, tannator, filius Johannis *Friquant*, 304.
Theobaldus de Foresta, armiger, 216.
Theobaldus de Roseriis, canonicus Sancti Stephani Trecensis, 239, 265.
Theobaldus, abbas Sancte Columbe Senonensis, 15.
Theobaldus, canonicus Trecensis, 185.
Theodericus, 142.
Theodericus, subdiaconus canonicus Trecensis, 17.
Theodoricus, aurifaber, Trecensis, 152.

Theodoricus, archidiaconus Trecensis, 2.
Thiebaus li Fautriers, chenoignes de Troies, 215.
Thomas de Aquino (sanctus), de ordine predicatorum, LXXVII.
Thomas [sanctus], Cantuariensis archiepiscopus, 210.
Thomas, Coronensis episcopus, 315.
Thomas Duit, sigillifer curie officialitatis Trecensis, LXVII.
Tierricus de *Placy*, 60, 61.
Tierricus *Saugele*, 176.
Tomas de Barro [super Sequanam], 20.

Ubertus, Sancti Eustachii diaconus cardinalis, 259.
Ulricus de Monteregali, 21.
Urbanus II, papa, XXXIX.
Urbanus [IV], papa, LXXVI, LXXXIII, LXXXVI, 196, 214, 231, 233, 234, 235, 236, 237, 239, 240, 241, 242, 243, 244, 253, 260, 262, 263, 273, 278, 281, 282, 283, 284, 285, 300, 318, 319, 335, 352, 353.

Valerianus, clericus Romanus, canonicus Trecensis, 168, 177.
Verderia, uxor Henrici de Chinigiaco, 111.
Viardot, scriba in ballivia Senonensi, LXV.
Vilanus *Buci*, 236.
Villenus, subdecanus capituli Sancti Stephani Trecensis, 77.

Walo, filius Fromundi, serviens Hugonis, comitis Trecensis, 8.
Walterus, [canonicus Trecensis?], 9.
Wido. Vide: Guido.
Willelmus, vide Guillelmus vel Guillermus.
Willelmus, notarius [Henrici I, comitis Trecensis], 37, 40, 44, 46, 59.
Wilemetus, 173, 174.
Wiricus. Vide: Guerricus.
Wiricus, nepos Hatonis, Trecensis episcopi, 13, 14.

Xpistianus de Escheminiis, servus, 104.

Ymbertus Bovo, 173.
Ysabellis, uxor Johannis dicti *Blanc-Toupet*, 235.
Ysabellis, uxor Jocobi Alemanni, 241.
Ysabellis, uxor Simonis de Meriaco, 243.
Ysabiau, uxor Mauricii de Amancia, serva, 144.
Yvo, Carnotensis episcopus, imprimis abbas S. Quintini Belvacensis, XXXIX, 1, 6.

TABLE DES NOMS DE LIEUX

CONTENUS

DANS LES CARTULAIRES DE SAINT-PIERRE

ET DE SAINT-URBAIN DE TROYES

Abbatia, 54. Vide : *Abbaye-sous-Plancy*.
Abbaye-sous-Plancy, *Aube, a. Arcis-sur-Aube, c. Méry-sur-Seine*, 54. (Johannes de). Cfr. Abbatia.
Acenaio (Theobaldus de), 232. Vide : *Assenay*.
Aci (Bauduinus de), 20.
Acquiano (Johannes de), XVIII.
Aillebalderiis (ecclesia de), 82. Vide : *Allibaudières*.
Aillefol, XCII. Vide : *Gérosdot*.
Aix-en-Othe, *Aube, a. Troyes*, 33, 38, 73, 82, 121, 128, 202. — Curatus ; Aimeretus. Cfr. Aquis.
Aix-la-Chapelle, *Prusse*, VII. Cfr. Aquisgranense (palatium).
Alba, fluvius, 38, 82, 121. Vide : *Aube*.
Albano, *Italie*, 194, 239. — Episcopi : P., Radulfus.
Alba Terra (*Chevalier de*), 304. Vide : *Aubeterre*.
Alefoi (ecclesia de), 24. Vide : *Gérosdot*.
Allebauderiis (ecclesia de), 129. Vide : *Allibaudières*.
Allemant, *Marne, a. Epernay, c. Sézanne*, XIII, 222. (Johannes, Stephanus de). Cfr. Allemente (de).
Allemente (de), XIII, 222. Vide : *Allemant*.
Allibaudières, *Aube, a. et c. Arcis-sur-Aube*, 82, 129. Cfr. Aillebalderiis (de), Allebauderiis (de).
Alneto (de), 252, 310. Vide : *Aulnay*.
Altissiodorensis (diœcesis), 66. Altissiodorum, 17. Vide : *Auxerre*.
Altovillari (abbatia de), 241. Vide : *Hautvillers*.
Amancia, 144, 321. Vide : *Amance*.
Amance, *Aube, a. Bar-sur-Aube, c. Vendeuvre*, 144, 321. (Johannes Bartholomei, Mauricius de). Cfr. Amancia.

Amelia, Italie, 315. Episcopus : Maurus. Cfr. Ameliensis (episcopus).
Ameliensis (episcopus), 315. Vide : *Amelia.*
Amghien (la comtesse d'), 323.
Anagni, Italie, xxxix, 52, 53.
Anagnie, xxxix, 52, 53. Vide : *Anagni.*
Anglura, 82. Vide : *Anglure.*
Anglure, Marne, a. Epernay, 33, 38, 82, 121. Cfr. Anglura, Angularia.
Anglurella, 322. Vide : *Angluzelle.*
Angluzelle, Marne, a. Epernay, c. Fère-Champenoise, vetus prioratus, 322. — Prior : Johannes. Cfr. Anglurella.
Angularia, 33, 38, 121. Vide : *Anglure.*
Aniciensis (episcopus), 315. Vide : *Le Puy.*
Antissiodorensis (diœcesis), 196, 301, 321. Vide : *Auxerre.*
Aquilefago (de), LXX. Vide : *Gérosdot.*
Aquis (villa que dicitur), 33, 38, 82, 121, 128, 202. Vide : *Aix-en-Othe.*
Aquisgranense (palatium), VII. Vide : *Aix-la-Chapelle.*
Arbrossello (ecclesia de), 18. Vide : *Laubressel.*
Arceiis (ecclesia de), 129, 266. Vide : *Arcis-sur-Aube.*
Arcis-sur-Aube, Aube, LXVI, 129, 266. — Dominus : 266. (Petrus de). Cfr. Arceiis (de).
Arduseio (decima [justitiæ riveriæ] de), 82, 130. Vide : *L'Ardusson.*
Ardusson (l'), riveria, affluens in Sequanam, *Aube, a. Nogent-sur-Seine*, 82, 130. Cfr. Arduseio (de).
Argentela (decima de), 76. Vide : *Argentoles.*
Argentoles, Aube, a. et c. Troyes, co. Creney, 76. Cfr. Argentela.
Arremarensis (abbatia), 19, 81, 88, 237, 268, 274, 275, 284, 287, 289. Vide : *Montieramey.*
Arripatorium, vetus abbatia, 18, 82, 130. Vide : *Larrivour.*
Assenay, Aube, a. Troyes, c. Bouilly, 231, 232. (Theobaldus de). Cfr. Acenayo (de).
Athènes, Grèce, 323. — Ducissa : *Isabiau*, comitissa Brenæ.
Aube, fluvius affluens in Sequanam, 38, 82, 121. Cfr. Alba.
Aubeterre, Aube, a. et c. Arcis-sur-Aube, 304. *(Chevalier d')*. Cfr. Alba Terra.
Aubresselo (de), XIII ; *Aubroissel*, 75 ; Aubroissum, 141 ; Aubrusselo (de), XLVIII. Vide : *Laubressel.*
Auceurre, 214. Vide : *Auxerre.*
Aulnay, Aube, a. Arcis-sur-Aube, c. Chavanges, 252, 310. (Guido de), Cfr. Alneto (de).
Aureavillaris, 25. Vide : *Orvilliers.*
Aurelianensis (diœcesis), 6. Vide : *Orléans.*
Aureumvillare (apud), 22, 24. Vide : *Orvilliers.*
Aus Mons (aus Molins), 251. Vide : *Moulin-Aulmont.*

Auson (Hulardus de), 235. Vide : *Auson*.
Autissidorensis (diœcesis), 238, 276. Vide : *Auxerre*.
Autun, *Saône-et-Loire*, xv, 237. Cfr. *Edua*, *Eduensis* (diœcesis).
Auxerre, *Yonne*, 17, 66, 196, 214, 238, 276, 301, 326, 331. — Episcopi : 276, Erardus, Guillelmus. — canonici : Erardus, Felix. — Abbatia Sancti Germani : 326, 331 ; decanus : Petrus. Cfr. Altissiodorensis (diœcesis), Altissiodorum, Antissiodorensis, *Auceurre*, Autissiodorensis (diœcesis).
Auxeyo (de), xvii. Vide : *Auxois* (l').
Auxois (l'), Pagus in veteri provincia Burgundiæ, xvii. (Johannes de). Cfr. Auxeyo (de).
Auson, *Aube*, a. *Troyes*, c. *Piney*, 235. (Hulardus de). Cfr. *Auson*.
Avant-les-Marcilly, *Aube*, a. *Nogent-sur-Seine*, c. *Marcilly-le-Hayer*, 33, 37, 82, 120, 129, 130. Cfr. *Avens*.
Avenioni (datum), 326, 329, 330. Vide : *Avignon*.
Avens, 33, 37, 82, 120, 129, 130. Vide : *Avant-les-Marcilly*.
Averleio (Odo de), 39, 122. Vide : *Everly*.
Avignon, *Vaucluse*, 326, 329, 330. Cfr. Avenioni (datum).
Avreuil, *Aube*, a. *Bar-sur-Seine*, c. *Chaource*, xcii.

Baaçon, 201, 216, 304. Vide : *Basson*.
Bagneux-lès-Méry, *Marne*, a. *Epernay*, c. *Anglure*, lxvi, xcii. Cfr. Balneolis (de ?).
Balchisi (Guido de), 23.
Baldementum, 6. Vide : *Baudement*.
Balneolis (Joannes de), lxvi. Vide : *Bagneux-lès-Méry* (?).
Banleia, alias Banleuga Trecensis, 24, 53, 78, 81, 213. Vide : *Troyes*.
Bar (Petrus de), 32.
Barbereio (decima de), 82, 128, 248, 250, 266. Vide : *Barberey-Saint-Sulpice*.
Barberey-aux-Moines, *Aube*, a. et c. *Troyes*, xcii.
Barberey-Saint-Sulpice, a et c. *Troyes*, xcii, 82, 128, 248, 250, 266. — Dominus : Egidius, miles. Cfr. Barbereio (de).
Barbona (ecclesia de), xlviii, lxix, lxx, 13, 82, 92, 129, 145, 146, 190, 191, 192, 217, 218. Vide : *Barbonne*.
Barbonne, *Marne*, a. *Epernay*, c. *Sézanne*, xlviii, lxix, lxx, 13, 82, 92, 129, 145, 146, 190, 191, 192, 217, 217. : Curatus : Iterius. Cfr. Barbona.
Barbuise, *Aube*, a. *Nogent-sur-Seine*, c. *Villenauxe*, 129. Cfr. Barbusia.
Barbusia (ecclesia de), 129. Vide : *Barbuise*.
Barrensis (J. decanus), 162, 163.
Barro (Guibertus de), 35.
Barro (Giradus de), 58, 113, 114.
Barro (Milo de), 49, 58.

Barro (Tomas de), 20.
Barrum super Albam, 291. Vide : *Bar-sur-Aube*.
Barrum, super Sequanam, 8, 19, 150, 162, 163. Vide : *Bar-sur-Seine*.
Bar-sur-Aube, Aube, 291. — Ecclesia Beate Marie Magdelene, 291. — *Saint-Maclou,* LXXXIV. — Vicus Courterie Equorum ; 291. (Petrus *Musaris* de). Cfr. Barrum super Albam.
Bar-sur-Seine, Aube, 8, 19, 63, 150. — Comitatus Barrensis : 63; Comites : Milo II, Milo III ; comitissa : Helissendis. — Vicecomes : Adam. — Dapifer : Ricardus. — Præpositus : Nicholaus. Cfr. Barrum super Sequanam.
Bassefontaine, Aube, a. Bar-sur-Aube, c. Brienne-le-Château, Sancte Marie vetus abbatia, 82, 130. Cfr. Bassofonte (de).
Basseium, 24, 144. Vide : *Bessy*.
Bassofonte (abbatia de), 82, 130. Vide : *Bassefontaine*.
Basson, Aube, a. Nogent-sur-Seine, c. et co. Marcilly-le-Hayer, 201, 216, 304. (Aalipdis, Jacobus de). Cfr. Baaçon.
Bateilli (bosoum de), 179. Vide : *Batilly*.
Batilly, Aube, a. Troyes, c. Bouilly, co. Villy-le-Bois, 179. Cfr. *Bateilli*.
Baudement, Marne, a. Epernay, c. Anglure, 6. (Andreas de). Cfr. Baldementum.
Bauderel (campus qui dicitur), prope Capellam Galonis, 179.
Beaufort, xc. Vide : *Montmorency*.
Beaulieu, Aube, a. Bar-sur-Aube, c. Vendeuvre, co. Trannes, vetus abbatia, 82, 130. Cfr. Belloloco (de).
Beaune, Côte-d'Or, 206. Cfr. Belna (de).
Beau Roy sur Aube, 280. Vide : *Belroy*.
Beauvais, Oise, XXXIX, 1, 54. — Episcopus : Fulco. — Sancti Quintini abbatia, XXXIX, 1, 54. — Abbates : Nicholaus, Yvo. Cfr. Belvacensis (diœcesis).
Bele (Renfer de la), 196.
Belloloco (abbatia de), 82, 130. Vide : *Beaulieu*.
Belna (vinum de), 206. Vide : *Beaune*.
Belroy, Aube, a. et c. Bar-sur-Aube, co. Bayel, vetus prioratus, 280. Cfr. Beau Roy sur Aube.
Belvacensis (diœcesis). Vide : *Beauvais*, 1, 54.
Bénévent, Italie. 33, 84. Cfr. Veneventum.
Bercenay-en-Othe, Aube, a. Troyes, c. Estissac, 156, 157. Cfr. Brecenaio (de).
Bercenay-le-Hayer, Aube, a. Nogent-sur-Seine, 82, 129, 130. Cfr. Bretenaio (de), Bretennino (de), Breteniaco (de).
Besançon, Doubs, XVII, 248, 270, 271, 277. — Archidiaconus : Richardus de *Vaulgrenaut*. — Decanus : Johannes de Cocandrayo. (Girardus, miles ; *Jehan* de). Cfr. Bisuntina (ecclesia).
Bessy, Aube, a. Arcis-sur-Aube, c. Méry-sur-Seine, 24, 144. (Constantius, Garnerius de). Cfr. Basseium.

Bethon, Marne, a. Épernay, c. Esternay, 82, 131. Cfr. Fonte Betton (de), Fonte Betun (de).
Bevrona (ecclesia de), 24. Vide: *Brevonne.*
Bisuntina (in ecclesia), xvii, 270, 271. Vide : *Besançon.*
Bituricensis (civitas), 35, 314. Vide : *Bourges.*
Bocenai (territorium de), 79, 173. Vide : *Saint-Martin ou Saint-Pierre-de-Bossenay.*
Boilliaco (de), 142, 187, 188, 299. Vide : *Bouilly.*
Boiloiges (Odo de), 160 ; Bolegiis (ecclesia de), 129 ; *Boloiges* (de), 160. Vide : *Boulages.*
Boissy, Marne, a. Épernay, c. Montmirail, 129. Cfr. Busseiaco (de).
Bonavalle (Ernaudus abbas de). 21. Vide : *Bonneval.*
Bonavalle (de), xvi. Vide : *Saint-Jean-de-Bonneval.*
Bonavicina (ecclesia de), 82, 129. Vide : *Bonne-Voisine.*
Bonne-Fontaine (Marie de la), xciii.
Bonneval, Eure-et-Loir, a. Châteaudun, vetus abbatia bened. Cfr. Bonavalle. — Abbas : Ernaudus, qui scripsit vitam sancti Bernardi.
Bonneuil, alias *Bonneux*, Aube, a. et c. Troyes, co. les Noës, LXXII.
Bonne-Voisine, Aube, a. Arcis-sur-Aube, c. Méry-sur-Seine, co. Champfleury, meteria, 82, 129. Cfr. Bonnavicina.
Bouilly, Aube, a. Troyes, 129, 142, 187, 188, 299. (Radulfus, Stephanus de). Cfr. Boilliaco (de), Bulliaco (de).
Boulages, Aube, a. Arcis-sur-Aube, c. Méry-sur-Seine, 129, 160. (Odo, miles, de). Cfr. Boiloiges (de), Bolegiis (de), Boloiges (de).
Boulancourt, Haute-Marne, a. Wassy, c. Montierender, Sancte Marie vetus abbatia, 82, 130. Cfr. Bullencurt.
Bourges, Cher, 35, 314. - Archiepiscopus : Egidius. (Simon de). Cfr. Bituricensis (civitas).
Bourgogne, France, 171, 324, 330. — Dux : Philippus dictus *Le Hardi*. — Comitissa : *Marguerite*. — Constabularius : Odo *Ragoz*. Cfr. Burgundia.
Bouy-sur-Orvin, Aube, a. et c. Nogent-sur-Seine, 147, 148. — Dominus : Petrus. Cfr. Boy (de), Boyo (de).
Boy (dominus de), 147 ; Boyo (de), 148. Vide : *Bouy-sur-Orvin.*
Bracarensis (archiepiscopus), 314. Vide : *Braga.*
Braga, Espagne, 314. — Archiepiscopus : Martinus. Cfr. Bracarensis.
Brecenaio (ecclesia de), 156, 157. Vide : *Bercenay-en-Othe.*
Brecis (ecclesia de), 86, 130, 133. Vide : *Broyes.*
Brena (de), LXVII, 18, 20, 104, 202, 281 ; *Brene*, 323 : Brenensis (comitatus), 8, 127, 213. Vide : *Brienne-le-Château.*
Brescia, Italie, 12. Cfr. Brixie.
Bretonaio (decima de), 130 ; Bretennino (decima de), 82 ; Bretteniaco (ecclesia de), 129. Vide : *Bercenay-le-Hayer.*
Bréviandes, Aube, a. et c. Troyes, LXXII.
Brevonne, Aube, a. Troyes, c. Piney, 24. Cfr. Bevrona.

Brienne-le-Château, Aube, a. Bar-sur-Aube, LXVII, 8, 18, 20, 104, 127, 202, 213, 281, 323. — Archidiaconus : Gularduś. — Domus Dei : 213. — Comites : Erardus (I). Galterus II, Hugo, Johannes I. — Comitissa : *Isabiau*. (Erardus, dominus de Rameruco, Joannes, Rainerus, Renaudus, de). Cfr. *Brena, Brene, Breneusis comitatus*.
Brillecourt, Aube, a. Arcis-sur-Aube, c. Ramerupt, XIII, 323. (Adam, Guillelmus de). Cfr. Brillicuria, Brilicurte de).
Brilicurte (de), XIII, Brillicuria (de), 323. Vide : *Brillecourt*.
Brixie, 12. Vide : *Brescia*.
Broies (de), 266. Vide : *Broyes*.
Broyes, Marne, a. Epernay, c. Sézanne, 86, 130, 133, 266. — Ecclesia vel capitulum Sancti Blitharii : 86, 130. — Dominus : Hugo. (Theobaldus de,. Cfr. Brecis (de), *Broies*.
Brueriis (Johannes de), XV, XIV, XIX, 208.
Bucei (Manasses de), 49. Vide : *Bucey-en-Othe*.
Bucey-en-Othe, Aube, a. Troyes, c. Estissac, 49. (Manasses de). Cfr. *Bucei*.
Buchères, Aube, a. Troyes, c. Bouilly, 82, 131. Cfr. Buisseriis (de).
Buisseriis (decima de), 82, 131. Vide : *Buchères*.
Bullencurt (abbatia de), 82, 130. Vide : *Boulancourt*.
Bulliaco (ecclesia de), 129. Vide : *Bouilly*.
Burgundia, 171. Vide : *Bourgogne*.
Burgus Episcopi, 39, 84, 121, 177. Vide : *Troyes*.
Busselaco (ecclesia de), 129. Vide : *Boissy*.
Busseriis (de), 20. Vide : *Buxières*.
Buxières, Aube, a. Bar-sur-Seine, c. Essoyes, 20. (Gunterius de). Cfr. Busseriis.

Calcedonie (episcopus), 314. Vide : *Chalcedoine*.
Calderiaco (ecclesia de), 129. Vide : *Chaudrey*.
Calixto (ecclesia de), 128. Vide : *Chalautre-la-Grande*.
Cambrai, Nord, 223. (Johannes de). Cfr. Cameraco.
Cameraco (Johannes de), 223. Vide : *Cambrai*.
Campania. Vide : *Champagne et Troyes*.
Campi Grillonis (Capella), 129. Vide : *Champ-Grillet*.
Campo Gillardi (Maria de), 243. Vide : *Champ-Girard* (?).
Campo Guidonis (ecclesia de), 82, 129, 310. Vide : *Champ-Guyon*.
Cantorbery, Angleterre, 210. — Archiepiscopus : Thomas (sanctus). Cfr. Cantuariensis (diœcesis).
Cantualaude (Agnes de), 304. Vide : *Chanteloup*.
Cantuariensis (diœcesis), 210. Vide : *Cantorbery*.
Cantumerula (abbatia de), 82, 130, 160. Vide : *Chantemerle*.
Capella (ecclesia de), 24, 54, 59; Capellas (apud), 57; Capella Sancti Petri, LXX, 36, 40, 44, 58, 60, 80, 100, 134, 171, 182, 183. Vide : *Grandes-Chapelles*.

Capella Gaionis, 179. Vide : *Chapelle-Vallon.*
Capella [ad Plancas] (abbatia de), 82, 130. Vide : *La Chapelle-aux-Planches.*
Capella Sancti Luce (decima de), 82, 128. Vide : *La Chapelle-Saint-Luc.*
Capis (de), 57, 58, 100, 113, 117. Vide : *Chappes.*
Capri, Italie, Naples, 315. — Episcopus : Nicolaus. Cfr. Capritanensis (diœcesis).
Capritanensis (episcopus), 315. Vide : *Capri.*
Carnotensis (diœcesis), 6, 29 ; Carnoto (de), 230. Vide : *Chartres.*
Castris (de), 60, 107, 108, 129. Vide : *Chatres.*
Castro Guitonis, alias Vitonis (decima de), 116, 117, 140, 141. Vide : *Château-Hulton.*
Cathalaunensis (diœcesis), 6. Vide : *Châlons-sur-Marne.*
Ceffonds, Marne, a. Wassy, c. Montiérender, 129. Cfr. Septem Fontibus (ecclesia de).
Cella (Petrus de), xv.
Cella Trecensis, 95, 225, 240, 242, 266. Vide : *Montier-la-Celle.*
Celle-sous-Chantemerle (la), Marne, a. Épernay, c. Anglure, XCII.
Cervet-Saint-Léger, Aube, a. Troyes, c. Bouilly, co. Saint-Léger, CI — Dominus : *de Marisy.*
Chableiis (de), 267, 292, 303, 311, 317. Vide : *Chablis.*
Chablis, Yonne, a. Auxerre, 267, 292, 303, 311, 317. rector : Robertus. (Johannes, Stephanus de). Cfr. Chableiis (de).
Chacenaio (de), 39, 122. Vide : *Chassenay.*
Chalautre-la-Grande, Seine-et-Marne, a. Provins, c. Villiers-Saint-Georges, 88, 128. Cfr. Calixto (ecclesia de), Chalestria.
Chalcedoine, Asie Mineure, 314. — Episcopus : Jacobus. Cfr. Calcedonie (episcopus).
Chalestria (ecclesia de), 88. Vide : *Chalautre-la-Grande.*
Chaleta, 115. Vide : *Chalette.*
Chalette, Aube, a. Arcis-sur-Aube, c. Chavanges, 115. — Domus Dei, 115. Cfr. Chaleta.
Chalon[-sur-Saône], Saône-et-Loire, 323. (Jehan de).
Châlons-sur-Marne, 6. — Episcopus : Hugo. Cfr. Cathalaunensis (diœcesis).
Chamay, 231. Vide : *Chamoy.*
Chamoy, Aube, a. Troyes, c. Ervy, 231. Cfr. Chamay.
Champagne, France, LXXXIII, 323, 335. — Comitatus. Vide : Troyes. — Lieutenant du Roi pour la Champagne : Jehan de Chalon. Cfr. Campania.
Champgirard, Seine-et-Marne, a. Provins, c. Donnemarie, co. Montigny-Lencoup, 243 (?). (Maria de). Cfr. Campo Gillardi (de).
Champ-Grillet, a. et c. Arcis-sur-Aube, co. Semoine, 129. Cfr. Campi Grillonis (capella).
Champ-Guyon, Marne, a. Épernay, c. Esternay, 82, 129, 310. (Dyonisius de). Cfr. Campo Guidonis (de).

Champigneio XVII, 304. Vide : *Champigny* (?).
Champigny, *Aube, a. et c. Arcis-sur-Aube*, XVII (?), 304 (?). (Couteletus, Guillelmus de). Cfr. Champigneio (de).
Champillon, *Aube, a. Troyes, c. Bouilly, co. Longeville*, LXXII.
Champlipto (Petrus de), XVI.
Chanlai, 80, Chanlaio (census de), 80.
Chantemerle, *Marne, a. Epernay, c. Esternay*, vetus abbatia, 82, 130, 160. — Abbatia Sancti Sereni, 130. — Abbas : Johannes. (Droco de). Cfr. Cantumerula.
Chanteloup, *Aube, a. Nogent-sur-Seine, c. et co. Marcilly-le-Hayer*, 304 (?). (Agnes de). Cfr. Cantualaude (de).
Chapelle-aux-Planches (la), *Haute-Marne, a. Wassy, co. Puellemontier*, vetus abbatia, 82, 130. Cfr. Capella ad Plancas.
Chapelle-Saint-Luc, *a. et c. Troyes*, XCIII, 82, 128. Cfr. Capella Sancti Luce.
Chapelle-Vallon, *Aube, a. Arcis-sur-Aube, c. Méry-sur-Seine*, 179. Cfr. Capella Galonis.
Chappes, *Aube, a. et c. Bar-sur-Seine*, XCVI, 57, 58, 100, 101, 113, 251, 318. — Domini : Clarembaldus, *Dreues*. — Domina : Helissendis. (Galterus, *Gaultier*, Guido de). Cfr. Capis (de).
Charité-sur-Loire, *Nièvre*, vetus prioratus, 34, 210, 211. — Prior : Rodulfus. Cfr. Karitas.
Charley, *Aube, a. et c. Troyes, co. Sainte-Maure*, villa nunc diruta, XCIII.
Charmont, *Aube, a. et c. Arcis-sur-Aube*, 20, 58, 98, 129. (Milo de). Cfr. *Colaverde*, Colaverdeio (de), *Corlavarsi, Corlaversi, Cortlaverdi, Curtlaverdi*.
Chartres, *Eure-et-Loir*, 6, 29, 236. — Episcopi : Gillelmus [1 de Campania], Yvo. (Guillelmus de). Cfr. Carnotensis (diœcesis), Carnoto (de).
Chassenay, *Aube, a. Bar-sur-Seine, c. Essoyes*, 39, 122. — Dominus : 39, 122. Cfr. Chacenaio (de).
Château-Hutton, *Aube, a. Troyes, c. Aix-en-Othe, co. Saint-Mards-en-Othe*, 116, 117, 140, 141. — Dominus : Theobaldus, domicellus. (*Aalis* de). Cfr. Castro Guitonis, alias Vitonis (de).
Châtres, *Aube, a. Arcis-sur-Aube, c. Méry-sur-Seine*, XCIII, 60, 107, 108, 129. (Galcherus de). Cfr. Castris (de).
Chauchigny, *Aube, a. Arcis-sur-Aube, c. Méry-sur-Seine*, LXX, 101. Cfr. Chauchiniaco (de).
Chauchiniaco (de), LXX. Vide : *Chauchigny*.
Chaudrey, *Aube, a. Arcis-sur-Aube, c. Ramerupt*, 129. Cfr. Calderiaco (de).
Chauverelli (dominus), XIV.
Cheminon (le), *Marne, a. Vitry-le-François, c. Thiéblemont*, 191 (?). (Radulfus de). Cfr. Chemino (de).
Chemino (Radulfus de), 191. Vide : *Cheminon* (?).
Chêne (le), *Aube, a. et c. Arcis-sur-Aube*, 24. Cfr. Quercus.

Chennegy, Aube, a. Troyes, c. Estissac, 109. (Henricus de). Cfr. Chinigiaco (de).
Chevileles, 184. Vide : *Chevillelle*.
Chevillelle, Aube, a. et c. Troyes, co. Saint-Germain, 184. (Houduinus de). Cfr. *Chevileles*.
Chichereio (ruella de), 243. Vide : *Chicherey*.
Chicherey, a. et c. Troyes, co. Sainte-Savine, XCVI, 243. Cfr. Chichereio (de).
Chige, 33. Vide : *Chigy*.
Chigy, Yonne, a. Sens, c. Villeneuve-l'Archevêque, LXXII, 24, 26, 33. Cfr. *Chige*, Gigeo (de).
Chinigiaco (Henricus de), 109. Vide ; *Chennegy*.
Choisel, Marne, a. Epernay, c. Sézanne, vetus prioratus, 190. — Prior : Durandus. Cfr. Choisello (de).
Choisello (prioratus de), 190. Vide : *Choisel*.
Citta di Castello, Italie, 315. — Episcopus : Monaldus. Cfr. Civitas Castellana.
Civitas Castellana, 315. Vide : *Citta di Castello*.
Claellis (ecclesia de), 82, 131, 184, 213. Vide : *Clesles*.
Clesles, Marne, a. Epernay, c. Anglure, 82, 131, 184, 213. (Petrus, canonicus Trecensis de). Cfr. Claellis (de).
Clairvaux, Aube, a. et c. Bar-sur-Aube, vetus abbatia, 21, 242. — Abbas : Bernardus. (Johannes de). Cfr. Claravallis.
Clairy (Tescelinus de), 40. Vide : *Clerey*.
Claravallis (abbatia), 21, 242. Vide : *Clairvaux*.
Clareium (apud), 118. Vide : *Clerey*.
Clauso (Manasses de), 35, 151, 303. Vide : *Troyes*.
Clerey, Aube, a. Troyes, c. Lusigny, 40. 118. (Tescelinus de). Cfr. *Clairy*, Clareium (apud).
Clermont (Jehan de), 309.
Cluniacensis (abbatia), XXXIX, 13, 15, 27, 28, 84. Vide : *Cluny*.
Cluny, Saône-et-Loire, a. Mâcon, vetus abbatia, XXXIX, 13, 15, 27, 28, 84. — Abbas : Stephanus. — Prior : Theobaldus. Cfr. Cluniacensis (abbatia).
Cocandrayo (de), XVII.
Colaverde (ecclesia de), 56 ; Colaverdeio (de), 129. Vide : *Charmont*.
Colle (in terra), 48.
Colombé-la-Fosse, vel *Colombé-le-Sec*, Aube, a. Bar-sur-Aube, 222, 312, 317. (Guillelmus, Guillelmus, Renaudus de). Cfr. Columberio (de).
Columberio (de), 222, 312, 317. Vide : *Colombé-la-Fosse* vel *Colombé-le-Sec*.
Conflans, Marne, a. Epernay, c. Anglure, XXXV, 49. (Johannes de).
Constantinople, Turquie, 195.
Corbeil, Marne, a. Vitry-le-François, c. Sompuis, LXX, 24, 54, Cfr. Corbolio (de).

Corbolio (ecclesia de), LXX, 24, 54. Vide : *Corbeil.*
Corcegré, 299. Vide : *Coussegrey.*
Corjusenes (de), 179. Vide : *Courgerennes.*
Corlavarsi (de), 98 ; *Corlaversi* (de), 20, 98. Vide : *Charmont.*
Corlendum (Hado de), 20. Vide : *Courlandon.*
Corlengiis (de), 93. Vide : *Courlanges.*
Coronée, Grèce, Béotie, 315. — Episcopus : Thomas. Cfr. Coronensis (episcopus).
Coronensis (episcopus), 315. Vide : *Coronée.*
Corterons (villa que dicitur), 19. Vide : *Courteron.*
Cortlaverdi (decima de), 98. Vide : *Charmont.*
Courberive. Vide : *Mardelle (la).*
Courceaux, Yonne, a. Sens, c. Sergines, LXXII.
Courcegré, 304. Vide : *Coussegrey.*
Cour-Dieu, Loiret, a. Orléans, c. Neuville-aux-Bois, co. Ingrannes, vetus abbatia, 114. — abbas : H. Cfr. Curia Dei.
Courgerennes, Aube, a. Troyes, c. Bouilly, co. Buchères, 179. (Salo de). Cfr. *Corjusenes.*
Courgivaux, Marne, a. Epernay, c. Esternay, 129. Cfr. Curia Givoldi.
Courlandon, Marne, a. Reims, c. et co. Fismes, 20. (Hado de). Cfr. Corlundum.
Courlanges, Aube, a. Arcis-sur-Aube, c. Méry-sur-Seine, co. Saint-Mesmin, 87, 93. (Radulfus de). Cfr. Corlengiis (de).
Courteranges, Aube, a. Troyes, c. Lusigny, XCII.
Courteron, Aube, a. Bar-sur-Seine, c. Mussy-sur-Seine, 19. Cfr. Corterons.
Coussegrey, Aube, a. Bar-sur-Seine, c. Chaource, 299, 304. (Blancha de). Cfr. Corcegré, Courcegré.
Creneio (ecclesia de), XLVIII, LXIX, 16, 24, 223. Vide : *Creney.*
Creney, Aube, a. et c. Troyes, XLVIII, LXIX, 16, 24, 223. Ecclesia Sancti Aventini : 16, 24. (Guillelmus de). Cfr. Creneio (de).
Crespeio (ecclesia de), 129. Vide : *Crespy.*
Crespy, Aube, a. Bar-sur-Aube, c. Soulaines, 129. Cfr. Crespeio (de).
Crevellos (apud), XII. Vide : *Troyes.*
Criciaco (Hugo de), 15.
Cubitis (ecclesia de), 82 Vide : *Queudes.*
Culoison, Aube, a. et c. Troyes, XCIII.
Curia Dei (abbatia de), 114. Vide : *Cour-Dieu.*
Curia Givoldi (ecclesia de), 129. Vide . *Courgivaux.*
Curtlaverdi (de), 98. Vide : *Charmont.*
Curva Ripa (molendina et stagnum de), 147, 185, 189. Vide : *Courberive et Mardelle (la).*

Damiette, Egypte, 450.
Dampetra, 20, 21, 122. Vide : *Dampierre-de-l'Aube*.
Dampierre-de-l'Aube, a. *Arcis-sur-Aube*, c. *Ramerupt*, 20, 21, 39, 122. (Guillermus, Guido de). Cfr. Dampetra, Domnipetra, Donpetra.
Deiloci (abbatia), 211, 212. Vide : *Dillo*.
Dienvilla (ecclesia de), 129. Vide : *Dienville*.
Dienville, Aube, a. *Bar-sur-Aube*, c. *Brienne-le-Château*, 129. Cfr. Dienvilla.
Dijon, Côte-d'Or, 241, 252, 267. (Garnerius, Jacobus, Jehan Garnier de). Cfr. Divione (de).
Dillo, Yonne, a. *Sens*, c. *Cerisiers*, vetus abbatia Premonstratensis, 211, 212. Cfr. Deiloci (abbatia).
Dilon (Jacobus dictus de), 235.
Divione (de), 241, 252, 267. Vide : *Dijon*.
Doche (in foresta), 220. Vide : *Doches*.
Doches, Aube, a. *Troyes*, c. *Piney*, 220. Cfr. Doche.
Doenon (filius de), 126. Vide . *Dosnon*.
Dommartin-le-Coq, Aube, a. *Arcis-sur-Aube*, c. *Ramerupt*, 252 (?), 267. *(Guillaume de)*. Cfr. Dompmartin, Dompno Martino.
Domnipetra (de), 122. Vide : *Dampierre-de-l'Aube*.
Dompmartin, 252 ; Dompno Martino (de), 267. Vide : *Dommartin-le-Coq (?)*.
Donamentum, LXX, 24. Vide : *Donnement*.
Donnement, Aube, a. *Arcis-sur-Aube*, c. *Chavanges*, LXX, 24. Cfr. Donamentum.
Donpetra, 39. Vide : *Dampierre-de-l'Aube*.
Droti de Sancto Basolo (ecclesia), 129. Vide : *Droupt-Saint-Basle*.
Dosnon, Aube, a. *Arcis-sur-Aube*, c. *Ramerupt*, 126. Cfr. Doenon.
Douasco (mercatores de), 239, 240 Vide : *Douai et Troyes*.
Douai, Nord 239, 240. Cfr. Douasco (de).
Drou, 316. Vide : *Droupt-Saint-Basle vel Droupt-Sainte-Marie*.
Droupt-Saint-Basle, Aube, a. *Arcis-sur-Aube*, c. *Méry-sur-Seine*, 82, 129, 316 (?). Cfr. Droti de sancto Basolo (ecclesia), Drou (?), Druct.
Droup-Sainte-Marie, Aube, a. *Arcis-sur-Aube*, c. *Méry-sur-Seine*, vetus prioratus, 4, 316 (?). Cfr. Drutum, Drou (?).
Druct (ecclesia de), 82. Vide : *Droup-Saint-Basle*.
Druto (ecclesia Beate Marie de), 4. Vide : *Droupt-Sainte-Marie*.
Durtein (Theobaldus de), 151.

Ecardes, Marne, a. *Epernay*, c. *Esternay*, XLII, 187, 188, 194. Cfr. Escarda, Escardia.
Echemines, Aube, a. *Nogent-sur-Seine*, c. *Marcilly-le-Hayer*, 104. (Xpistianus de). Cfr. Escheminiis (de).

TABLE DES NOMS DE LIEUX

Echenilly, Aube, a. et c. Troyes, co. Saint-André, LXIII, 24. Cfr.
Esginileium.
Ecrevolles (Grande et Petite), XCVIII. Vide : Troyes.
Edua (Matheus de), XV. Vide : Autun.
Eduensis (diœcesis), 237. Vide : Autun.
Enreu (Finage de), 251.
Epagne, Aube, a. Bar-sur-Aube, c. Brienne-le-Château, 129. Cfr.
Hispania.
Escarda (ecclesia de), 187, 188; Escardia, 194. Vide : Ecardes.
Escheminis (de), 104. Vide : Echemines.
Esginileium (villa que dicitur), 24. Vide : Echenilly.
Essartis (ecclesia de), 156, 157. Vide : Les Essarts-les-Sézanne.
Essarts-les-Sézanne (les), Marne, a. Epernay, c. Esternay, 156,
157. Cfr. Essartis (de).
Esterniaco (ecclesia de), 129. Vide : Esternay.
Esternay, Marne, a. Epernay, 129. Cfr. Esterniaco (de).
Estissac, Aube, a. Troyes, 135. (Drogo de). Cfr. Sancto Leobaudo
(de).
Estraellis (ecclesia de), 129. Vide : Etrelles.
Estrevy, 357. Vide : Etourvy.
Etourvy, Aube, a. Bar-sur-Seine, c. Chaource, 357. — Domina :
Charlotte de Lantages. Cfr. Estrevy.
Etrelles, Aube, a. Arcis-sur-Aube, c. Méry-sur-Seine, 139. Cfr.
Estraellis (de).
Everly, Seine-et-Marne, a. Provins, c. Bray-sur-Seine, 39, 122.
(Odo de). Cfr. Averleio (de).

Fabarum (terra), 45.
Faiellum Magnum (apud), XLVIII, LXIX, 190, 191, 192. Vide :
Fayel.
Faiellum Parvum (apud), XLVIII, LXIX, 190, 191. Vide : Fayel.
Faucogneio (H. de), 312. Vide : Faucogney.
Faucogney, Haute-Saône, a. Lure, 312. (H. archidiaconus de).
Cfr. Faucogneio (de).
Faux-Villecerf, Aube, a. Nogent-sur-Seine, c. Marcilly-le-Hayer,
129. Cfr. Fois.
Fayaco (Theobaldus de), 304. Vide : Fays.
Fayel, Marne, a. Epernay, c. Sézanne, XLVIII, LXIX, 190, 191,
192. Cfr. Faiellum Magnum (apud), Faiellum Parvum (apud).
Fays, Aube, a. Troyes, c. Bouilly, 304. (Perrinetus li Noirs, Theo-
baldus de). Cfr Fayaco (de).
Ferté-sur-Aube, Haute-Marne, a. Chaumont, c. Château-Villain,
XII, 6. (Ebrardus, Galcherius, Johannes de). Cfr. Firmitas.
Feuges, Aube, a. et c. Arcis-sur-Aube, 182, 183. (Petrus de). Cfr.
Fuegiis (de).
Firmitas, XII, 6. Vide : La Ferté-sur-Aube.

Flaciaco (Petrus de), 134, 135. Vide : *Flacy*.
Flacy, *Yonne, a. Sens, c. Villeneuve-l'Archevêque*, 60, 134, 135. (Petrus miles, Tierricus, de). Cfr. Flaciaco (de).
Flandres (comté de), 324. — Comitissa : *Marguerite*.
Flavigniaco (Amelina de), 304.
Fleury, Loiret, a. Gien, c. Ouzouer-sur-Loire, co. Saint-Benoît-sur-Loire, 115. — Abbas : Garnerius. Cfr. Floriacensis (Sancti Benedicti abbatia).
Florence, Italie, 223. Cfr. Florencia.
Florencia (floreni auri de), 223. Vide : *Florence*.
Floriacensis (Sancti Benedicti abbatia), 115. Vide : *Fleury*.
Flotiano (prioratus de), 111.
Foicy, Aube, a. et c. Troyes, co. Saint-Parres-les-Tertres, vetus prioratus, 72, 74, 75, 76, 109, 139, 142, 242. — Priorissa : Agnes. Cfr. Foisseio (de), Foissiacum, Fossinei (nageria).
Foisseio (prioratus de), 72, 74 ; Foissiacum, 75, 76, 142, 242. Vide : *Foicy*.
Foissiaco (Jacobus de), 135. Vide : *Foissy*.
Foissy, Yonne, a. Sens, c. Villeneuve-l'Archevêque, 17, 135. (Galterus, Jacobus de). Cfr. Foissiaco (de), Fusselo (de).
Fols (ecclesia de), 129. Vide : *Faux-Villecerf*.
Fons *Deneis*, 160. Vide : *Fontaine-Denis*.
Fontaine, Aube, a. Troyes, c. et co. Lusigny, XCIII, 242, 243. Cfr. *Fontaines lez Montaulin*.
Fontaine-Denis, Marne, a. Epernay, c. Sézanne, 160. Cfr. Fons *Deneis*.
Fontaine-Jean, Loiret, a. Montargis, c. Châtillon-sur-Loing, co. Saint-Maurice-sur-Aveyron, vetus abbatia, 114. — Abbas : Arnaudus I. Cfr. Fonte Johannis (de).
Fontaine-Fourche, Seine-et-Marne, a. Provins, c. Bray-sur-Seine, LXXII.
Fontaines-lès-Bar-sur-Aube, Aube, a. et c. Bar-sur-Aube, XCI. — Dominus : *Jean de Mesgrigny*.
Fontaines les Montaulin (Granche de), XCIII, 242, 243. Vide : *Fontaine*.
Fontanis (Seherus de), 246, 266.
Fonte (Nicolaus de), 202.
Fonte *Betton* (decima de), 82; Fonte *Betun*, 131. Vide : *Bethon*.
Fonte Johannis (abbatia de), 114. Vide : *Fontaine Jean*.
Fonte Maconis (de), 323. Vide : *Mâcon*.
Fontevrault, Maine-et-Loire, a. et c. Saumur, vetus abbatia, 75, 141. — Abbatissæ : Aaliz, Mathildis. Cfr. Fontisebraldi (abbatia).
Fontisebraldi (abbatia), 75, 141. Vide : *Fontevrault*.
Fontisvenna (ecclesia de), 24, 211, 313. Vide : *Fontvannes*.
Fontvannes, Aube, a. Troyes, c. Estissac, 24, 211, 313. (Adelina de). Cfr. Fontisvenna.
Foresta (Theobaldus de), 216.
Fossam Sancte Savine (apud), haud procul *Troyes*, 103.

Fossinei (Nageria), 139. Vide : *Foicy.*
Fouces (Pré des), haud procul *Villacerf,* 104.
France, 18, 313, 335. Reges : *Charles* IV, *Charles* V, *Charles* VI, *François* I, Henricus II, *Henry* IV, *Jehan* II, Ludovicus I, Ludovicus VII, Ludovicus IX, Ludovicus XI, Philippus II, Philippus IV, *Phelippe* VI. — Regina : Johanna, regina Navarræ. — Buticularius : Guido. — Camerarii : Droco, Radulfus. — Dapifer : Theobaldus. — *Secrétaire : Jehan Blanchet.*
Frascati, Italie, 26, 30, 43, 44, 86. — Episcopi : Ismarus, Petrus. Cfr. Tusculanensis (diœcesis), Tusculanum.
Fresnei, 58. Vide : *Fresnoy.*
Fresnoy, Aube, a. Troyes, c. Lusigny, 58. (Teobaldus de). Cfr. *Fresnei.*
Froide-Rive (terrage de), haud procul *Sainte-Maure et Saint-Benoit, Aube, a.* et *c. Troyes.*
Frollois (Odo dominus de), 182.
Frolosio (Robertus de), XVI.
Fueglis (Petrus de), 182, 183. Vide : *Feuges.*
Fusseio (de), 17. Vide : *Foissy.*

Gaislam (apud), 175. Vide : *Les Vouises et Troyes.*
Garmoise (de la), 338. Vide : *Vermoise (?).*
Gandelus (Bartholomeus de), 240.
Gênes, Italie, XVIII. Cfr. Janua.
Gelannes, Aube, a. Nogent-sur-Seine, c. Romilly, 23. (Petrus de). Cfr. Gelenis (de).
Gelenis (Petrus de), 23. Vide : *Gelannes.*
Germigny, Yonne, a. Auxerre, c. Saint-Florentin, XCVI.
Gérosdot, Aube, a. Troyes, c. Piney, LXX, XCII, 24. — Dominus : *Simon de Meures.* Cfr. *Aillefol, Alefoi.* Aquilefago (de).
Gieyo (de), XIV. Vide : *Gyé-sur-Seine.*
Giffaumont, Marne, a. Vitry-le-François, c. Saint-Remy-en-Bousemont, 240, 252. *(Jacques* de).
Gigeo (ecclesia, villa et molendina de), 24, 26. Vide : *Chigy.*
Gisors, Eure, a. Les Andelys, 312. *(Jean de).*
Glanne pendue (lieu dit), au finage d'Origny-le-Sec, 252.
Grado, sedes patriarchalis translata anno 1451 ad *Venise, Italie,* 314. Cfr. Grandensis.
Grandensis al. Gradensis (patriarcha), 315. Vide : *Grado.*
Grandes-Chapelles (Les), a. Arcis-sur-Aube, c. Méry-sur-Seine, LXX, LXXII, 24, 36, 40, 44, 54, 57, 58, 59, 61, 80, 100, 109, 134, 171, 182, 183. Cfr. Capella, Capellas (apud), Capella Sancti Petri.
Grandivilla (ecclesia), 129. Vide : *Granville.*
Granville, Aube, a. Arcis-sur-Aube, c. Ramerupt, 129. Cfr. Grandivilla.

Gratia Nostre Domine (abbatia que vulgo appellatur), 213. Vide :
    Notre-Dame de la Grâce.
Gravière (de la) (pratum in praeria de Ponte Marie quod dicitur),
    248, 250.
Grève (la), alias Prés de Jully. XCVII. Vide : Troyes.
Greyo (Petrus de); LXVI.
Guasconia (ecclesia de), 130. Vide : Vaucogne.
Gumereium, 33, 38, 83, 121. Vide : Gumery.
Gumery, Aube, a. et c. Nogent-sur-Seine, 33, 38, 83, 121. Cfr.
    Gumereium.
Gyé-sur-Seine, Aube, a. Bar-sur-Seine, c. Mussy, XIV. (Garne-
    rus, Perinetus de). Cfr. Gleyo (de).

Hamelet-Sainte-Savine, olim le Mont-Saint-Loup, Aube, a. et c.
    Troyes, co. Sainte-Savine, XCVI. Cfr. Mont-Saint-Loup.
Hampigny, Aube, a. Bar-sur-Aube, c. Brienne-le-Château, 186,
    187, 188. Cfr. Hampiniaco (de).
Hampiniaco (capella de), 186, 187, 188. Vide : Hampigny.
Harden (molendina de), 24.
Hastel (terrae quae dicuntur), apud Planty, 60.
Hautvilliers, Marne, a. Epernay, c. Ay, vetus abbatia, 244. Cfr.
    Altovillari (de).
Herbicia (ecclesia de), 82, 129. Vide : Herbisse.
Herbisse, Aube, a. et c. Arcis-sur-Aube, 82, 129. Cfr. Herbicia.
Hermeriarum (abbatia ordinis Premonstratensis, in diœcesi Pari-
    siensi), 148. Vide : Paris.
Hispania (ecclesia de), 129. Vide : Espagne.
Hongrie (le royaume de), 18. Cfr. Hungaria.
Hospitale (juxta locum qui dicitur Oriant), 244. Vide : l'Hopitau.
Hopitau, Aube, a. Troyes, c. Piney, co. Gérosdot, [olim domus
    Militiæ Templi, nunc materia], 244. Cfr. Hospitale.
Hostiensis (diœcesis), 14, 15, 26, 43. Vide : Ostie.
Hungaria, 18. Vide : Hongrie.

Ile-sous-Ramerupt, Aube, a. Arcis-sur-Aube, c. Ramerupt, 66,
    169. Cfr. Insularum (territorium).
Insularum juxta Ramerucum (territorium), 66, 169. Vide : Ile-
    sous-Ramerupt.
Insulis (de), XVI, 142, 246 (?). Vide : Isle-Aumont.
Isle-Aumont, Aube, a. Troyes, c. Bouilly, 142, 246 (?), 151, 318,
    324, 330. — (Durannus, Galcherus, Girard, Jacquinus; Johannes,
    miles ; de). Cfr. Insulis (de).

Jadrensis (archiepiscopus), 314. Vide : *Zara*.
Janua (dominus de), xviii. Vide : *Gênes*.
Janville (Aymé de), 324. Vide : *Joinville*.
Jardo (de), xv.
Jasseines, Aube, a. Arcis-sur-Aube, c. Chavanges, 82. Cfr. Jassenis (de).
Jassenis (ecclesia de), 82. Vide : *Jasseines*.
Jerusalem, *Palestine, Terre-Sainte*, LXXXIV, CVIII, 68, 147.
Joigny, Yonne, 125. — Dominus : Galcherus. (H[elissendis] de). Cfr. Jovigniaco (de).
Joinville, Haute-Marne, a. Wassy, 324. (*Aymé de*). Cfr. Joinville.
Joncreuil, Aube, a. Arcis-sur-Aube, c. Chavanges, 187, 188. Cfr. Junquereio (de).
Joux, Aube, a. Nogent-sur-Seine, c. Marcilly-le-Hayer, co. Plantis, LXXII.
Jovigniaco (de), 125. Vide : *Joigny*.
Juliaco (Petronilla de), 236. Vide : *Jully-sur-Sarce*.
Jully-sur-Sarce, Aube, a. et c. Bar-sur-Seine, 236. (Petronilla de). Cfr. Juliaco (de).
Junquereio (ecclesia de), 187, 188. Vide : *Joncreuil*.

Karitas, 34, 210, 211. Vide : *Charité-sur-Loire*.

Lagois (le), vetus archidiaconatus situs partim : *Aube, a. Bar-sur-Aube et Bar-sur-Seine*, partim : *Côte-d'Or, a. Châtillon-sur-Seine*, 162, 163. Cfr. Laticensis (Archidiaconatus).
Lagny, Seine-et-Marne, u. Meaux, XVI, 153, 247. (Johannes, Oudardus, Petrus, de). Cfr. Latiniaco (de).
Laines-aux-Bois, Aube, a. et c. Troyes, 33, 37, 82, 120, 129, 149, 192. — Majoria episcopalis : 192. Cfr. *Lanes* (de), Lanis (de), Lanis au bos (de).
Lanes (ecclesia de), 33, 37, 82, 120, 129. Vide : *Laines-aux-Bois*.
Langres, Haute-Marne, 18, 53, 161, 162, 244. — Episcopi : Godefridus, Manasses. — Thesaurarius : Ansericus. (Johannes de). Cfr. Lingonensis (diœcesis), Lingonis (de).
Lanis (de), 192 ; Lanis au bos (de), 149. Vide : *Laines-aux-Bois*.
Lantages, Aube, a. Bar-sur-Seine, c. Chaource, 356. (*Charlotte de*).
Laon, Aisne, 244, 292, 361. — Decanus, 269. — Canonicus : Guido. — Thesaurarius : Johannes. Cfr. Laudunensis (diœcesis).
La Roche en mer de les Marseille, LXXXIV.
Larrivour, Aube, u. Troyes, c. et co. Lusigny, vetus Sancte Marie

abbatia, 18, 82, 130, 287. — Abbas : Alanus. Cfr. Arripatorium, Ripatorium.
Latiniaco (de), xvi, 153, 247. Vide : *Lagny*.
Latiscensis (archidiaconatus), 162, 163. Vide : *Le Laçois*.
Laubressel, Aube, a. Troyes, o. Lusigny, xvi, xlviii, 18, 75, 141, 223. (Petrus de). Cfr. Arbosio (de), Arbressello (de), *Aubroissel*, Aubroissum, Aubrussello (de).
Lauda (de), xv.
Laudunensis (diœcesis), 244, 269, 299, 362. Vide : *Laon*.
Laval (Petrus *Seignes* de), 179.
Lavau, Aube, a. et c. Troyes, xciii.
Leodium, 303. Vide : *Liége*.
Liége, Belgique, 303. (Jaquetus, Stephanus de). Cfr. Leodium.
Ligny-en-Barrois, Meuse, a. Bar-le-Duc, vetus archidiaconatus Tullensis diœcesis, 311, 312. Cfr. Lineio.
Lineio (archidiaconatus de), in ecclesia Tullensi, 311, 312. Vide : *Ligny-en-Barrois*.
Lingonensis (diœcesis), 18, 53, 161, 162 ; Lingonis (de), 241. Vide : *Langres*.
Lintellis (ecclesia de), 13, 82. Vide : *Linthelles*.
Linthelles, Marne, a. Epernay, c. Sézanne, 13, 82, 260. (Nicolas de). Cfr. Lintellis (de).
Linthes, Marne, a. Epernay, c. Sézanne, 13, 82. Cfr. Lintis (de).
Lintis (de), 13, 82. Vide : *Linthes*.
Lisigniarum (dominus), 196. Vide : *Lizines*.
Lizines, Seine-et-Marne, a. Provins, c. Donnemarie, 196. Domini : Erardus, Guillermus. Cfr. Lisigniarum.
Loge l'*Apostole*, xcv, 244, 323. Vide : *La Postole-lès-Sacey*.
Loge-Pomblain (la), Aube, a. Bar-sur-Seine, c. Chaource, 151, 158, 178, 235, 243, 248, 266. (Aelays ; Droco, miles ; Hugo, clericus ; Martinus ; Stephanus, miles de). Cfr. Logia.
Logia, 151, 158, 178, 235, 243, 248, 266. Vide : *Loge-Pomblain* (?).
Logniaco (Guiardus de), 134.
Longavilla (Aalipdis de), 304.
Longchamp, Aube, a. et c. Bar-sur-Aube, xiii. (Johannes de). Cfr. Longo Campo (de).
Longeville, Aube, a. Troyes, c. Bouilly, lxxii.
Longo Campo (de), xiii. Vide : *Longchamp*.
Lugdunum, 193, 195, 287, 289, 294, 298. Vide : *Lyon*.
Lusigny, Aube, a. Troyes, xciii, 129. Cfr. Lusineio (ecclesiam de).
Lusineio (ecclesia de), 129. Vide : *Lusigny*.
Luxeuil, Haute-Saône, a. Lure, xxxv, 269, 270, 271, 299. — Archidiaconus : Richardus de *Vaulgrenant*. (Johannes, Stephanus de). Cfr. Luxovio (de), Luxu (de).
Luxovio (de), 170, 171, 299 ; Luxu (de), 269. Vide : *Luxeuil*.
Lyon, Rhône, 193, 194, 195, 287, 289, 294, 298. Cfr. Lugdunum.

Maalai (Petrus de), 265.
Macé, (decima de), 57, 200; Maceio (ecclesia de), LXX, 24, 146.
 Vide : *Macey.*
Macey, alias *Massey, Aube, a. et c. Troyes,* LXX, LXXII, 24, 57,
 146, 200. Cfr. *Macé,* Maceio (de).
Machy, Aube, a. Troyes, c. Bouilly, XCIII, XCIV. Domini : Bernard d'Angenoust, Petrus. Domina : *Marie de la Bonne-Fontaine.* (Jean de).
Macon, Aube, a et c. Nogent-sur-Seine, 323. (Nicholaus Cochardi
 de). Cfr. Fonte Maconis (de).
Mailly, Aube, a. et c. Arcis-sur-Aube, XXXI. *(Jehan* de).
Malenillum (apud), 48.
Maison des Prés, XCVI. Vide : *Tronchay (le).*
Maissy, (vignes, maison sis à), 324.
Malo Nido (priori de), 267. Vide : *Maulny.*
Malus Nidus (grangia in diœcesi Trecensi que dicitur vulgariter).
 237, 291. Vide : *Maulny.*
Mansus Tecelini, 24; Mansus Thiescelini, 55. Vide : *Meix-Tiercelin.*
Maraye, Aube, a. Troyes, c. Aix-en-Othe, 310. *(Guyot* de).
Marcilly-le-Hayer, Aube, a. Nogent-sur-Seine, 82, 130. Cfr. Marcilliaco (de).
Marcilleio (decima de), 82, 130; Marcilliaco (de), 130. Vide : *Marcilly-le-Hayer.*
*Mardelle (la), Aube, a. Nogent-sur-Seine, c. Marcilly-le-Hayer,
 co. Saint-Martin-de-Bossenay,* molendinum et stagnum dicta
 olim de Curva Ripa, postea *Courberive,* 147, 185, 189. Cfr.
 Curva Ripa.
Mareigniaci (dominus), 105; Marigniaco (villa de), 105, 130, 147,
 185. Vide : *Marigny-le-Châtel.*
Mareio (de), 6. Vide : *Mareuil-sur-Marne.*
Mareuil-sur-Marne, Marne, a. Reims, c. Ay, 6. (Poutius de). Cfr.
 Mareio (de).
Margerie-Hancourt, Marne, a. Vitry-le-François, c. Saint-Remy-on-Bousemont, 28, 29, 233, 288. — Archidiaconus : Galterus
 Bursaut. (Petrus de). Cfr. Sancta Margareta.
Mariacum, 44. Vide : *Méry-sur-Seine.*
Marigny-le-Châtel, Aube, a. Nogent-sur-Seine, c. Marcilly-le-Hayer, 82, 105, 129, 130, 147, 185. — Dominus : Garnerus
 de Triangulo. — Domus Dei : 147. — Domus Leprosorum :
 147. Cfr. Mareignaci (dominus), Marigniaco (de), Marineio (de),
 Mariniaco (de).
Marineio (decima de), 82. Mariniaco (de), 129. Vide : *Marigny.*
Marseille, Bouches-du-Rhône, XL. Cfr. Massilie.
Massilie (datum), apud S. Victorem, XL. Vide : *Marseille.*
Maulny, vetus prioratus, *Yonne, a. Sens, c. Sergines, co. Saint-Maurice-aux-Riches-Hommes,* 267. Cfr. Malo Nido.
Maulny, vetus grangia, nunc diruta, in finagio de *Bercenay-le-*

Hayer, Aube, a. *Nogent,* c. *Marcilly-le-Hayer,* 237, 291. Cfr. Malus Nidus.
Mauny (grange de), 291. Vide : *Maulny.*
Meaux, Seine-et-Marne, VIII, 196. — Bailli : *Renier de la Bele.* Cfr. *Miaux.*
Mees, 357. Vide : *Metz-Robert.*
Meix-Tiercelin, Marne, a. *Vitry-le-François,* c. *Sompuis,* 24, 55. Cfr. Mansus Tecelini, Mansus Thiescelini.
Mereio (de), 20. Vide : *Merrey.*
Merrey, Aube, a. *et* c. *Bar-sur-Seine,* 20. (Guiterus de). Cfr. Mereio (de).
Mereyo (de), 266 ; *Meri* (de), 20 ; Meriaco (de), 39, 82, 107, 122, 148, 246. Vide *Méry-sur-Seine.*
Méry-sur-Seine, Aube, a. *Arcis-sur-Aube,* XCIV, 20, 39, 44, 82, 107, 122, 245, 266, 324. — Dominus . Aymé de Janville. — Fortertia Meriaci : 148. (Garinus, Garinus Purnerius, Garnerus, Simon de). Cfr. Mariacum, Mereyo (de), *Meri,* Meriaco (de).
Mesgrigny, Aube, a. *Arcis-sur-Aube,* c. *Méry-sur-Seine,* XCIV.
Mesnil-Sellières, Aube, a. *Troyes,* c. *Piney,* 82, 304. (Jaquetus, Lambertus de). Cfr. Salera (de) Seleriis (de).
Mesnil-Vallon, Aube, a. *et* c. *Troyes,* co. *Macey,* LXXII.
Metz-Robert, Aube, a. *Bar-sur-Seine,* c. *Chaource,* XCVIII, 357. — Dame : *Charlotte de Lantages.* (*Nicolas de*). Cfr. *Mees.*
Meures, Haute-Marne, a. *Chaumont,* c. *Juzennecourt,* XCII. (Simon de).
Miaux, 196. Vide : *Meaux.*
Mindoniensis, (episcopus), 314. Vide : *Mondonedo.*
Moceio (parrochia de), 184. Vide : *Moussey.*
Moiret, Aube, a. *Nogent-sur-Seine,* c. *Marcilly-le-Hayer,* co. *Dierrey-Saint-Julien,* vetus parrochia nunc diruta, 24, 211. Cfr. Moreio (de), *Moyré.*
Molans (Stephanus dictus de), 312.
Molay (Petrus de), XIV.
Molceio (ecclesia sancti Martini de), 9, 11, 82, 91, 130. Vide : *Moussey.*
Molesme, Côte-d'Or, a. *Châtillon-sur-Seine,* c. *Laignes,* vetus abbatia, 108, 137. — Abbates : Galcherius, Giroldus. Cfr. Molismensis (abbatia).
Molendinos Omondi (apud), 244. Vide : *Moulin-Aulmont.*
Molendinum Leonis (apud), 39, 122. Vide : *Molinons.*
Molineto (dominus de), XVI.
Molinons, Yonne, a. *Sens,* c. *Villeneuve-l'Archevêque,* 39, 122. Cfr. Molendinum Leonis.
Molins Aus Mons (courtil assis aus), 318. Vide : *Moulin-Aulmont.*
Molins, Aube, a. *Bar-sur-Aube,* c. *Brienne,* XVI. (R. de). Cfr. Molinis (de).
Molinis (de), XVI. Vide : *Molins.*
Molismensis (abbatia), 108, 137. Vide : *Molesme.*

Monasterio (Hermerus de), 191.
Mondonedo, sedes episcopalis, Espagne, Galice, 314. Cfr. Mindoniensis.
Montangon, Aube, a. Troyes, c. Piney, 175. Cfr. Montingon.
Montaulin, Aube, a. Troyes, c. Lusigny, XCIII, 304. (Isabellis de). Cfr. Monte Albano (de).
Montbéliard, Doubs, XV. (Johannes de). Cfr. Montebeligardo (de).
Montcuq, Lot, a. Cahors, 244. (Bernardus de). Cfr. Montecucco
Monte Albano (Isabellis de), 304. Vide : Montaulin.
Montebeligardo (de), XV. Vide : Montbéliard.
Montecucco, (Bernardus de), 244. Vide : Montcuq.
Montefiascone, Italie, LXXXIII. Cfr. Montemflasconem (apud).
Monteflois, Aube, a. Bar-sur-Aube, c. Brienne-le-Château, co. Saint-Léger-sous-Brienne, vicus nunc diritus, 48. (Guido de). Cfr. Montefuil.
Montefuil (Guido de), 48. Vide : Monteflois.
Monte Genoldi (ecclesia de), 129. Vide : Montgenot.
Montemflasconem (apud), LXXXIII. Vide : Montefiascone.
Monte Poterii (ecclesia de), 129. Vide : Montpothier.
Monteregali (Ulricus de), 31.
Montgenot, Marne, a. Epernay, c. Esternay, 129. Cfr. Monte Genoldi (de).
Montiéramey, Aube, a. Troyes, c. Lusigny, vetus abbatia, 19, 81, 88, 130, 237, 268, 272, 274, 275, 284, 287, 289. — Abbates : Guido, Robertus. Cfr. Arremarensis (abbatia), Sancti Petri Arremarensis (abbatia).
Montiérender, Haute-Marne, a. Wassy, vetus abbatia, IX, X. Abbas : Adso.
Montier-la-Celle, Aube, a. et c. Troyes, co. Saint-André, vetus abbatia, 19, 21, 37, 81, 90, 95, 130, 225, 240, 242, 249, 250, 266. — Abbas : Petrus. — Minister : Félix. Cfr. Cella, Trecensis Sancti Petri Cella.
Montingon, 175. Vide : Montangon.
Montismorelli (territorium), 142.
Montmorency, Aube, a. Arcis, c. Chavanges, XC. Cfr. Beaufort.
Montpothier, Aube, a. Nogent-sur-Seine, c. Villenauxe, 129. Cfr. Monte Poterii (de).
Mont Rampon, 40. Vide : Morampont.
Mont-Saint-Loup, XCVI. Vide : Hamelet-Sainte-Savine (le).
Morampont, Marne, a. Vitry-le-François, c. Sompuis, co. Saint-Utin, meteria, 40. (Hugo de). Cfr. Mont Rampon.
Morelo (ecclesia de), 24. Vide : Moiret.
Morguivalle (Matheus de), 201.
Motte-Rosson, XCVI. Vide : Tronchay (le).
Mouceiacum 89 : Mouceio (ecclesia de), XLVIII, 77. Vide : Moussey.
Moulin-Aulmont, Aube, a. et c. Troyes, finage de Saint-Parres, XCVI, 244, 251, 318. Cfr. Molendinos Omundi (apud), Molins Aus-Mons.

Moussey, Aube, a. Troyes, c. Bouilly, XLVIII, 9, 11, 77, 82, 89, 91, 130, 184. Cfr. Moceio (de), Molceio (de), Mouceiacum, Moucelo (de).
Moyré, 211. Vide : *Moiret.*
Muissy (Guillaume de), 313. Vide : *Mussy-sur-Seine.*
Mussy-sur-Seine, Aube, a. Bar-sur-Seine, 313. *(Guillaume de).* Cfr. *Muissy.*

Nagère (la) de Foicy, Aube, a. et c. Troyes, co. Saint-Parres-les-Tertres, rivulus, 139. Cfr. Fossinel (nageria).
Nageria Fossinel, 139. Vide : *La Nagère de Foicy.*
Nanteuil (Mabile dame de), 214.
Navarra, 244, 282. Vide : *Navarre.*
Navarre, Espagne, 245, 282, 311, 335. — Reges : Philippus IV [Rex Francorum]; [Theobaldus IV, comes Campaniæ] ; Theobaldus V, comes Campaniæ; Henricus III, comes Campaniæ. — Regina : Blancha, comitissa Campaniæ. — Clericus regis : *Guillaume Arremars.* Cfr. Navarra.
Nesle-la-Reposte, Marne, a. Epernay, c. Esternay, vetus abbatia, 81, 82, 129, 130, 160. — Abbas : Guido. Cfr. Nigella, Sancti Petri de Nigella (abbatia).
Neuvy-l'Abbesse, Marne, a. Epernay, c. Esternay, 82, 131. Cfr. Novovico (de), Novico (de).
Nevers, Nièvre, 89. — Episcopus : Galterus. Cfr. Nivernensis (diœcesis).
Nigella (ecclesia de), 129, 160. Vide : *Nesle-la-Reposte.*
Nivernensis (diœcesis), 89. Vide : *Nevers.*
Noa (Henricus de), XV.
Noe (Jacques de la), XCVI, 348.
Noe (villa que nuncupatur), 25. Vide : *les Noës.*
Noerio (ecclesia de), 129. Vide : Nozai.
Noës (les), Aube, a. et c. Troyes, LXXII, 24, 175. Cfr. *Noe.*
Nogent-sur-Seine, Aube, 129. Cfr. Nogento (de).
Nogento (ecclesia de), 129. Vide : *Nogent-sur-Seine.*
Nogento (Guillelmus de), LXVI.
Notre-Dame de la Grâce, Marne, a. Epernay, c. Montmirail, co. Courbetaux, vetus abbatia, 213. Cfr. Gratia Nostre Domine.
Notre-Dame des Prés, Aube, a. et c. Troyes, co. Saint-André, vetus abbatia, 214, 343. Cfr. Sancta Maria de Prato.
Novovico (decima de), 82 ; Novico (de), 131. Vide : *Neuvy-l'Abbesse.*
Novilla apud *Troan* (terragium de), 104.
Noviomensis, 15. Vide : *Noyon.*
Noyon, Oise, a. Compiègne, 15. (Balduinus de). Cfr. Noviomensis.
Nozai, Aube, a. et c. Arcis-sur-Aube, 129. Cfr. Noerio (de).

Olenensis (episcopus), 315. Vide : *Olena.*
Olena, Grèce, Achaïe, 315. — Episcopus : Johannes. Cfr. Olenensis (diœcesis).
Onjione (Petrus de), 305. Vide : *Onjon.*
Onjon, Aube, a. Troyes, c. Piney, XCIV, 305. (Petrus de). Cfr. Onjione (de).
Oriant (locus qui dicitur), XCV, 244, 267. Vide : *La Postole.*
Origny [le Sec], Aube, a. Nogent-sur-Seine, c. Romilly, XCIV, 252, 282.
Orléans, Loiret, 6, 365. — Episcopus : Johannes. — Dux : Philippe-de-Valois. Cfr. Aureliauensis (diœcesis).
Ormes, Aube, a. et c. Arcis-sur-Aube, 429. Cfr. Ulmis (de).
Ortelon (Prioratus de), 169. Vide : *Ortillon.*
Ortillon, Aube, a. Arcis-sur-Aube, o Ramerupt, vetus prioratus, 169. Cfr. *Ortelon.*
Orvillari (de), LXX. Orvilario (de), 99. *Orviler* (ecclesia de), 54, 60, 109, 111, 183, 267. Vide : *Orvilliers.*
Orvilliers, Aube, a. Nogent-sur-Seine, c. Romilly, LXX, LXXII, 22, 24, 25, 54, 60, 99, 109, 111, 183, 267 (Galterus Girardus de). Cfr. Aureavillaris, Aureumvillare (apud), Orvillari (de), Orvilario (de), *Orviler* (de).
Ostie, Italie, 14, 15, 26, 43, 259. — Episcopi : Albericus, Henricus, Hubaldus, Hugo. Cfr. Hostiensis (diœcesis).
Oya, (abbatia que dicitur), 82, 130. Vide : *Oyes.*
Oyes, Marne, a. Epernay, c. Sézanne, 82, 130. Cfr. Oya.

Pagano (de), 99; *Paienz* (apud), 76. Vide : *Payns.*
Pampilona (Johannes de), 176.
Paraclet (le), Aube, a. et c. Nogent-sur-Seine, co. Saint-Aubin, vetus abbatia, XCIV, 82, 130. Cfr. Paraclitus.
Paraclitus (abbatia que dicitur), 82, 130. Vide : *Le Paraclet.*
Paris, Seine, 55, 79, 148, 326, 331. — Episcopus : Mauricius [de Sully]. — Cantor capituli : Petrus. — Cancellaria, LVI ; cancellarius : 148, Petrus. — Abbatia Sanctæ Genovefæ, 326, 331 ; abbas : Johannes. — Abbatia Sancti Victoris : 148 ; abbates Johannes, Robertus. — Abbatia Hermeriarum : 148 ; abbas : Robertus. — Parlamentum, LI, LV, LVI, LVII, 369, 370. Cfr. Parisiensis (diœcesis.)
Parisiensis (diœcesis), 55, 79, 148, 326. Vide : *Paris.*
Payns, Aube, a. et c. Troyes, 76, 99, 163. (Garnerus de). Cfr. Pagano (de), *Paienz,* Peancii (datum).
Peancii (datum), 163. Vide : *Payns.*
Perchoy, Aube, a. Troyes, c. Ervy, co. Saint-Phal, 265. (Rogerus de).
Pérouse, Italie, LXXVI, 195, 259, 261, 263, 264. Cfr. Perusii.
Perusii (datum), 195. Vide : *Pérouse.*

Pictavia (de), 205. Vide : *Poitiers.*
Pigneio (ecclesia de), 129 ; Pinelo (de), 84. Vide : *Piney.*
Piney, Aube, a. Troyes, 84, 129. Cfr. Pigneio (de), Pinelo (de).
Pipere (ecclesia de), 129. Vide : *Poivre.*
Placentia (de), xvi. (Obertus *Thodest* de).
Plaiostro (ecclesia de). 86. Vide : *Pleurs.*
Planceium, 31, 86, 104, 130, 147, 147 ; Planceum, 39, 122. Vide : *Plancy.*
Planche (la), *Aube, a. Troyes, c. Bouilly, co. Saint-Léger-près-Troyes,* 330.
Planche-les-Troyes (grange de la), 330. Vide : *La Planche.*
Planciacum, 37. Vide : *Plancy.*
Plancy, Aube, a. Arcis-sur-Aube, c. Méry-sur-Seine, 31, 37, 39, 86, 104, 122, 130, 146, 147. — Capitulum vel ecclesia Sancti Laurentii : 86, 130. — Dominus : Philippus. — Dominae : Agnes, Odeardis. (Drogo, Haicius, Hugo de). Cfr. Planceium, Planceum, Planciacum.
Planteicium (apud), 60 ; *Planteis* (de), 134, 135. Vide . *Planty.*
Planty, Aube, a. Nogent-sur-Seine, c. Marcilly-le-Hayer, LXXII, 60, 134, 135. Cfr. Planteicium (apud), *Planteis.*
Plaxeio (Otrannus de), 23.
Pleiotro (de) 130. Vide : *Pleurs.*
Pleurs, Marne, a. Epernay, c. Sézanne, CI, 86, 130. — Ecclesia Sancti Remigii : 86, 130. *(Marie* de). Cfr. Plaiostro (de), Pleiotro (de).
Poenz (ecclesia de), 129. Vide : *Pouan.*
Pogeium, 31, 86 ; Pogiacum 37 ; *Pogi,* 57, 136. Vide : *Pougy.*
Poilliaco (majoria episcopalis de), 192. Vide : *Pouilly.*
Poitiers, Vienne, 205. (Henricus de). Cfr. Pictavia (de).
Poivre, Aube, a. Arcis-sur-Aube, c. Ramerupt, 129. Cfr. Pipere (de).
Polengeyo (Aymo de), xiv.
Poligny, Aube, a. et c. Bar-sur-Seine, xiv. (Aymo de). Cfr. Polengeyo (de).
Polisy-sur-Seine, Aube, a. et c. Bar-sur-Seine, xci. — Dominus : Jean de Mesgrigny.
Ponte (ecclesia de), 24, 90, 115 ; Pontem Sancte Marie (apud), LXX, 95, 192, 248, 250. Vide : *Pont-Sainte-Marie.*
Pontibus (ecclesia de), 88, 129, 304. Vide : *Pont-sur-Seine.*
Pontieu, vetus pagus, Somme, xiv. Archidiaconus: Drocu, quondam canonicus ecclesie Trecensis.
Pontigniaci (abbatia), 110. Vide : *Pontigny.*
Pontigny, Yonne, a. Auxerre, c. Ligny-le-Châtel, 110. Cfr. Pontigniaci (abbatia).
Pont-Sainte-Marie, Aube, a. et c. Troyes, LXX, XCV, 24, 90, 95, 115, 192, 248, 250. — Majoria episcopalis, 192. (Jobertus de). Cfr. Ponte (de), Pontem Sancte Marie (apud).
Pont-sur-Seine, Aube, a. et c. Nogent-sur-Seine, XCV, 88, 129

304, 365, 369. — Ballivia, 365, 369. (Johannes de). Cfr. Pontibus (de).
Porto, Italie, 259. — Episcopus : Joannes.
Portu (Stephanus de), 313.
Possesse, Marne, a. Vitry-le-François, c. Heiliz-le-Maurupt, 54. (Johannes de).
Posterna (*Constans de*), 176.
Postole-les-Sacey (la), Aube, a. Troyes, c. Piney, co. Rouilly-les-Sacey, XCV, CIX, 244, 267, 323. Cfr. *Loco l'Apostole, Oriant*.
Pouan, Aube, a. et c. Arcis-sur-Aube, 73, 129. Cfr. *Poenz*.
Pougeio (Milo de), 240. Vide : *Pougy*.
Pougy, Aube, a. Arcis-sur-Aube, c. Ramerupt, 21, 31, 35, 37, 57, 80, 86, 90, 130, 136, 240. — Capitulum, vel ecclesia Sancti Nicholai, 80, 86, 130. (Galterus, Guiardus Manasses, Milo, Odo, Renaud, de). Cfr. Pogeium, Pogiacum, *Pogi*, Pougeio (de), Pugeium, Pugi.
Pouileio (villa de), 216. Vide : *Pouilly*.
Pouilly, Aube, a. c. et co. Troyes, 192, 216. — Majoria episcopalis : 192. Cfr. Poilliaco (de), Pouileio (de).
Pouteria (*Boves de*), 176.
Premierfait, Aube, a. Arcis-sur-Aube, c. Méry-sur-Seine, 203. Cfr. Primo facto (de).
Preneste, Italie, 11, 259. — Episcopi : Guillielmus, Stephanus.
Primo facto (redditus de), 203. Vide : *Premierfait*.
Provins, Seine-et-Marne, 21, 35, 177, 183, 190, 211, 248. — Capitulum Sancti Quiriaci ; decanus : Johannes. — Ballivus civitatis : *Renier de la Bele*. (Drogo Bristaldus, Gilo, Guilelmus, Rainaldus, Stephanus, Stephanus canonicus Remensis. Cfr. Pruvinum.
Prunay-Saint-Jean, Aube, a. Troyes, c. Bouilly, XCV.
Pruvinum, 21, 177, 183, 211, 248. Vide : *Provins*.
Puellaemonasterio (ecclesia de), 129. Vide : *Puellemontier*.
Puellemontier, Haute-Marne, a. Wassy, c. Montiérender, 129. Cfr. Puellaemonasterio (de).
Pugeium, 35, 90, 130 ; *Pugi*, 21. Vide : *Pougy*.
Puy (le), Haute-Loire, 315. — Episcopus : Johannes. Cfr. Aniciensis (diœcesis).

Quercu (ecclesia de), 24. Vide : *Le Chêne*.
Queudes, Marne, a. Epernay, c. Sézanne, 82. Cfr. Cubitis (de).

Raaldi (Molendina), 24.
Ramerucum, XLVIII, LXIX, 6, 24, 66, 67, 68, 69, 104, 126, 174, 181, 223. Vide : *Ramerupt*.

Ramerupt, Aube, a. Arcis-sur-Aube, XLVIII, LXIX, 6, 8, 24, 66, 67, 68, 69, 104, 126, 174, 181, 223, 251, 323. — Comes : Andreas. — Dominus : Erardus de Brena. — Præpositi : Albericus, Hugo. — Presbiter : Stephanus. — Abbatia Pietatis : XCIII, 251, 266 ; monachi : 67. (Petrus de). Cfr. Ramerucum.
Ranavalle (Bartholomeus do), 222.
Reati (datum), 213. Vide : Rieti.
Reclus, (le), Marne, a. Epernay, c. Montmort, cv. Saint-Prix, vetus abbatia, 82, 130. Cfr. Recluso (de).
Recluso (abbatia de), 82, 130. Vide : Le Reclus.
Redonensis (diœcesis), 6. Vide : Rennes.
Reigni (de) 173. Reigniaco (de), 79, 173. Vide : Rigny-la-Noneuse.
Remensis (diœcesis), 6, 31, 46, 133, 183, 326, 331 ; Remis de, 263. Vide : Reims.
Reims, Marne, 6, 31, 46, 133, 183, 263, 326, 331. — Archiepiscopi : Guillelmus de Campania, Manasses. — Vicedominus : Hilduinus. — Abbatia Sancti Remigii : 326, 331 ; canonici : Hanricus, Stephanus de Pruvino. (Michaël, Miletus, Petrus Humbaut de). Cfr. Remensis (diœcesis), Remis (de).
Rennes, Ile-et-Vilaines, 6. — Episcopus : Marbodus. Cfr. Redonensis (diœcesis).
Richeborc (Guiardus de), 173. Vide : Richebourg.
Richebourg, vicus nunc dirutus, prope Nogent-sur-Seine (Aube), 173. Cfr. Richeborc.
Rieti, Italie, 213. Cfr. Reati (datum).
Rigniaco (Johannes de), 247. Vide : Rigny-la-Noneuse.
Rigny-la-Noneuse, a. Nogent-sur-Seine, c. Marcilly-le-Hayer, 79, 173, 247 (?). (Roserus de). Cfr. Reigni, Reigniaco (de), Rigniaco.
Rilleio (de), 100. Vide : Rilly-Sainte-Syre.
Rilly-Sainte-Syre, Aube, a. Arcis-sur-Aube, c. Méry-sur-Seine, 24, 54, 57, 58, 100, 129, 134, 171, 182, 183. Cfr. Rilleio (de).
Riparia, 184. Vide : La Rivière-de-Corps.
Rippatorium, abbatia, 287. Vide : Larrivour.
Rivière-de-Corps (la), Aube, a, et c. Troyes, 184. (Adam de). Cfr. Riparia.
Roma, 267, Laterani vel ad Sanctum Petrum aut apud veterem Urbem (datum), 27, 74, 88, 93, 96, 97, 120, 124, 125, 132, 143, 161, 168, 180, 190, 196, 212, 213, 238, 292, 299, 301, 302, 308, 309, 310, 311, 321.
Romaines, Aube, a. Arcis-sur-Aube, c. Ramerupt, 66, 67. Cfr. Romanie (territorium).
Romanie (territorium), 66, 67. Vide : Romaines.
Romilly-sur-Seine, Aube, a. Nogent-sur-Seine, XCV, 245, 251, 356-372. — Ecclesia S. Martini ; curatus : Jean Petit ; matricularii : François Gruyer, Philibert Genet. — Prioratus : 357. — Capella Beatæ Mariæ : 360. — Capella S. Symphoriani : 360.

— Dominus : Hugo, — Domina : *dame Charlotte de Lantages.*
— Communitas, 365, 366. — *Lieutenant à la justice : Nicolas Jornot. — Procureur fiscal : Jehan Gruyer. — Sergent : Charpy (Estienne le Felizel)*; Guillelmus (dominus) armiger; *Johan le Felizet; Nicolas Gebinat, Oudiot, escuyer ;* et alii plurimi commorantes Rumilliaco qui nuncupantur. 365, 366.) Cfr. Rumilliaco (de).
Ronnay (Girardus de), 265. Vide : *Rosnay-l'Hôpital.*
Roseriis (de), 239, 322. Vide : *Rosières.*
Roseriis (de), 173. Vide : *Rozières.*
Rosières, Aube, a. et c. Troyes, 239, 322. (Agnes, Theobaldus de). Cfr. Roseriis (de).
Rosnay-l'Hôpital, Aube, a. Bar-sur-Aube, c. Brienne-le-Château, 265. (Girardus de). Cfr. *Ronnay.*
Rosson, Aube, a. Troyes, c. Piney, co. Dosches, XCVII, 24. — Dominus : *Guy*, canonicus Trecensis. Cfr. *Rosun.*
Rosun (ecclesia de), 24. Vide : *Rosson.*
Rozières, Aube, a. Nogent-sur-Seine, c. Marcilly-le-Hayer, co. Avant-lès-Marcilly, 173. Cfr. Roseriis (de).
Ruissello (de), 173. Vide : *Le Ruisseau.*
Ruisseau (le), Aube, a. Nogent-sur-Seine, c. Marcilly-le-Hayer, co. Saint-Martin-de-Bossenay, vicus nunc dirutus, 173. (Arnulphus, Garinus, Suzanna de). Cfr. Ruisselo (de).
Rumilley (apud), 267; *Rumilli,* 17; Rumilliacum, 21; Rumilliacum in valle Caprarum, 82. Vide : *Rumilly-les-Vaudes.*
Rumilliaco (de), 245, 356-372. Vide : *Romilly-sur-Seine.*
Rumilly-les-Vaudes, Aube, a. et c. Bar-sur-Seine, 17, 21, 82, 267. — Hugo, Manasses (de). Cfr. *Rumilley, Rumilli,* Rumilliacum, Rumilliacum in valle Caprarum.
Ruvigny, Aube, a. Troyes, c. Lusigny, XCV.

Sacey, Aube, a. Troyes, c. Piney, co. Rouilly-Sacey, XCV, 313.
Saint-André-lès-Troyes, Aube, a. et c. Troyes, XCVI.
Saint-Aubin, Aube, a. et c. Nogent-sur-Seine, 49. (Milo de). Cfr. Sancto Albino (de).
Saint-Benoît-sur-Loire, Loiret, a. Gien, c. Ouzouer-sur-Loire, 115. Cfr. Sancti Benedicti Floriacensis (abbatia).
Saint-Benoît-sur-Seine, Aube, a. et c. Troyes, 101, 183. Cfr. Sancto Benedicto (de).
Saint-Benoît-sur-Vanne, Aube, a. Troyes, c. Aix-en-Othe, LV. (Herveus de).
Saint-Côme (prior de), 267.
Saint-Denis, Seine, 301. Cfr. Sanctum Dyonisium (juxta).
Saint Fale, XCIII, 251. Vide : *Saint-Phal.*
Saint-Florentin, Yonne, a. Auxerre, XCVI, 30, 122. — Vicecomitatus : 39, 122. Cfr. Sanctus Florentinus.

Saint-Georges, Aube, a. Arcis-sur-Aube, c. Méry-Sur-Seine, co. Vallant, vetus prioratus, XXXIX, LXVIII, LXXII, 1, 3, 22, 24, 25, 50, 55, 109, 111, 208, 207. (Nicholaus de). Cfr. Sancti Georgii (ecclesia).

Saint-Germain, Aube, a. et c. Troyes, XVII. (Nicolaus de). Cfr. Sancto Germano (de).

Saint-Germain-en-Laye, Seine-et-Oise, a. Versailles, 123. Cfr. Sanctum Germanum in Loia (apud).

Saint-Jean-de-Bonneval, Aube, a. Troyes, c. Bouilly, XVI, XCV. (Johannes (de). Cfr. Bonavalle (de).

Saint-Julien, Aube, a. et c. Troyes, 175. Cfr. Sancey.

Saint-Just, Marne, a. Epernay, c. Anglure, 129. Cfr. Sancto Justo (de).

Saint-Lyé, Aube, a. et c. Troyes, XCVI, 33, 37, 73, 82, 120, 128, 130, 316. Cfr. Sanctus Leo.

Saint-Mards-en-Othe, Aube, a. Troyes, c. Aix-en-Othe, 117, 129, 140, 141. (Robert de). Cfr. Sanctum Medardum (apud).

Saint-Martin de Bossenay, Aube, a. Nogent, c. Romilly-sur-Seine, LXX, 61, 62, 79, 129, 173. Cfr. Bocenai (de), Sancti Martini de Bucenaio.

Saint-Mesmin, Aube, a. Arcis-sur-Aube, c. Méry-sur-Seine, XCVI, 110, 219, 220. — Prioratus, 219. Cfr. Sanctum Memorium (apud)

Saint-Ouen, Seine, a. et c. Saint-Denis, 301. Cfr. Sanctum Audoenum (apud).

Saint-Oulph, Aube, a. Arcis-sur-Aube, c. Méry-sur-Seine, 129. Cfr. Sancti Ulfi (ecclesia).

Saint-Phal, Aube, a. Troyes, c. Ervy, XCIII, XCIV, 54, 251, 304. — Domini : D'Alsace d'Henin Lietard; Andreaux; de Créqui. (Isabellis, Milo de). Cfr. Saint Fale, Sancto Fidolo (de).

Saint-Parres-aux-Tertres, Aube, a. et c. Troyes, LII, LXX, XCVI, 56. Cfr. Sancto Patroclo in Colle (de).

Saint-Pierre-de-Bossenay, Aube, a. Nogent, c. Romilly, co. Saint-Martin-de-Bossenay, XLVIII, LXIX, 61, 62, 79, 129, 173. Cfr. Bocenai, Sancti Petri de Bucenaio (ecclesia).

Saint-Quentin. Aisne, 112, 160. (H. archidiaconus Trecensis, Renier de). Cfr. Sancto Quintino (de).

Saint-Remy-sous-Barbuise, Aube, a. et c. Arcis-sur-Aube, 24. Cfr. Sanctus Remigius super Barbusiam.

Saint-Saturnin, Marne, a. Epernay, c. Anglure, LXX, 112, 323. — Curatus : Stephanus Cfr. Sanctum Saturninum (apud).

Saint-Thibaut, Aube, a. Troyes, c. Bouilly, XCVI.

Saint-Victor, Aube, a. Arcis-sur-Aube, c. Méry-sur-Seine, co. Plancy, meteria, 82, 130. Cfr. Sancto Victore (de).

Sainte-Colombe, Aube, a. Nogent-sur-Seine, c. Marcilly-le-Hayer, co. Rigny-la-Noneuse, vetus prioratus, 173. Cfr. Sancte Columbe (in hasta).

Sainte-Maure, Aube, a. et c. Troyes, 101, 129. Cfr. Sancte Moure (ecclesia).

Sainte-Savine, a. et c. Troyes, XCVI, 250.
Sainte-Suzanne, Aube, a. Arcis-sur-Aube, c. Ramerupt, co. Poivre, 129. Cfr. Sancta Suzanna.
Sainte-Syre, Aube, a. Arcis-sur-Aube, c. Méry-sur-Seine, co. Rilly-Sainte-Syre, LXX, LXXII. Cfr. Sancta Syria.
Salera (ecclesia de), 82. Vide : Mesnil-Sellières.
Salon, Aube, a. Arcis-sur-Aube, c. Méry-sur-Seine, 129. Cfr. Salona.
Salona (ecclesia de), 129. Vide : Salon.
Sancey, 175. Vide : Saint-Julien.
Sancta Magareta de Campania, 28, 29, 233, 288. Vide : Margerie-Hancourt.
Sancta Maria de Prato (abbatia), 243. Vide : Notre-Dame-des-Prés.
Sancta Suzanna (ecclesia de), 129. Vide : Sainte-Suzanne.
Sancta Syria, LXX. Vide : Sainte-Syre, vel Rilly-Sainte-Syre.
Sancte Columbe (in hasta), 173. Vide : Sainte-Colombe.
Sancte Columbe (ecclesia Senonensis), 15, 79, 172. Vide : Sens.
Sancte Genovefe (abbatia Parisiensis), 79. Vide : Paris.
Sancte Maure (ecclesia), 129. Vide : Sainte-Maure.
Sancto Albino (Milo de), 49. Vide : Saint-Aubin.
Sanctum Audoenum (apud), Parisiensis diœcesis, 301. Vide : Saint-Ouen.
Sancto Benedicto (Guido de), 236.
Sancti Benedicti Floriacensis (abbatia), 115. Vide : Fleury vel Saint-Benoit-sur-Loire.
Sancto Benedicto (majorissa de), 183. Vide : Saint-Benoit-sur-Seine.
Sancti Dyonisii (burgus). Vide : Troyes.
Sanctum Dyonisium (juxta), diœcesis Parisiensis, 301. Vide : Saint-Denis.
Sancto Ferreolo (ecclesia de), 129. Vide : La Saulsotte.
Sancto Fidolo (de), 54, 304. Vide : Saint-Phal.
Sanctus Florentinus, 39, 122. Vide : Saint-Florentin.
Sancti Georgii (ecclesia vel prioratus), LXVIII, 1, 3, 22, 24, 25, 30, 55, 109, 111, 208, 267. Vide : Saint-Georges.
Sancto Germano (de), XVII. Vide : Saint-Germain.
Sanctum Germanum in Loia (apud), 123. Vide : Saint-Germain-en-Laye.
Sancto Justo (ecclesia de), 129. Vide : Saint-Just.
Sancto Laurentio (G. de), 287.
Sanctus Leo (villa que dicitur), 33, 37, 82, 120, 128, 130, 316. Vide : Saint-Lyé.
Sancto Leobaudo (Drogo de), 135. Vide : Estissac.
Sancti Martini de Bucenato (ecclesia), LXX, 61, 62, 129. Vide : Saint-Martin-de-Bossenay.
Sancti Martini (in Vineis) Trecensis (ecclesia), 269 Vide : Troyes.
Sancto Mauritio (Henricus de), 136.

Sanctum Medurdum (apud), 117, 129, 140, 141. Vide : *Saint-Mards-en-Othe*.
Sanctum Memorium (apud), 110, 219, 220. Vide : *Saint-Mesmin*.
Sancto Patroclo in Colle (ecclesia parrochialis de), LII, LXX, 56. Vide : *Saint-Parres-aux-Tertres*.
Sancti Petri (Herbertus capellanus), 267.
Sancti Petri Arremarensis, 81, 130. Vide : *Montiéramey*.
Sancti Petri de Bucennio (ecclesia), XLVIII, LXIX, 61, 62, 129. Vide : *Saint-Pierre-de-Bossenay*.
Sancti Petri de Cella, 19, 37, 81, 90, 130. Vide : *Montier-la-Celle*.
Sancti Petri de Nigella (abbatia), 81, 82, 130, 160. Vide : *Nesle-la-Reposte*.
Sancti Petri de *Troant*, (vicus vel territorium), 57, 58, 67, 180, 181. Vide : *Le Petit Trouan*.
Sancto Quintino (H. de), 112, 160. Vide : *Saint-Quentin*.
Sanctus Quintinus Belvacensis, XXXIX, 1, 64. Vide : *Beauvais*.
Sanctus Remigius super Barbusiam, 24. Vide *Saint-Remy-sous-Barbuise*.
Sanctum Saturninum (apud), LXX, 112, 323. Vide : *Saint-Saturnin*.
Sanctus Savinianus, 24, 54, 57, 58, 100, 129, 134, 171, 182. Vide : *Rilly-Sainte-Syre*.
Sancti Sepulchri (prioratus), 34, 62, 100, 182, 211. Vide : *Villacerf*.
Sancti Ulfi (ecclesia), 129. Vide : *Saint-Oulph*.
Sancti Victoris [Parisiensis] (abbatia), 79, 148. Vide : *Paris*.
Sancto Victore (ecclesia de), 82, 130. Vide : *Saint-Victor*.
Sarcolis (homines de), 45.
Sardensis (episcopus), 315. Vide : *Sart*.
Sarreio (A. de), 293.
Sart, métropole de la Lydie, transférée à Philadelphie, 315. Cfr. Sardensis.
Saulsotte (la), Aube, a. Nogent-sur-Seine, c. Villenauxe, 129. Cfr. Sancto Ferreolo (de).
Saveriis (ecclesia de), 129. Vide : *Savières*.
Savières, Aube, a. Arcis-sur-Seine, c. Méry-sur-Aube, 129. Cfr. Saveriis (de).
Scolarium (fratres), 165, 167. Vide : *Le Val-des-Ecoliers et Troyes*.
Secanam (apud), 22, 25. Vide : *la Seine*.
Scellières, Aube, a. Nogent-sur-Seine, c. et co. Romilly-sur-Seine, vetus abbatia, 147, 188. — abbas : G[irardus]. Cfr. Sigilleriarum (abbatia).
Seine (la), fluvius, CIII, 22, 25. Cfr. Secanam (apud).
Seleriis, 304. Vide : *Mesnil-Sellières*.
Semoine, Aube, a. Arcis-sur-Aube, 129. Cfr. Semonia.
Semonia (ecclesia de), 129. Vide : *Semoine*.

Senlis, Oise, 312. — Canonicus : *Jean de Gisors.*
Senonensis (diœcesis), LIII, 6, 15, 31, 39, 62, 85, 90, 94, 105, 115, 116, 120, 122, 165, 168, 173, 326; Senonis, 170. Vide : *Sens.*
Sens, Yonne, LXV, 6, 15, 31, 39, 62, 64, 79, 85, 90, 94, 105, 120, 165, 170, 326. — Archiepiscopi, XLIII, LXXVI, LXXXVII, 120, 143, 254, 326; Dambertus, Guido I, Guido II, Guillelmus de Campania, Michael, Petrus. — Curia officialis, 115, 116, 252; officialis Jobertus de Ponte. — Decani ecclesiæ : Odo, Salo. — Cantores capituli : G., Matheus. — Abbatia Sanctæ Columbæ : 15, 70, 173, abbates : Odo, Theobaldus. — Vicecomitatus : 39, 122. — Palatium regale : 39. — *Bailliage*, LVII, LXI, *lieutenant-général, Boucher (François).* — Scriba : *Viardot.* — Procurator : *Artaut (Jean).* (Jacobus, Jacobus de). Cfr. Senonensis (diœcesis), Senonis.
Septemfontibus (ecclesia de), 129. Vide : *Ceffonds.*
Sézanne, Marne, a. *Epernay*, 86, 130, 146, 216, 247, 265. — Archidiaconi : Guiardus de Pogi, Jacobus de *Baaçon*. — Ecclesia Sancti Nicholai : 86, 130. (Jacobus, Jaquetus, Juliotus de). Cfr. Sezannia.
Sezannia (ecclesia de), 86, 130, 146, 216, 247, 265. Vide : *Sézanne.*
Sicile, Italie, 202. (Nicolaus de Fonte, clericus sacre regalis Sicilie majestatis de).
Sicilia, 202. Vide : *Sicile.*
Sigilleriarum (abbatia), 147, 188. Vide : *Scellières.*
Silvigniaco (Simon de), 139. Vide : Sovigniaco (de).
Soigny, Marne, a. *Epernay*, c. *Montmirail*, 220. Cfr. Songniaco (de).
Soissons, Aisne, 6. — Episcopus : Manasses. Cfr. Suessionensis (diœcesis).
Somme-Fontaine-Saint-Lupien, Aube, a. *Nogent-sur-Seine*, c. *Marcilly-le-Hayer*, LXVII, 33, 38, 82, 83, 121, 130. (Joannes de). Cfr. Summus Fons.
Sommevoire, Haute-Marne, a. *Wassy*, c. *Montier-en-Der*, 129. Cfr. Summavera.
Somsois, Marne, a. *Vitry-le-François*, c. *Sompuis*, 129. Cfr. Sumpseio (de).
Songniaco (ecclesia de), 220. Vide : *Soigny.*
Soulaines, Aube, a. *Bar-sur-Aube*, 129. Cfr. Sublenis (de).
Souleuux, Aube, a. *Troyes*, c. *Bouilly*, co. *Saint-Pouange*, 184. Cfr. *Suiliaus.*
Sovigniaco. (Symon de), 138, 139. Vide : Silvigniaco (de).
Spinam Fabri (apud), in territorio de *Rigny-la-Noneuse* vel de *Saint-Martin* aut de *Saint-Pierre-de-Bossenay*, 173.
Sublenis (ecclesia de), 129. Vide : *Soulaines.*
Subtus Muro (Guido de), 170. Vide : *Troyes.*
Suburbium Trecense alias Banleia. Vide . *Troyes.*

31

Suessionensis (diœcesis), 6. Vide : *Soissons.*
Suiliaus (apud), 184. Vide : *Souleaux.*
Summavera (ecclesia de), 129. Vide : *Sommevoire.*
Summus Fons, LXVII, 33, 39, 82, 83, 121, 130. Vide : *Somme-Fontaine-Saint-Lupien.*
Sumpselo (ecclesia de), 129. Vide : *Somsois.*

Ternantis (Dambertus de), 32.
Terracia (domus que appellatur), 35, in vico *Les Terrasses.*
Thieffrain, Aube, a. Bar-sur-Seine, c. Essoyes, 235. (Milo de).
Tholosa, 237. Vide : *Toulouse.*
Thoreta (Johannes de), 200. Vide : *Thourotte.*
Thourotte, Oise, a. Compiègne, c. Ribecourt, 200. (Johannes de). Cfr. Thoreta.
Thuisy, Aube, a. Troyes, c. et co. Estissac, 84. Cfr. Tuso.
Tombe (le), Seine-et-Marne, a. Provins, c. Bray-sur-Seine, 82, 129. Cfr. Tumbis (de).
Toquin (Matheus de), 21. Vide : *Touquin.*
Torcelum, 24. Vide : *Torcy-le-Grand.*
Torcy-le-Grand, Aube, a. et c. Arcis-sur-Aube, 24. Cfr. Torcelum.
Tornella (Petrus de), 23.
Torviller (majoria episcopalis de), 192. Vide : *Torvilliers.*
Torvilliers, Aube, a. et c. Troyes, 192. — Majoria episcopalis : 192, Cfr. *Torviller.*
Toul, Meurthe-et-Moselle, 311, 312. — Canonicus : Stephanus de Molans, Cfr. Tullensis (ecclesia).
Toulouse, Haute-Garonne, 235. (Michael de). Cfr. Tholosa.
Touquin, Seine-et-Marne, a. Couloumiers c. Rozay-en-Brie, 21. (Matheus de), Cfr. *Toquin.*
Tours, Indre-et-Loir, 6. — Archiepiscopus : Radulfus. Cfr. Turonensis (diœcesis).
Trainel, Aube, a et c. Nogent-sur-Seine, 22, 25, 39, 83, 104, 122, 185, 245, 363. — Domini : 25, 39, 83, 122; Ansellus [I], Garnerus. — Capitulum, cantor : Garnerus de Meriaco. (Garnerus, episcopus Trecensis de). Cfr. Triagnellum, Triagno (de), Trianellum, Triangulum.
Triagnellum, 22; Triagno (de), 25, 83, Trianellum, 39, 122, Triangulum 104, 107, 185, 245, 363, Vide : *Trainel.*
Troan (ecclesia de) 24, 54, 104, 125, 127, 180 ; Troancio Parvo, LXX. Vide : *Trouan-le-Petit.*
Tronchoy, alias *le Tronchay (grange de) emprès Rosson, Aube. a. Troyes, c. Piney, co. Dosches ;* meteria vulgo dicta *La Tronche,* nunc diruta. XCVI. XCVII, 318. (Jean du).
Trouan-le-Petit, Aube, a. Arcis-sur-Aube, c. Ramerupt, LXX, 24, 54, 57, 58, 67, 104, 125, 127, 162, 180, 181, Cfr. Sancti Petri de *Troant,* Troancio Parvo (de).

Troyes, Aube, 1, 6, 7, 16, 17, 20, 21, 23, 24, 35, 44, 46, 54, 57, 58, 61, 67, 73, 91, 100, 110, 111, 113, 133, 150, 151, 152, 159, 162, 163, 164, 165, 166, 167, 171, 172, 183, 187, 192, 197, 211, 212, 214, 228, 232, 233, 234, 235, 236, 238-246, 249, 284, 307, 308, 311, 322, 324, 370.

1.

ECCLESIA VEL DIŒCESIS TRECENSIS.

§ 1ᵉʳ. DE EPISCOPATU, ETIAM DE VARIIS OFFICIIS ET DE VARIIS MINISTRIS EPISCOPI.

I. Episcopatus : X, LXVI, LXXXVI, LXXXVII, CVIII, CIX, 84, 90, 159. — Episcopi: Bartholomeus alias Haicius, *Bossuet, Bouthilier* (Dyonisius), Garnerus de Triangulo, Guichardus, Guillelmus *Parvi,* Haicius alias Bartholomeus, Hatto, Henricus de Carinthia, Henricus de Pictavia, Herveus, Jacobus *Raguier,* Johannes I, Johannes II de Auxeyo, Johannes IV *d'Aubigny,* Johannes V de Auxeyo, Johannes VI de *Braque,* Johannes VII *Lesguisé,* Ludovicus *Raguier,* Manasses I de Arceiis, Manasses II de Pogeio, Matheus, Milo II alias Philippus, Nicolaus, Philippus de Pontibus alias Milo II, Petrus I de *Villiers,* Petrus II de Arceiis. *Poncet de la Rivière,* Prudentius (sanctus), Robertus, Stephanus de *Givry.*

II. Archidiaconatus, 124. 1º Major archidiaconatus sive archidiaconatus civitatis qui dicitur Banleiæ vel Suburbii, XXXIV, XXXV, 9, 24, 53, 78, 81, 124, 200, 207, 213, 223. 2º Archidiaconatus Arceiarum XVI, XXXV, 124, 207, 223. 3º Archidiaconatus Brene, XIV, XV, XXXV, 124, 160, 161, 207, 223. 4º Archidiaconatus Sancte Margarete, XVII, XVIII, XXXV, 124, 207, 223, 288, 305, 306. 5º Archidiaconatus Sezannie, XV, XXXV, 124, 207, 216, 220. — Archidiaconi : J. major archidiaconus, Aderaldus (sanctus), Anselmus, Aymo de Polengyo, Bernardus, *Barrien de la Galissonnière,* Drogo, Drogo, Falco, Galterius, Galterus *Bursaul,* Galterus de *Pogi,* Guibuinus, Gilbertus, Girardus, Girardus, Gisbertus, Goscellinus, Guerricus, Guiardus officialis. Guiardus de *Pogi,* Guido, Guido, Guillelmus de Villiaco, H. de Sancto Quintino, Henricus, Herbertus, Hugo, J. *Bore,* Jacobus de *Baaçon,* Jocelinus, Johannes de Acquiano, Joscelinus, Manasses, Manasses, Manasses de *Rumilli,* Manasses de Villamauro, Milo, Odo, Odo, Odo Senonensis, Petrus, Theobaudus, Theodoricus.

III. Curia officialitatis, XV, LXV-LXVIII, 134, 169, 171, 172, 231, 235, 238—248, 250, 251, 252, 260, 277, 281, 298, 299, 302, 303, 304, 309, 313, 321, 361, 365, 369. — Officiales : Aymo de Polengeyo, Guiardus, Guillelmus de Creneyo, Henricus, Hugo, *Jean Collet,* Johannes de Montebeligardo, Lambertus, Nicolaus, Petrus de Arceiis, Ricardus, Stephanus Grapini.—Sigilliferi: E. Mauberti, *Gruco Moynot,* Guillelmus de Creneyo, Johannes de Summofonte, *Thomas Duit.* — Penitentiarii : *Jean Boinet* ; Petrus de Arbosio, senior. — Promotores causarum : G. *le Fautrat*, H. Doreti, Nicolaus Huyardi, Petrus de Ramoruco — Audienciarius : Nicolaus Huyardi. — Auditores testamentorum : E. Mauberti, *Jean Pressy*, Johannes Gueraudi, *Nicolas Lescot*, Stephanus Grapini — Notarii vel tabelliones : Franciscus Bocellus, *Garsonnot* (Simon), *Guyliot (Nicolas)*, *Jean Baudes*, Johannes Bartholomei, Nicholaus Cochardi, Stephanus de Allemente. — Scriba : Richardus. —Registratores vel rectores : Joannes de Veterivilla, *Nicolas Juilly*. — Janitor curie : Johannes *Voine*, N. Monachi. — Custos carceris : N. Monachi.

IV. Capellani episcopi : Guillelmus de Columberio, Guillermus, Renaudus de Brena.

V. Prepositi episcopi : Jacobus de Senonis, Matheus.

§ 2. ARCHICLAVUS VEL THESAURARIUS ECCLESIÆ TRECENSIS.

Thesauraria, XXXIII, XXXIV. — Archiclavus : Hadricus.

§ 3. PRÆPOSITURA ECCESIÆ TRECENSIS.

Præpositura, VII, XXII, 29, 30, 210. — Præpositi : Eutropius, Guillelmus de Campania, Normannus, Odo, Raynaldus.

§ 4. CAPITULUM TRECENSE.

I. Capitulum, VI-LXXIV, 1-229.

II. Decanatus capituli, XII, XXII-XXXIII, 32, 34, 36, 209. — Decani ante 1167 : Balduinus Noviomensis ; Berlamus, sacerdos ; Hugo, presbiter ; Joannes ; Petrus. — Decani post 1167 : Dyonisius de Campo Guidonis, Galterus, Henricus de Noa *Jacques Guillemet*, *Jehan de Mailly*, Johannes, Johannes de Firmitate, Milo, Milo, Nicholaus, *Nicole Guillemet*, *Nicole Lebacle*, P. Petrus de Cella, Petrus de *Molay*, R[adulfus].

III. Cantoria XXXIV, XXXV, 102, 103, 186, 187, 193, 194, 209. — Cantores : Arnulphus, Droco de Cantumerula, Galterus, Gibuinus, Girardus, Guillelmus de Champigneio, Henricus, Johannes, Johannes de Luxovio, Manasses, Odo.

IV. Camerarii : 178, Galterius, Garinus, Gilo, Girardus, Guerricus, Joannes, Johannes de Longo Campo.

V. Cancellarii : Gibuinus, Jacellus.

VI. Canonici : 1° Canonici presbiteri : 41, 50, 51, Berlaudus, Bochardus, Burdinus, Gislebertus, Guarnerus, Hubertus, Hugo, Johannes de Abbatia, Johannes de *Conflans*, *Lirey (Claude de)* Radulfus, Renaldus, Renardus, Renaudus, Stephanus, Stephanus Giraudi, Stephanus Lupus.

2° Canonici diaconi alias levitæ : 41, Constantius, Drogo, Galterus, Galterus de Fusseio, Gildardus, Girardus, Guillelmus, Guillelmus *Testars*, Hilduinus, Manasses, Petrus, Petrus, Petrus Potator, Rainaldus, Reinerius, Willelmus.

3° Canonici subdiaconi : Amatus, Ansellus, Arnaudus, Drogo, Engerannus, Frotmundus, Galterus, Galterus de Capis, Garnerus,

Gilduinus, Girardus, Girardus de Barro, Girulfus, Guerricus, Haicius de Plancelo, Hilduinus, Hugo, Hugo, Hyduinus de Vendopera, Johannes, Manasses de Pogelo, Milo, Milo de Barro, Milo de Sancto Albino, Odo, Odo, Petrus, Petrus, Rocelinus, Stephanus, Tegerus, Theodericus.

4° Canonici sine distinctione ordinis: Adhemarus de Virsiaco, Anselmus, Ansericus, Arnaudus, Aymericus Helye, Aymo de Polengeyo, Bartholomeus, Burdinus, Dominicus de Janua, Droco, (nepos), Droco de Planceyo, Dyonisius, Flamandus de Lauda, Franciscus *Puillevilain*, Fulco, Galcherus de Insulis, Gerardus Jeuberti, Girardus de Barro, Girulfus, Gislebertus, Guido, Guido, Guillelmus Audeberti, Guillelmus de Creneyo, Guillelmus Diaboli, Guillelmus Mauberti, Guillelmus de Pruvino, Hatos, He. (subdiaconus Romanus), Henjorannus, Hugo, Jacobus de *Baacon*, Jacobus Cognati, Jacobus de Foissiaco, Jacobus Senonensis, Johannes de Allemente, Johannes de Bonavalle, Johannes Biseti, Johannes Boreli, Johannes de Cameraco, Johannes de Cocandrayo, Johannes Garneri, Johannes Gueraudi, Johannes Jobertus, Johannes de Montebeligardo, Matheus, *Mogue*, Nicolaus de Sancto Germano, Nicolaus Scoti, Obertus *Thodesi*, Oudardus de Latigniaco, P. dictus *Lenfant*, Perinetus de Gieyo, Petrus, Petrus de Arbosio, Petrus Belocerius, Petrus de Champlipto, Petrus de Claellis, Petrus de Rameruco, Petrus de Villanova, Poncius, R. de Molinis, Raynaldus, Reginaldus, Renaldus, Renaudus Diabolus, Robertus, Robertus de Frolesio, Robertus de Vineto, Rolandus, Symon de Silviniaco, Tegerus, Teodericus, Theobaldus, Theobaldus Fabrarius, *Thiebauz li Faulriers*, Valerianus, Walterus.

§ 5. SIGILLIFERI ECCLESIÆ TRECENSIS.

Bartholomeus de Ranavalle, Petrus de Villanova.

§ 6. LEGUM PROFESSOR :

Guillelmus de Columberio.

§ 7. ECCLESIA SANCTI PETRI TRECENSIS.

I. Fabrica et matricularia LXVIII, LXIX.—Provisor: Gilo de Pruvino. — Matricularius: *Belcre* (F.)

II. Chorus silicet: Succentoria, Vicarii et Pueri chori. XXXIV, XXXV, XL, XLI, XLII, LXVIII, 102, 103, 143, 145, 193, 194, 209. — Succentores : Girardus, Nicolaus. Vicarius: Garnerus de Gieyo.

III. Clerici ecclesiæ. — Clericus: Petrus Comestor.

IV. Major ecclesiæ. 19.

V. Altaria in ecclesia Sancti Petri Trecensis.

1° Altare Beatæ Mariæ Virginis et de quatuor canonicis presbiteris ad servitium illius altaris destinatis, XL, LXVIII, 47, 60, 70, 71, 138, 172, 185, 204, 206, 208, 221, 226. — Canonici: *Chastelet* (J), Matheus de Edua.

2° Altare Sanctæ Helenæ, 206.
3° Altare Sancti Salvatoris. LXXII, 4, 5. 58, 206.

§ 8. COLLEGIATÆ IN CIVITATE TRECENSI.

I. Collegiata Sancti Stephani, 77, 79, 83, 118, 130, 135, 136, 155, 156, 158, 162, 163, 164, 167, 179, 180, 214, 221, 224, 237, 239, 252, 267. 269, 270, 271, 272, 277, 284, 287, 305, 310. 330. — Decani : Bartholomeus, Herbertus, Petrus de Arbosio, Stephanus de Luxovio. — Præpositus : Galterus. — Thesaurarius : Artaudus. — Subdecani : Guido de Alneti, Villenus. — Succentores: Henricus de Sancto Mauritio, Remiglus. — Camerarii : Guirardus de Ancheto, Guido de Alneti. — Canonici : Adam de Brilicurte, Girardus de Ancheto, *Guy du Bois, Jehan le Champenois*, Johannes Bergerius, Johannes Garcia, Theobaldus de Roseriis. — Matricularius : Petrus *Seignes*. — *Ecoldtre* : *Simon Moreau*.

II. Collegiata Sancti Urbani. LXXV-CXIV, 201-372.
Decani : Adam de Sarrelo, *Jean Closier*, Johannes de Brueriis, *Morce, Nicolas Hennequin, Nicolas de Lintelles, Odard Hennequin*, Renaudus de Columberio, Renaudus Diabolus. — Thesaurarii : Felisius, *Guy du Bois*, Stephanus de Portu. — Camerarius : Jocelin *de Villeret*. — Canonici : Galterus *Bursaul*, Guillermus *Caym, J. Dorey. J. Thibault*, Jacobus Parvus, Jacobus Phisicus, *Jehan le Champenois*, Johannes Faber, Johannes de Trecis, *Nicolas de Metz-Robert*, Nivelle (*J.-J.*). *Pothier (Remy)*, Symon. — Magister Fabricæ : Johannes Anglicus. — Matricularii : *Jean de Mesgrigny, Jocelin de Villeret*, Johannes *Noel*, Petrus *Voye*. — Procurator : Renaudus de Columberio. — *Grand-Maire* : *Labbé, avocat*. — Præpositi pro expensis ad ecclesiam edificandam : Manasserus, Robertus, Stephanus. — Præpositus segetibus : Ludovicus. — *Enfans d'aube* : *Jehan Charlet, Jehan Rolet*.

Capellæ vel capellaniæ vel altaria in ecclesia ejusdem collegiatæ LXXXVIII, LXXXIX, XC, XCI, XCVII, Vide etiam in variis cartis. 1° Altare Sancti Antonii, 325. 2° Capella Sanctæ Crucis, 309, 318. 3° Altare dictum *Fourin*, 338. 4° Capellania S. Johannis Baptistæ, 314. 5° Altare Sancti Laurentii, 325. 6° Altare Sancti Leonardi, 316, 344. — Capellanus ejusdem altaris : *Jehan de Drou*. 7° Altare Sanctæ Magdalenæ, 317. 8° Altare Sancti Marci, 325. 9° Capellania Sanctæ Margaretæ, 318. 10° Capella vel altare Sancti Nicolai, 309, 318, 321. 11° Capella vel Altare Sanctæ Mariæ Virginis, 317, 344. 12° Altare vel missa *Perrart*, 323, 340, 344, 348, 354. 13° Altare *Saint Pere*, et *Saint Pol*, 318. 14° Altare vel capella *de Prime*, 348, 350. 15° Altare Sancti Sulpicii, 325.

§ 9. ABBATIÆ IN CIVITATE TRECENSI.

Abbatia Beatæ Mariæ ad Moniales alias dicta : sita in Suburbio Trecensi : LXXX, LXXXI, LXXXII, CVIII, 81, 130, 214, 224, 231, 235, 240, 242, 269, 274, 272, 277. 299, 304, 305, 312. —Abatissa : Oda. — Priorissæ : Aalipdis de Baacon, Herminia. — Cantrix: Ysabellis de Sancto Fidolo. — Thesauraria. Gila. — Subpriorissa: Aalipdia de Longavilla. — Infirmaria : Agnes de Cantualaude. — Elemosinaria : Amelina de Flavigniaco. — Monialis : Agnes de Roseriis. — Scholæ, xxxv.

Abbatia Sancti Lupi : 15, 18, 64, 65, 81, 115, 130, 140, 152, 224, 269. 309. — Abbates ; Droco, Ewbrardus, Gulterus, Hoydoinus, Philippus.

Abbatia Sancti Martini [in Areis]: 15, 19, 81, 130, 140, 151, 152, 224. — Abbates : 53, Guillermus, Petrus, Ricardus.

§ 10. PRIORATUS IN CIVITATE.

Prioratus Fratrum [Vallis] Scholarium Beatæ Mariæ in Insula Trecensi, alias Insulæ apud curtes 121, 165, 166, 167, 272.
Prioratus Sancti Johannis in Castro, 269.
Sanctus Quintinus, 38, 84, 122.

§ 11 DOMUS DEI SIVE HOSPITALES TRECENSES.

Domus Dei Sancti Bernardi, 246.
Domus Dei Sancti Nicolai, xii, xiv, xix, xx. xlix.
Domus Dei Sancti Stephani, alias Comitis, 162, 163, 210, 268.
— Procurator : Herbertus.
Commendatoria Templi, 239, 240.

§ 12. PARROCHIÆ IN CIVITATE.

Sanctus Aventinus, xlviii, lxix, 24, 250.
Sanctus Dyonisius xlviii, lxix, 8, 11, 165, 166, 183.
Sanctus Frodobertus, xlix, lxix.
Sancti Johannis in Foro magna schola, xxxv.
Sancta Magdalena xlix, lxix, lxx, 224.
Sanctus Martinus (in Vineis), 269. — Rector. Philippus.
Sanctus Nicetius, alias Nicetus, xlviii, xlix, lxix, lxx, 8, 11, 56, 61, 62, 69, 75, 92, 103, 105, 183. — Presbiter : Jocelinus.
Sanctus Remigius, xlviii, xlix, lxix, lxx, 8, 11, 30, 56, 61, 62, 69, 92, 183, 305. — Curatus: Petrus de Onjione. — Magna schola. xxxv.

§ 13. SCHOLÆ IN CIVITATE.

Scholæ magnæ et parvæ, xxxiv, xxxv, xl, xlii, 351. — Grand-Maître : Jehan Lebreton — Ecolâtre Sancti Stephani. Simon Moreau.

II.

COMITATUS TRECENSIS ALIAS CAMPANIÆ.

Comitatus: 38, 83, 94, 95. — Comites: Henricus I, Henricus II, Henricus III, Hugo, Theobaldus II, Theobaldus III, Theobaldus IV, Theobaldus V. — Comitissæ: Blancha de Navarra, Maria. — Camerarii comitis: Artaldus, Girardus. — Cancellarii: Galterus de Capis, Guillelmus, Haicius de Planceyo, Stephanus. — Dapifer : Gosbertus. — Marescalcia : 37, 44, 61 ; Marescalli : Garinus Furnerius (?), Gaufridus de Villa Harduini. Guillelmus. — Vicecomitatus : 113 ; vicecomes Raynaldus. — Præpositura comitis : 94, 163, 260 ; præpositi : Girardus, Guido, Lambertus. — Notarii : Petrus, Petrus de Sancta Margareta, Willelmus. — Capellanus : Andreas. — Servientes : Everardus, Falco, Walo.

III.

CIVITAS TRECENSIS.

§ 1er PERSONÆ.

I. OFFICIARII TRECENSES, scilicet : Ballivi, LVI, LXXXVII, XCI, 279 ; *Guillaume de Muissy, Renier de la Bele.* — Præpositus : *Guillaume Bruyer.* — Major : *Girardus Lennelcron.* — Sergent : *Jehan du Val.* — Notarii : *Symon Mangenet, Guillaume Rogier.*

II. ARTIFICES silicet : Aurifabri : Bartholomeus, Colinus, *Nicolas Boulanger*, Robertus, Terricus, Theodericus. — Cordubanarii : Johannes de Latiniaco, Quadratus. — Cutellarius : Bertinus. — Faber : Clarellus. — *Imagier : Pagnet.* — *Imprimeurs : Briden (Claude), Carrel (Christophe), Chasneau (Thomas), Garnier, Oudot (Jean), Oudot (Nicolas).* — Mercator : *Claudius Voye.* — Peintre : *Herluison (Louis-Alexandre).*

III. CARNIFICES . Garnerus Judæus, Johannes de Claravalle.

IV. CIVES vel burgenses : *Bernard de Montcuq*, Febularius, Girardus *li Berrichiers*, Guido de Nivella, Guiotus, *Henry Larmurier*, Henricus *Damerons*, Huiardus de *Auson*, Huiardus *Bouchins*, *Huproie (de la)*, Isabellis de Virduno, Jacobus de Villa Luporum, *Jacques Dery*, Jacquetus de Lodio, Johannes Anglicus, Johannes *li reix*, Johannes Major, *Macé Gouault*, Maria Margueronna, Milo de *Thieffrain*, Motellus, Petrus *Bursaut*, Petrus de *Corcegré*, Petrus Goulerius, Petrus Salnarius, Petrus Sarracenus, Petrus de Virduno, Stephanus *Ladvocat*, Stephanus Loerii, Theobaldus de Acenayo.

§ 2. TOPOGRAPHIA.

I. REGIONES. — Banleia alias Banleuga vel Suburbium, 24, 53, 78, 81, 243. — *Bas-Clos*, XCVII. — *Bas-Trevois*, XCVII. — Burgus Episcopi, 39, 84, 122, 177. — Burgus Sancti Dyonisii, XVIII, XIX, 20, 25, 48, 106, 137, 165, 238 ; (Albertus, Bernardus, Clara de Burgo S. Dyonisii). — Cambeia vel Cambitus 151, 152, 303. — *Chailloel* alias *Chaillouet*, XCVII, 176. — Clauso (de) 35, 151, 303 (Manasserus, Manasses, *Nicolas* de Clauso). — Claustrum Sancti Petri (Magnum vel Parvum) alias *Grand-Cloitre et Petit-Cloitre Saint-Pierre*, XI-XIX. — *Croncels, Croncées, Cronciaux*, XCVII, 175, 277. — Crevellos alias *les Tournelles* (domus apud), XII. — Draperia, 241, 299. — *Ecrevolle (Grande et Petite)* XCVIII. — Gaisiam alias *les Vouises*, (apud) XCVII, 175. — *Gayettes*, XCVIII.

TABLE DES NOMS DE LIEUX

— *Greve* (la) alias *Prés de Jully*, xcvii. — Insula apud Cortes, 121.— Macacreria, Macellaria, Macecraria (magna), ciii, 151, 303, 314. — Macecreria (in Burgo Episcopi), 177, Merceria, 153. — *Prés de Jully*, xcvii. — Prese, xcvii. — *Saint-Jacques*, xcvii, 250. — Salneria, 239, 240. — Subtus Muro (Guido de), 170, 238. — Suburbium alias Baniela 24, 53, 78, 81, 213.— Tannaria, 153, 250.— *Tournelles* (les), xii. — *Vacherie* (la) lxxii, xcvii, 137. — *Vouises* (les) xcvii, 175. Webaudes (apud), 176.

II. VICI, xcvii-cviii ; vide etiam : vicus Beate Marie, cix, 246, 247, 324.—Vicus du *Bourgneuf* 281—de Buchetia alias *Buchettes*, 244, 151, 299 — de Corderia 239, 240. — Magnus Vicus, 153, 234, 236. — Vicus Medianus alias Rua Mediana, 142, 239, 245, 246, 247, 299, 302. — Vicus de *Poissonnière*, 252 — de Ripatario, xiii, — Sancti Dyonisii, xxi. — Sancti Johannis, 248, 251. — Templi, 244, 246, 248, 251, 252. — *des Terrasses* (Terraciæ), xcvii, 35, 277. — Vicus dictus Ruella 232, 233.

III. FORUM, 241, 246. — Teloneo (in) 242. — Halæ, scilicet : Magnæ halæ Cathalaunenses, 299 — de Douasco, 239, 240 — de Pruvino, cii, cix, 239, 240, 324 — de Ypra, cviii, 303, 312. — Nundinæ, 239, 240, 242, 303 (Custos nundinarum : Johannes Nicolai).

IV. MONUMENTA et Edificia, scilicet: *Boucherie* (la), c, ci, cx. — Cavæ Sancti Quintini, xii. — Domus Dei vel hospitalis Sancti Abraham, cvi. — Sancti Bernardi, civ. — Sancti Nicolai, xii, xiv. — *Donjon de Belfroy*, civ, cvi. — Ecclesia Sancti Dyonisii, xviii, cvii. — Sancti Egidi xcvii, 175. — Sancti Johannis in Foro, xcix, 152, 153, 154, 178, 246, 299. — Sancti Lupi, xix — Sancti Niceli cviii, 106. Sancti Pantaleonis, ciii, 241.— Sancti Petri xvii.— Sancti Remigii, cvi, cvii.— Sancti Urbani xcviii, xcix, c. — Grangia Sancti Johannis de Bonavelle xvii. — *Hostel Mosle*, ciii. — *Notre-Dame-aux-Nonnains*, xcix, cii. — Oratorium Beatæ Mariæ in Insula, 165. — *Pilori* (le), cii. — Pons qui dicitur de *Roinon*, xix. — *Porte de Belfroy*, civ. — *Porte de Compostel*, cvii. —*Puits de la Samaritaine*, c. — Turris Capituli, xviii, xix, cviii.

V. DOMUS, Scilicet : Domus canoniales capituli vel ecclesiæ Trecensis xi-xix — Domus in quibus redditus capituli Sancti Urbani sedent, xcviii-cviii — domus de Altovillare, 241. — Domus dicta *La Chaurée* 246. — Domus dicta *La Coupe*, 316. — Domus Lignea 303. — Domus *de la Maitrise*, xcix. — Domus *Moque*, xiv. — Domus de Arripatorio, xiii, xix.

VI. INSIGNIA pluribus domibus appensa, xcviii-cviii.

VII. FURNI, scilicet: furnus bannalis de *Veis*, 314 — in Burgo Episcopi, 84. — ad Cancellarium, 235 — in domo canoniali, xviii.

VIII. RIVI alias *Rupts*. silicet: *Rupt de Cordé*, xcvii — *de Merdanson*, cvii — *de Seine*, ciii — *de Vienne*, ciii.

IX. VADUM civitatis. 314.

Val-des-Ecoliers, Haute-Marne, a. et c. *Chaumont,* co. *Verbieseles,* vetus abbatia, 165, 167. Cfr. Scolarium (fratres).
Valenis (molindina de), 45. Vide : *Vallant-Saint-Georges* (?).
Valent, 22. Vide : *Vallant-Saint-Georges.*
Valentigniaco (decima de), 100, 103, 186, 187, 188. Vide : *Valentigny.*
Valentigny, Aube, a. *Bar-sur-Aube,* c. *Brienne-le-Château,* XXXV, 100, 103, 186, 187, 188. (Petrus, miles, de). Cfr. Valentigniaco (de).
Valeri (Johannes dominus de), 184 ; Valeriacum, 179. Vide : *Villery.*
Vallant-Saint-Georges, Aube, a. *Arcis-sur-Aube,* c. *Méry,* LXX, LXXII, 22, 24, 25, 54, 93, 99, 109, 111. — Molendina : 24, 45. (Galterus de). Cfr. *Valant, Valans,* Valenis (de), *Valent,* Vallencio (de).
Valle (Simon de), 295.
Vallecharceyo (de), 322. Vide : *Vauchassis.*
Vallencio (de), LXX. Vide : *Vallant-Saint-Georges.*
Valle Rodionis (Simonetus de), 312. Vide : *Val-de-Rognon.*
Valrege (Jacobus de), 240.
Vandopera (de), 57, 63. Vide : *Vendeuvre-sur-Barse.*
Venna (Hanricus de), 133. Vide : *Vannes.*
Vannes, Aube, a. et c. *Troyes,* co. *Sainte-Maure,* LXXII, 8, 45, 57, 63, 64, 65, 69, 133 (?), 168. (Hanricus de). Cfr. Vanna, Venna.
Vasconie, alias Wasconie (territorium), 66, 67, 68, 213, 214. Vide : *Vaucogne.*
Vauchassis, Aube, a. *Troyes,* c. *Estissac,* XCVII, 322. (Johannes de). Cfr. Vallecharceyo (de).
Vaucogne, Aube, a. *Arcis-sur-Aube,* c. *Ramerupt,* 66, 67, 68, 130, 213, 214. — Presbiter : Johannes. Cfr. Guasconia ; Vasconie, alias Wasconie (territorium).
Vauigrenant (Richardus de), 271.
Vaut-Tibout, (dimage appelé), au finage de *Romilly-sur-Seine,* 357, 358, 359, 360.
Velletri, Italie, 50, 51, 259. — Episcopus : Henricus.
Vendeuvre-sur-Barse, Aube, a. *Bar-sur-Aube,* 20, 57, 58, 63, 100, 246. — Decanatus : 63. — Domina : 100. (Hilduinus, Hyduinus, Jaquetus, Oda, Odo, de). Cfr. Vandopera, Vendopera, Vendopero (de).
Vendopera (de), 58, 100, 246 ; Vendopero (de), 20. Vide : *Vendeuvre-sur-Barse.*
Venesiaco (castrum de), 39, 122. Vide : *Venizy.*
Veneventum, 33, 84. Vide : *Benevent.*
Venizy, Yonne, a. *Joigny,* c. *Brienon-l'Archevêque,* 39, 122. Cfr. Venesiaco (de).
Venna (villa que dicitur), 45, 57, 63, 64, 69. Vide : *Vannes.*
Verdun, Meuse, 321. *Guy,* Isabellis, Petrus de). Cfr. Virduno (de).

X. vanna Trecensis, 162, 163, 164.

XI. molendina, scilicet : Molendina de *Gaillard* alias *Jallart*, 24, 149. — Omondi alias *Moulin-Aulmont*, 244 — de Prato Episcopi, nunc *de la Pielle*, 72, 74, 75, 135 — juxta ecclesiam Sancti Quintini, nunc *Saint-Quentin*, 38, 84, 122. — Sub Turre, nunc *de la Tour*, 38, 84, 121.

XII. varia silicet : *Le Chauffour*, lx, — Communia de Trecis, 183. — Curia Beate Marie ad Moniales, 235, 241 — Curtis Episcopi. lii, — ad Fontes, 325. — Lobiam Trecensem (stallum ante) 236. Plancha Roceri, xix. — *Pont aux cochons (pré lieu dit)*, xcvii. — Loci in civitate super quos Capitulum Trecense jurisdictionem et justitiam habet, xviii-xxi.

Tullensis (ecclesia), 311, 312. Vide : *Toul*.
Tulo, alias Tuso (Paganus de), 38, 84. Cfr. *Thuisy*.
Tumbis (ecclesia de), 82, 129. Vide : *Le Tombe*.
Turibolensis (episcopus), 314. Vide : *Turtiboli*.
Turonensis (diœcesis), 6. Vide : *Tours*.
Turtiboli, dans la Capitanate, Naples, 314. Cfr. Turibolensis.
Tusculanensis (diœcesis), 26 ; Tusculanum, 36, 43, 44, 86. Vide : *Frascati*.
Tuso alias Tulo (de), 84. Cfr. *Thuisy*.
Tyrensis (archiepiscopus), 287, 305. Vide : *Tyr*.
Tyr, Palestine, 287, 305.

Ulci (Hogerus de), 23.
Ulmis (ecclesia de), 129. Vide : *Ormes*.

Vaartio (ecclesia de), 24 ; Varcia, 82. Vide : *Vouarce*.
Vachariam (apud), 118. Vide : *La Vacherie [près Clerey]*.
Vachariam (apud), 137. Vide : *La Vacherie [près Troyes]*.
Vacherie (la), Aube, a. c. et co. Troyes, lxxii, xcvii, 137. Cfr. Vachariam (apud). Vide : *Troyes*.
Vacherie (la), Aube, a. Troyes, c. Lusigny, co. Clerey, 118. Cfr. Vachariam (apud).
Vadémons (la dame de), 101.
Vado (Maria de), 22.
Vaigni (Renaudus dominus de), 177. Vide : *Voigni*.
Val (Jehan du), 351.
Valant, 23, 25, 54 ; Valanz, 93, 99, 109, 111. Vide : *Vallant-Saint-Georges*.
Val-de-Rognon, Haute-Marne, ancienne prévôté composée des communes actuelles de Doulaincourt, Bettaincourt et Roche, 312. Cfr. Valle Rodionis (de).

Vermoise, Aube, a. et c. Troyes, co. Sainte-Maure, 338. (Francoys (?). Cfr. *Garmoise (de la)*.
Veroli, Italie, 35. Cfr. **Verule**.
Verone, Italie, 87.
Verreriis (ecclesia de), 129, 156, 157. Vide : *Verrières*.
Verrières, Aube, a. Troyes, c. Lusigny, XCVIII, 129, 156, 157, 324, 330. Cfr. **Verreriis (de)**.
Verule, 35. Vide : *Veroli*.
Verzelay, 267. Vide : *Vezelay*.
Veterivilla (Joannes de), LXVII.
Vetzui (Raherius de), 21.
Vezelay, Yonne, a. Avallon, 237, 267. — Abbas : Johannes. Cfr. *Verzelay*, Virziliacensis Monasterii (abbas).
Viâpres-le-Petit, Aube, a. Arcis-sur-Aube, c. Méry-sur-Seine, 82, 129, 243, 254. (Guiotus, armiger, de). Cfr. **Viaspero (de)**.
Viaspero (ecclesia de), 82, 129, 243, 254. Vide : *Viapres-le-Petit*.
Vignory, Haute-Marne, a. Chaumont, 6, 8. (Guido de). Cfr. **Wangeruco (de)**, **Wangionis rivo (de)**.
Vilcanrieux (Hugo de), 267.
Villacerf, Aube, a. et c. Troyes, **vetus prioratus**, 34, 62, 100, 101, 182, 211. — Dominus : Odo dictus *Rayoz*. (Bovo, miles ; de). Cfr. **Sancti Sepulchri (prioratus)**.
Villa Cestini (grangia de), 33, 39, 84, 122 ; Villa Chestini (de), 72, 76. Vide : *Villechetif*.
Villagruis (ecclesia de), 129. Vide : *Villegruis*.
Villa Harduini (de), 63, 82, 130. Vide : *Villehardouin*.
Villa Luporum (Jacobus de), 235. Vide : *Villeloup*.
Villamauri (de), 38, 86, 117, 121, 129, 130. Vide : *Villemaur*.
Villam Bertini (apud), 196. Vide : *Villebertin*.
Villa *Meruel* (decima de), 179. Vide : *Villemercuil*.
Villa *Moiron*, 140, 141. Vide : *Villemoiron*.
Villanova (Petrus de), XVIII.
Villa Nova, juxta Barrum (super Sequanam), 19, 25, 62. Vide : *Villeneuve*.
Villarcel (Jacques de), 316.
Villaribus (Johannes de), XIV.
Villebertin, Aube, a. Troyes, c. Bouilly, co. Moussey, 196, 214. Cfr. **Villam Bertini (apud)**.
Villechetif, Aube, a. et c. Troyes, 33, 39, 72, 76, 84, 122. Cfr. **Villa Cestini**, **Villa Chestini**.
Villeirs (molendina de), 24.
Villegruis, Seine-et-Marne, a. Provins, c. Villiers, 129. Cfr. **Villagruis (de)**.
Villehardouin, Aube, a. Troyes, c. Piney, 63, 82, 130. — Dominus : Gaufridus, marescallus. Cfr. **Villa Harduini (de)**.
Villeloup, Aube, a. et c. Troyes, 235. Cfr. **Villa Luporum**.
Villemaur, Aube, a. Troyes, c. Estissac, 16, 38, 82, 83, 86, 117,

121, 129, 130. — Domini : 38, 121. — Ecclesia Sancti Flaviti : 86, 130. (Manasses de). Cfr. Villamauri (de), Villemauro de).
Villemauro (de), 16, 82. Vide : *Villemaur*.
Villemereuil, Aube, a. Troyes, c. Bouilly, XCIII, 179. Cfr. Villa Meruel (de).
Villemoiron, Aube, a. Troyes, c. Aix-en-Othe, 140, 141. Cfr. Villa Moiron.
Villeneuve, Aube, a. c. et co. Bar-sur-Seine, 19, 25, 62. Cfr. Villa Nova.
Villepart, Aube, a. et c. Troyes, co. Breviandes, LXXII.
Villeret, Aube, a. Arcis-sur-Aube, c. Chavanges, XC. (Jocelin de).
Villery, Aube, a. Troyes, c. Bouilly, 179, 184. — Dominus : Johannes. Cfr. *Valeri*, Valeriacum.
Villeriis (ecclesia de), 129. *Villers* (de), 82. Vide : *Villiers-Herbisse*.
Villette, Aube, a. et c. Arcis-sur-Aube, XCVIII.
Villeyo Marescalli (de), XLVIII. Vide : *Villy-le-Maréchal*.
Villiaco (de), XVII. Vide : *Villy-en-Trodes*.
Villiers, Aube, a. Arcis-sur-Aube, c. Méry-sur-Seine, co. Droupt-Saint-Basle, LXXII.
Villiers-Herbisse, a. et c. Arcis-sur-Aube, 82, 129. Cfr. Villeriis (de), *Villers*.
Villy-en-Trodes, Aube, a. et c. Bar-sur-Seine, XVII. (Guillelmus de). Cfr. Villiaco (de).
Villy-le-Maréchal, Aube, a. Troyes, c. Bouilly, XLVIII. Cfr. Villeyo Marescalli (de).
Vineto (Robertus de), 165. Vide : *Vinets*.
Vinets, Aube, a. Arcis-sur-Aube, c. Ramerupt, 165. (Robertus de). Cfr. Vineto de.
Virduno (de), 321. Vide : *Verdun*.
Virsiaco (Adhemarus de), XVI.
Virziliacensis (abbas), in Eduensi diœcesi, 237. Vide : *Vezelay*.
Viterbe, Italie, 148, 149, 150, 197, 271, 273, 275, 276, 277, 280, 281, 292.
Voigny, Aube, a. et c. Bar-sur-Aube, 177. Cfr. *Vaigni*.
Vouarce, Marne, a. Epernay, c. Anglure, 24, 82, 112. Cfr. Vaartio (de), Varcia, Warciam (apud).
Vouises (les), alias *La Grande-Planche*, 175. Vide : *Troyes*. Cfr. Gaislam (apud).
Wangeruco (de), 6. Vide : *Vignory*. Wangionis rivo (de), 8.
Warciam (apud), 112. Vide : *Vouarce*.
Webaudes (vinee apud), haud procul Trecis, 176. Vide : *Troyes*.

Ypra (haie de) 303, 312. Vide : *Ypres et Troyes*.
Ypres, Belgique, 303.

Zara, sedes archiepiscopalis, *Dalmatie*, 314. Cfr. Jadrensis.

ADDITIONS ET CORRECTIONS

Les pièces suivantes du Cartulaire de Saint-Pierre ont déjà été publiées, mais incomplètement :

N. 3.   2 avril 1104, Bréquigny, *Table chron.*, t. II, p. 351.
N. 10. 1145, Bréquigny, *Ibid.*, t. III, p. 100.
N. 13. 1147, Camusat, *Prompt.*, fol. 175 v°.
N. 20. 1167, Camusat, *Ibid.*, fol. 122 v°.
N. 21. 1167, *Ibid.*, fol. 176 r°.
N. 41. 1184, *Ibid.*, fol. 178 v°.
N. 59. 1191, *Ibid.*, fol. 182 r°.
N. 60. 1191, *Ibid.*, fol. 182 v°.
N. 98. 1200, janv., Camusat, *Auctar.*, fol. 7 v°.
N. 119. 1207, Bréquigny, *Table chron.*, t. IV, p. 411.
N. 124. 18 janv. 1209, Baluze, t. II, p. 250.
N. 154. 3 déc. 1220, Camusat, *Prompt.*, fol. 189 r°.
N. 166. 1222, déc., *Ibid.*, fol. 188 r°.
N. 217. (p. 203-210) *Ibid.*, fol. 148 r°.
N. 234. *Ibid.*, fol. 151 r°.

	Au lieu de :	lisez :
P. xxxiii, lig. 24 :	Manassès de Pougy	Manassès d'Arcis.
P. lxxviii, lig. 28 :	pour l'achèvement	après l'achèvement.
P. 1, lig. 13 :	Ivone abbate Trecis in	Ivone, abbate, Trecis in.
P. 50, lig. 22 :	M[anasse]	M[attheo].
P. 105 :	Fratres Scolarium	Fratres Vallis Scolarium.
P. 196 :	31 janvier 1252	31 janvier 1262.

La charte n. 29, p. 244, analyse d'une vieille copie, est fautive, voir le n° 162.

www.ingramcontent.com/pod-product-compliance
Lightning Source LLC
Chambersburg PA
CBHW070824230426
43667CB00011B/1697